中国企业对外投资展望报告

(2017)

区域与行业投资机遇

Outlook Report on Chinese Enterprises' overseas Investment **2017**:

Regional and Industrial Opportunities

苗维胜　主编

中国经济出版社
CHINA ECONOMIC PUBLISHING HOUSE
·北　京·

图书在版编目(CIP)数据

中国企业对外投资展望报告.2017:区域与行业投资机遇/苗维胜主编.
北京:中国经济出版社,2017.1
ISBN 978-7-5136-4543-0
Ⅰ.①中… Ⅱ.①苗… Ⅲ.①企业—对外投资—研究报告—中国—2017 Ⅳ.①F279.23
中国版本图书馆 CIP 数据核字(2016)第 308790 号

责任编辑　余静宜
责任审读　贺　静
责任印制　马小宾
封面设计　华子图文

出版发行　中国经济出版社
印 刷 者　北京市媛明印刷厂
经 销 者　各地新华书店
开　　本　787mm×1092mm　1/16
印　　张　23.5
字　　数　403 千字
版　　次　2017 年 1 月第 1 版
印　　次　2017 年 1 月第 1 次
定　　价　88.00 元
广告经营许可证　京西工商广字第 8179 号

中国经济出版社 **网址** www.economyph.com **社址** 北京市西城区百万庄北街 3 号 **邮编** 100037
本版图书如存在印装质量问题,请与本社发行中心联系调换(联系电话:010-68330607)

编辑委员会

PREFACE 序一

当前，全球进入大动荡、大变革、大改组的时代，这将推动全球进入资源重新配置的重大战略机遇期。经济全球化使资源配置的范围超越国界，产业需要在世界范围内寻求要素的最佳组合和资源的最优利用。全球化配置资源、全球化拓展业务已经成为企业国际化发展的必由之路。

“一带一路”倡议，促进全球要素有序自由流动、资源高效配置和市场深度融合；推进中国经济融入全球，充分利用两个市场、两种资源，拓展发展空间、释放发展潜力；促进国际产能合作，推动各国优势产能输出，实现互惠互利；为中国企业“走出去”铺平道路、创造机遇，成为中国企业国际化的最高纲领。

紧跟国家战略，把握历史机遇，加快“走出去”步伐，让海航实现了跨越式发展。2016 年 7 月，海航集团再度荣膺 2016《财富》世界 500 强，以营业收入 295.6 亿美元，位列第 353 位，排名较上年上升 111 名。同时，通过跨国并购，海航获取了海外优质资产，完善了航空旅游、现代金融、现代物流全球产业链，提升了国际化运营能力。如，投资加纳航空、法国蓝鹰航空、巴西蔚蓝航空，开创中国航空企业国际化先河；并购 GE SEACO、Cronos，成就全球第一大集装箱租赁公司；并购 ALLCO、Avolon 及 CIT Group 旗下飞机租赁资产，成就全球第三大飞机租赁公司；并购瑞士地服公司 Swissport 和航空服务商佳美集团 Gategroup，完善全球航空服务产业链；入股 NH 酒店、纽约红狮酒店、卡尔森酒店集团、希尔顿酒店等，成就世界级酒店集团。

中国境外并购潮的涌现，是世界经济再均衡的自然因果。1982 年诺贝尔经济学奖得主 George J. Stigler 曾言：“所有美国大企业都是通过某种程度、某种方式的并购成长起来的。”然而，高达 50%～70% 并购失败率也警示世人：并购既是规模化成长必须倚重的手段，更是复杂、危险的战略举措，跨国并购犹然。

本次海航经济研究院出版发行《中国企业对外投资展望报告（2017）》，系统总结了全球对外投资总体情况，详细阐释了全球企业、区域、行业重点发展机遇，旨在深刻分析国际形势，把握世界变局机遇，帮助中国企业应对国际市场环境挑战，有效减少国际化阻力。

路漫漫其修远兮。站在新的历史起点，海航将与中国的优秀企业一起，把世界的机遇转变为中国的机遇，把中国的机遇转变为世界的机遇，共同成就具有全球影响的中国企业。

海航集团董事局主席 陈峰

2016 年 12 月

打造全面走出去的“中国兵团”

“环球同此凉热”，世界从来没有像今天这样联系紧密。冷战结束以来，国际贸易高速增长，跨国公司加速壮大，全球市场迅速形成，世界出现了“你中有我、我中有你”的“地球村”现象。然而，2008年爆发的国际金融危机使经济全球化受到严重挫折，成为转向“逆全球化”的分水岭。根据世界银行数据，全球进出口贸易额占GDP比重从2008年的51.86%下降至2015年的44.99%，下降6.87个百分点，仅相当于21世纪初的水平。深度参与经济全球化的中国无法独善其身，同期进出口贸易额占GDP比重也从56.23%下降至36.41%，下降了19.82个百分点，下降幅度明显超过世界下降幅度，成为此次“逆全球化”的最大受害者。与此同时，英国“脱欧”，美国新当选总统抛出保护主义言论，欧盟自身难保、各自为政，掀起更大范围的反全球化浪潮。

世界正处在前所未有的关键时期，不进则退。中国作为世界第二大经济体、第一大货物贸易体、第一大吸引外资体、第二大对外投资体、第一大对外承包国，是时候走进世界舞台中心，成为全球治理的领导者、引领者。危机就是机遇，可谓是正当其时、众望所归。推动“逆全球化”转向“新全球化”，即创新性、包容性、公平性、可持续性“新全球化”。

这就需要中国打造对外开放的升级版，在新时期全面“走出去”。中国的对外开放，是一部走向世界、接轨世界、融入世界的历史，是前无古人的不断探索、不断调整、不断升级的过程。从新中国成立初毛泽东对苏联的局部开放，到改革开放以来邓小平的对外开放，再到加入WTO后的全面接轨，中国从来没有像今天这样全面“走出去”。

对外投资正在成为中国全面“走出去”的最新趋势、最大亮点和最强动力。过去五年，中国累计对外投资额达到4900亿美元，对外投资存量已经突破万亿美元大关。据汤森路透的统计，2016年上半年已发布的中国企业并购海外企业的总额达1225.72亿美元，是上一年同期的2.1倍，占全球海外并购总额的20.7%。中国正在从“单向投资”走向“双向投资”，从“资本净流入”走向“资本净流出”，从“世界投资中国”走向“中国投资世界”。

这里仅以海航集团为例，作为中国企业走出去的成功案例和缩影。到目前为止，海航集团境外总资产1400亿元，境外企业数量40余家，境外投资16个国家及地区，境外员工8万人，国内外服务1亿人次（年航空旅客6668万人次，全球近3000万游客），初步形成了以香港为国际化发展桥头堡，辐射五大洲的格局，在航空、物流、金融、酒店等行业实现国际化布局。目前，海航已发展成为以旅业、实业、资本、物流、生态科技为支柱的大型企业集团，总资产逾6000亿元，2015年实现收入近1900亿元，并完成了一系列具有深远影响的海外收购（如65亿美元入股希尔顿）。海航集团仅用20多年时间，就从地方企业发展成为全国性企业，从跨国企业发展成为全球性企业，从世界500强企业发展成为世界级卓越企业，成为推动创新性、包容性、公平性、可持续性“新全球化”的中国企业代表。

在对外投资蓬勃发展的时代大背景下，由中国经济出版社出版的《中国企业对外投资展望报告（2017）》应运而生。本书从全球不同区域、不同行业分析国际投资并购的现状与趋势、机遇与挑战，定性与定量兼备，理论与实践结合，提供了不少第一手的资料，融入了海航国际化进程中的丰富实践。相信本书的出版会给中国企业提供更多的国际化思考，让中国企业更好地了解把握全球市场的投资环境，在“新全球化”下更多、更快、更稳地“走出去”，共同打造全球视野下的“中国兵团”！

清华大学国情研究院院长 胡鞍钢

2016年12月

CONTENTS 目录

第三部分　区域篇

第四部分　行业篇

FOREWORD 前言

《中国企业对外投资展望报告（2017）》全面系统地反映了2015–2016年度的全球对外投资情况、中国对外投资情况，预测其未来发展趋势，研判重点国家（地区）和行业的投资机会，以供中国企业“走出去”参考借鉴。

全书由总报告、企业篇、区域篇、行业篇四部分组成。

总报告立足世界经济发展的宏观背景，对全球对外投资与中国企业对外投资发展形势进行总结与预测分析，为企业全球化战略制定提供宏观参考。

企业篇论述中国企业积极进行全球化发展的必要性，分析中国企业应对“天涯若比邻”的全球化进程的发展战略，理论研究结合案例分析，为企业制定“走出去”顶层战略设计提供智力支持。

区域篇对美国、澳大利亚、俄罗斯、印度、欧盟、东盟、非洲、拉丁美洲等八个国家（地区）的经济环境及投资现状、特点进行研究，展望其重点产业蕴藏的投资机遇，评估其吸引海外投资的政策，为中国企业“走出去”提供区域性的参考框架。

行业篇选取航空运输业、海运物流业、旅游业、房地产业、金融业和信息技术产业等六大领域进行研究，通过权威数据分析，预测其在全球的发展现状和未来趋势，结合中国在该领域的对外投资情况，研判该行业在全球范围内重点区域的投资机会，为中国企业“走出去”提供行业性的参考信息。

本报告是海航经济研究院2016年成立后出版的首部研究报告，旨在通过对中国企业对外投资的宏观、中观和微观层面的战略性、前瞻性研究，为企业、行业、国家和全球发展提供智力支持。

第一部分　总报告

General Report

回顾2015年的世界经济发展形势，全球经济增长缓慢但呈复苏态势。2016年世界经济延续复苏乏力态势，发达经济体总需求不足和长期增长率不高现象并存，新兴经济体总体增长率有所下滑。预计“十三五”期间（2016—2020年），世界经济整体处于“新平庸”时代（New Mediocre）①，呈“弱复苏、慢增长、多风险”状态。此外，美国退出“量化宽松”政策的不确定性给世界经济尤其是发展中国家经济带来不稳定风险；2016年美国大选后，新一届美国政府或将中止推进“跨太平洋伙伴关系协定”（Trans－Pacific Partnership Agreement，TPP）与“跨大西洋贸易与投资伙伴协定”（Transatlantic Trade and Investment Partnership，TTIP），通过建立大型区域自贸易区来推动全球贸易自由化的努力将受阻，或将对现行多边贸易体制造成影响；欧债风险、东欧与中东的地缘政治也将影响全球经济格局。

“十三五”期间，中国经济处于发展的“新常态”。一方面，人口结构变化和劳动力成本上升使传统竞争优势逐渐减弱，高收入、高消耗、高污染的发展模式会因资源、环境、生态约束而难以为继，经济增速下降在所难免。另一方面，经济体制改革将释放新的增长动力与活力，城镇化潜力依然巨大，居民消费升级方兴未艾，我国竞争优势并未被根本动摇。

展望未来五年，全球将处于新技术革命爆发的初期，移动互联、智能制造、物联网、云计算、机器人、自动汽车、下一代基因组、储能、3D打印、新材料、先进油气勘探开采、太阳能与风能，都已陆续进入产业实践，全球化孕育新机遇。②

在总报告中，企业全球化研究课题组在世界经济发展的大背景下，对全球对外投资与中国企业对外投资发展形势进行总结与预测分析，为企业全球化战略的制定提供宏观参考。

① 国际货币基金组织（IMF）总裁拉加德（Christine Lagarde）2014年10月提出。

② 以上参考了国务院参事汤敏、林毅夫的观点。

一、全球对外投资现状与展望

（一）全球对外投资现状与特点

1. 流量：2010—2015 年全球对外投资流量在波动中攀升

根据联合国贸易和发展会议（UNCTAD，以下简称贸发会议）最新发布的《2016 年度世界投资报告》，2015 年全球外国直接投资流入量（Foreign Direct Investment，FDI）增长 38%，从 2014 年的 1.28 万亿美元增至 2015 年的 1.76 万亿美元，达到 2007 年以来最高水平。（如图 1－1）①

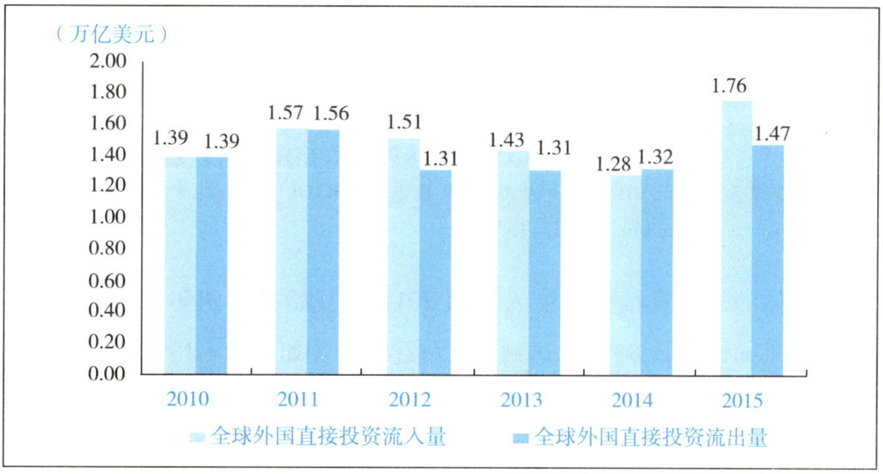

图 1－1 2010—2015 年全球外国直接投资流入量与流出量

资料来源：贸发会议．2016 年度世界投资报告［EB/OL］．http：//unctad. org/en/pages/PublicationWebflyer. aspx？ publicationid＝1555.

① 联合国贸易和发展会议．2016 年度世界投资报告［EB/OL］．http：//unctad. org/en/pages/PublicationWebflyer. aspx？ publicationid＝1555.

2010—2015 年，全球外国直接投资流入量年平均增长率达到 4.8%，虽出现波动，但整体增势强劲。同期，全球外国直接投资流出量（Overseas Direct Investment，ODI）近年始终在 1.4 万亿美元上下波动，与流入量基本平衡，时有交叉。

2. 区域：外国直接投资主要流入亚洲地区，欧洲地区外国直接投资流出显著

(1) 发达经济体外资流入量回暖，发展中经济体外资流入量稳增，转型经济体外资流入量低且下降明显

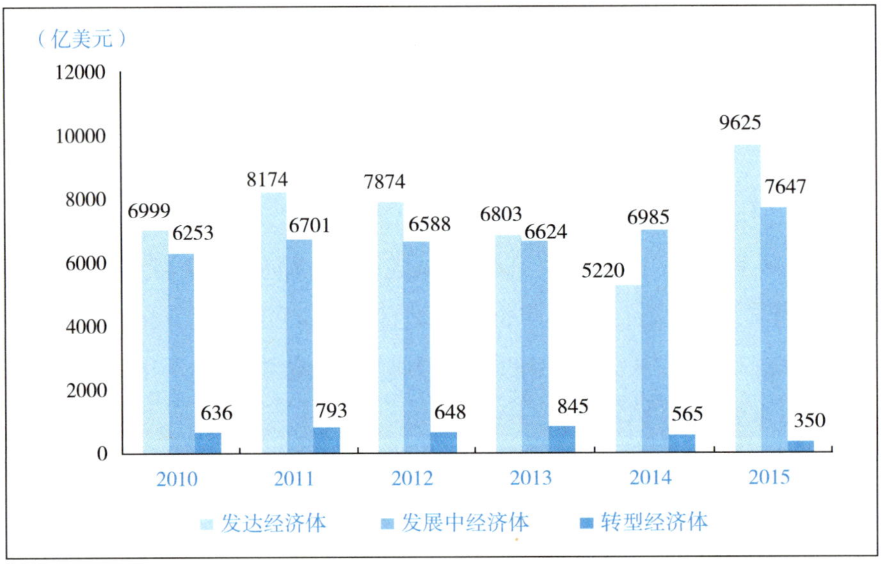

图 1－2　2010—2015 年全球外国直接投资流入量

资料来源：贸发会议 .2016 年度世界投资报告［EB/OL］. http：//unctad. org/en/pages/PublicationWebflyer. aspx? publicationid = 1555.

发达经济体的外国直接投资流入量从 2011 年开始持续四年下降，2015 年出现回暖，比上一年同比增长 84%，达到 9625 亿美元（如图 1－2）。2010 年后，发展中经济体的外国直接投资流入量在小幅波动中呈现稳步攀升状态，2015 年达到历史新高 7647 亿美元。转型经济体的外资流入量一直较低，2015 年仅有 350 亿美元。

2015 年，亚洲地区的全球外国直接投资流入量最大，达到 5407 亿美元，很多国家企业对基础设施的跨境投资成为该区域加强区域连通的主要力量。北美和欧洲的外国直接投资流入量在 2015 年显著提升，其中北美地区的外国直接投资流入量比上一年增长 160%，达到 4285 亿美元，欧洲地区的外国直接投资流入量比上一年增长 65%，达到 5036 亿美元。自 2012 年以来，非洲的外国直接投资流入量一直在

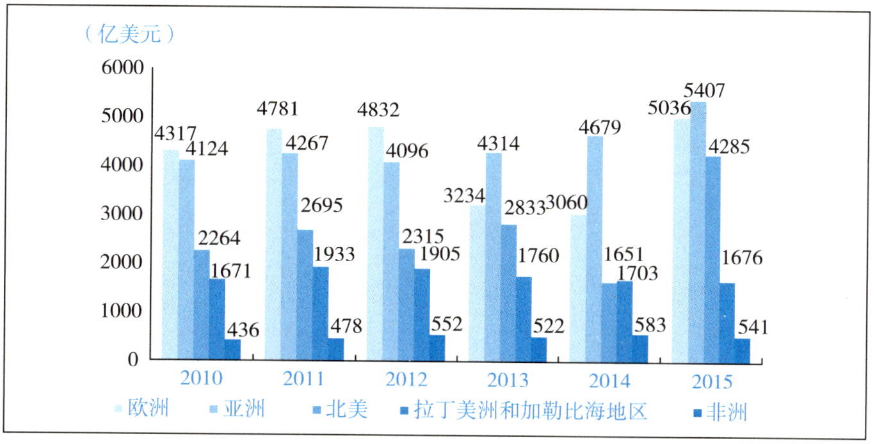

图 1－3　2010—2015 年全球主要地区外国直接投资流入量

资料来源：贸发会议．2016 年度世界投资报告［EB/OL］．http：//unctad. org/en/pages/PublicationWebflyer. aspx？publicationid＝1555.

540 亿美元左右。受地区经济增速放缓和大宗商品价格下降影响，拉丁美洲和加勒比海地区的外国直接投资流入量近几年则出现持续性减少。（如图 1－3）

(2) 发达经济体外资流出量先降后升，其中欧洲流出量大

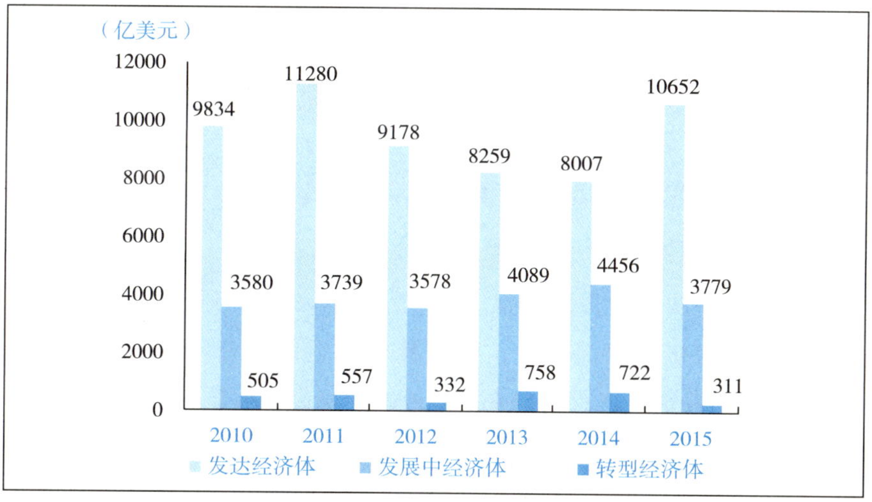

图 1－4　2010—2015 年全球外国直接投资流出量

资料来源：贸发会议．2016 年度世界投资报告［EB/OL］．http：//unctad. org/en/pages/PublicationWebflyer. aspx？publicationid＝1555.

发达经济体的外国直接投资流出量 2011 年大幅上升后便开始持续下降，直到 2015 年才回升，比上一年增长 33%，达到 1.065 万亿美元（如图 1－4）。发展中经济体的外国直接投资流出量从 2010 年开始在 3500 亿～4500 亿美元的范围内波动。

转型经济体的外国直接投资流出量一直较低，2015 年仅有 311 亿美元。

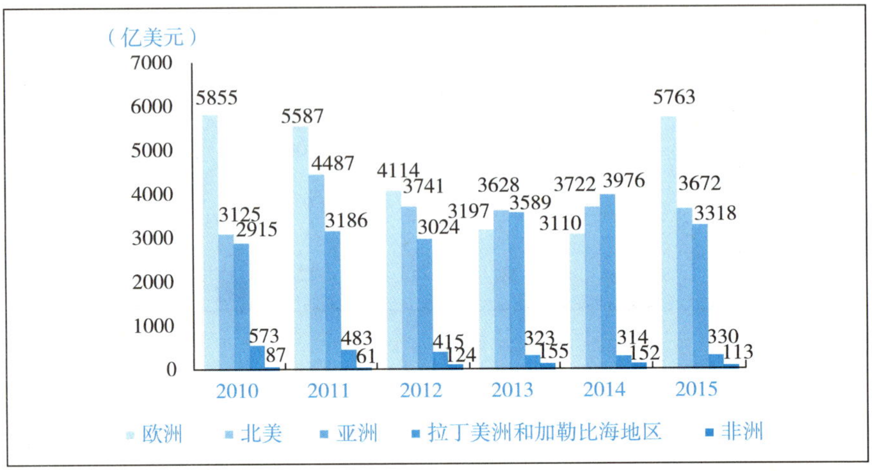

图 1 –5　2010—2015 年全球主要地区外国直接投资流出量

资料来源：贸发会议 . 2016 年度世界投资报告［EB/OL］. http：//unctad. org/en/pages/PublicationWebflyer. aspx？ publicationid = 1555.

欧洲地区的外国直接投资流出量在全球占比最大，2015 年提升显著，比上一年增长 85%，达到 5763 亿美元（如图 1 –5）。北美的外国直接投资流出量相对稳定，近几年保持在 3700 亿美元左右。亚洲的外国直接投资流出量一度出现波动，2015 年下降至 3318 亿美元。拉丁美洲和加勒比海地区的对外直接投资流出量明显低于其他地区，且自 2010 年以来逐年减少，2015 年低至 330 亿美元。非洲的外国直接投资流出量一直较低，2015 年仅有 113 亿美元。

3. 产业：全球对外投资集中于服务业

全球对外投资主要集中在服务业，根据贸发会议的最新数据，2015 年，服务业占据近 2/3 的外国直接投资流入量，紧随其后的是制造业（27%）以及第一产业（7%）。① 服务业的投资可以直接带来产业效率的提高，有利于新技术和新产品在全球范围内扩散，深化国际分工，加剧行业竞争以促进资源优化重组。

发达经济体和发展中经济体的外资流入产业结构并无明显差异，分别有 65% 和 64% 的流入量都集中在服务业，制造业仅占 27%（如图 1 –6）。然而，不同的发展中地区对外资流入的吸收却出现较多的差异。非洲的外国直接投资中有 28% 流入第一产业，拉丁美洲和加勒比海地区的外国直接投资有 22% 流入第一产业，然而亚洲

① 联合国贸易和发展会议 . 2016 年度世界投资报告［EB/OL］. http：//unctad. org/en/pages/PublicationWebflyer. aspx？ publicationid = 1555.

的发展中地区流入第一产业的投资仅为 2%。亚洲发展中地区的外国直接投资有 70% 流入服务业，而非洲和拉丁美洲的这一块比重则分别为 51% 和 42%。

由此可见，亚洲主要依靠外资在服务业的投入，而非洲和拉丁美洲加勒比海地区既看重服务业也注重第一产业和制造业的外资引入。

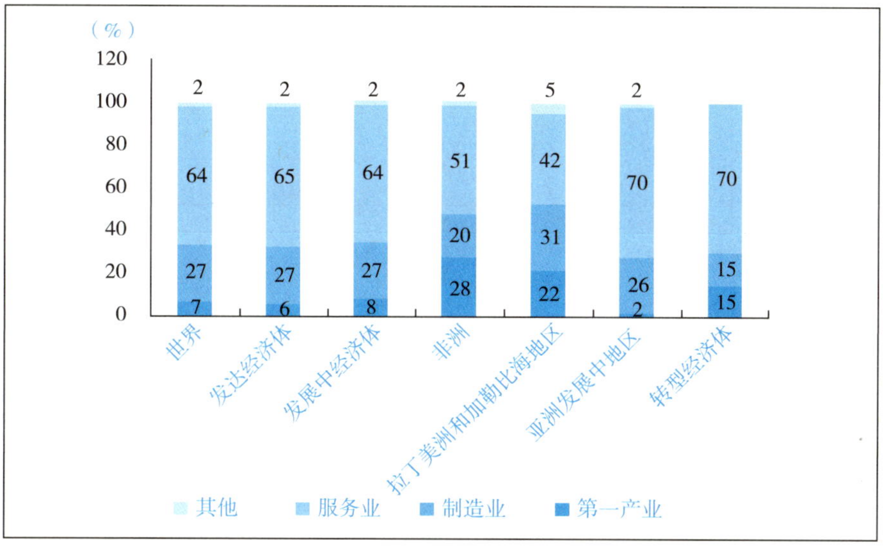

图 1－6　2015 年不同主体外资流入量按产业划分

资料来源：贸发会议 .2016 年度世界投资报告［EB/OL］. http：//unctad. org/en/pages/PublicationWebflyer. aspx？ publicationid = 1555.

4. 方式：2014—2015 年跨境并购表现活跃，绿地投资小幅上扬

（1）跨境并购投资表现活跃，以发达经济体为主

2015 年跨境并购（Cross－border Mergers and Acquisitions，M&A）表现活跃，全球净交易额达到 7215 亿美元，同比上升 67%，成为拉动全球投资的主体（如图 1－7）。发达经济体 2015 年跨境并购额比 2014 年同期增长两倍，达到 6309 亿美元。但是不同于发达国家并购交易的火爆，发展中经济体的并购金额普遍呈现下滑趋势，从 2014 年的 1272 亿美元下滑至 2015 年的 812 亿美元。转型经济体 2015 年跨境并购交易额为 94 亿美元，占世界的比重较少，但同比增长 130%，增速远高于其他经济体。

全球企业总体跨境并购交易金额和数量在高速增长，跨境企业持续追求最大利润和广阔市场空间。需要注意的是，欧美发达经济体因并购活动的短暂刺激呈现复苏状态，极易受本国跨国企业出售海外资产以及借债的影响。

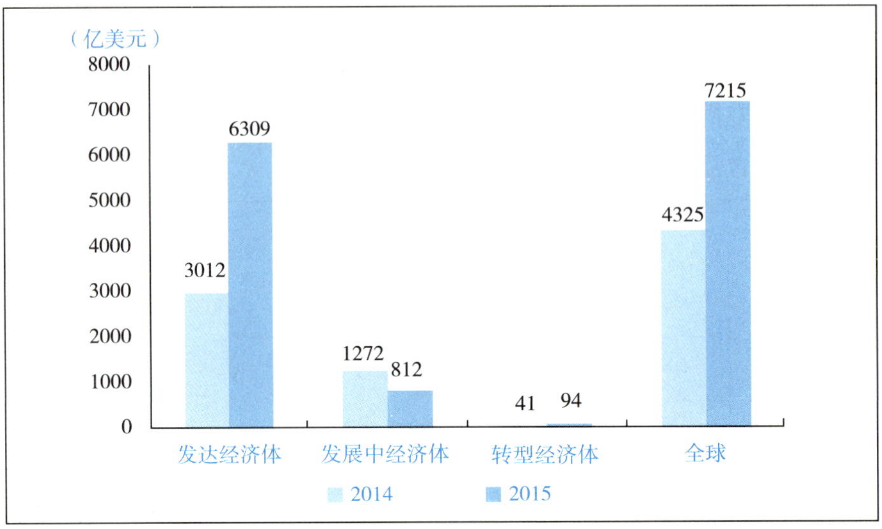

图 1－7　2014—2015 年主要经济体跨境并购金额

资料来源：贸发会议 .2016 年度世界投资报告［EB/OL］. http：//unctad. org/en/pages/PublicationWebflyer. aspx? publicationid＝1555.

(2) 全球绿地投资小幅上扬

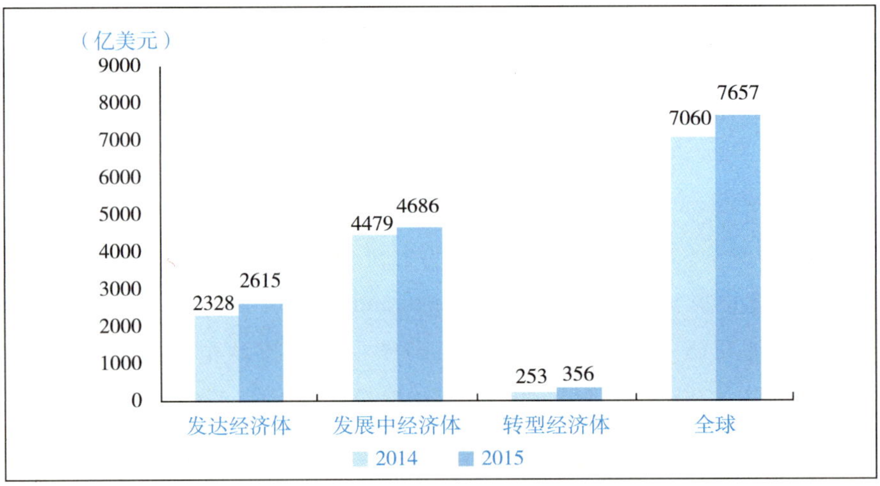

图 1－8　2014—2015 年主要经济体绿地投资金额

资料来源：贸发会议 .2016 年度世界投资报告［EB/OL］. http：//unctad. org/en/pages/PublicationWebflyer. aspx? publicationid＝1555.

2015 年全球绿地投资（Greenfield Investment，GFI）增长 8%。[①] 发达经济体、

① 2015 年全球外国直接投资情况及特点［EB/OL］中国商务部网站［2016－02－10］. http：//www. mofcom. gov. cn/article/i/jyjl/m/201602/20160201253727. shtml.

发展中经济体和转型经济体的绿地投资额在2015年均略有增长。2015年上半年全球154个国家和地区中，有97个国家和地区的绿地投资额低于2014年同期，其中有42个国家和地区的减幅超过50%，22个国家和地区的减幅在20%～50%，且区域分布遍及亚洲、非洲及拉丁美洲。① 绿地投资的减少不排除是因为一部分国家和地区受到暴力和安全顾虑的不良影响。2015年，伊拉克境内发生暴力冲突和恐怖袭击造成7515人死亡，14855人受伤；2015年10月10日土耳其首都接连发生爆炸造成百人死亡；约旦也难逃恐怖及极端主义困扰。亚洲绿地投资增加最多的国家和地区则集中在哈萨克斯坦、印度、泰国等。可见，地区安全局势和国家周边形势是影响投资的重要考量因素。

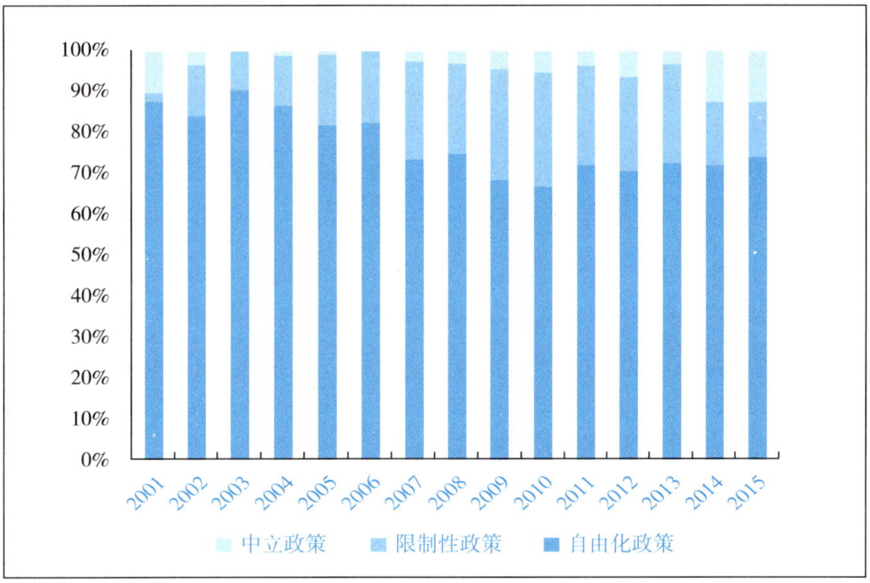

图1－9 2001—2015年全球投资政策的变化

资料来源：贸发会议.2016年度世界投资报告［EB/OL］. http：//unctad. org/en/pages/PublicationWebflyer. aspx？ publicationid＝1555.

5. 政策：自由化政策占据主导，限制性政策减少

2015年，全球投资政策中的自由化政策占据74%，限制性政策仅为14%（如图1－9）。观察过往数据发现，限制性投资政策近年来已经出现递减的趋势，自由化政策在2010年后出现了一定程度的回升。亚洲的发展中经济体如中国和印度，都

① FT数据显示全球多国“绿地投资”数量减少［EB/OL］环球网［2015－09－16］. http：//finance. huanqiu. com/cjrd/2015－09/7503999. html.

在推动自由化政策的实施，逐渐开放市场以吸引外资的流入。①

（二）主要资本输出国与输入国的投资情况

1. 全球十大外资来源地：以美国、日本和欧洲为主

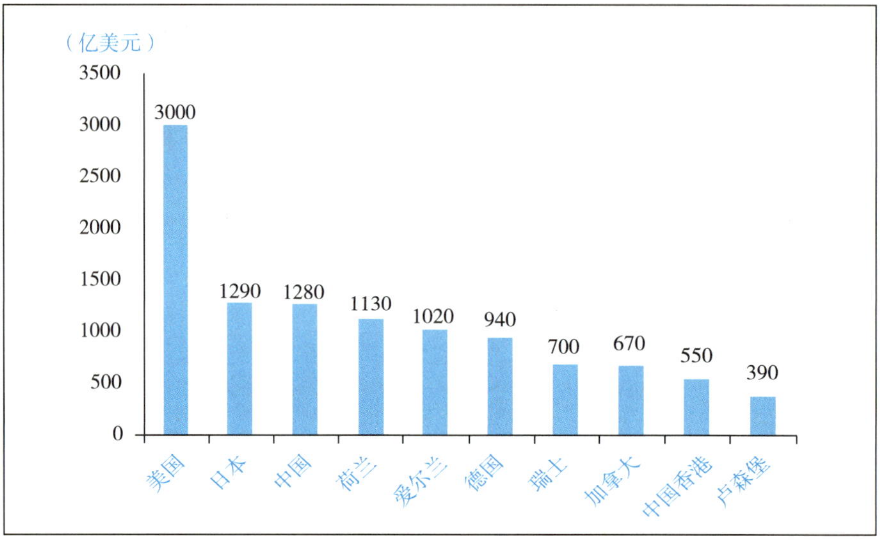

图1－10　2015年外国直接投资流出：10大来源地经济体

资料来源：贸发会议.2016年度世界投资报告［EB/OL］.http：//unctad.org/en/pages/PublicationWebflyer.aspx？publicationid＝1555.

贸发会议的统计显示，发达经济体在2015年的对外投资扩张显著，其中美国、日本和欧洲成为本年度对外投资的主要来源地。美国占据对外投资来源地的首位，日本依然在广泛地寻找海外的投资机会，连续5年投资额多于1000亿美元，在全球排名中位居第2②，爱尔兰从2014年的第9名提升到第5名，瑞士排名大幅提升到至第7名。中国的对外投资表现也十分瞩目。（如图1－10）

2. 全球十大外资目的地：以美国和亚洲发展中经济体为主

2015年，亚洲发展中经济体吸引外国直接投资流入量同比增长15%，约为5480亿美元，占全球对外直接投资流量的三分之一，为世界最大外资流入地区。

① 联合国贸易和发展会议.2016年度世界投资报告［EB/OL］.http：//unctad.org/en/pages/PublicationWebflyer.aspx？publicationid＝1555.

② 按照中国商务部《2015年度中国对外直接投资统计公报》数据，2015年中国对外直接投资流量为1456.7亿美元，比贸发会议数据1280亿美元高出176.7亿美元。以商务部数据为准，则中国对外直接投资流量超出日本166.7亿美元，跃升至第二大来源国。

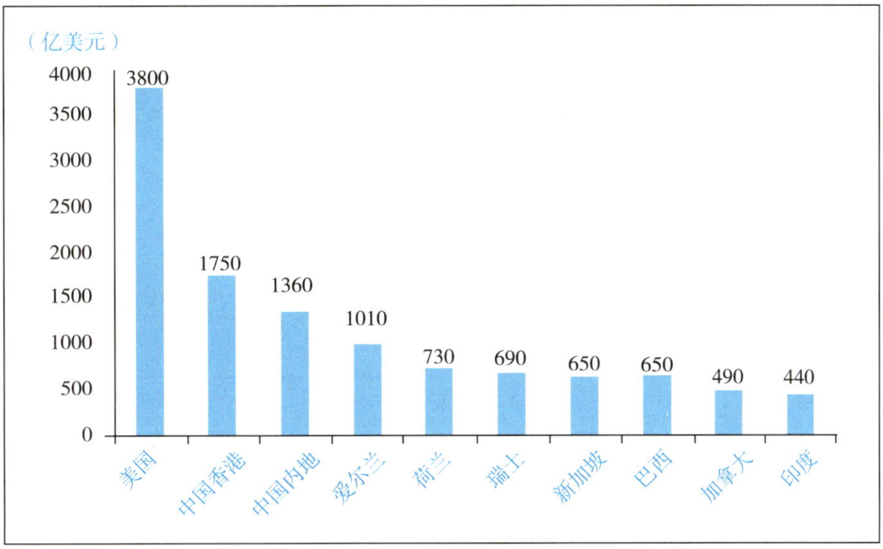

图 1－11 2015 年外国直接投资流入：10 大东道主经济体

资料来源：贸发会议 . 2016 年度世界投资报告［EB/OL］. http：//unctad. org/en/pages/PublicationWebflyer. aspx？ publicationid = 1555.

美国外国直接投资流入量达到 3800 亿美元位居全球之首，紧随其后的是中国香港（1750 亿美元）和中国内地（1360 亿美元）[①] 以及爱尔兰（1010 亿美元）。（如图 1－11）

（三）全球投资发展趋势分析

1. 流量：2018 年全球对外投资流量将达到 1.8 万亿美元

预计 2016 年全球对外直接投资流量将下降 10%～15%[②]，潜在因素是全球经济的整体脆弱性、全球需求疲软以及跨国企业利润的下滑。IMF 于 2016 年 10 月发布的《世界经济展望》预测全球经济 2016 年增长约 3. 1%，2017 年将上升到 3. 4%。[③] 全球经济总体趋势呈现持续复苏，但金融风险和地缘政治分歧加剧，全球油价长期低迷，致使全球经济复苏缓慢且脆弱。不过从长期趋势来看，预计全球对外投资流量在 2017 年将回升并且在 2018 年有可能突破 1. 8 万亿美元。（如图 1－12）

---

① 中国商务部数据为 1356 亿美元，比贸发会议数据少 4 亿美元。

② 联合国贸易和发展会议 . 2016 年度世界投资报告［EB/OL］. http：//unctad. org/en/pages/PublicationWebflyer. aspx？ publicationid = 1555.

③ 国际货币基金组织 . 世界经济展望［EB/OL］［2016－10］. http：//www. imf. org/external/pubs/ft/weo/2016/02/.

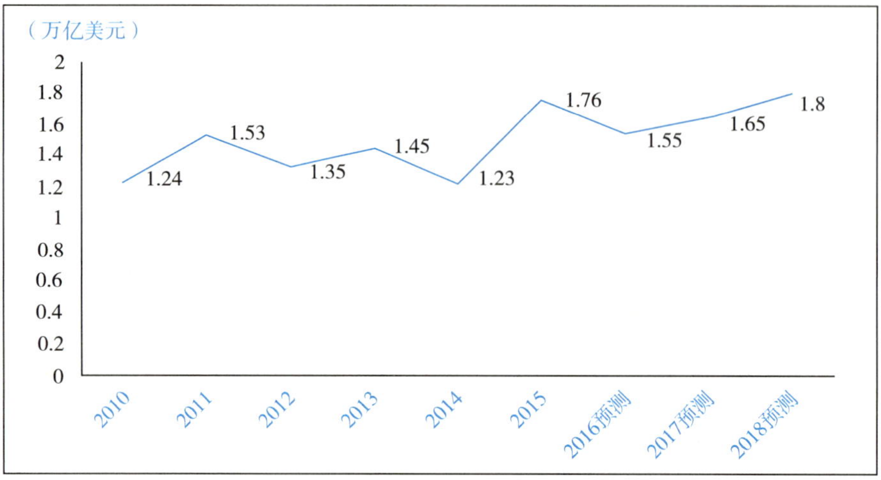

图 1－12　全球对外直接投资流量预测

资料来源：贸发会议.2016 年度世界投资报告［EB/OL］. http：//unctad. org/en/pages/PublicationWebflyer. aspx？publicationid＝1555.

2. 区域：中、美、英成潜力投资来源国，美、中、印成潜力投资目的地

（1）2016—2018 年最具潜力投资来源国：中、美、英

贸发会议预计，在 2016—2018 年全球最受欢迎对外投资来源地中，中国成为首选，有 52% 的 IPA① 投票率选择中国作为最有潜力的对外投资者；紧随其后的是美国，有 50% 的投票率；第 3 名的英国则拥有 25% 的投票率。进一步观察可以发现，部分发展中国家的对外投资表现也值得期待，例如印度和土耳其分别获得 14% 和 7% 的投票率。（如图 1－13）

（2）2016—2018 年最有潜力投资目的地：美、中、印

在最受欢迎投资目的地中，前三名分别是美国（47%）、中国（21%）和印度（19%）（如图 1－14），且其排名在近年中未出现显著变化。亚洲发展中经济体和拉丁美洲加勒比海地区也出现在最受欢迎的投资目的地中，它们的投资潜力被长期看好。

3. 行业：基础设施＋服务业＋信息产业＋农业＋公共事业

（1）促进基础设施建设

由于联合国千年发展目标于 2015 年已经到期。联合国启动了 2015 年后发展议程的国际进程，“可持续发展目标”是 2015 年后发展议程的核心内容之一。可持续发展

① Investment Promotion Agencies（IPA，投资促进机构）。

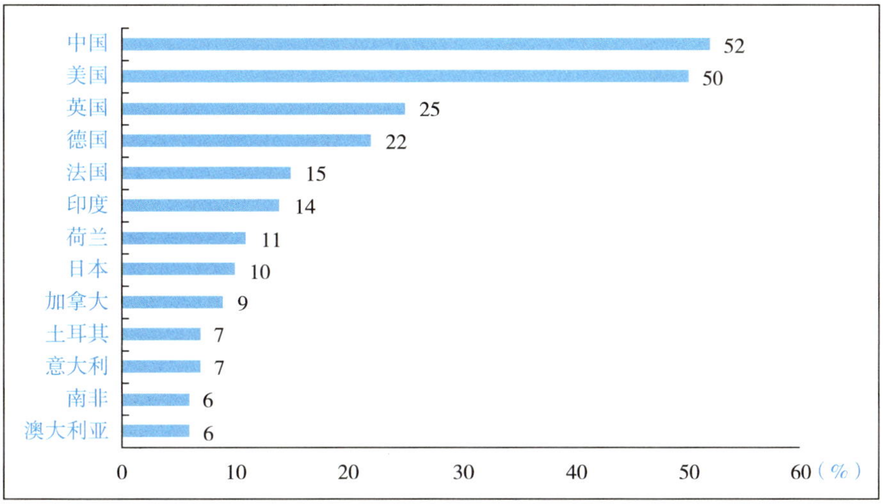

图 1－13　IPA 2016—2018 年最有潜力投资来源国

资料来源：贸发会议．2016 年度世界投资报告［EB/OL］．http：//unctad. org/en/pages/PublicationWebflyer. aspx？ publicationid＝1555.

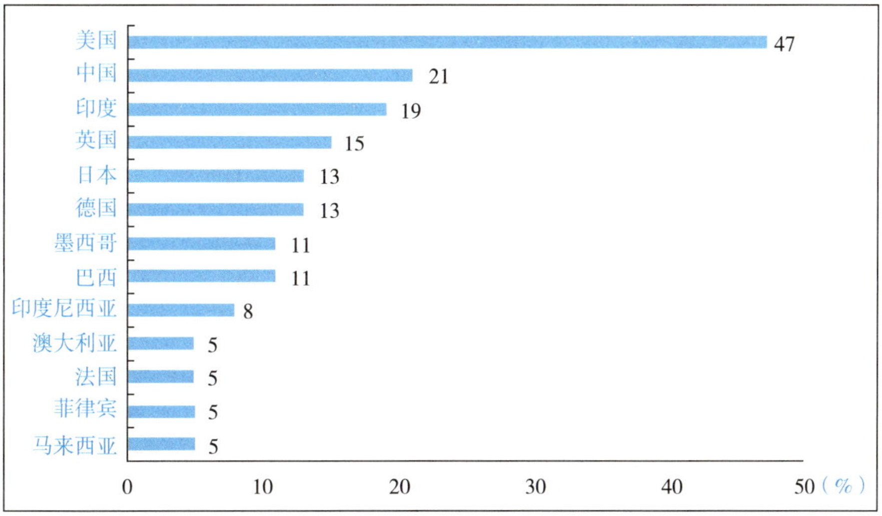

图 1－14　IPA 2016—2018 年最受欢迎投资目的地

资料来源：贸发会议．2016 年度世界投资报告［EB/OL］．http：//unctad. org/en/pages/PublicationWebflyer. aspx？ publicationid＝1555.

目标的建议主要是针对发展中国家的发展援助，覆盖 17 个重点领域，第 7～12 个领域主要是针对资源利用与发展，例如可持续经济增长、可持续工业化、可持续城市化、可持续消费与生产等内容。可以预见，联合国 2015 年后发展议程将会促进发展中国家进一步扩大基础设施建设。

(2) 最受FDI青睐的产业

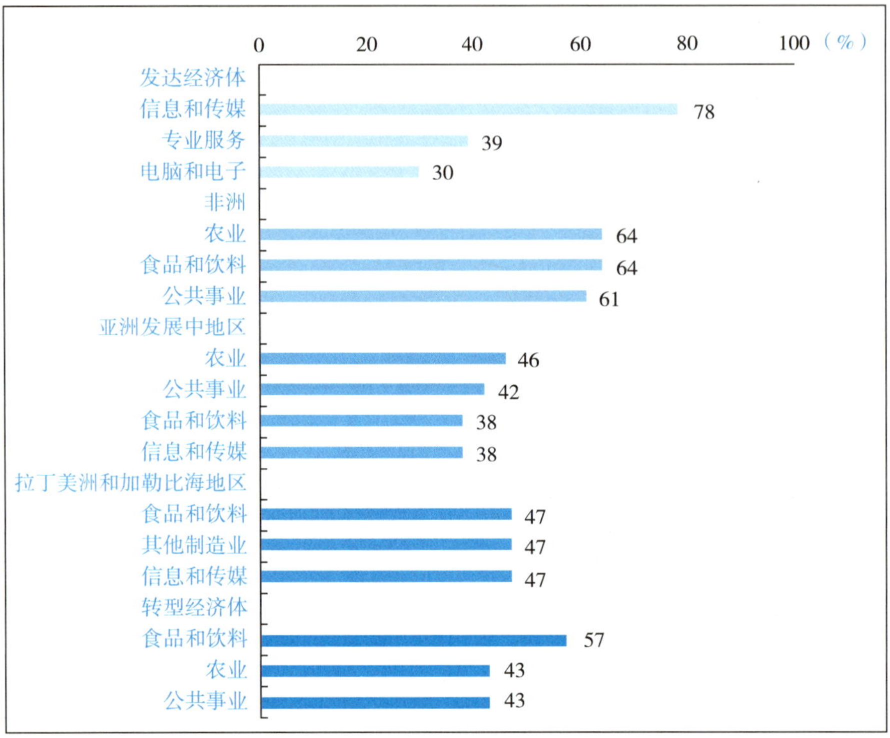

图1-15 未来各地区对FDI吸引力最大的产业

资料来源：贸发会议.2016年度世界投资报告［EB/OL］. http://unctad.org/en/pages/PublicationWebflyer.aspx? publicationid=1555.

未来不同地区的不同产业对于外国直接投资的吸引力各不相同（如图1-15）。信息和传媒分别在发达经济体、亚洲发展中地区和拉丁美洲加勒比海地区都是最受外国直接投资青睐的产业之一。发达经济体除了信息传媒吸引海外投资之外，还有专业服务和电脑电子产业也在吸引外国直接投资的涌入。对于发展中经济体和转型经济体而言，最受外国直接投资欢迎的产业是农业、公共事业和食品饮料行业。可见，不同地区由于自身的发展程度、经济环境的影响，各个产业对于外资的吸引程度皆不相同。

(3) 全球直接投资转向高附加值工业和服务业

整体而言，全球外国直接投资的重心已经从原材料工业转向高附加值工业和服务业，其中电子资讯等技术密集型产业是当前国际投资的重点。[①] 根据贸发会议的

① 姜睿和苏舟. 外国直接投资对东道国产业结构影响的国际比较. 上海：华东师范大学国际关系与地区发展研究院，2006.

最新数据，2015 年服务业占有近三分之二的外国直接投资流入量，其次是制造业和第一产业。

4. 2016—2017 年全球投资政策趋势：趋于自由和便利

（1）全球国际投资政策将继续向自由化和便利化趋势发展

在跨国企业全球价值链的推动下，全球投资、贸易联系已密不可分，投资便利化与贸易便利化同等重要，相辅相成。贸发会议 2016 年发布的数据显示，2015 年共有 46 个国家和经济体通过近百项涉及外商投资的政策措施，其中投资自由化及便利化措施占比达 85%，高于过去五年的平均水平。截至 2015 年 6 月，约有 228 个国际投资协定对外资的“并购”及“设立”给予国民待遇，涉及美国、加拿大、荷兰、日本、智利、韩国及新加坡等国，国际资本流动不断趋向自由化与便利化。① 可以预测，随着全球经济的缓慢复苏以及全球跨境并购的活跃，2016—2017 年国际投资政策总体上将继续朝着投资自由化与便利化的方向发展。

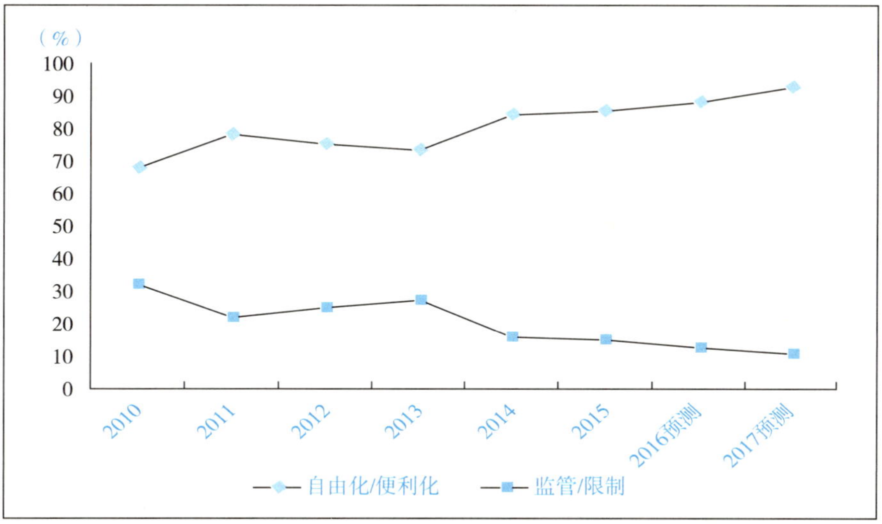

图 1－16　2010—2017 年国家投资政策的变化

资料来源：贸发会议．2016 年度世界投资报告［EB/OL］．http：//unctad. org/en/pages/PublicationWebflyer. aspx？publicationid＝1555.

（2）全球国际投资协定体系将继续扩大

当前多边投资框架缺失，各国继续商签双边及区域投资协定，国际投资体系将继续扩大。TTIP 以及包括东盟十国和亚太六国的“区域全面经济伙伴关系协定”

① 亚洲国家成为国际投资主角［EB/OL］中国经济网［2015－06－25］．www. ce. cn.

(Regional Comprehensive Economic Partnership, RCEP) 的谈判正在加紧进行，中国也在积极倡议覆盖更多成员的亚太自贸区（FTAAP)。加之中国"一带一路"区域合作的不断深化与推进，可以预测，未来国际投资协定体系日趋复杂，区域内成员国之间的双边国际贸易协定将继续扩大。

二、中国企业对外投资现状与展望

（一）中国企业对外投资现状与特点

1. 流量：2005—2015 年中国对外直接投资流量连续增长

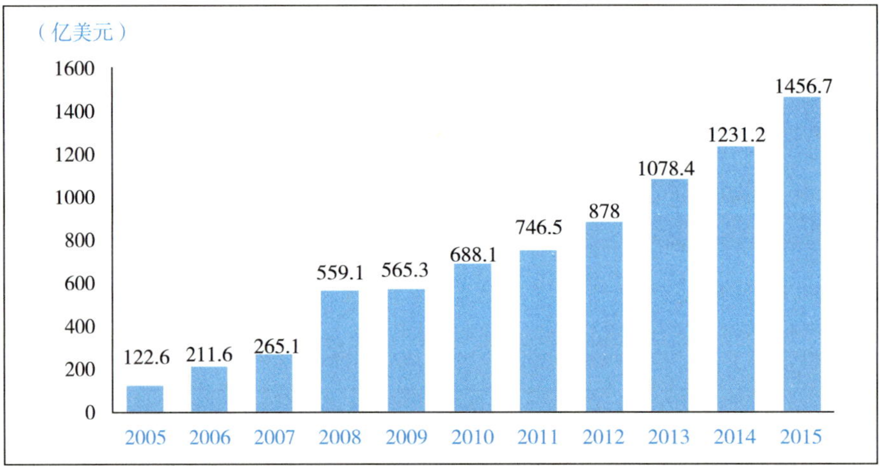

图 1-17　2005—2015 年中国对外直接投资流量趋势

资料来源：商务部，统计局，外汇管理局. 2015 年度中国对外直接投资统计公告［M］. 北京：中国统计出版社，2016.

自 2005 年以来，中国对外直接投资流量已经连续 10 年持续增长，2015 年达到 1456.7 亿美元，是 2005 年的 11.9 倍（如图 1-17）。"十二五"期间，我国对外直接投资规模是"十一五"的 2.3 倍。[①]

截至 2015 年末，我国对外直接投资存量首次超过万亿美元大关，达到 10978.6 亿美

① 商务部合作司负责人谈 2015 年我国对外投资合作情况［EB/OL］商务部［2016-01-18］http://hzs.mofcom.gov.cn/article/aa/201601/20160101236264.shtml.

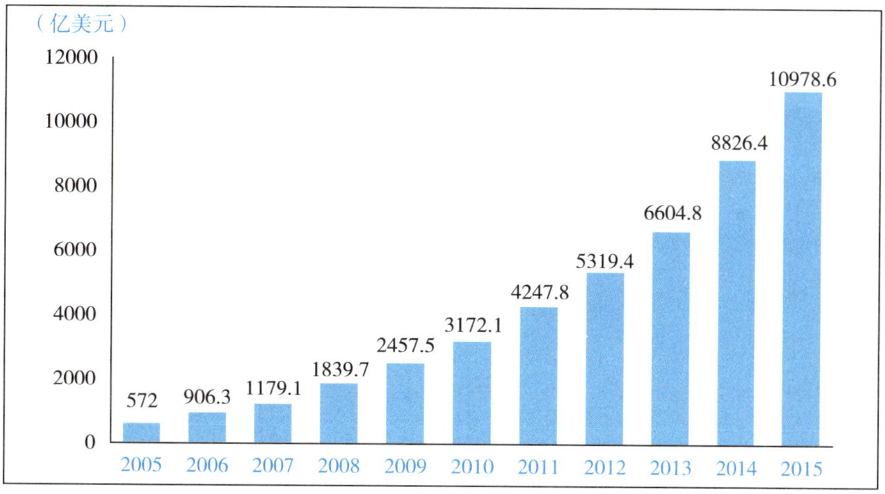

图1－18　2005—2015年中国对外直接投资存量趋势

资料来源：商务部，统计局，外汇管理局．2015年度中国对外直接投资统计公告［M］．北京：中国统计出版社，2006.

元（如图1－18）。对外直接投资存量连续多年持续增长，海外投资进入高速增长期。

商务部最新数据显示，2016年1—9月，我国境内投资者共对全球160个国家和地区的6535家境外企业进行了非金融类直接投资，累计实现投资8827.8亿元人民币（折合1342.2亿美元），同比增长53.7%，较上年全年的1214.2亿美元增加128亿美元，较同期全国吸引外资（950.9亿美元）高出391.3亿美元。快速增长是2016年中国对外投资的主旋律。

2016年1—9月，中国企业共实施海外并购项目521个，实际交易金额674.4亿美元，涉及67个国家和地区的18个行业大类，已经超过2015年全年的并购金额（544.4亿美元）。

从分布行业看，在中国企业海外并购中，涉及制造领域的并购项目133个，金额为161亿美元；涉及信息传输、软件和信息技术服务业的并购项目81个，金额为154.8亿美元。

从并购主体看，在中国企业海外并购中，地方企业投资额占并购金额的86.6%。

从涉及国家（地区）看，美国以162.4亿美元居中国企业实际并购交易金额国家（地区）之首，涉及并购项目119个；其次是开曼群岛，实际并购金额157.1亿美元；中国香港的实际并购金额93.2亿美元，位列第三。①

① 商务部．2016年前9个月我国对外直接投资增长53.7%［EB/OL］中国发展网［2016－10－18］http：//www.chinadevelopment.com.cn/news/zj/2016/10/1088956.shtml.

2. 2006–2015 年中国对外直接投资行业和区域分布

(1) 行业：以租赁和商务服务业、采矿业、批发零售业和金融业为主

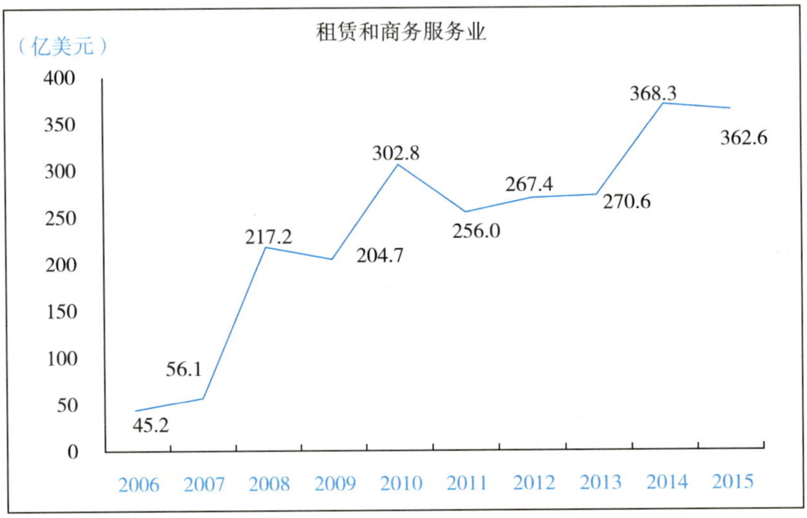

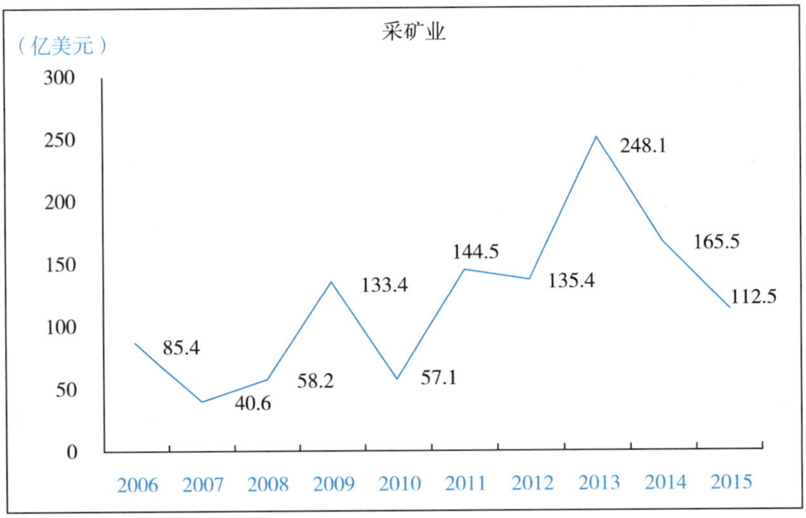

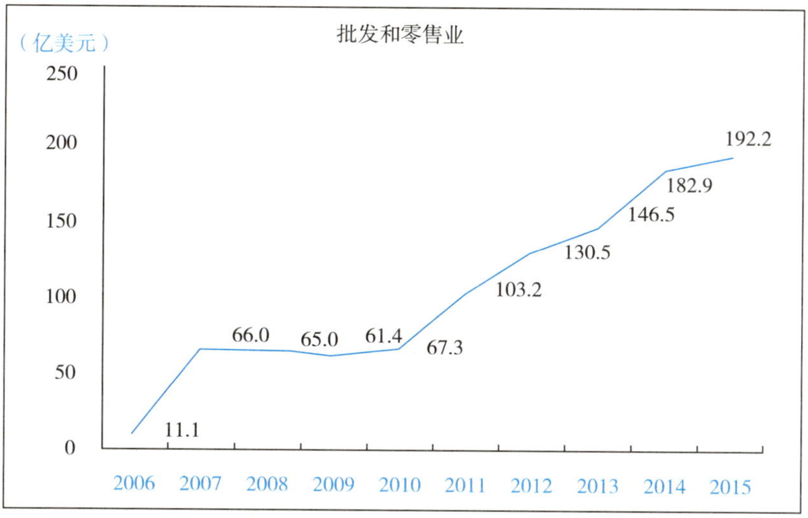
批发和零售业
（亿美元）
250
200
150
100
50
0
11.1
66.0
65.0
61.4
67.3
103.2
130.5
146.5
182.9
192.2
2006
2007
2008
2009
2010
2011
2012
2013
2014
2015

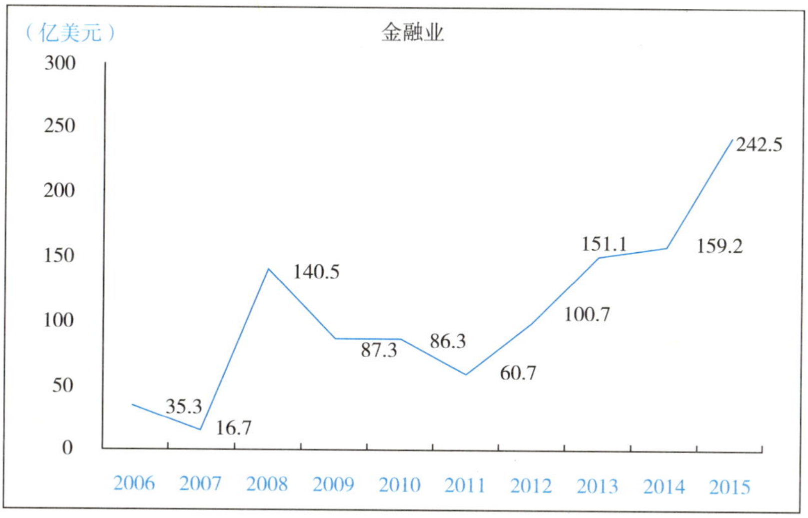
金融业
（亿美元）
300
250
200
150
100
50
0
35.3
16.7
140.5
87.3
86.3
60.7
100.7
151.1
159.2
242.5
2006
2007
2008
2009
2010
2011
2012
2013
2014
2015

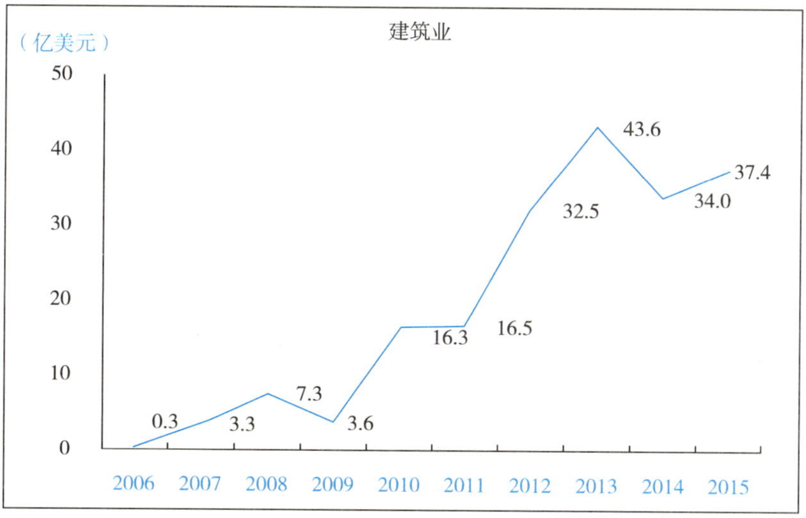
建筑业
（亿美元）
50
40
30
20
10
0
0.3
3.3
7.3
3.6
16.3
16.5
32.5
43.6
34.0
37.4
2006
2007
2008
2009
2010
2011
2012
2013
2014
2015

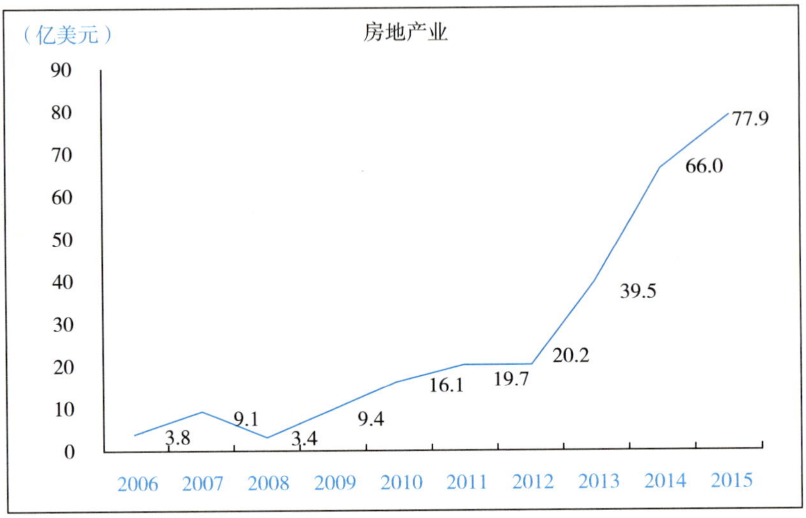
(亿美元)
房地产业
90
80
70
60
50
40
30
20
10
0
3.8
9.1
3.4
9.4
16.1
19.7
20.2
39.5
66.0
77.9
2006
2007
2008
2009
2010
2011
2012
2013
2014
2015

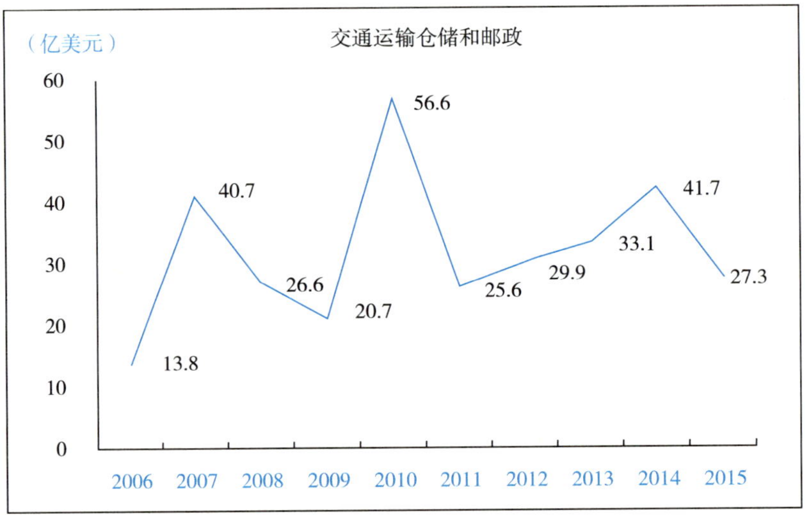
(亿美元)
交通运输仓储和邮政
60
50
40
30
20
10
0
13.8
40.7
26.6
20.7
56.6
25.6
29.9
33.1
41.7
27.3
2006
2007
2008
2009
2010
2011
2012
2013
2014
2015

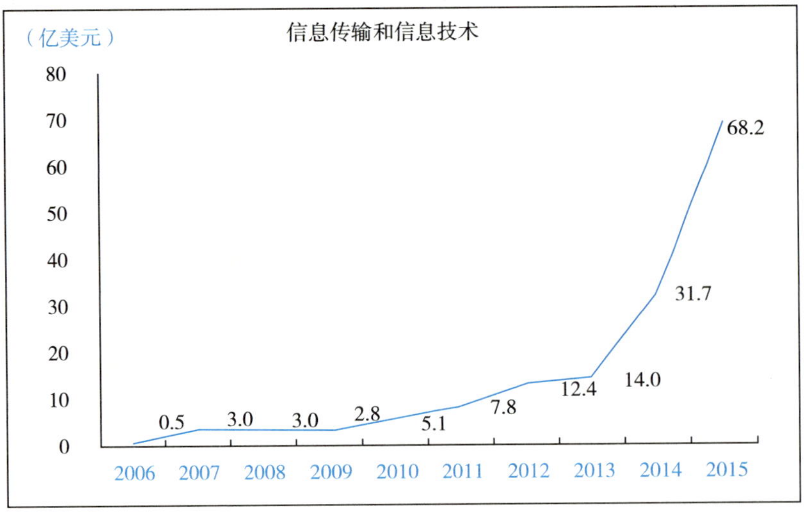
(亿美元)
信息传输和信息技术
80
70
60
50
40
30
20
10
0
0.5
3.0
3.0
2.8
5.1
7.8
12.4
14.0
31.7
68.2
2006
2007
2008
2009
2010
2011
2012
2013
2014
2015

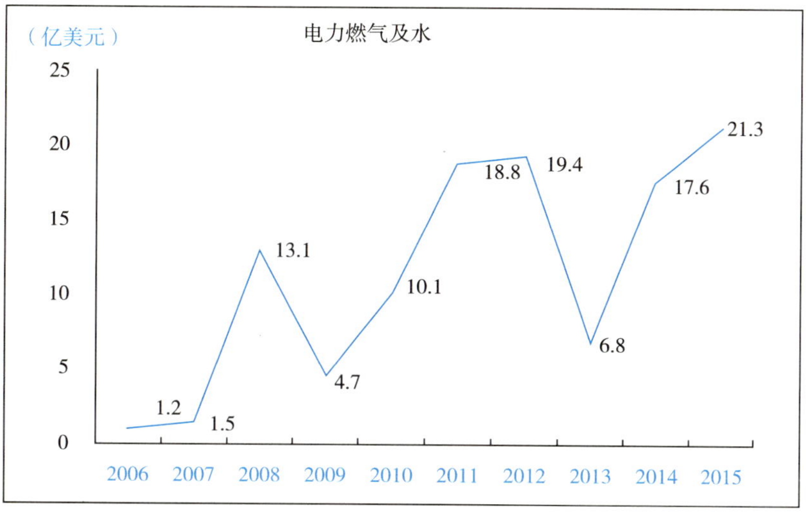
（亿美元）
电力燃气及水
25
20
15
10
5
0
1.2
1.5
13.1
4.7
10.1
18.8
19.4
6.8
17.6
21.3
2006
2007
2008
2009
2010
2011
2012
2013
2014
2015

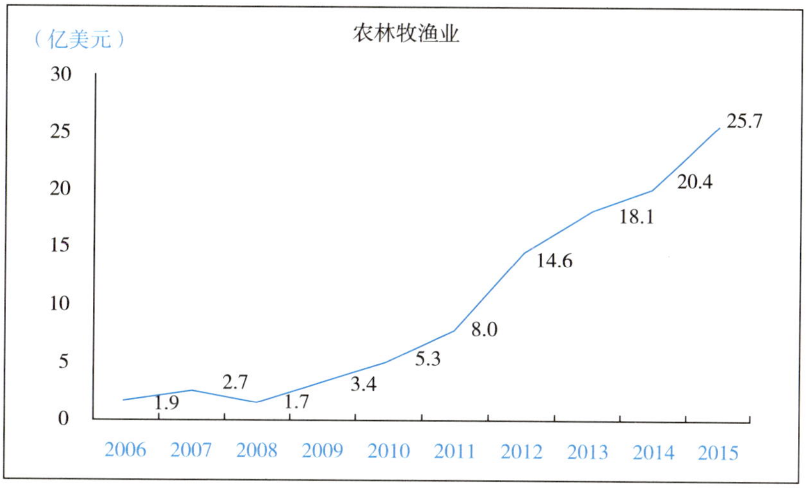
（亿美元）
农林牧渔业
30
25
20
15
10
5
0
1.9
2.7
1.7
3.4
5.3
8.0
14.6
18.1
20.4
25.7
2006
2007
2008
2009
2010
2011
2012
2013
2014
2015

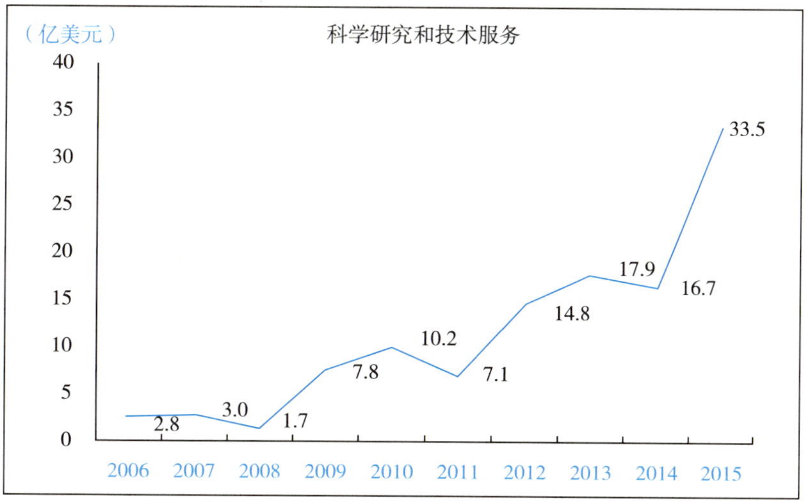
（亿美元）
科学研究和技术服务
40
35
30
25
20
15
10
5
0
2.8
3.0
1.7
7.8
10.2
7.1
14.8
17.9
16.7
33.5
2006
2007
2008
2009
2010
2011
2012
2013
2014
2015

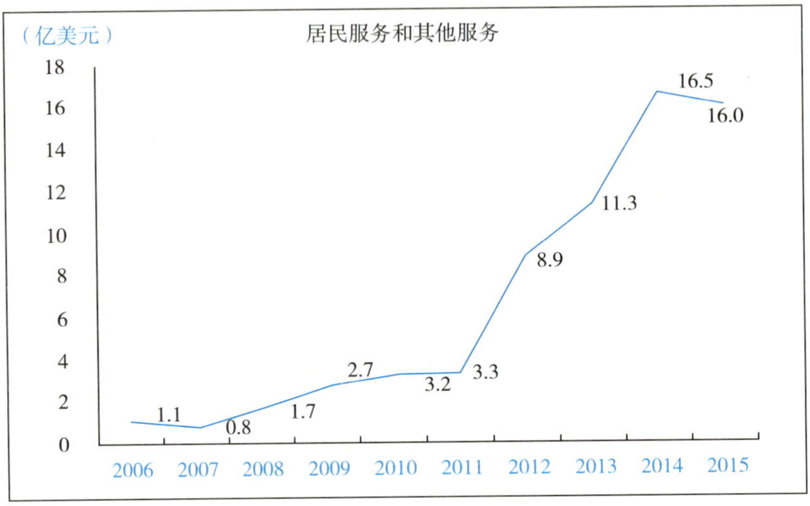
（亿美元）
居民服务和其他服务
18
16
14
12
10
8
6
4
2
0
1.1
0.8
1.7
2.7
3.2
3.3
8.9
11.3
16.5
16.0
2006
2007
2008
2009
2010
2011
2012
2013
2014
2015

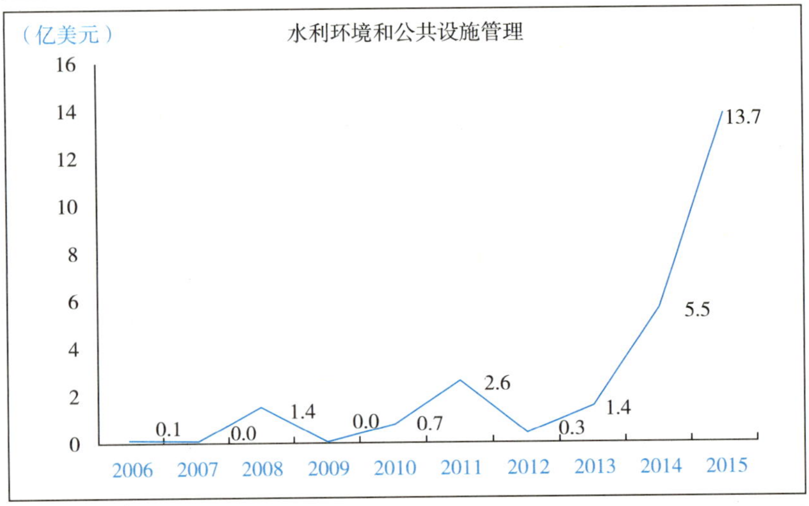
（亿美元）
水利环境和公共设施管理
16
14
12
10
8
6
4
2
0
0.1
0.0
1.4
0.0
0.7
2.6
0.3
1.4
5.5
13.7
2006
2007
2008
2009
2010
2011
2012
2013
2014
2015

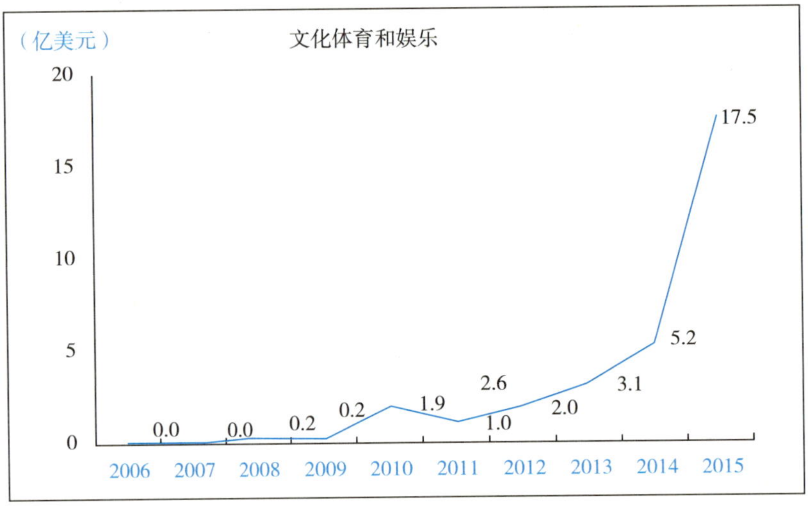
（亿美元）
文化体育和娱乐
20
15
10
5
0
0.0
0.0
0.2
0.2
1.9
1.0
2.6
2.0
3.1
5.2
17.5
2006
2007
2008
2009
2010
2011
2012
2013
2014
2015

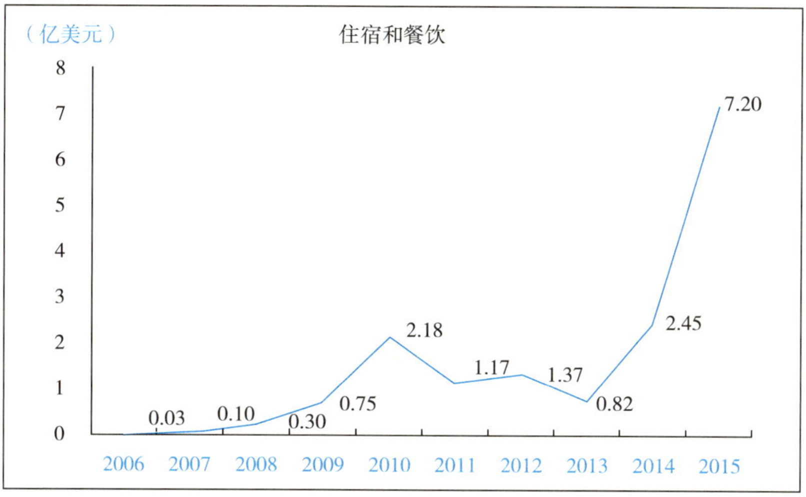

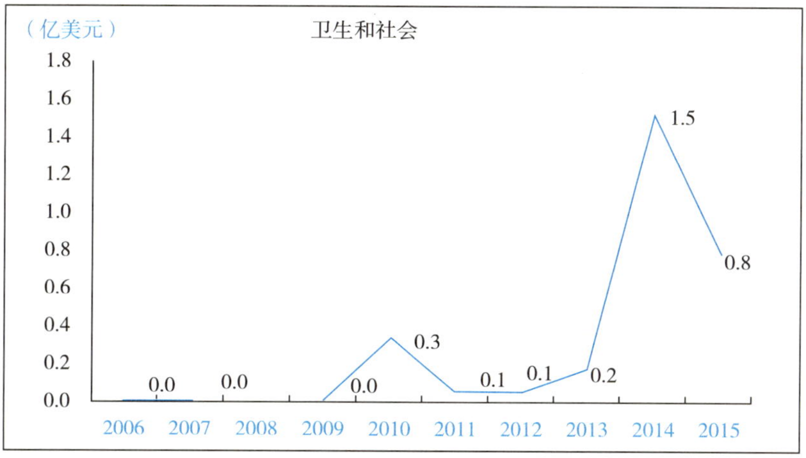

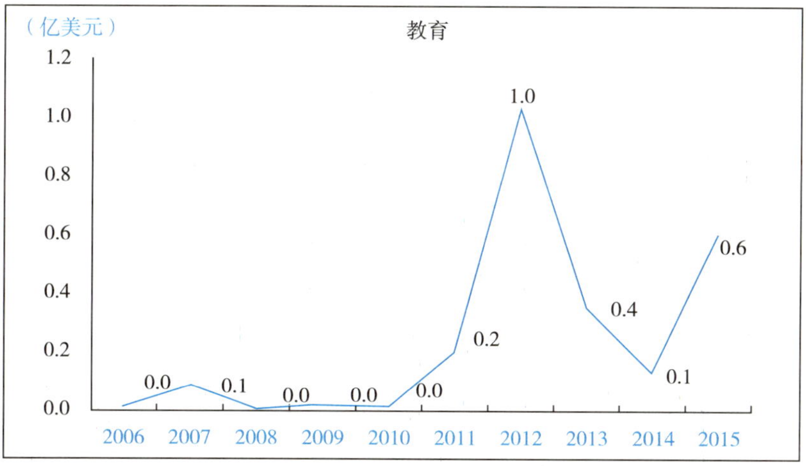

图 1－19　2006—2015 年中国对外直接投资流量各行业趋势

资料来源：商务部，统计局，外汇管理局．2015 年度中国对外直接投资统计公报［M］．北京：中国统计出版社，2016.

2006—2015 年，中国对外直接投资流量总体最多的产业是租赁和商务服务业，2015 年达到362.6 亿美元，为所有行业的榜首（如图1－19）。其次是金融业、制造业和批发零售业，在过去几年都呈现大幅度的增长，特别是制造业，2015 年同比增长达108.5%，再加上采矿业，这些行业全年的直接投资流量都超过100 亿美元。

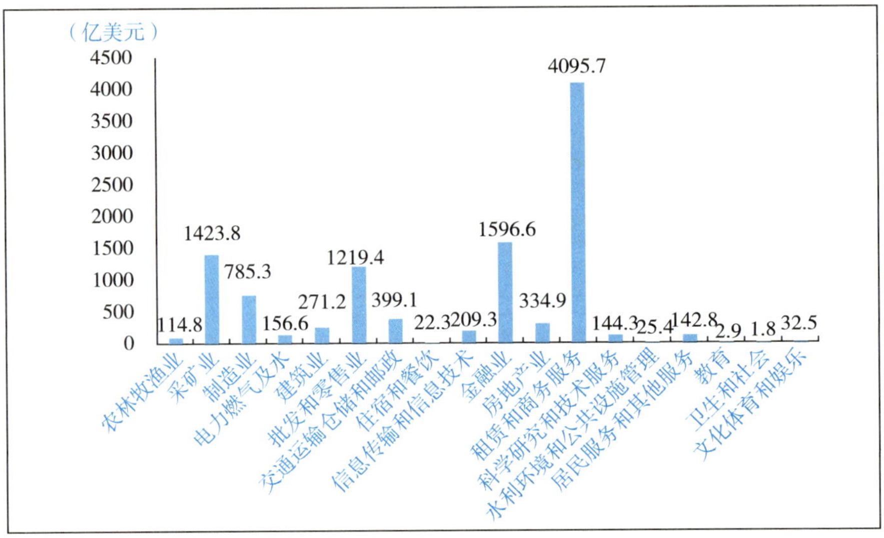

图1－20　2015 年中国对外直接投资存量行业分布

资料来源：商务部，统计局，外汇管理局.2015 年度中国对外直接投资统计公报［M］.北京：中国统计出版社，2016.

截至2015 年末，中国对外直接投资存量行业分布中，投资存量规模超过1000 亿美元的行业有4 个，依次为：租赁和商务服务业、金融业、采矿业、批发和零售业（如图1－20）。上述4 个行业累计投资存量达到8335.5 亿美元，占我国对外直接投资存量总额的75.9%。

截至2015 年末，三大产业①存量占比分别为0.8%（86.2 亿美元）、24%（2630.5 亿美元）和75.2%（8261.9 亿美元）。②

截至2015 年末，中国对外直接投资主要流向五个领域：租赁和商务服务业存量4095.7 亿美元，占比37.3%；金融业存量1596.6 亿美元，占比14.5%；采矿业存量1423.8 亿美元，占比13%；批发和零售业1219.4 亿美元，占比11.1%；制造业存量785.3 亿美元，占比7.29%。需要注意，租赁和商务服务业这一部分投资可用于在离岸金融中心设立投资和资产管理子公司，而后再投资其他行业。

① 第一产业为农/林/牧/渔业，但不包括农/林/牧/渔服务业；第二产业指采矿业，制造业，电力、燃气及水的生产和供应业，建筑业；第三产业为服务业。

② 商务部新闻发布会．［EB/OL］http：//hzs. mofcom. gov. cn/article/aa/201509/20150901116236. shtml.

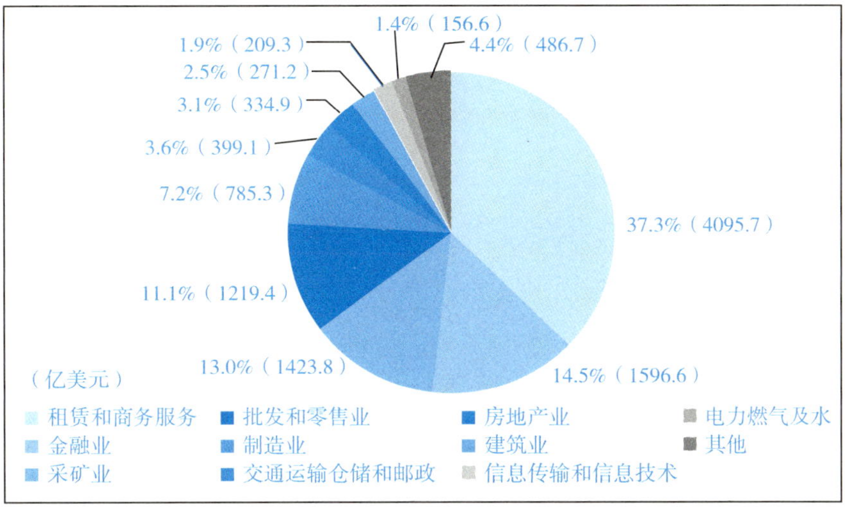

图 1－21　2015 年中国对外直接投资存量行业分布

资料来源：商务部，统计局，外汇管理局．2015 年度中国对外直接投资统计公报［M］．北京：中国统计出版社，2016.

注：其他行业包括科学研究和技术服务（144.3 亿美元，1.3%）、居民服务和其他服务（142.8 亿美元，1.3%）、农林牧渔业（114.8 亿美元，1.0%）、文化/体育和娱乐业（32.5 亿美元，0.3%）、水利/环境和公共设施管理业（25.4 亿美元，0.2%）、住宿和餐饮业（22.3 亿美元，0.2%）等。

（2）区域：分布较集中，以亚洲为主

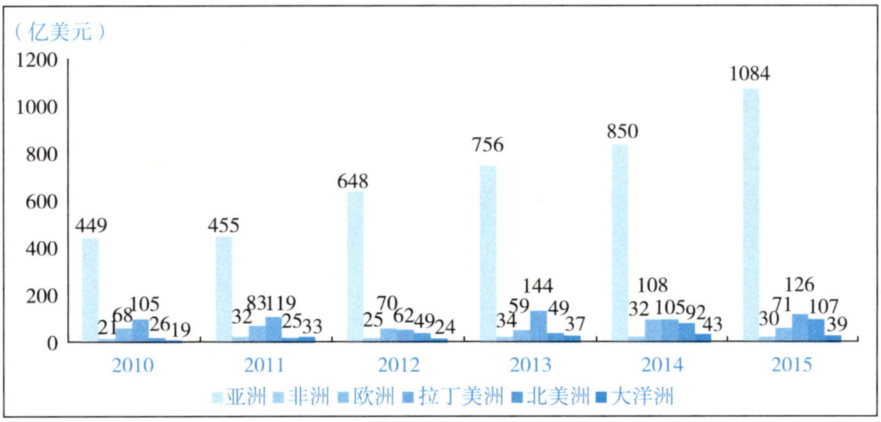

图 1－22　2010—2015 年中国对外直接投资流量区域分布

资料来源：商务部，统计局，外汇管理局．2015 年度中国对外直接投资统计公报［M］．北京：中国统计出版社，2016.

2015 年中国对外直接投资流量区域分布相对集中，整体规模逐步扩大（如图 1－22）。对外直接投资资金主要流向亚洲，其流量远远超过其他区域，排在第 2 位的是拉丁美洲，北美洲、欧洲分列第 3 位和第 4 位。

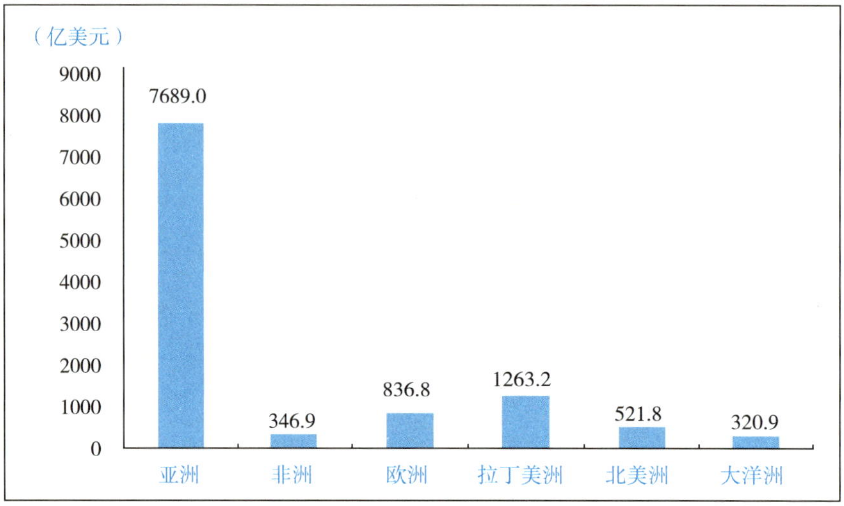

图 1－23　2015 年末中国对外直接投资存量区域分布

资料来源：商务部，统计局，外汇管理局．2015 年度中国对外直接投资统计公报［M］．北京：中国统计出版社，2016.

中国对外直接投资的存量规模不断扩大，投资范围遍布全球，投资区域高度集中，以亚洲为主（如图 1－23）。截至 2015 年末，中国对外直接投资存量在亚洲地区达到 7689 亿美元，在拉丁美洲地区达到 1263.2 亿美元，在其余地区均未超过 1000 亿美元。

3. 对世界主要经济体及“一带一路”沿线国家投资情况

（1）主要经济体：2015 年对外投资主要流入中国香港、荷兰和美国

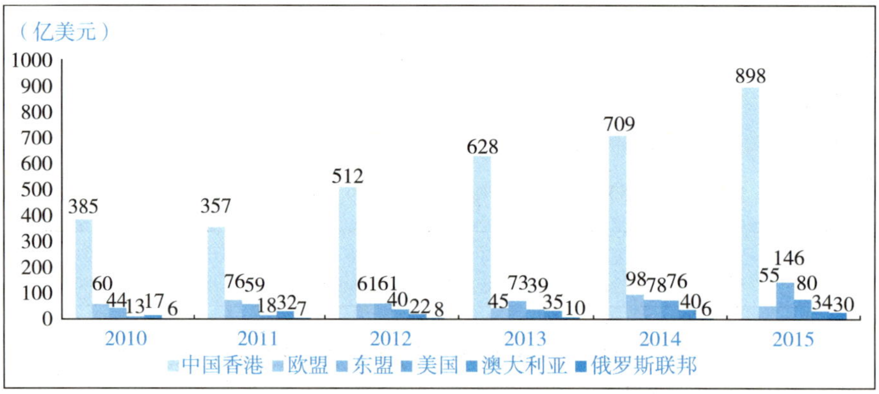

图 1－24　2010—2015 年中国对主要经济体直接投资流量分布

资料来源：商务部，统计局，外汇管理局．2015 年度中国对外直接投资统计公报［M］．北京：中国统计出版社，2016.

历年中国对外投资主要流向中国香港、欧盟、东盟、美国、澳大利亚、俄罗斯联邦。

2015 年，中国对外直接投资 61.6% 流向中国香港地区，创历史新高，投资流量远高于其他主要经济体，中国对欧盟直接投资出现回落，为 54.8 亿美元，同比下降 44%。2015 年，中国对东盟直接投资增长较快，首次突破百亿美元，达 146.04 亿美元，同比增长 87%；中国对美国直接投资达到 80.29 亿美元，同比上升 5.7%，为历史最高水平；中国对澳大利亚的直接投资放缓，为 34 亿美元，同比下降 16%。不难发现，考虑到相关政策法规和运营风险，中国对外投资大体集中在经济环境较好、社会相对稳定、行业进入门槛较低的国家和地区。

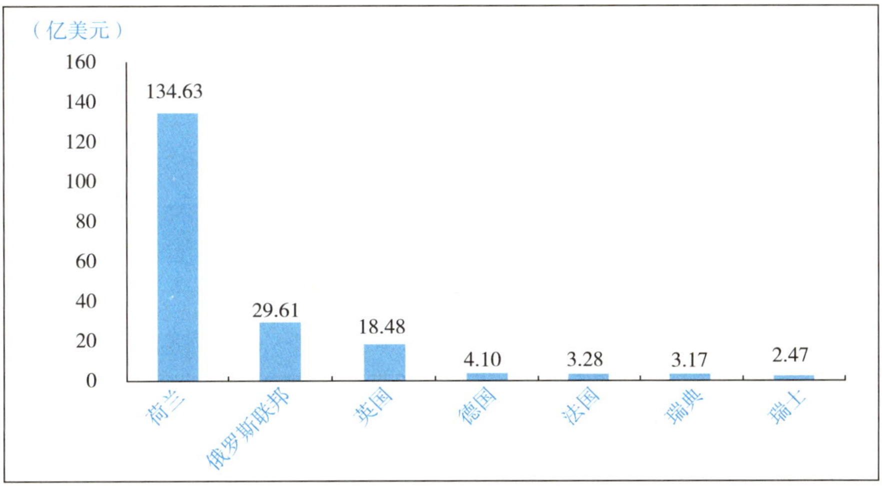

图 1－25　2015 年中国对欧洲主要国家直接投资流量分布

资料来源：商务部，统计局，外汇管理局．2015 年度中国对外直接投资统计公报［M］．北京：中国统计出版社，2016.

2015 年，中国对欧洲国家直接投资流量分布主要集中在荷兰、俄罗斯联邦、英国、德国、法国、瑞典、瑞士，由于中企撤资转向荷兰，导致上一年的榜首卢森堡未入榜单。2015 年中国对荷兰的直接投资流量达到历史新高 134.63 亿美元。不同于在其余国家的投资均呈现出一定程度的波动，中国对德国的直接投资表现相对平稳，总投资额递增。（如图 1－25）

表 1－1　2015 年中国对外直接投资存量前 20 位的国家（地区）

序号	国家（地区）	流量（亿美元）	比重（%）
1	中国香港	6568.55	59.8
2	开曼群岛	624.04	5.7
3	英属维尔京群岛	516.72	4.7
4	美国	408.02	3.7
5	新加坡	319.85	2.9

续表

序号	国家（地区）	流量（亿美元）	比重（%）
6	澳大利亚	283.74	2.6
7	荷兰	200.67	1.8
8	英国	166.32	1.5
9	俄罗斯联邦	140.20	1.3
10	加拿大	85.16	0.8
11	印度尼西亚	81.25	0.7
12	卢森堡	77.40	0.7
13	德国	58.82	0.5
14	中国澳门	57.39	0.5
15	法国	57.24	0.5
16	哈萨克斯坦	50.95	0.5
17	老挝	48.42.	0.4
18	南非	47.23	0.4
19	阿联酋	46.03.	0.4
20	缅甸	42.59	0.4

资料来源：商务部，统计局，外汇管理局.2015 年度中国对外直接统计公报［M］. 北京：中国统计出版社，2006.

2015 年末，中国对外直接投资存量前 20 位的国家（地区）累计达到 9880.59 亿美元，占中国对外直接投资存量的 89.8%。

在中国对外直接投资中有近七成流向中国香港、开曼群岛和英属维尔京群岛（如表 1－1）。众所周知，上述三大离岸金融中心既可以提供相对完善的离岸基础设施和法律体制使投资资本有效地流向国际市场，又可以起到资产保障、合理避税的作用，因此深受国内机构和高净值投资者的追捧。

（2）“一带一路”地区：对外投资主要流入新加坡

在“一带一路”沿线，2015 年，中国对新加坡的直接投资流量远高于对俄罗斯联邦、印度尼西亚、阿联酋等国的投资流量。（如图 1－26）

2015 年，中国企业共对“一带一路”沿线的 49 个国家和地区进行直接投资，投资额合计 189.3 亿美元，同比增长 38.6%，是对全球投资增幅的 2 倍，占当年流量总额的 13%。投资主要流向新加坡、俄罗斯、印尼、阿联酋、印度、土耳其、越南、老挝、马来西亚、柬埔寨等。[①] 中国对“一带一路”各国的直接投资存在较大

① 中国商务部.［EB/OL］http://fec.mofcom.gov.cn/article/fwydyl/tjsj/201601/20160101239838.shtml.

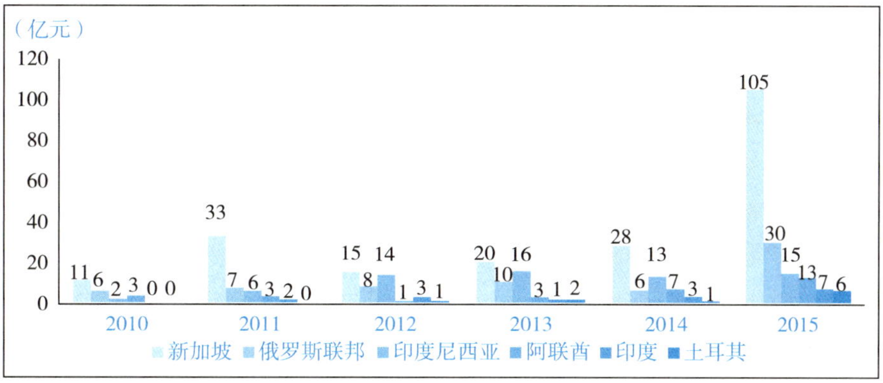

图1－26　2010—2015年中国对“一带一路”沿线部分国家直接投资流量

资料来源：商务部，统计局，外汇管理局.2015年度中国对外直接投资统计公报［M］.北京：中国统计出版社，2016.

国别差异，多元化国家的投资格局暂未形成。

4. 中国企业对外投资主体与投资形式具体变化情况

（1）非国有企业在对外投资主体中占比上升

2015年，在中国对外非金融类直接投资存量中，国有企业占比50.4%，非国有企业占比49.6%（如图1－27）。虽然国有企业仍然在非金融类投资存量中占据主导地位，但所占比例在逐年下降，非国有企业的占比稳步提升，投资存量的主体结构持续变化。

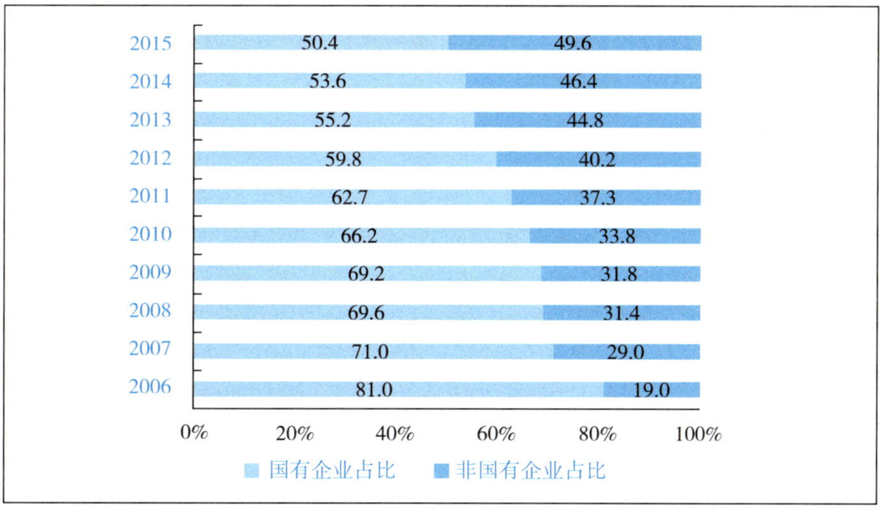

图1－27　2006—2015年国有企业和非国有企业对外投资存量占比情况

资料来源：商务部，统计局，外汇管理局.2015年度中国对外直接投资统计公报［M］.北京：中国统计出版社，2016.

（2）海外并购规模扩大且行业趋于多元化

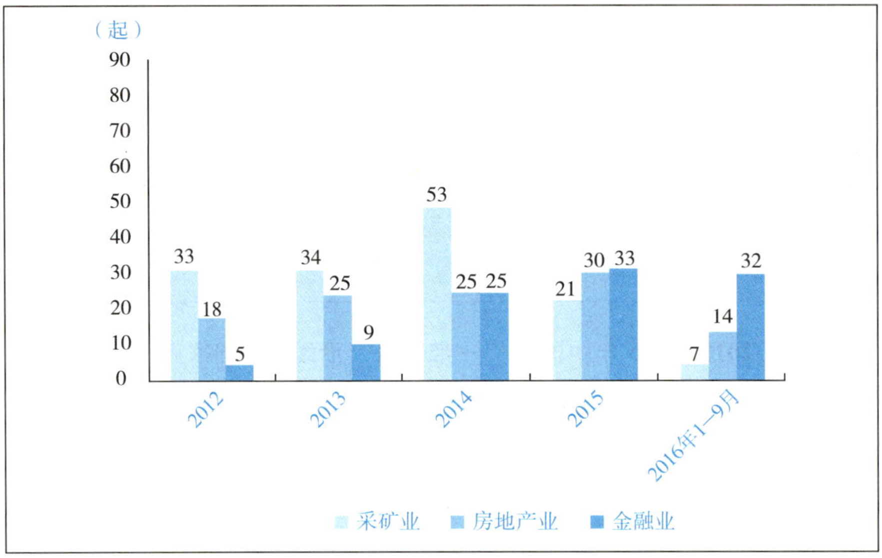

图 1－28　2012—2016 年 9 月中国企业海外并购行业对比

资料来源：CCG 数据库①。

2012—2016 年 9 月，中国企业海外并购的行业发生了较大变化（如图 1－28）。由能源矿产行业为主导转向金融业、房地产业等多元化行业并存。具体而言，中国企业采矿业的海外并购案例数近几年先升后降，2016 年 1—9 月，采矿业的并购案例数为 7 起；房地产业的并购案例数已超越采矿业，预计至 2016 年底仍然会有一定程度增长；金融业 2014 年以后的海外并购活跃，2015 年达到 33 起，2016 年 1—9 月达到 32 起，预计全年数量仍会增长。

越来越多的中国企业渴望通过海外并购获取市场份额和核心技术。2015 年，中国采矿业对外直接投资同比下降 32%，制造业（108.5%）、信息传输/软件和信息技术服务业（115.2%）、科学研究和技术服务业（100.5%）、文化/体育和娱乐业（236.6%）、水利/环境和公共设施管理业（148.1%）、住宿和餐饮业（195.5%）则实现翻倍增长。可见，中国企业的海外并购之路已不再是为了保障关键资源的供应，更多的是获取海外市场的管理经验以及国外的先进科技，把握信息时代的发展方向。

① 本数据库统计涵盖已完成和进行中以及通过海外子公司进行的投资并购案例。

（3）形式由单一横向并购过渡到纵向和混合并购共存

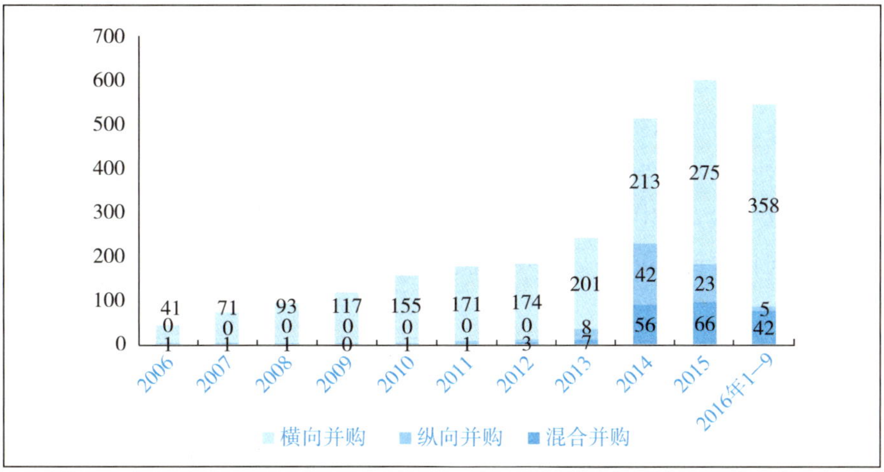

图1－29　中国企业海外并购类别变化

资料来源：CCG数据库。

投资方式由过去的单一横向并购[①]过渡到如今纵向并购[②]、混合并购[③]的多种方式并存，其中横向并购依然占据着主导地位（如图1－29），这与企业发展规模扩大关系甚密。

（4）绿地投资案例数较少，并购投资案例数不断增长

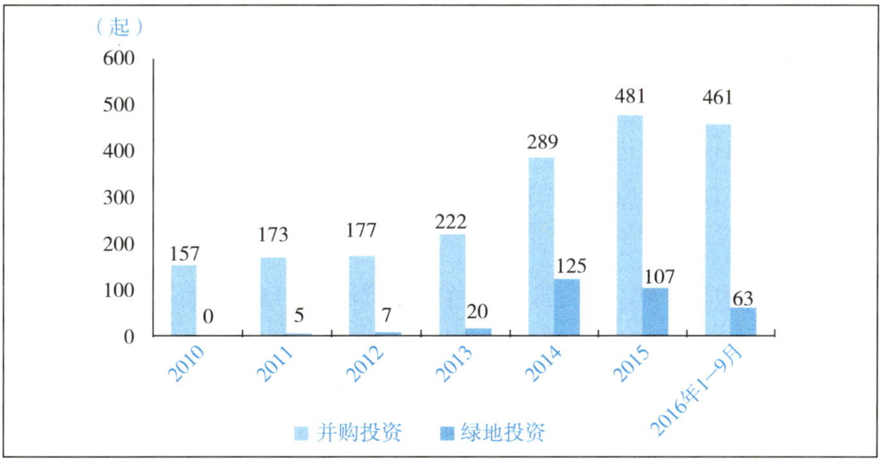

图1－30　绿地投资和并购投资的案例数

资料来源：CCG数据库。

---

① 横向并购：指两个或两个以上生产和销售相同或相似产品企业之间的并购行为。

② 纵向并购：指生产过程或经营环节相互衔接、密切联系的企业之间，或者具有纵向协作关系的专业化企业之间的并购。

③ 混合并购：指一个企业对那些与自己生产的产品不同性质和种类的企业进行并购，其中目标公司与并购企业既不是同一行业，又没有纵向关系。

中国企业对外投资中的绿地投资数目一直较少，而且2014年后逐年递减，并购投资数目总量呈现持续增长趋势（如图1－30）。即便如此，中国仍是世界上最重要的绿地投资来源国之一。

（二）中国对外投资政策变迁分析：从严格限制到简政放权

从改革开放至今，中国对境外投资政策不断优化，突破企业境外投资审批瓶颈，为中国资本走向世界铺平道路。纵观我国对外投资政策的变迁历程，呈现出从“限制”到“鼓励”的发展趋势。

中国对外投资政策可以分为4个阶段。（如表1－2）

第一阶段（1979—1991年）属于严格限制阶段。首次允许出国办企业，但外汇储备有限，在管理机制上的控制也极为严格，对于境外投资的审批手续烦琐。1990年，我国外汇管理局对企业对外直接投资所需外汇的使用、所赚外汇的管理等方面进行详细规定，指出用于境外投资的外汇资金限于境内投资者的自有外汇，未经国家外汇管理局批准不得使用其他外汇资金。

第二个阶段（1992—2001年）属于谨慎鼓励阶段。此阶段对外直接投资必须在国家宏观管理下，有目的、有计划地进行，必须严格按照规定的审批程序办理。

这一时期，对外投资的主体由对外工程公司和外贸公司逐步转移到大型工商企业，除国有企业以外，股份制企业以及民营企业也加入对外投资行列。企业对外投资已不再是上一阶段的建立窗口公司或代表处，而是以合资公司、独资公司等形式出现，并购投资也进一步增加。随着政府对海外投资的推动以及中国加入世界贸易组织（WTO）的最终确定，蓄势待发的中国企业对外投资进入一个全新的阶段。

第三阶段（2002—2007年）属于适当放宽阶段。中央政府支持企业对外直接投资，提出“走出去”战略。

这一时期，政府出台了一系列鼓励对外投资以及促进对外投资的政策措施，得益于加入“WTO”以及“走出去”战略的实施，中国对外投资规模呈现高速增长的势头。开展对外投资的企业从2001年的3091家增长到2007年的7000多家。中国的联想、万向、华为、TCL等民营企业表现抢眼，国有企业在能源与资源领域的并购交易十分活跃，对外投资的主体趋于多元化。

第四阶段（2008—至今）属于简政放权阶段，大幅为中国企业海外投资政策“松绑”。

这一阶段，对境外投资从2009年的“简易审查”放松至现在的海外投资备案制。特别是2014年，国务院公布《政府核准的投资项目目录（2014）》中提出，将核准制改为备案制，除境外投资涉及敏感国家、地区、行业外，中国企业海外投资一律实行备案制，简化审查形式。此外，加大政府扶持力度，创造更加便利的环境支持境外投资。2016年5月11日，国务院总理李克强召开国务院会议，又将投资项目前期的审批事项由65项减少至42项，其中规划许可和市政建设等24项审批整合至8项，保留的审批事项全部纳入政务在线服务平台。①

总体而言，改革开放30年来，我国对外投资政策经历了从“限制海外投资”到“鼓励海外投资”的政策演变。近年来，政府不断鼓励中国企业“走出去”，在政策上不断简政放权，简化了境外投资的审批程序，缩短了办理时限，进一步优化了企业的境外投资环境，更好地促进了我国境外投资快速、健康地发展。

表1－2 中国对外投资政策的发展进程

阶段	重要政策	政策要点
起步阶段 1979—1991年	1979年国务院《关于经济改革的十五项措施》	允许出国办企业，明确支持中国企业对外投资
	1980年《中华人民共和国外汇管理暂行条例》	标志外汇管理体制正式起步
调整蓄势阶段 1992—2001年	1993年外经贸部《境外企业管理条例》	明确规定政府各部门外资管理职能
	1995年《关于印发〈对外经济合作企业外派人员工资管理办法〉的通知》	规定外派人员工资管理原则
	1996年《中华人民共和国外汇管理条例》	以法律形式巩固外汇管理制度
	1996年《境外投资财务管理暂行方法》	第一个标准统一的境外投资的财务管理制度
	1997年《关于进一步加强在境外发行股票和上市管理规定》	加强在中国香港注册中资上市公司在监管方面的管理规定
	1999年《关于鼓励企业开展境外带料加工装配业务的意见》	提出组织和支持企业到非洲、中亚、中东、东欧和南美，开展境外带料加工装配
	1999年《关于简化境外带料加工装配企业经营管理人员外配审批手续的通知》	鼓励中国轻工、纺织、家用电器等机械电子以及服装行业到境外开展带料加工装配
	2001年《国民经济和社会发展第十个五年计划纲要》	提出健全境外投资的服务体系，为“走出去”创造条件

① 《李克强主持召开国务院常务会议》，2016年5月11日。

续表

阶段	重要政策	政策要点
高速增长阶段 2002—2007 年	2003 年《关于简化境外加工贸易项目审批程序和下放权限有关问题的通知》	简化境外审批程序，为境外直接投资提供外汇便利
	2004 年《境外投资项目核准暂行管理办法》	将境外投资项目分为开发类和非资源开发类，并制定了不同标准
	2004 年《关于发布 < 对外投资国别产业导向目录 > 的通知》	引导企业利用国内外市场，为符合条件的对外投资企业提供优惠政策
	2004 年《关于对国家鼓励的境外投资重点项目给予信贷支持》	要求银行每年安排境外投资专项贷款，提供企业出口信贷优惠利率
	2005 年《关于实行出口信用保险专项优惠措施支持个体私营等非公有制企业开拓国际市场的通知》	支持非公有制企业开拓国际市场
稳定增长阶段 2008 年至今	2008 年《商业银行并购贷款风险管理指引》	为符合条件的商业银行对国内企业在海外的资产整合提供金融支持
	2009 年《境外投资管理办法》	将大部分境外投资的审核权限下放到省级，简化国外投资的核准程序
	2013 年《政府核准的投资项目目录（2013 年本）》	目录对国家发改委和商务部的投资审批权限进行了大幅削减和下放
	2014 年 5 月 8 日，《境外投资项目核准和备案管理办法》	取消 3 亿美元以下境外投资项目书面报告，将 3 亿美元的核准标准提升为 10 亿美元
	2014 年 10 月 31 日，《关于发布政府核准的投资项目目录（2014 年本）》	规定除涉及敏感国家、地区、行业的境外投资外，发改委立项一律简化为备案制

资料来源：根据公开资料整理。

（三）中国企业对外投资发展趋势分析

1. 流量：2018—2020 年中国对外投资流量有望突破 2000 亿美元

中国企业大举“走出去”的条件正日益成熟，在过去 10 年取得了跨越性发展，投资流量从 2010 年 688.1 亿美元增长到 2015 年 1456.7 亿美元，根据年复合增长率公式①，2010—2015 年增长率达到 13.2%，考虑到中国对外投资尚处于初级阶段，并正在积极实施“一带一路”战略，对外投资仍具有较大的提升空间，预计 2018—2020 年中国对外投资流量有望突破 2000 亿美元。（如图 1－31）

① 年复合增长率＝（现有价值/基础价值）$^{(1/年数)}$－1。

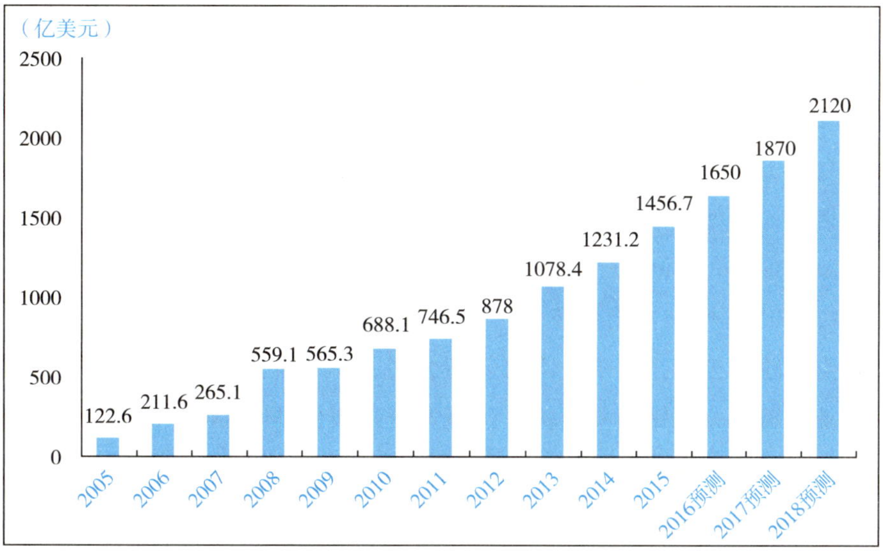

图 1－31　中国对外投资流量趋势

资料来源：商务部，统计局，外汇管理局. 2015 年度中国对外直接投资统计公报［M］. 北京：中国统计出版社，2016.

2. 区域：发达国家、“一带一路”沿线区域、非洲各具特点

（1）美国、欧洲、澳大利亚等发达国家和地区商机

2015 年，美国外国直接投资流入量达到 2999.7 亿美元，为全球之首；IPA 2016—2018 年最受欢迎投资目的地中，美国又居首位。① 2010—2015 年，中国对美国直接投资除 2014 年下滑外，其余年份均呈上涨态势。截至 2015 年末，中国企业在美国直接投资存量为 408.02 亿美元，美国是中国对外直接投资的第四大目的地。② 中国对美国的投资非常多元化，涵盖广泛的行业部门：ICT、生物健康科技、金融服务、房地产、汽车工业、娱乐、能源、汽车等。

预计这种多元化的投资趋势将继续。一方面，中国经济正在转型升级，国内产业结构正在调整，国家层面提出创新驱动发展战略，而美国正是世界创新的高地，在国内制度环境、政策法律体系无法激发蓬勃的原始创新、自主创新的情况下，投资于美国是明智之选。另一方面，中国目前正处于新一轮的消费升级浪潮中，从传

① 联合国贸易和发展会议. 2016 年度世界投资报告［EB/OL］. http：//unctad. org/en/pages/PublicationWebflyer. aspx？ publicationid = 1555.

② 中华人民共和国商务部 2016 年 1 月 28 日发布的数据。前三大均为离岸金融中心，分别为中国香港（16565. 55 亿美元）、开曼群岛（624. 04 亿美元）和英属维尔京群岛（516. 72 亿美元）。荣鼎咨询数据则显示，1990—2015 年间，中国对美国直接投资存量为 638 亿美元，比中国商务部数据多出 230 亿美元。

统的生存型、物质型消费让位于服务型、发展型消费，对娱乐、文化、通信、医疗保健、旅游等提出较高的消费需求，与在这些领域较为发达的美国存在较大的投资合作空间。

荣鼎咨询分析认为，美国的创新集聚、知识产权和科技人才是吸引中国企业投资的重要因素。例如，中企收购了 ICT 业的 Integrated Silicon Solutions，汽车工业的 Henniges Automotive、Burke、Porter Machinery，航空业的 AlignAerospace、United Turbine Corp.，以及医疗和生物科技行业的 Cytovance Biologic、NextCODE Health 等。另一显著特点是中国公司投资于美国初创型公司，早期阶段介入，尤其是在生物科技和软件行业。例如，无锡药明康德新药开发公司投资 AltheaDx、丽珠医药投资 Cynvenio Biosystems、腾讯投资 Glu Mobile、阿里巴巴投资 Quixey 等。①

欧洲发达国家是中国企业未来投资的另一重点。因为中国企业海外投资已呈现出从购买资源到购买技术、品牌、房地产和其他资产的显著转变。欧洲发达国家恰好拥有后者并且在世界经济低迷的大环境下价值多被低估，需要外国资本流入以振兴经济。以往中国国有企业对欧洲投资较多，展望未来，民营企业和中国东部沿海发达地区的财务投资者将对欧洲的投资愈发活跃。

德国是欧洲接收中国投资的重点国家。德国没有专门的《外资法》，对外资实行较为宽松的市场准入政策，外国资本投资德国原则上没有限制，与本国投资者享有同等待遇。随着德国私有化进程的发展，原来禁止投资者进入的领域如水电供应、基础设施、能源、医药等现在也对境内外投资者放开，但须对投资者个人能力、经济实力和技术水平等进行调查，对投资项目进行审批。②

中国企业对德投资初期多集中于先进制造业，如汽车制造、工业装备制造等，从近年趋势看，中企对德投资行业扩展到 IT、金融、商业服务、消费品等领域，呈现出更加多元化的特点。

澳大利亚是中国在大洋洲的第一投资目的国。在中国对外直接投资的全球投资目的地中，2015 年末澳大利亚吸收的中国投资存量达 283.74 亿美元，仅次于美国和新加坡③。2015 年，中澳签署自由贸易协定，关税降低提升了中国企业的盈利能力和资产价值。澳元的相对贬值也吸引更多的中国企业投资。2015 年，中国对澳投

---

① Rhodium Group. http：//rhg. com/.

② 中华人民共和国驻德意志联邦共和国大使馆．德国投资促进政策简介［EB/OL］［2016－04－14］http：//de. mofcom. gov. cn/article/ztdy/201604/20160401296128. shtml.

③ 商务部．统计局，外汇管理局．2015 年度中国对外直接投资统计公报［M］．北京：中国统计出版社，2016.

资流量为34.01亿美元，与2013年持平，比2014年略降。展望未来，农业、食品、基础设施、高端制造和房地产会是中国企业在海外投资的重点行业，澳大利亚恰好具备优势，可以为中国企业提供许多中国消费者所期望的产品和服务，例如优质的房地产、食品、旅游，高质量的医疗保健和生命科学技术，以及高等教育服务等，因此预计中国企业将进一步加大对澳的投资。

(2) 对外直接投资将朝"一带一路"沿线区域发展

随着"一带一路"战略构想的落实与深化，中国与"一带一路"沿线国家的经济合作将更为紧密。中国在"一带一路"沿线的投资将重点围绕新加坡、印度尼西亚、老挝、巴基斯坦、泰国等国家。与此同时，中国正在以沿线中心城市为支撑，大力推进"六大经济合作走廊"包括新亚欧大陆桥、中蒙俄、中国—中亚—西亚、中国—中南半岛、中巴、孟中印缅的建设，涉及铁路、公路、港口、电力、管道等。① 其中，孟中印缅经济走廊不仅直接惠及四国，其辐射作用还带动南亚、东南亚一带联合发展；中巴经济走廊不仅能推动中巴两国商贸发展，还有助于南亚的互通互联等。可见，多条经济走廊不仅将沿线60多个国家和地区与中国连为责任和利益共同体，更为地区和国际社会的发展提供了进一步开放合作。中国在"一带一路"地区的投资辐射面会更广，未来将形成多元化的投资格局。

(3) "一带一路"沿线发展中国家和非洲将承接中国劳动密集型加工制造业和转移

当前中国的产业结构正经历调整和转型，预计2020—2025年以后，加工贸易类产品将不再是出口产品的主体，代之以高附加值、高技术含量的高端制造产品。一部分企业应适应市场对高端产品的需求，升级为高端制造业企业；绝大多数劳动密集型的中低端制造业企业，转移到低收入、低成本国家和地区才有利润空间，这是大势所趋。

再者，世界上16岁以下人口的分布代表着世界未来劳动力和创新潜力所在，他们90%居住在发展中国家。② "一带一路"沿线发展中国家恰为我国劳动密集型产业转移提供了条件。当地劳动力和资源优势结合，具有突出的生产成本优势。

非洲也值得我国劳动密集型企业关注。2015年中期，非洲人口约11.5亿，每年人口增长约3000万。这些人口中大量是农村剩余劳动力，年轻人比例高，工资水平是我国的10%～50%。与东南亚的越南、柬埔寨、老挝等国相比，非洲承接我国

---

① 我国将推进"一带一路"六大经济合作走廊建设［EB/OL］［2015-09-24］http：//news.xinhuanet.com/2015-09/24/c_128262923.htm.

② 世界银行数据.http//www.worldbank.org/.

劳动密集型产业转移的能力更强、工资更低。展望未来 20 年，由于有大量剩余劳动力的存在，非洲工资长期难以上涨。此外，部分非洲国家社会稳定，政府发展经济积极，所以有可能成为承接我国劳动密集型产业转移的一块热土。2016 年，商务部非洲司在调研之后将埃塞俄比亚、肯尼亚、坦桑尼亚、刚果（布）、南非、埃及、安哥拉和莫桑比克列为我国重点投资潜力国家，整体投资规划为“基础设施建设 + 产业园区、经济特区或自贸区”组合拳。我国已有一些企业成功地迁移至非洲，例如著名制鞋企业东莞华坚集团在埃塞俄比亚设立了华坚国际轻工业园，为其他劳动密集型产业转移提供了经验。

3. 行业：服务业 + 国际产能合作 + 基础设施 + 产业园 + 房地产

（1）中国对澳大利亚、美国投资行业向服务业拓展

中国在澳大利亚、美国的投资，无论增长速度，还是投资行业分布向服务业拓展的趋势，都非常类似。在澳大利亚和美国，中国企业投资非常多元化，涵盖行业广泛，如先进技术、健康医疗、金融服务、房地产、休闲娱乐旅游、食品等。课题组分析认为，中企投资行业偏好的变化，体现出中国经济“新常态”下的特点：聚焦于满足中产阶级对高品质食品、健康产品、生活方式和服务的需求。

（2）推动国际产能合作和装备制造业合作

2016 年前 9 个月，我国对外直接投资流向制造业的金额为 243.9 亿美元，增长 168.1%，占同期对外直接投资总额的 18.2%。其中流向装备制造业 150.6 亿美元，是上年同期的 3.5 倍，占制造业对外投资总额的 61.7%。未来这一趋势将继续。

根据国务院的指导意见，未来我国将推动航天航空装备的对外输出以开拓中国的航空市场：选取亚洲或者非洲条件较好的地区设立合资航空运营企业并且建立后勤保障基地，形成航空运输网，打造区域航空中心；支持优势航空企业投资国外研发中心，加强与发达国家在卫星设计和零部件制造方面的合作。

此外，我国将推动钢铁、有色行业产能对外合作，对国内现有钢铁行业进行结构调整，出口成套设备。通过投资、收购、承包工程的方式在资源条件以及有市场潜力的国家进行炼铁、炼钢的生产，同时结合境外矿产资源开发，延伸下游产业链。

发挥轻工纺织行业优势，在劳动力资源丰富、生产成本低、靠近目标市场的国家投资建设棉纺、化纤、家电和食品加工，以带动相关产业出口。①

---

① 商务部．国务院关于推进国际产能和装备制造合作的指导意见［EB/OL］［2015-11-24］http：//fec.mofcom.gov.cn/article/tjgjcnhz/zcwj/201511/20151101193011.shtml.

通过利用国际产能合作，一方面形成联动机制，提升海外投资水平，把我国逐渐失去优势的低端制造环节转移到越南、孟加拉、印尼等国家；另一方面将国内资源从生产环节转移至服务环节，完成产业升级。

（3）交通运输基础设施对外投资大幅攀升

随着“一带一路”政策的推进，中国对外投资行业中投向交通运输产业的占比将大幅攀升，例如中老铁路开工奠基、中泰铁路启动、印尼雅万高铁项目开工等。交通基础设施建设“走出去”将带动铁路建设、航空服务、设备以及整机生产等产业的发展。

（4）产业园区、经济特区建设高速发展

在埃塞俄比亚、肯尼亚、坦桑尼亚、刚果（布），我国将集中资源优势打造示范区，将铁路、公路、港口等大型基础设施建设同产业园区、经济特区建设结合起来，努力建成沿线产业带，形成大型基础设施与产业发展的良性互动；鼓励中国企业参与南非经济特区投资和建设，推进港口、油气资源开发、渔业等海洋经济合作。在埃及、安哥拉、莫桑比克，中国将优先在道路、铁路、港口、工业园和经济特区的建设和工业化方面进行投资，以发展经济。在东南亚、中亚，我国投资的各类产业园区也在建设中或规划中。

（5）房地产海外投资上涨趋势稳定

从2006—2015年中国对外直接投资行业趋势图分析，房地产业从2012年开始对外投资流量显著提升且未发生明显波动，整体上涨趋势稳定。(如图1－19)[①]

从2015年我国房地产海外投资成交量来看，海外投资者的布点速率在逐步加快。以安邦保险、人寿保险、太平洋保险为代表的国内机构投资者投资海外房地产的方式已不限于门户城市的商业地产，同时也在尝试通过股权合作等模式介入包括物流设施等其他投资类型，及以资产外包形式出现的房地产投资标的。

预计到2020年，中国对外直接投资流量有望突破2000亿美元大关，甚至逼近2500亿美元，将诞生一些以中国为基地的具有国际竞争力的大型跨国公司。中国企业大规模国际化发展时对海外房地产，尤其是商业地产、工业地产和物流仓储地产将形成需求。此外，越来越多的中国高净值家庭选择送子女出国读书，对海外住宅类房地产形成“刚需”，也刺激了海外置业需求。

---

① 商务部，发改委，外汇管理局．中国对外直接投资统计公报（2006—2014）［M］．北京：中国统计出版社，2006—2014.

鉴于2016—2020年世界经济总体增长缓慢，欧美等市场资产价值相对被低估，预计未来中国企业在发达国家的房地产投资将稳步增长。

4. 中国企业投资主体和投资形式变化趋势

（1）对外投资主体多样化

随着对外直接投资规模和投资主体数量的增长，越来越多其他类别的企业加入对外直接投资行列，加之中国国有资本经历了持续的大规模重组，日益向资本和技术密集行业集中，从不少竞争性行业退出，国企在投资主体总数中占比呈下降趋势。国家将加快制定并实施《对外直接投资法》及相关的国际产能合作规定，明确法律法规和各部门职能，鼓励各类型企业结合自身特色，通过多种方式实现“走出去”战略。①

（2）并购投资案例数稳步增长，绿地投资近年出现递减趋势

企业全球化研究课题组数据库收录了2000—2016年9月公布的中国企业对外投资案例，显示出并购投资这一形式正在被越来越多的中国企业所采用，企业倾向于通过海外并购达到对外投资的目的，与此同期绿地投资数目先增后减，可以预计绿地投资在未来将不再是对外投资的首选形式。

（3）跨国并购产业向技术服务型倾斜，形式朝混合并购发展

从海外并购的行业和形式变化可知，服务型行业的海外并购将持续保持较高热度，因为金融服务类行业打破传统垄断。通过并购，企业可以迅速掌握核心技术，从而快速发展起互联网金融、健康IT、教育信息化、交通信息化等子行业。

海外并购的金额和案例数总体呈现递增的趋势，纵向并购和混合并购虽然起步较晚，但发展迅猛，成为未来海外并购的新方式。

5. 中国对外投资政策的动向与趋势

（1）对外投资便利化程度加强

总体而言，中国对外直接投资政策的发展趋势是从限制到鼓励，项目的审批权限逐步下放，审核周期逐步缩短，企业用汇趋于便捷。

中国正在通过简政放权等一系列手段加大对投资的力度。商务部对外投资和经济合作司对新修订的《境外投资管理办法》（简称《办法》）进行了解读，《办法》进一步简政放权，按照《核准目录》规定，改变对境外投资开办企业由商务部和省

① 商务部．在国家层面推进民营企业国际产能合作［EB/OL］［2016－05－18］http：//fec. mofcom. gov. cn/article/tjgjcnhz/xgzxhlj/201605/20160501320562. shtml.

级商务主管部门全面核准的方式，实行“备案为主、核准为辅”的管理模式，并最大限度地缩小核准范围，大幅提高了境外投资的便利化水平。

（2）国家部委支持企业对外投资的职能更加明确

未来对外投资政策首先将继续朝着增强企业对外投资的自主权、建立完善各项服务体系的方向发展。商务部现已开始了一些实质性的有利于企业对外投资决策的工作，比如发布国别投资环境报告、实行境外风险预警和加强对境外人员的安全管理。可以预见，未来政府各部委在支持对外投资方向的职能也会更加具体与明确。

（3）金融支持企业“走出去”的力度加大

一是推进融资多元化灵活发展。为适应人民币加入SDR（Special Drawing Right）之后面临的要求，把握与宏观经济的热度、整体的偿还能力和国际收支状况相应的跨境融资水平，控制杠杆率和货币的错配风险，实现本外币一体化管理，政府将继续鼓励我国金融机构实施一系列跨境融资的宏观审慎监管和行为监管制度。另外，政府不断推进外汇储备多元化运用，发挥政策性银行等金融机构作用，吸收多元化资本积极参与，采取债券、基金等形式，为我国企业海外发展提供长期、灵活的外汇资金支持，是接下来的金融政策发展导向之一。

二是持续完善“一带一路”金融支持政策。随着我国“一带一路”战略构想的进一步推进，多项金融扶持政策将不断完善。我国政府在优惠出口买方信贷、援外贷款和出口信用保险等方面都会加大政策支持力度；除了已经建立的丝路基金外，还有可能建立国别基金、产业基金等；同时，还将鼓励和更多“一带一路”沿线国家建立双边合作基金和自贸区，构建依托周边、面向全球的自贸区网络。

三是政策引导我国金融机构的海外发展布局。为配合我国企业“走出去”的步伐，解决企业海外发展融资难问题，政府将继续通过打造有利于金融机构国际化的发展环境，提高我国金融机构海外布点力度，提升我国在国际金融体系中的影响力，为中国企业“走出去”、海外经营发展提供直接的金融服务。接下来，政府将进一步开放国内金融机构的市场准入，允许更多的民营资本通过正规渠道进入金融行业，通过竞争提升金融机构国际化经营能力。另外，加大政府间国际金融合作，加强与相应国家的沟通力度，为我国金融机构国际化经营铺平道路。

第二部分　企业篇

Enterprises Report

企业全球化发展不仅仅指代企业“走出去”，不“走出去”同样要应对全球化发展带来的机遇与挑战。

20世纪80年代初期，跨国公司为扩大其经营规模不断开拓国际新市场，迎来了企业全球化发展的高峰时代。与此同时，随着我国改革开放的深入发展，中国作为新兴市场，与巴西、俄罗斯、印度并列为蕴藏巨大潜力的金砖国家（BRIC）。通过加工贸易，中国企业被动地参与到全球产业分工体系中。但加工贸易的附加值低，在全球价值链中处于“微笑曲线”的最低点，高附加值的研发与营销环节则掌握在外资企业手中。

改革开放30多年来，中国经济不断积累与发展，从依赖资源粗放投入的传统制造产业转向一、二、三产业协调均衡的集约式发展。在21世纪全球化发展的浪潮中，中国企业能否抓住机遇，改变过去被动地参与全球化的局面？中国企业能否积极主动地参与全球竞争，在全球范围内配置资源，加快产业转型升级？中国企业能否在激烈的全球市场竞争中不断地突破困难，提升企业的产业地位、品牌效益与竞争力？

在企业篇中，企业全球化研究课题组将结合世界经济全球化的宏观背景，论述中国企业积极进行全球化发展的必要性；分析中国企业应对“天涯若比邻”的全球化进程的发展战略，以供“走出去”的中国企业借鉴。

企业全球化又称企业国际化，主要指以跨国公司为主要载体，实施销售的全球化、生产的全球化、服务的全球化、管理的全球化、融资的全球化以及人才的全球化等内容。

根据企业全球化的特征，可以选择核心指标来判断企业实施全球化发展的程度，如联合国贸发会议发布的“跨国指数”（TNI）。

企业全球化发展与世界经济的发展趋势密不可分，主要驱动因素有：经济全球化、技术革命、区域经济一体化以及企业不断提升核心竞争力的动力。跨国公司是经济全球化的载体和推动者；新技术革命是现代经济增长的主要推动力量，也是实现企业全球化发展的动力因素；区域经济一体化为企业全球化创造了体制条件，如贸易争端解决机制、统一的竞争政策、知识产权保护标准、共同的环境标准和劳工标准等；企业自身为了应对激烈的市场竞争，必须拥有核心竞争力，在发展中不断寻求更廉价的资源、更优秀的技术与管理，以及更广泛的市场。此外，各国经济体制的变革也是企业全球化的驱动因素之一，可为企业全球化发展提供必要的体制环境和政策条件。

中国企业全球化发展，将在更大范围内配置资源和拓展市场，并在技术、管理和经营理念上与国际接轨，从而在国际舞台上竞技，并由此诞生出一批原生于中国的跨国公司。

一、企业全球化发展的理论研究

（一）价值链理论

1. 全球价值链[①]

全球价值链（Global Value Chain）是全球企业相互连接而形成的有序集合，企业以价值增值为目的在价值链中从事商品及服务的设计、商品开发、营销、生产、

① 梁能．跨国经营概论［M］．上海：上海人民出版社，1995：113－117.

售后到最后循环利用等多个活动。通过外国直接投资、贸易和非股权安排中的某一种或多种方式，企业便能够参与全球价值链。交易成本、治理结构、风险和当地资源条件与政策环境等均为企业主体融入全球价值链时的考虑因素。

企业参与全球价值链后，可以通过从低附加值活动移向高附加值活动，获得额外能力及更大的利益，以实现“价值链升级”。

不同产业、产品的价值链和所包含的不同行业的附加值决定了价值链升级的差异性。因此，价值链升级的具体形式由价值链本身的性质、结构、治理及主导企业的特征等因素决定。

2. 产业价值链①

1985 年，哈佛商学院教授迈克尔·波特（Michael Porter）在《竞争优势》（*Competitive Advantage*）一书中提出，“每一个企业都是在设计、生产、销售、发送和辅助其产品的过程中进行种种活动的集合体。所有这些活动可以用一个价值链来表明”。可见，每个企业都处在产业链中的某一环节。一个企业要赢得和维持竞争优势，不仅取决于其内部价值链，还取决于在一个更大的价值系统——即产业价值链（Industrial Value Chain）中同其供应商、销售商以及顾客价值链之间的联结。

产业价值链是在产业层面上企业价值融合得更加庞大的价值系统。在未形成之前，各企业的价值链是相互独立的，彼此间的价值联结是松散的。经过产业整合之后，企业被捆绑到一个产业价值链系统里，实现整个产业链的价值创造和实现。台湾王永庆创办的台塑集团在国际化扩张中建立起“全价值链”体系；海航集团在全球化发展中也呈现出向产业上下游延伸的特点，以创造出更多的价值。

（二）企业经营国际化理论

1. 带动论②

（1）订单带动论

最初，企业拥有很多海外客户的订单，这些订单为企业提供关键信息，同时也大大降低了出口风险，使企业迈出国际化的第一步。

该理论认为：如果企业决策者对海外市场的认知不足，企业在国际上的经营就会受到限制，而了解海外市场的重要途径就是去经营，从而获得实际经验。经营者

---

① 梁能．跨国经营概论［M］．上海：上海人民出版社，1995：113－117.
② 梁能．跨国经营概论［M］．上海：上海人民出版社，1995：113－117.

在这一过程中，了解市场运作并把握市场机会，实践经验越丰富、市场信息越灵通，就越有可能对投资机会做出正确的判断和决策。

例如，福建福耀集团、广东唯美陶瓷均是从出口贸易开始，发展至在美国投资设厂。这类企业的做法又被称为“贸易先导型”的“走出去”。高端装备制造企业三一重工也走过了一条从卖产品到绿地投资，再到海外并购的路径。

（2）客户带动论

服务性行业，如银行、保险、广告业企业的跨国经营，通常是来自于客户的带动。一般情况下，客户在国外市场开展业务的同时，对相应的服务提出需求，银行、保险、广告商则跟随客户进入海外扩展业务。

例如，中国银行是中国国际化程度最高的银行，境外机构达六百多家，主要是以“跟着客户走”的方式不断拓展海外业务，提供跨境结算服务，开展贸易融资综合服务、服务兼并收购等，以实现国际化进程①。

（3）竞争带动论

在寡头垄断的行业，当某行业内的一个主要企业走出国界以后，其他企业就会很快跟进。因为任何单一厂商市场份额的大幅度上升，都会导致竞争结构的变动。在这种情况下，企业会决定进行跨国经营，以免在竞争中被淘汰出局。

例如，能源资源行业和对外承包工程（建筑业）类企业通常会出于占有原材料或市场的竞争性目标而赴海外投资。

2. 网络模型②

网络模型，即众多从事生产、销售、服务等活动的企业会组成“企业间的关系网络”，在网络中分工协作，说明企业之间彼此依赖。

企业国际化就是企业在国际市场中建立、发展网络关系的过程。在国际分工下，企业间联系紧密，形成高度国际化的关系网络。企业在国际网络中的地位由其国际化程度决定。网络形成主要有三个途径：①通过国际贸易、国际投资活动，形成网络；②通过地区经济一体化，消除经营障碍，在网络中扩大影响；③利用全球经济一体化，建立更广的网络。

网络模型从“网络中的企业”角度出发，强调企业间的竞争、合作与企业国际

---

① 卢进勇等．中国跨国公司发展报告［M］．北京：对外经济贸易大学出版社，2015：282－283.

② Johanson , Jon. And L. G. Mattsson, （1985）: Marketing Investments and Market Investments in IndustrialNetworks, *International Journal of Research in Marketing* 2（3）, 185 – 195. Johanson , Jon. And L. G. Mattsson, （1986）: International Marketing and Internationalization Process – A Network Approach, In S. Paliwoda and P. N. Turnbull (eds), *Research in International Marketing*, room Helm, London.

化的关系。

网络模型反映出国际化企业在价值链中所对应的位置，使国际化企业对自身定位更清晰。大多数发展中国家企业在网络模型中负责的工作为贴牌代工或加工贸易，并以这种形式融入东道主企业主导的“全球价值链”的生产分工网中。

例如，比亚迪公司在国际化初期为海外手机品牌进行手机部件代工，出口金属机壳、手机按键等产品。机壳业务客户包括三星、诺基亚、HTC 等全球领先厂商，业务份额伴随着同其他企业的长期合作快速提升，成为手机外壳出货量全球第二的多元化企业；同期，比亚迪在智能机生产领域与其他同产业厂商建立了紧密联系，实现了在关系网络中的国际分工。

3. 内外向联系模型①

企业国际化是双向过程，①企业内向型国际化，即商品和服务的进口、购买国外技术和设备；②企业外向型国际化，即商品和服务的出口、输出技术、国外合资合作、设立海外子公司或分公司。② 企业内向国际化过程会影响其外向国际化的发展，企业内向国际化的效果将决定其外向国际化的成功。③

在该模型下，企业国际化是指企业积极参与国际分工，由国内企业发展为跨国公司的过程。企业的内向国际化为外向国际化提供基础和条件：在企业发展早期，通过引进国外技术、设备、管理手段等实现对外交流，熟悉国外管理、运作方式，为随之而来的外向国际化做准备。

例如，万向集团在国际化初期以内向型为主。20 世纪 80 年代，其与主要购买商美国舍勒公司和拥有先进汽车零部件生产技术的外国企业合作，获得经验，为国际化发展奠定基础。90 年代初，其国际化重心转变为外向型国际化，1994 年在芝加哥成立海外分公司，开始一系列并购工作，国内经营也随着由并购获得的海外技术进一步发展，形成内向型与外向型国际化互动推进的局面④。

① Johanson , Jon. And L. G. Mattsson, （1985）：Marketing Investments and Market Investments in IndustrialNetworks, *International Journal of Research in Marketing* 2（3）, 185 – 195. Johanson , Jon. And L. G. Mattsson,（1986）：International Marketing and Internationalization Process – A Network Approach, In S. Paliwoda and P. N. Turnbull（eds）, *Research in International Marketing*, room Helm, London.

② 鲁桐 . WTO 与中国企业国际化［M］. 北京：中共中央党校出版社，2002.

③ Lawrence S. Welch, Reijo K. Luostatinen,《国际化中的内外向联系》, 1993。

④ http：//wenku. baidu. com/view/6126cb3e87c24028915fc3a2. html？ re = view.

4. 多元化经营战略论[①]

多元化（Diversification）的实质是拓展进入新领域，即配置新的竞争优势和壮大现有领域。多元化经营则是企业增加产品品种和差异性，扩大市场和生产经营范围。这种经营方式能够充分发挥企业特长，利用资源，提高经营效益，保持企业的长期生存与发展。[②]

多元化经营战略论在企业的国内经营和国际化发展中均适用，并有助于理解企业发展中的并购行为。

并购（Mergers & Acquisitions）分为横向并购、纵向并购和混合并购三种：①横向并购，即两个或两个以上生产和销售相同或相似产品公司之间的并购行为；②纵向并购，即生产过程或经营环节相互衔接、密切联系的企业之间，或具有纵向协作关系的专业化企业之间的并购；③混合并购，即对提供不同性质和种类的产品与服务的企业实施并购，其中目标公司与并购企业既不是同一行业，又没有纵向关系。

一般而言，并购需要企业拥有足够的经济规模、市场占有率、管理资源、技术水平以及品牌效益。企业对相似企业进行横向并购以扩大规模，因所需的技术类型、管理条件类似，在产品质量把控、营销、服务上差别不大，成功概率较高。例如，海航集团通过投资组建和并购等方式实现横向扩张，形成了囊括加纳 AWA 航空、法国蓝鹰航空、巴西蔚蓝航空、澳大利亚维珍航空等在内的海外航空公司布局，扩大了航线覆盖范围。

企业为了获得更多竞争优势，会选择收购行业中的上下游企业。例如，海航集团收购土耳其 myTECHNIC 飞机维修公司、澳大利亚 Arena 航校、瑞士地面服务公司 Swissport、法国航服公司 Servair 等均属于纵向并购。

混合并购的风险高于横向并购和纵向并购。行业中的龙头企业，为实现多元化扩张、获取更高收益等目标，会选择混合并购。例如，苏宁环球集团通过下属子公司并购韩国动漫上市公司 RedRover，将原有产业拓展到文化领域。

总体而言，企业并购其他产业，寻求新的经济增长点，是全球化发展的战略关键。海航集团的国际化扩张容易被误解为实施了多项混合并购，事实上，集团在大规模国际化发展之前已经采取产融结合的多元化经营模式，而且旗下产业已奠定深厚的发展基础，研究其海外并购案例，我们会发现海航进行的多是旗下各产业的横向并购和纵向并购。

---

① Johanson，Jon. And L. G. Mattsson，（1985）：Marketing Investments and Market Investments in IndustrialNetworks，*International Journal of Research in Marketing* 2（3），185 – 195. Johanson，Jon. And L. G. Mattsson，（1986）：International Marketing and Internationalization Process – A Network Approach，In S. Paliwoda and P. N. Turnbull（eds），*Research in International Marketing*，room Helm，London.

② 鲁梅尔特（R. P. Rumelt）。

二、企业全球化发展评价

(一) 企业全球化发展度量指标

企业全球化或企业国际化的发展程度可以通过指数或模型来测评。联合国贸发会议（UNCTAD）在《2000年世界投资报告：跨国并购与发展》[①] 中首次提出企业跨国程度衡量指数，计算公式为：

TNI =（FSTS + FETE + FATA）/3 × 100%

TNI：跨国指数（Transnationality Index）

FSTS：企业海外销售额占企业总销售额的比例 = 企业海外销售额/企业总销售额

FETE：海外雇员人数占总雇员数的比例 = 海外雇员人数/总雇员数

FATA：海外资产总额占总资产额的比例 = 海外资产总额/总资产额

此计算公式在衡量企业国际化程度的指数中兼顾各行各业，因简洁易测试而被广泛采用。

此外，中国企业家联合会、中国企业家协会以海外资产占企业资产的比例、海外收入占营业收入的比例、海外员工占企业员工的比例为重点指标，核算出中国企业的跨国指数。该指数计算口径与贸发会议的跨国指数（TNI）计算口径一致。

鉴于此，本报告选取两大最具影响力的衡量指标——贸发会议的 TNI 和中国企业家联合会、中国企业家协会发布的跨国指数，对国际企业和中国企业的全球化发展程度加以度量和分析。

(二) 全球企业跨国指数及分析

2016年，贸发会议发布了最新一期“全球非金融类100大跨国公司跨国指数”[②]，具体内容如表2-1所列。

---

① 联合国贸易与发展会议.2000年世界投资报告：跨国并购与发展（*World Investment Report* 2000：*Cross - border Mergers and Acquisitions and Development*）[M]．冼国明译校，北京：中国财政经济出版社，2001：90.

② 联合国贸易与发展会议.*The World's Top* 100 *non - financial MNEs*（2015）[EB/OL]．http：//unctad. org/en/Pages/DIAE/World%20Investment%20Report/Annex - Tables. aspx.

表 2－1　2015 年全球非金融类 100 大跨国公司跨国指数

排名	公司名称	国家和地区（母国）	产业	跨国指数（%）
1	Rio Tinto PLC	英国	石油和矿石开采业	99.2
2	Altice NV	荷兰	电信服务业	97.0
3	Heineken NV	荷兰	食品和饮料加工制造业	96.6
4	Anglo American plc	英国	石油和矿石开采业	94.8
5	Anheuser－Busch InBev NV	比利时	食品和饮料加工制造业	93.1
6	Nestlé SA	瑞士	食品和饮料加工制造业	92.3
7	Schneider Electric SA	法国	公用事业经营与管理业	91.9
8	Linde AG	德国	化学原料及化学制品制造业	91.9
9	British American 烟草加工业 PLC	英国	烟草加工业	90.5
10	WPP PLC	英国	商务服务业	88.6
11	SABMiller PLC	英国	食品和饮料加工制造业	88.3
12	CK Hutchison Holdings Limited	中国香港	零售业	85.8
13	ArcelorMittal	卢森堡	冶金及压延加工业	85.4
14	SAP SE	德国	计算机软件开发业	85.2
15	Volvo AB	瑞典	汽车及零配件制造业	85.1
16	Hon Hai Precision Industries	中国	电子元器件制造业	84.3
17	Mondelez International, Inc.	美国	食品和饮料加工制造业	83.0
18	Vodafone Group Plc	英国	电信服务业	81.2
19	Total SA	法国	原油精炼和其他相关产业	81.0
20	BG Group plc	英国	石油和矿石开采业	80.8
21	Unilever PLC	英国	食品和饮料加工制造业	80.8
22	Christian Dior SA	法国	纺织业	79.4
23	Roche Group	瑞士	制药业	79.2
24	Iberdrola SA	西班牙	公用事业经营与管理业	79.0
25	Imperial Brands PLC	英国	烟草加工业	78.8
26	Fiat Chrysler Automobiles	英国	汽车及零配件制造业	77.9
27	Teva Pharmaceutical Industries Limited	以色列	制药业	77.6
28	Eni SpA	意大利	原油精炼和其他相关产业	77.5
29	Glencore Xstrata PLC	瑞士	石油和矿石开采业	77.4
30	Allergan PLC	爱尔兰	制药业	77.3
31	Telefonica SA	西班牙	电信服务业	76.9
32	Diageo PLC	英国	食品和饮料加工制造业	76.6
33	GlaxoSmithKline PLC	英国	制药业	76.4

续表

排名	公司名称	国家和地区（母国）	产业	跨国指数（%）
34	Honda Motor Co Ltd	日本	汽车及零配件制造业	76.3
35	Mitsui & Co Ltd	日本	石油和矿石开采业	75.2
36	Lafargeholcim Ltd	瑞士	建筑材料及玻璃等制造业	74.5
37	Royal Dutch Shell plc	英国	石油和矿石开采业	74.0
38	Sanofi	法国	制药业	70.5
39	Nissan Motor Co Ltd	日本	汽车及零配件制造业	69.6
40	BP plc	英国	原油精炼和其他相关产业	68.9
41	Robert Bosch GmbH	德国	汽车及零配件制造业	68.1
42	Marubeni Corporation	日本	批发业	68.1
43	Vattenfall AB	瑞典	公用事业经营与管理业	68.0
44	Novartis AG	瑞士	制药业	67.7
45	Liberty Global plc	英国	电信服务业	66.9
46	Schlumberger Ltd	美国	石油和矿石开采业	66.1
47	Siemens AG	德国	工业和商业机械制造业	66.1
48	BHP Billiton Group Ltd	澳大利亚	石油和矿石开采业	65.0
49	AstraZeneca PLC	英国	制药业	65.0
50	Johnson & Johnson	美国	制药业	64.7
51	Softbank Corp	日本	电信服务业	63.9
52	Airbus Group NV	法国	飞机制造业	63.4
53	AP Moller – Maersk A/S	丹麦	运输和仓储服务业	63.4
54	Sumitomo Corporation	日本	批发业	62.9
55	Samsung Electronics Co., Ltd.	韩国	通信器材及设备、元器件制造业	62.9
56	Procter & Gamble Co	美国	化学原料及化学制品制造业	62.0
57	Fresenius SE & Co KGaA	德国	医疗保健服务业	61.8
58	BASF SE	德国	化学原料及化学制品制造业	61.4
59	Exxon Mobil Corporation	美国	原油精炼和其他相关产业	60.7
60	Mitsubishi Corporation	日本	批发业	60.3
61	Volkswagen Group	德国	汽车及零配件制造业	59.5
62	Renault SA	法国	汽车及零配件制造业	59.3
63	Daimler AG	德国	汽车及零配件制造业	59.2
64	Toyota Motor Corporation	日本	汽车及零配件制造业	59.1
65	Apple Computer Inc	美国	计算机及零部件制造业	58.0
66	Enel SpA	意大利	公用事业经营与管理业	57.3

续表

排名	公司名称	国家和地区（母国）	产业	跨国指数（%）
67	General Electric Co	美国	工业和商业机械制造业	56.5
68	América Móvil SAB de CV	墨西哥	电信服务业	56.5
69	Deutsche Telekom AG	德国	电信服务业	55.9
70	Engie	法国	公用事业经营与管理业	55.8
71	Sony Corporation	日本	电子设备制造业	55.5
72	BMW AG	德国	汽车及零配件制造业	55.5
73	Hewlett – Packard Co	美国	计算机软件开发业	54.5
74	International Business Machines Corporation	美国	计算机软件开发业	53.9
75	Chevron Corporation	美国	原油精炼和其他相关产业	53.7
76	E. ON AG	德国	公用事业经营与管理业	53.4
77	ConocoPhillips	美国	原油精炼和其他相关产业	52.9
78	United Technologies Corporation	美国	飞机制造业	52.7
79	Repsol YPF SA	西班牙	原油精炼和其他相关产业	52.3
80	National Grid PLC	英国	公用事业经营与管理业	52.2
81	Caterpillar Inc	美国	工业和商业机械制造业	51.2
82	Pfizer Inc	美国	制药业	50.9
83	Oracle Corporation	美国	计算机软件开发业	50.8
84	ITOCHU Corporation	日本	批发业	50.6
85	Microsoft Corporation	美国	计算机软件开发业	49.9
86	China Ocean Shipping（Group）Company	中国	运输和仓储服务业	49.8
87	Bayer AG	德国	制药业	49.7
88	Vale SA	巴西	石油和矿石开采业	48.6
89	Orange SA	法国	电信服务业	48.1
90	RWE AG	德国	公用事业经营与管理业	44.9
91	Amgen Inc	美国	制药业	42.7
92	Hitachi Ltd	日本	计算机及零部件制造业	40.6
93	Petronas – Petroliam Nasional Bhd	马来西亚	石油和矿石开采业	39.1
94	Ford Motor Company	美国	汽车及零配件制造业	38.8
95	General Motors Co	美国	汽车及零配件制造业	37.9
96	Alphabet Inc	美国	计算机软件开发业	33.7
97	Statoil ASA	挪威	原油精炼和其他相关产业	30.8
98	Wal – Mart Stores Inc	美国	零售业	29.9

续表

排名	公司名称	国家和地区（母国）	产业	跨国指数（%）
99	EDF SA	法国	公用事业经营与管理业	27.3
100	China National Offshore Oil Corp	中国	石油和矿石开采业	24.8

资料来源：贸发会议．"*The World's Top* 100 *non-financial MNEs*, 2015"［EB/OL］. http://unctad.org/en/Pages/DIAE/World%20Investment%20Report/Annex-Tables.aspx.

1. 区域：跨国公司母国主要集中于欧洲、北美洲及亚洲

按照全球100大跨国公司母国所在区域划分，会发现：来自欧洲的跨国公司数量最多，占比58%；北美洲紧随其后，占比22%，亚洲排名第三，占比18%；南美洲和大洋洲各占1%。

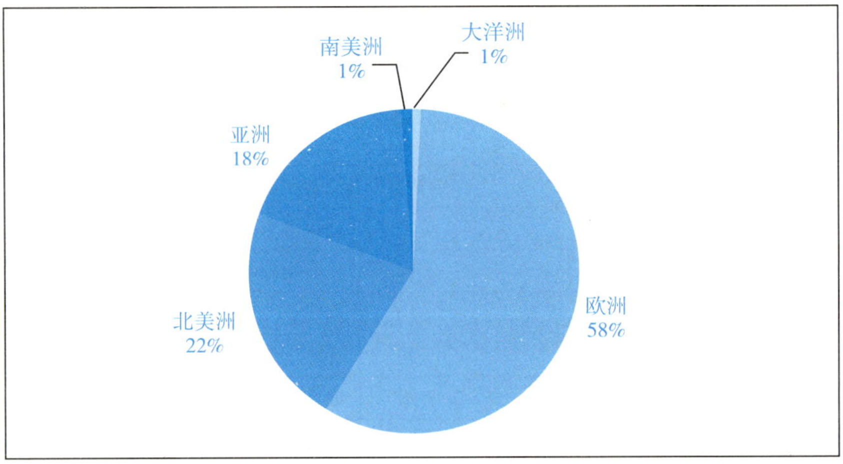

图2-1　全球非金融类100大跨国公司母国区域分布情况

资料来源：贸发会议．"*The World's Top* 100 *non-financial MNEs*, 2015"［EB/OL］. http://unctad.org/en/Pages/DIAE/World%20Investment%20Report/Annex-Tables.aspx.

2. 国别：跨国公司母国主要集中于美、英、德、日、法等发达国家

全球非金融类100大跨国公司分别来自全球23个国家和地区，其中来自美国、英国、德国、日本、法国五国的公司数量为71家，占比71%，剩余29家公司来自其他18个国家和地区。

以跨国指数作为衡量指标进行排序后，我们发现：

来自美国的21家跨国公司中，在跨国指数排名前50名中共有3家，分别为排名第17位的亿滋国际（Mondelez International, Inc.）、排名第46位的斯伦贝谢公司（Schlumberger Ltd）以及排名第50位的美国强生（Johnson & Johnson）。

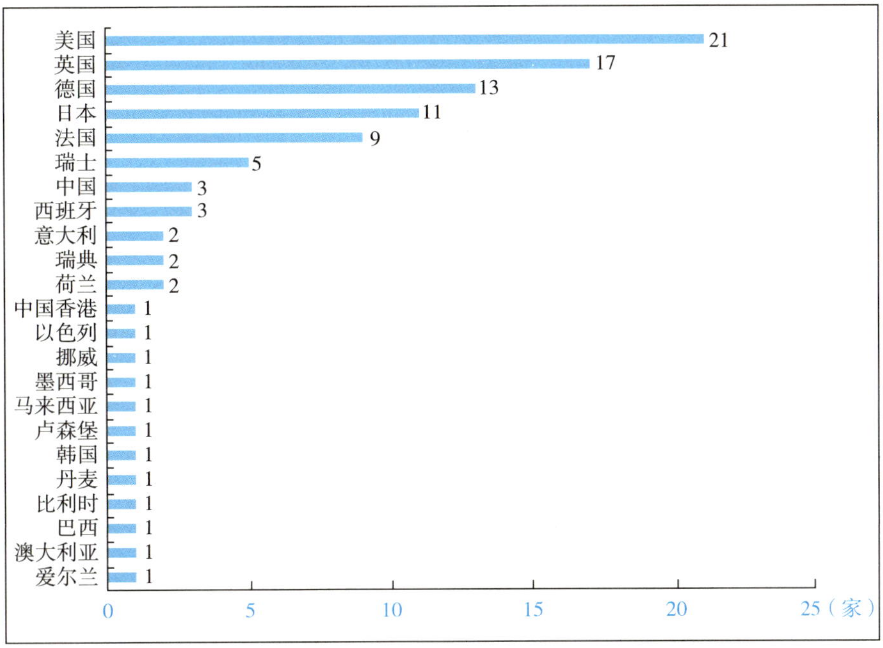

图 2－2 全球非金融类 100 大跨国公司母国分布情况

资料来源：贸发会议．"*The World's Top* 100 *non－financial MNEs*，2015"［EB/OL］．http：//unctad. org/en/Pages/DIAE/World%20Investment%20Report/Annex－Tables. aspx.

来自英国的 17 家跨国公司中，在跨国指数排名前 50 名中共有 16 家，且前 10 名中就有 4 家。该国的矿业巨头力拓公司（Rio Tinto PLC）以 99. 2% 的跨国指数高居榜首。

值得一提的是，来自瑞士的 5 家跨国公司全部位于前 50 名中，且雀巢公司（Nestlé SA）以 92. 3% 的跨国指数居全球第六位。

来自中国的跨国公司共有 4 家，其中内地 2 家，香港和台湾各 1 家。它们分别是排名第 86 位的中国远洋运输集团公司（China Ocean Shipping（Group）Company）、第 100 位的中国海洋石油总公司（China National Offshore Oil Corp），来自中国香港的跨国公司为排名第 12 位的长江和记实业有限公司（CK Hutchison Holdings Limited），来自中国台湾的跨国公司为排名第 16 位的鸿海科技集团（Hon Hai Precision Industries）。

3. 行业：分布多元化，汽车及零配件制造、制药业等 8 个行业中跨国公司数量各超过 5 家

全球非金融类 100 大跨国公司主要分布于 20 多个行业中，其中汽车及零配件制造业占比最大，共有 12 家公司属于该行业；各有 11 家公司属于制药业、石油和矿

石开采业；9家公司属于公用事业经营与管理业；公司数量在5家以上的还有原油精炼、电信服务、食品饮料加工、计算机软件开发等行业。

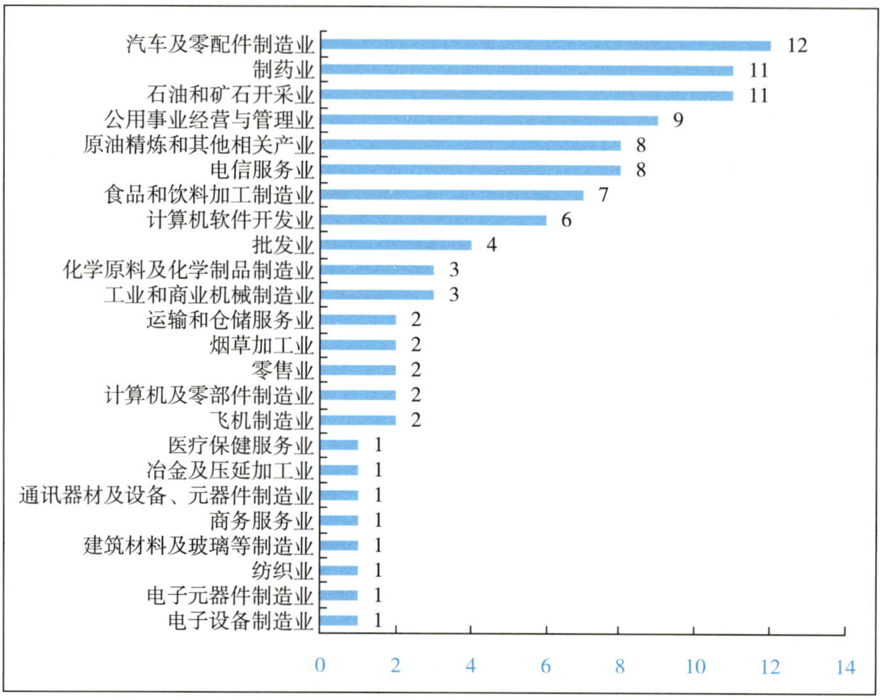

图2-3　全球非金融类100大跨国公司行业分布情况

资料来源：贸发会议．"*The World's Top* 100 *non-financial MNEs*, 2015"［EB/OL］．http://unctad.org/en/Pages/DIAE/World%20Investment%20Report/Annex-Tables.aspx.

（三）中国企业跨国指数及分析

根据中国企业家联合会、中国企业家协会联合发布的"2016年中国跨国公司100大及跨国指数"①（见表2-2），中国100大跨国公司平均跨国指数为14.4%。

表2-2　2016年中国100大跨国公司跨国指数

排名	公司名称	跨国指数（%）
1	浙江吉利控股集团有限公司	65.43
2	广东省航运集团有限公司	64.29
3	宁波均胜电子股份有限公司	62.64

① 中国企业联合会，中国企业家协会．2016中国500强企业发展报告［M］．北京：企业管理出版社，2016：107.

续表

排名	公司名称	跨国指数（%）
4	联想控股股份有限公司	57.22
5	中国中化集团公司	56.62
6	中国化工集团公司	47.98
7	潍柴控股集团有限公司	42.97
8	华为技术有限公司	41.09
9	雅戈尔集团股份有限公司	39.50
10	济宁如意投资有限公司	38.83
11	深圳市中金岭南有色金属股份有限公司	37.33
12	中国远洋海运集团有限公司	37.05
13	中国电子信息产业集团有限公司	34.93
14	中国五矿集团公司	32.81
15	卧龙控股集团有限公司	32.29
16	浙江龙盛控股有限公司	31.39
17	重庆对外经贸（集团）有限公司	31.17
18	万向集团公司	31.14
19	中国海洋石油总公司	30.23
20	江苏新潮科技集团有限公司	29.96
21	海航集团有限公司	29.63
22	中兴通讯股份有限公司	28.32
23	TCL 集团股份有限公司	28.25
24	中国电力建设集团有限公司	28.15
25	上海复星高科技（集团）有限公司	27.71
26	中国有色矿业集团有限公司	26.03
27	中国石油天然气集团公司	24.26
28	中国兵器工业集团公司	22.95
29	腾讯控股有限公司	22.95
30	中国港中旅集团公司	20.33
31	中国石油化工集团公司	19.92
32	广东省广新控股集团有限公司	19.17
33	广东省广晟资产经营有限公司	19.02
34	美的集团股份有限公司	18.56
35	中国兵器装备集团公司	18.01
36	广州越秀集团有限公司	17.98
37	中国航空集团公司	16.99

续表

排名	公司名称	跨国指数（%）
38	国家开发投资公司	16.85
39	金川集团股份有限公司	16.83
40	中国铝业公司	15.18
41	北京首都创业集团有限公司	14.76
42	中国移动通信集团公司	14.56
43	光明食品（集团）有限公司	14.53
44	中国恒天集团有限公司	14.25
45	紫金矿业集团股份有限公司	14.19
46	中国交通建设集团有限公司	13.83
47	广东粤海控股集团有限公司	12.98
48	河钢集团有限公司	12.76
49	中国机械工业集团有限公司	12.55
50	宝钢集团有限公司	12.37
51	大连万达集团股份有限公司	12.07
52	兖矿集团有限公司	11.89
53	海信集团有限公司	11.28
54	云天化集团有限责任公司	11.06
55	徐州工程机械集团有限公司	11.01
56	白银有色集团股份有限公司	10.88
57	北京建工集团有限责任公司	10.83
58	正泰集团股份有限公司	10.70
59	中国通用技术（集团）控股有限责任公司	10.65
60	中联重科股份有限公司	10.47
61	三一集团有限公司	9.95
62	中国航空工业集团公司	9.90
63	中国中信集团有限公司	9.70
64	武汉钢铁（集团）公司	9.43
65	中国能源建设集团有限公司	8.97
66	首钢总公司	8.65
67	中国建筑股份有限公司	8.46
68	中国黄金集团公司	8.19
69	中国冶金科工集团有限公司	7.75
70	奇瑞汽车股份有限公司	7.66
71	华侨城集团公司	7.08

续表

排名	公司名称	跨国指数（%）
72	四川长虹电子控股集团有限公司	7.02
73	中国重型汽车集团有限公司	6.87
74	珠海格力电器股份有限公司	6.44
75	中国中车集团公司	6.21
76	新希望集团有限公司	5.48
77	中国建筑材料集团有限公司	5.34
78	鞍钢集团公司	4.95
79	中国铁道建筑总公司	4.83
80	铜陵有色金属集团控股有限公司	4.74
81	中国铁路工程总公司	4.16
82	中国华能集团公司	3.86
83	北京汽车集团有限公司	3.85
84	绿地控股集团股份有限公司	3.82
85	上海建工集团股份有限公司	3.61
86	云南建工集团有限公司	3.52
87	马钢（集团）控股有限公司	3.35
88	中国联合网络通信集团有限公司	3.27
89	江苏沙钢集团有限公司	3.27
90	上海汽车集团股份有限公司	2.68
91	天津泰达投资控股有限公司	2.51
92	中国航天科工集团公司	2.34
93	山东魏桥创业集团有限公司	2.15
94	中国电信集团公司	1.57
95	国家电网公司	1.52
96	国家电力投资集团公司	1.45
97	中国华电集团公司	1.40
98	神华集团有限责任公司	1.26
99	中国大唐集团公司	1.05
100	陕西煤业化工集团有限责任公司	0.83

资料来源：中国企业家联合会，中国企业家协会.2016 中国 500 强企业发展报告［M］. 北京：企业管理出版社，2016：107－110.

1. 行业：较为分散，建筑业、黑色冶金及压延加工业等行业企业数量相对较多

2016 年中国 100 大跨国公司的行业分布比较分散，其中有超过 5 家企业的行业

分别是建筑业、黑色冶金及压延加工业、汽车及零配件制造业、一般有色冶金及压延加工业。

2. 区域：主要集中于国内经济发达地区，北京占半壁江山

从公司总部所在地看，2016 年中国 100 大跨国公司主要分布在经济发达地区，其中北京占45%，广东占13%，浙江占7%，上海占6%，山东占5%，江苏和安徽分别占 3%。①

3. 企业性质：国有控股企业占主导地位

2016 年中国 100 大跨国公司中，国有及国有控股企业占比约 81%，仍然占据主导地位。

（四）中国企业全球化发展差距分析

贸发会议“2015 年全球非金融类 100 大跨国公司跨国指数”，数据采集时间段为 2015 年 4 月 1 日至 2016 年 3 月 21 日；中国企业家联合会、中国企业家协会“2016 年中国 100 大跨国公司跨国指数”，数据采集时间段为 2015 年度；因此二者的数据近乎同期，具有可比性。

比较发现：中国跨国公司在海外资产规模、海外经营业绩、海外员工数量及海外行业分布等方面与全球跨国公司仍存在较大差距，主要表现在全球化程度与行业结构方面。

1. 全球化程度：中国企业仍远落后于世界平均水平

2015 年，全球 100 大跨国公司平均跨国指数为 61%，而中国 100 大跨国企业平均跨国指数为 14.4%，远低于世界平均水平。（见表 2-4）

为了进一步说明中国跨国公司的差距，此处选取世界 100 大跨国公司与中国 100 大跨国公司中的汽车制造企业作为比较对象：在中国 100 大跨国公司中，以全球化程度最高的浙江吉利控股集团有限公司（以下简称吉利）为代表；世界 100 大跨国公司中，将所有汽车制造企业均纳入比较范围；中外合计共 13 家汽车制造企业。

通过对比分析可以发现：吉利的跨国指数居 13 家企业中的第 6 位，属于中游水平；从绝对值来看，吉利的海外资产、企业总资产、海外收入、企业总收入、海外员工、企业总员工数量却均排在 13 家企业的末位。（见图 2-5）

① 中国企业联合会，中国企业家协会．2016 中国 500 强企业发展报告［M］．北京：企业管理出版社，2016.

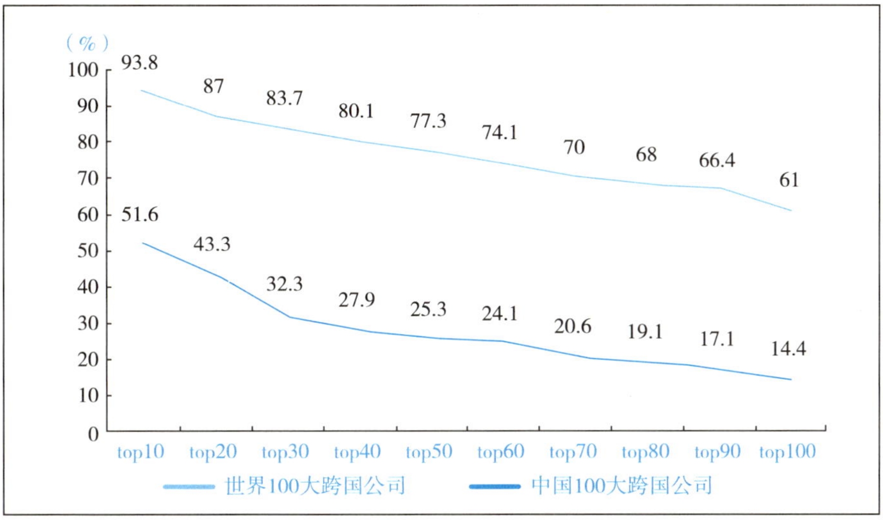

图 2－4　世界与中国 100 大跨国公司平均跨国指数比较

资料来源：贸发会议．"*The World's Top* 100 *non－financial MNEs*，2015"［EB/OL］．http：//unctad. org/en/Pages/DIAE/World%20Investment%20Report/Annex－Tables. aspx.《2016 中国 500 强企业发展报告》．

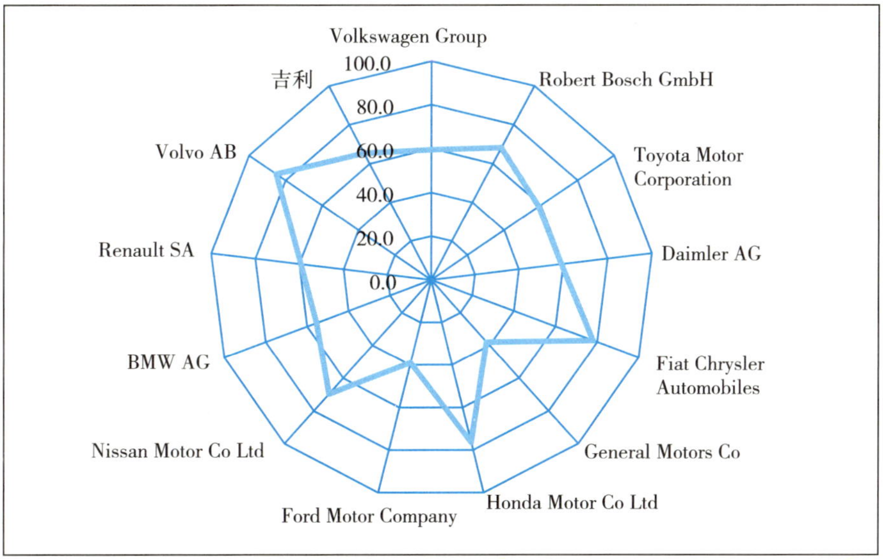

图 2－5　中外汽车制造行业跨国企业跨国指数比较

资料来源：课题组根据相关数据分析．

汽车制造企业的案例形象地说明，中国跨国公司在海外资产规模、海外经营业绩、海外员工数量方面与世界同行相比均有较大差距，亟待改善。

2. 行业结构：中国跨国企业仍未摆脱低级形态

相较于全球100大跨国公司的优势行业集中于制药、计算机软件开发等知识技术密集型产业以及食品饮料加工业、公用事业、电信服务等居民消费特征显著的行业，中国跨国公司更多集中于一般有色冶金及压延加工业、黑色冶金及压延加工等传统重化工特征显著的行业，以及建筑业等劳动密集型产业，在现代服务业与先进制造业中分布较少，产业结构低级形态的特征仍然非常突出。（见图2－6）

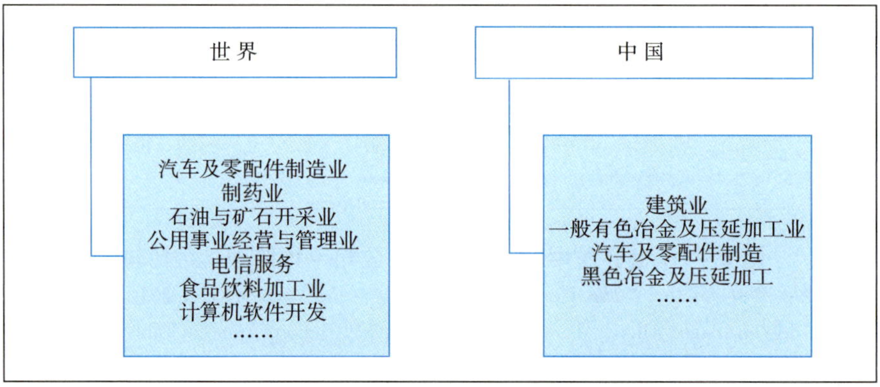

图2－6　世界与中国100大跨国公司主要行业分布比较

资料来源：贸发会议．"*The World's Top* 100 *non－financial MNEs*，2015"［EB/OL］．http：//unctad. org/en/Pages/DIAE/World%20Investment%20 Report/Annex－Tables. aspx；《2016年中国500强企业报告》，这里选取的是跨国公司数量超过5家的行业．

三、中国企业全球化发展战略建议

中国企业全球化发展起步较晚，从整体上看，无论是对全球资源的配置能力还是对全球产业链的控制力，都处于相对弱势地位。结合对跨国指数的分析，我们认为中国企业目前仍处于全球化发展的初级阶段。中国企业要提升全球化发展程度，就需要有清晰的国际化战略和国际化的运营管理，并树立为全球服务的责任感与价值观。

（一）清晰的国际化战略

"六阶段理论"① 认为企业全球化可以分为六个阶段：①小规模出口的起始阶

① 美国学者理查德·罗宾逊（Richard Robinson）提出。

段；②以出口为导向的初级阶段；③在国外创立子公司的海外经营阶段；④多国拥有子公司的跨国企业集团阶段；⑤统一管理的跨国经营阶段；⑥超国际的全球化经营阶段。

"优泼萨拉国际化模型"① 提出企业国际化是一个持续和渐进的发展过程，分为四个阶段：①不规则的出口活动阶段；②通过代理商出口阶段；③建立海外销售子公司的阶段；④建立海外生产和制造分支机构阶段。同时，发展过程表现为企业对外国市场逐渐提高承诺，遵循本地市场→地区市场→全国市场→海外相邻市场→全球市场的扩大顺序。

不难看出，在企业全球化发展的过程中，产品和生产要素的流动性逐渐被增大，企业自身国籍概念逐渐被淡化，面向全球市场的扩张愈加广泛。

以福耀集团的国际化为例。福耀集团的国际化遵循了发展阶段理论：首先，小规模、不规则地出口，但扩大顺序是由全国市场直接向北美市场扩张，没有选择海外相邻市场；其次，在美国成立子公司、在俄罗斯设立办事处，从事分销、市场开发和售后服务等工作，为建立海外生产基地做准备；最后，在俄罗斯设立第一家海外工厂，之后通过并购等方式在美国拥有工厂。

显然，企业国际化是一个渐进过程。对于目前仍处于全球化发展初级阶段的中国企业来说，在实施国际化战略之前，需要对企业自身所处行业在全球范围内的发展趋势有一个思考与判断，明确未来的机会与挑战在哪里，判断企业是否要国际化以及何时开展国际化。在此基础上，结合企业自身的优劣势，制定国际化的战略目标，明确国际化战略定位与路径选择等。

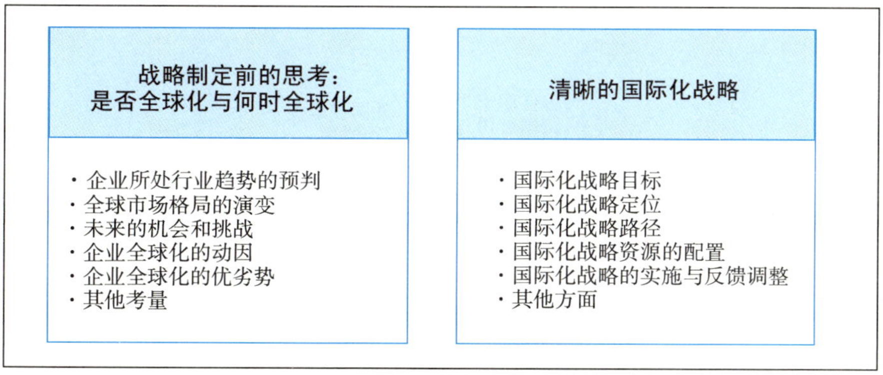

图 2－7 企业国际化战略的制定

---

① Uppsala Internationalization Model，简称 U－M，由瑞典学者 Johanson 和 Vahlneti 提出。

(二) 全球化的运营管理体系

全球化的运营管理，不但要求企业具备国际化人才的支撑，还要求企业实施品牌全球化的规划与管理，建立“三位一体”的全球化风险管理体系，并通过创新打造对全球价值链的控制能力。

1. 国际化人才管理机制

麦肯锡调查数据显示，88%的企业高管认为缺乏人才是海外并购难以成功的主要原因。国际猎头公司史宾沙认为，人才和领导力是中国企业国际化最为关键的挑战之一①。

国际化人才的培养是一个长期系统的工程，除进行长期的教育培养外，整合人才资源，充分利用已有的国际人才，是短期内解决我国企业国际化人才短缺问题的重要途径。

中国企业要建设好自己的“国际人才库”。(见图2-8)

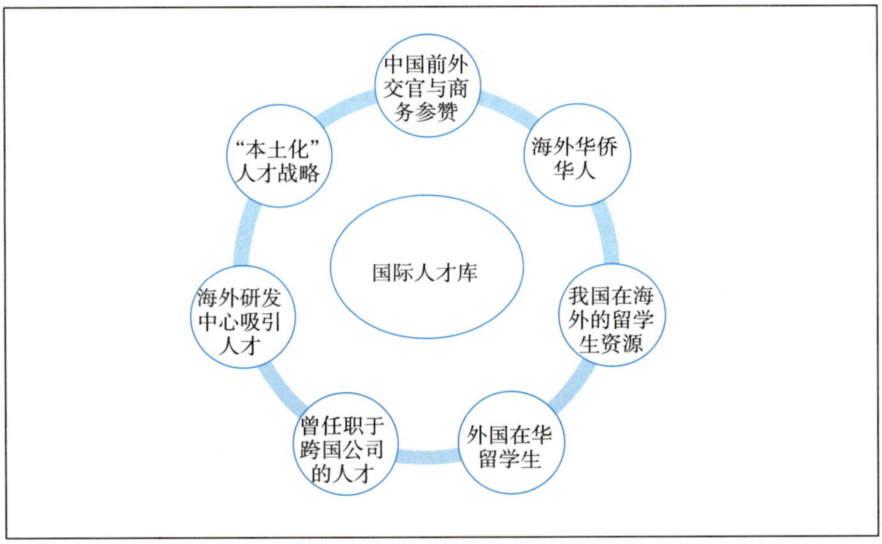

图2-8 中国企业的“国际人才库”

此外，企业还需要积极搭建国际化人才管理机制——覆盖人才招聘、人才派遣、人才激励、福利待遇、沟通管理等制度流程，以将合适的人才在合适的时间以合适的成本配置到合适的地方。

① 史宾沙大中华区董事总经理金佩霞（Hypatia Kingsley）女士。

2. 品牌全球化的规划与管理

品牌是具有极大经济价值的无形资产，承载了消费者对其产品和服务的认可，能给拥有者带来溢价、产生增值。中国企业的产品与服务要走向世界，关键是要深化品牌内涵，提升产品形象，提高品牌的知名度和美誉度，培养世界消费者的忠诚度。要实现这个目标，就需要对企业的品牌全球化进行规划与管理，包括品牌全球化选取何种进入路径，以何种方式进入，以及采取什么样的传播策略等。

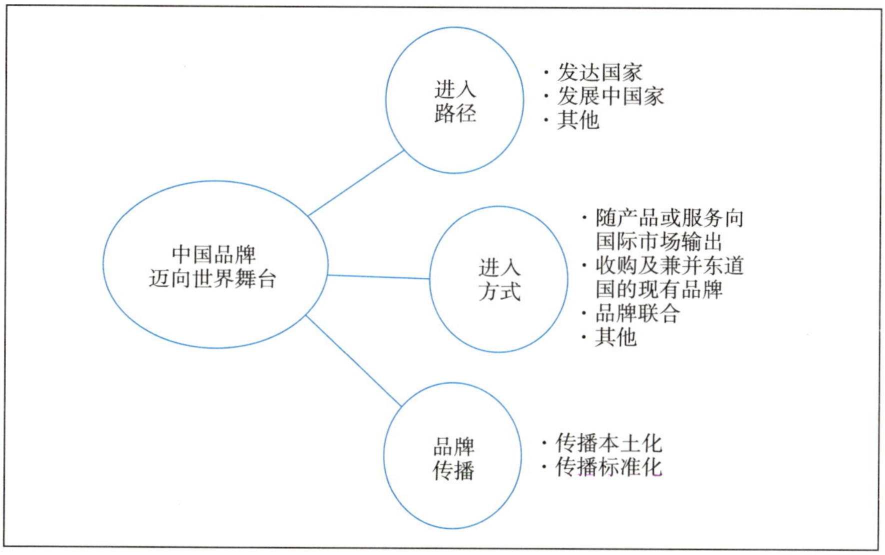

图 2-9 中国企业品牌全球化的规划与管理

3. “识别、防范、处置”三位一体的风险管理体系

在全球后危机时代，作为国际市场的后来者，中国企业在国际化经营中不但面临着传统的宏观风险与微观风险，也面临着特殊风险。

宏观风险包括政治风险、法律风险、经济环境风险等外部风险；微观风险主要指企业面临的财务风险、管理风险、文化融合风险等内部风险。各国企业在国际化经营中都会遇到这两种风险。

作为国际市场的后来者，中国企业还面临着一类特殊风险，如对国际市场的经营规则不熟悉、经验不够丰富等。此外，由于国际市场对“中国制造”、“中国资本”的整体认知存在一定的误差，对中国企业和产品存在一定程度的误读，从而对中国企业进入国际市场造成一定的障碍。

中国企业应完善治理结构，建立对外投资的风险识别、风险防范与风险处置“三位一体”的风险管理体系，降低风险发生的概率。

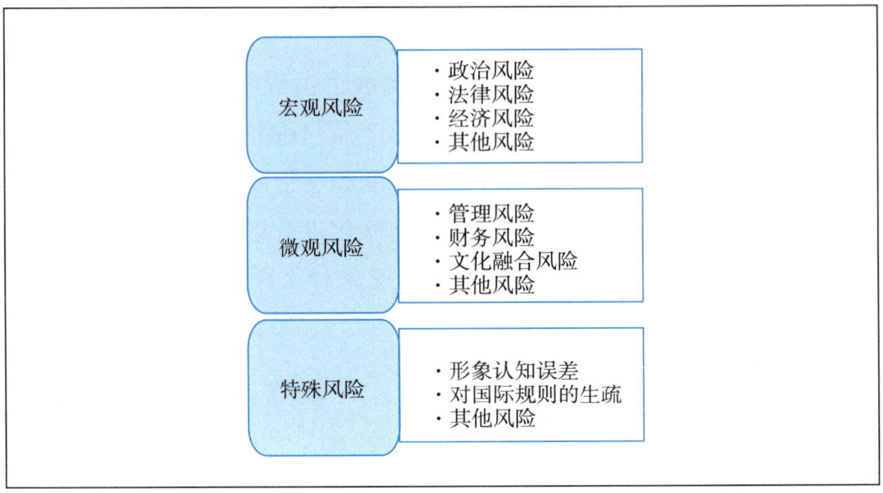

图 2－10　中国企业全球化面临的风险类型

4. 打造全球价值链控制能力

全球价值链具有促进经济发展、提高生产效率与知识获取能力以及改善员工工作环境等作用，也会重塑国际分工。广义而言，它分为购买者驱动价值链和生产者驱动价值链。

购买者驱动价值链见证了劳动密集型企业和中低端制造业企业的全球化发展。我国一些制鞋企业如东莞华坚集团，赴埃塞俄比亚设立生产制造基地，一方面为了降低生产成本，另一方面也为了服务非洲的广大市场。生产者驱动价值链见证了高科技企业的全球化发展，一些高端装备制造业企业的国际化则隶属于此范畴。（见表 2－2）

表 2－2　购买者驱动价值链和生产者驱动价值链的比较①

特征	购买者驱动价值链	生产者驱动价值链
控制资本类型	商业	产业
资本、技术密集度	低	高
劳动力特征	非技能/低工资	技能/高工资
生产一体化	水平/网络松散	垂直/上下级
控制企业	零售商	制造业企业
合同、外包	高	中性和提高

① Coe N M, Kelly P F, Yeung H W－C. *Economic Geography: a Contemporary Introduction* [M]. Second edition. NJ Hoboken: Wiley, 2013.

续表

特征	购买者驱动价值链	生产者驱动价值链
供应商提供	产品	部件或组件
代表性行业	服装、鞋子、玩具、电子易耗品	汽车、计算机、航空、电子机械

资料来源：卢进勇等主编．中国跨国公司发展报告［M］．北京：中国对外经济贸易大学出版社，2015.

通常，发展中国家的企业是从低附加值的中低端环节开始嵌入全球价值链。例如，在20世纪90年代的第四次全球大规模产业转移中，因制造成本、土地资源、政策优惠等因素，全球制造业向中国转移，东部沿海地区许多企业开展“三来一补”经营，积累了资金和管理经验。

当前，全球第五次大规模产业转移正在上演。一部分流向成本更低的发展中国家，一部分回流至发达国家。现在，我国变成“转出地”——部分企业选择赴东南亚、非洲、美国等地开展并购或投资设厂。

然而，要想进入高附加值环节并成为世界级跨国公司，还需要在核心技术、核心零部件、重要原材料的全球资源储备和开发生产等方面具有掌控力，这便需要中国企业大力推进企业的技术创新、商业模式创新、营销理念创新等，使企业在全球价值链中不断攀升，锻造出较强的国际竞争力。

（三）为全球服务的责任感与价值观

企业国际化的顺利推进离不开东道国社会的支持。一些中国企业在对外投资中，对当地的环境保护、均衡发展等方面缺乏考虑，在采掘业甚至出现了破坏式开采的局面，例如部分中国企业在非洲的投资开发中凸显出一系列问题，已招致国际非议，更导致中国企业在非洲投资记录的尴尬局面。

中国企业在全球化进程中，应充分考虑合作互赢，树立为全球服务的责任感与价值观，不仅要为总部所在母国的社会和环境负责，也要为海外子公司所在地的社会和环境负责，积极融入当地社会。

第三部分　区域篇

Regional Report

在区域篇中，企业全球化研究课题组对 8 个重点国家（地区）的经济环境及投资现状进行深入研究，选取中国企业在海外投资的重点、热点行业进行研究总结。

2015 年中期以后，我国国内经济增长放缓和人民币汇率的稳定，加速了企业投资海外。课题组在数据与调查研究的基础上，形成对外投资分析报告，为中国企业未来的全球化发展战略提供可行性参考与借鉴，为企业制定“走出去”顶层战略设计提供智力支持。

在全球国家（地区）中，我们选取了美国、欧盟、俄罗斯、澳大利亚、东盟、印度、南美、非洲等国家（地区）来分析其投资机会。其中美国、欧盟和澳大利亚是发达经济体，也是近年来中国投资者对外直接投资的热门国家（地区）；俄罗斯虽然经济下行压力大，但与中国战略合作密切，也充满投资机会；印度现为世界第八大经济体，有着发展速度快、未来潜力大的特点；“一带一路”沿线的东盟国家则与中国经济发展关系密切，随着战略伙伴关系的加强，未来存在更多合作点；南美和非洲是新兴发展中地区，机遇与挑战并存，其中巴西已成为世界第七大经济体，未来发展潜力巨大。

一、投资美国的商业机会分析

美国是世界第一大经济体，其市场成熟度高，基础设施完善，法律法规健全，对世界各国企业充满着吸引力。

在“2015—2016 年全球竞争力报告”排名①中，美国在 140 个国家和地区中排名第 3 位。在世界银行发布的“2016 年营商环境评级”中，美国在 189 个国家和地区中排名第 7 位。② 2016 年，美国居“外商直接投资信心指数”排名③首位——总指数为 3 分，美国得分 2. 02，已连续 4 年位居第一。评价认为当年美国经济面对各种风险表现出强劲的恢复力。④

各种数据表明美国是吸引海外投资的一块热土。2014 年美国吸引的外国直接投资比上一年下降 49. 6%，但 2015 年又攀上新高，同比增长 256%，达到 3798. 94 亿美元。(如图 3 – 1)

(一) 中国对美国直接投资现状与特点

1. 流量：2015 年突破 80 亿美元，创历史新高

中国企业对美直接投资近年保持强劲的增长势头，除 2013 年比上一年度略有下滑外，其余年份均呈正增长，尤其是 2012 年和 2014 年，同比增长分别达 124% 和 96%。(如图 3 – 2)

---

① 世界经济论坛（World Economic Forum）. *Global Competitiveness Report* 2015—2016 [EB/OL]. http：//reports. weforum. org/global – competitiveness – report – 2015—2016/competitiveness – rankings/瑞士，中国排名第 28 位。

② 世界银行（World Bank Group. *Doing Business* 2016 [EB/OL]. http：//www. doingbusiness. org/data/exploreeconomies/india；排名第一为新加坡，中国排名第 84 位。

③ A. T. Kearney：Foreign Direct Investment Confidence Index. [EB/OL]. https：//www. atkearney. com/gbpc/foreign – direct – investment – confidence – index.

④ https：//www. atkearney. com/gbpc/foreign – direct – investment – confidence – index.

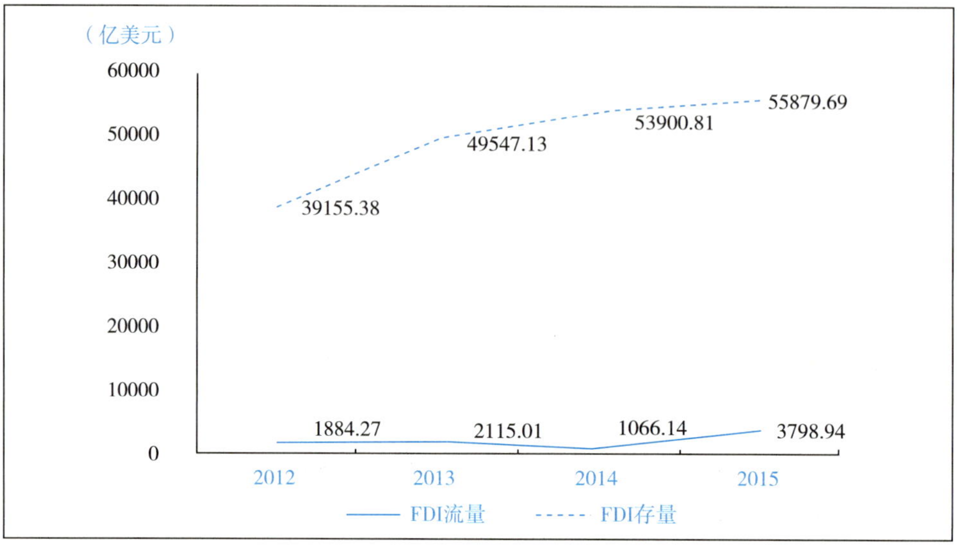

图 3－1　2012—2015 年美国吸引外国直接投资流量与存量

资料来源：贸发会议．［EB/OL］．http：//unctad. org/en/Pages/DIAE/World% 20 Investment% 20Report/Country－Fact－Sheets. aspx.

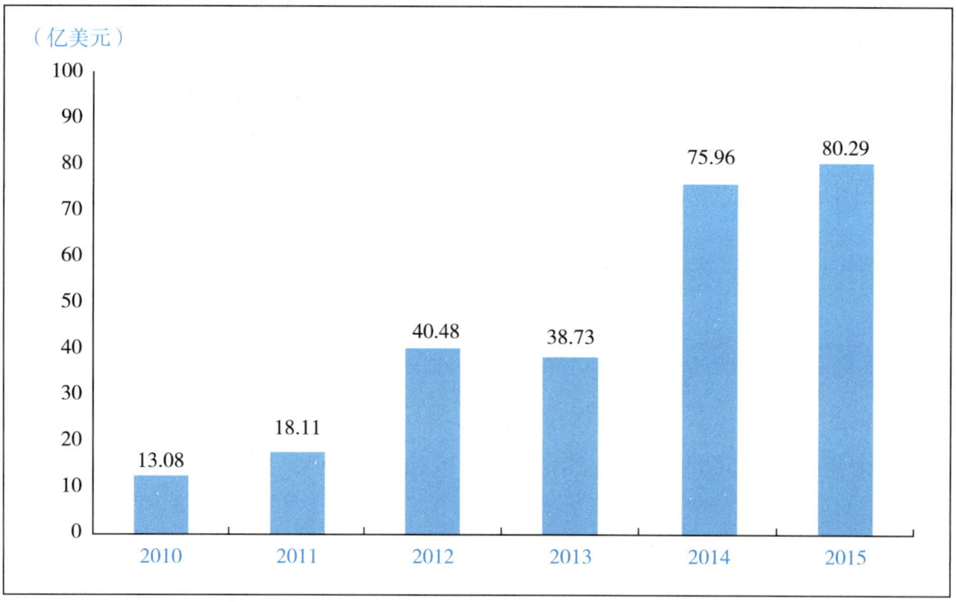

图 3－2　2010—2015 年中国对美国直接投资流量

资料来源：商务部，统计局，外汇管理局．2015 年度中国对外直接投资统计公报［M］．北京：中国统计出版社，2016.

2015 年，中国对美国直接投资流量达 80. 29 亿美元，同比增长 5. 7%。全年中国企业在美完成 171 起交易，其中并购项目 97 个，实际交易金额 130. 5 亿美元，绿地投资创历史新高达 18 亿美元①。据商务部的统计，2015 年中国企业通过直接投资和境外企业再投资累计对美实现各类投资 192. 2 亿美元。

荣鼎集团和美中关系全国委员会联合预测，2016 年中国对美投资将达 260 亿~300 亿美元，比 2015 年的 150 亿美元近乎翻番。其中包括海尔斥资 55. 8 亿美元收购通用电气公司家电业务，乐视公司 2. 5 亿美元买下雅虎公司的地块。2016 年私营企业成为中国在美投资的领导者，收购投资大多发生在电影、企业技术和房地产领域。

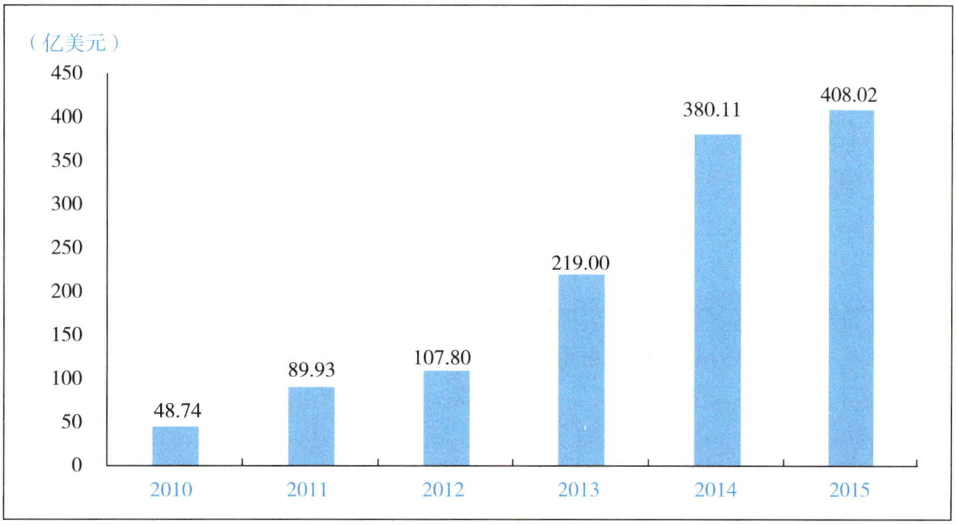

图 3 – 3　2010—2015 年中国对美国直接投资存量

资料来源：商务部，统计局，外汇管理局 . 2015 年度中国对外直接投资统计公报 [M] . 北京：中国统计出版社，2016.

2. 存量：2015 年居中国对外直接投资存量全球第五，发达国家第一

2013—2014 年中国对美国直接投资存量增长迅猛（如图 3 – 3），分别同比增长 103. 2% 和 73. 6% 。2015 年投资存量为 408. 02 亿美元②，占中国对外直接投资存量（10978. 6 亿美元）的 3. 7% ，次于中国香港（6568. 55 亿美元）、开曼群岛（624. 04 亿美元）、英属维尔京群岛（516. 72 亿美元）、欧盟（644. 60 亿美元）；占中国对发达国家（地区）直接投资存量的 26. 6% ，排在欧盟之后。

① Rhodium Group. China Investment Monitor – Tracking Chinese Direct Investment in the U. S. [EB/OL] . http: //rhg. com/interactive/china – investment – monitor；荣鼎咨询数据与中国商务部数据统计口径不同，因而存在较大差异 .

② 荣鼎咨询数据为 638 亿美元。

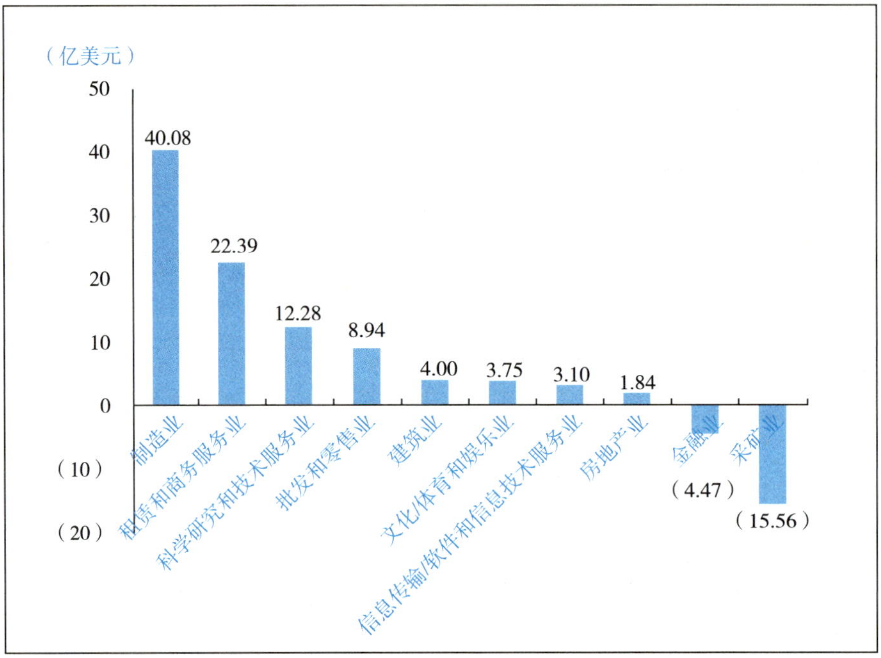

图 3－4　2015 年中国对美国直接投资流量行业金额

资料来源：商务部，统计局，外汇管理局．2015 年度中国对外直接投资统计公报［M］．北京：中国统计出版社，2016.

3. 行业：2015 年对美投资主要流向制造业，金融业和采矿业出现负增长

2015 年，中国对美直接投资行业呈现多元化状态，吸收投资最多的前五位是制造业（40.08 亿美元，占比 49.9%）、租赁和商务服务业（22.39 亿美元，占比 27.9%）、科学研究和技术服务业（12.28 亿美元，占比 15.3%）、批发和零售业（8.94 亿美元，占比 11.1%）和建筑业（4 亿美元，占比 5.0%）（如图 3－4）。科学研究和技术服务业、租赁和商务服务业分别同比增长 447% 和 293.9%，增速惊人，制造业同比增长也达到 122.2%。

2015 年，中国对美直接投资行业，金融业和采矿业的存量进行了调整，两个行业出现撤资情况，直接投资流量为负。

从行业的存量来看，各行业中占比最高的是制造业，存量为 107.19 亿美元，占总份额的 26.3%；2014 年的榜首金融业由于流量为负，存量也较上一年减少，存量为 103.15 亿美元，占比跌落至第二位，约占 25.3%；租赁和商务服务业存量为 37.16 亿美元，占比 9.1%；其他存量占比较大的还有批发和零售业（8.4%）、房地产业（8.3%）、采矿业（7.1%）、科学研究和技术服务业（4.5%）等。

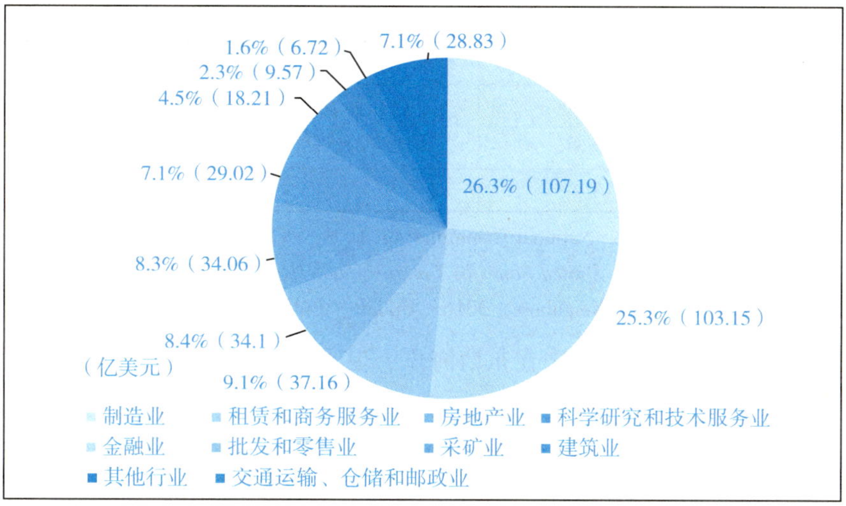

图 3－5　2015 年中国对美国直接投资存量行业金额及占比

资料来源：商务部，统计局，外汇管理局 . 2015 年度中国对外直接投资统计公报［M］. 北京：中国统计出版社，2016.

注：其他行业包括信息传输/软件和信息技术服务业（5.46 亿美元，1.3%）、文化/体育和娱乐业（5.33 亿美元，1.3%）、水利/环境和公共设施管理业（4.06 亿美元，1.0%）、电力、热力、燃气及水的生产和供应业（3.96 亿美元，1.0%）、居民服务/修理和其他服务业（3.65 亿美元，0.9%）、住宿和餐饮业（3.15 亿美元，0.8%）、农/林/牧/渔业（2.21 亿美元，0.5%）、教育（0.76 亿美元，0.2%）。

4. 区域：集中在东西海岸，纽约都市区域是最热门投资地

表 3－1　2010—2015 年中国对美国直接投资存量区域（国会选区）分布

单位：亿美元

国会选区	投资金额	都市区域
NY－12	52. 1	纽约（New York City）
NC－04	33. 6	罗利和达勒姆三角区（Raleigh－Durham Triangle）
IL－07	33. 5	芝加哥（Chicago）
VA－04	19. 8	东弗吉尼亚（Eastern Virgina）
NY－10	19. 3	纽约（New York City）
TX－07	18. 7	休斯敦（Houston）
CA－12	17. 2	旧金山（San Francisco）
TX－23	16. 4	德克萨斯西南部（SW Texas）
OK－03	15. 9	俄克拉荷马州西北部（NW Oklahoma）
KS－03	15. 3	堪萨斯城（Kansas City）
TX－19	13. 7	北德克萨斯（North Texas）
MA－06	13. 5	马萨诸塞州东北部（NE Massachusetts）

续表

国会选区	投资金额	都市区域
CA－17	12.6	圣何塞（San Jose）
NC－07	12.5	北卡罗来纳州南部（Southern NC）
TX－09	10.9	休斯敦（Houston）

资料来源：Rhodium Group. National Committee on U.S. －China Relations, *New Neighbors: 2016 Update－Chinese Investment in the United States by Congressional District* [EB/OL]. https://www.ncuscr.org/sites/default/files/New_ Neighbors_ 2016_ Update_ Full_ Report.pdf.

中国对美直接投资主要集中在东西海岸，其中加利福尼亚州（CA）、德克萨斯州（TX）和纽约州（NY）吸引资金最多。2010—2015 年，纽约都市区是吸引中国直接投资存量最多（52.1 亿美元）的一块热土，紧随其后的是罗利和达勒姆三角区（33.6 亿美元）和芝加哥都市区（33.5 亿美元）（如表 3－1）。2015 年，路易斯安那州因山东玉皇化工设厂而成为新增的中国投资目的地。[①]

（二）中国企业进入美国重点产业的商业机会

1. 制造业

中国对美国制造业的投资流量，除 2012—2013 年有所下降外，其他年份均呈上升趋势（如图 3－6）。中国企业投资美国制造业存在较大的潜在机会，汽车制造业与计算机、通信和其他电子设备制造业以及医药/医疗器械制造业蕴藏着巨大的机会。

第一，在政策方面，2011 年 6 月，美国推出“选择美国”（Select USA）计划，吸引制造业跨境直接投资。预计未来，美国制造业会重新焕发生机，特别注重“高端制造＋智慧工厂”的建设，工业互联网将是其核心的竞争资本。

第二，美国的页岩气革命[②]提高了能源的独立性，也大大地降低了制造业的成本。英国石油公司发布的《BP 世界能源展望（2016）》预测，美国将在 2021 年实现能源自给自足，并于 2030 年实现石油自给自足。2014 年美国生产成本指数（100）与中国（96）仅相差 4[③]。按这一趋势延续下去，到 2020 年中国可能不再具备成本优势，美国反而会成为生产成本较低的国家。

---

① Rhodium Group. http//rhg.cog/.

② 页岩气就是储存在页岩中的天然气，是储量丰富的非常规天然气。美国 1821 年就开始开发页岩气，1976 年开始积极推进页岩气产业，2000 年后，各方面条件逐渐成熟并大规模商业开发，随之为相关产业带来上百万个就业岗位，并且天然气价格下降又使美国年人均开支减少近 1000 美元。低廉的天然气价格还赋予美国企业巨大的竞争优势，引发工业回迁、制造业复苏。

③ 波士顿咨询．全球制造业转移的经济学分析（2014）[EB/OL]．http://cn.dealglobe.com/bcg.

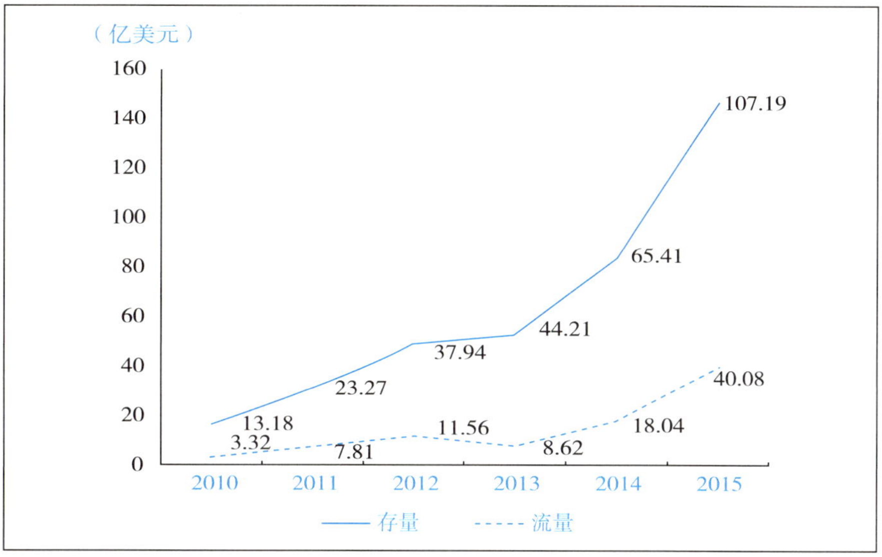

图 3－6　2010—2015 年中国对美国制造业直接投资

资料来源：商务部，统计局，外汇管理局．2015 年度中国对外直接投资统计公报［M］．北京：中国统计出版社，2016.

第三，美国拥有较大的市场，有利于制造业企业实现就地生产和销售。中国的一些贸易先导型加工制造业企业，例如福耀玻璃、唯美陶瓷等，产品早已打开北美市场，适时将工厂迁往美国，实现就地生产与销售、流通，是明智之选。2015 年，福耀投资美国俄亥俄州代顿地区芒山工厂；2016 年，唯美陶瓷斥资 1.5 亿美元在美国田纳西州建厂。

第四，美国是全球制造业创新的高地，投资美国技术有利于我国产业实现转型升级。伴随着大数据、云计算、人工智能、虚拟现实等科技的发展，硬件作为载体也正得到新发展。下一波制造业的财富风口是智能硬件。美国东西海岸的许多高校拥有专利技术，如麻省理工学院、斯坦福大学等，在高校周围形成了高科技创新型小公司的集聚，科技专利转化为产品的主体正由大公司转变为小公司。我国具有制造业优势，通过投资收购这类智能硬件小公司将提升企业的技术优势，结合国内的大规模制造能力和电子商务（含跨境电商）辐射全球市场，有助于我国制造业的转型升级，获取新硬件时代的财富。

（1）汽车制造业

在全球范围内，美国和日本是汽车工业极为发达的国家。我国汽车工业的发展历程见证了中美合作史，中美合资模式给我国培养了人才，积累了资金和经验。未来双方将继续合作，但模式会有所改变，即由美国向中国投资转变为中国对美国投资。

第一，美国是世界第二大汽车消费市场。2009 年受金融危机影响，美国汽车产量下滑至 600 万辆，销量下滑至 1040 万辆，但随后几年处于稳步复苏中，至 2015 年产量升至 1200 万辆，销量升至 1740 万辆。

第二，汽车业先进国家看好美国市场。欧洲、日本、韩国主要汽车品牌几乎均在美投资设厂，许多汽车品牌还在美进行研发、设计和测试。历史数据显示，汽车工业占美国 GDP 的 3%～3.5%。

第三，美国汽车产业链中蕴含着投资机会。由于人力成本、原材料价格上涨以及来自新兴市场国家的竞争挑战，美国许多汽车零部件企业陷入财务危机，在此形势下，刺激着中国汽车和零部件企业出海投资。2013—2015 年中国汽车和零部件企业在美国市场发起 10 起跨国并购交易，并购目标为零部件企业。[①]

2014 年，光大控股 7 亿港元收购美国汽车工业 BEP 集团。万向集团在购买破产的美国电池制造商 A123 系统公司和菲斯科汽车后，又从莱顿能源公司手中购买新的电池技术，用于万向的电动汽车项目。2015 年，中国航空工业集团完成了对美国汽车零部件供应商翰德汽车控股公司的收购，交易额达 10 亿美元之多。

有的企业采取购买股权的并购方式。2015 年 6 月，浙江万安科技与 Evatran Group, Inc. 签订投资协议，认购 1280000 股 A1 系列优先股，占标的公司全部股份的 7.3%。

有的企业在美国进行绿地投资。过去三年，包括福耀玻璃、延锋、上海昌辉均在美国投资建厂，为各自在美国的整车厂客户提供配套零部件的研发和生产。延锋自从和江森自控内饰业务整合以来，业已成为全球最大的内饰件供应商，2014—2015 年，分别在美国堪萨斯、田纳西等地新建工厂，为美国通用和德国大众的部分车型提供内饰产品。

（2）计算机、通信和其他电子设备制造业

美国的消费电子和电信领域极为发达。该领域蕴含巨大投资机会的根本原因是美国拥有广阔的消费市场并具有全球品牌辐射效应。美国拥有世界先进的科技，也有广大的用户群体。以消费电子产品为例，华为和中兴是进军美国市场的两个典型，联想、小米、乐视等也纷纷投资美国。

（3）医药/医疗器械制造业

在全球范围内，美国、德国、英国的医药/医疗器械制造业极为发达，存在潜在投资机会。

---

① 德勤. 2016 中国汽车行业对外投资报告 [EB/OL]. https://www2.deloitte.com/cn/zh/pages/consumer-industrial-products/articles/china-automotive-industry-outbound-investment-report-2016.html.

第一，美国有坚实的生物技术研发基础。美国拥有世界上相当数量的生物医药公司和生物技术专利，无论是技术水平还是产业规模都处于世界领先地位。2015 年全球制药企业排名前十位中美国占据 7 席（如表 3 - 2）。全球近 50% 的医疗器械也出自美国。美国的法律法规、税收制度和财政支持、投资环境均为生物医药和医疗器械产业的发展创造了良好的发展环境。

表 3 - 2 2015 年全球制药企业排名

单位：亿美元

排名	公司	总部	2014 处方药销售	2014 研发投入
1	诺华	瑞士	461.27	93.011
2	辉瑞	美国	445.14	71.52
3	罗氏	瑞士	400.86	86.14
4	赛诺菲	法国	382.23	62.002
5	默沙东	美国	366.07	65.32
6	强生	美国	307.26	60.308
7	葛兰素史克	美国	303.02	48.658
8	阿斯利康	美国	256.94	49.41
9	吉列德	美国	244.74	27.37
10	艾伯维	美国	198.79	32.52

资料来源：制药经理人（*Pharmaceutical Executive*）[EB/OL]. http://www.pharmexec.com/taking - flight - pharm - execs - top - 50 - pharma - companies.

第二，随着中国人均 GDP 的提高和对医疗健康消费需求的提升，中国医药/医疗器械制造企业投资美国将更好地满足国内市场需求，这是大势所趋。近年来，中国企业开始赴美投资医药/医疗器械产业，例如：2013 年深圳迈瑞医疗以 1.05 亿美元收购美国 Zonare 公司；2015 年人福医药 5.5 亿美元收购美国药企 Epic Pharma；三诺生物 2.37 亿美元收购制造和销售糖尿病治疗产品和血糖监测系统的美国生物技术公司 Nipro Diagnostics。

2. 房地产业

近年，中国对美国房地产业的投资呈逐年上涨趋势。尤其是在 2012—2013 年，投资流量迅猛增长，到 2014 年末，投资存量达到 29.59 亿美元（如图 3 - 7）。亚洲协会报告①显示，2015 年，中国买家投资美国商业地产流量高达 85 亿美元；2010—2015 年，中国对美商业地产的投资总额达 171 亿美元。②

① Asia Society, Real Capital Analytics, Rosen Consulting Group, Breaking Ground: Chinese Investment in U.S. Real Estate, page 14.

② 由于统计口径等不同，该数据与商务部的统计数据存在较大差异。

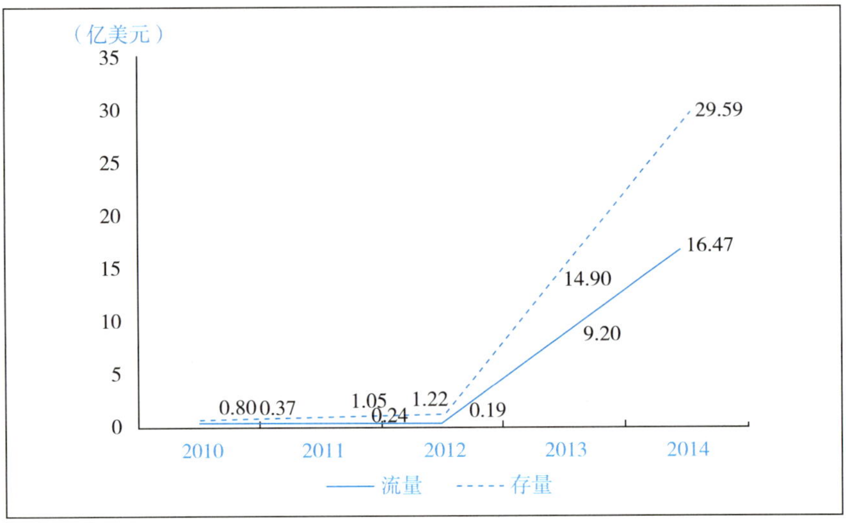

图 3-7　2010—2014 年中国对美国房地产业直接投资

资料来源：商务部，统计局，外汇管理局．2015 年度中国对外直接投资统计公报［M］．北京：中国统计出版社，2006.

经历了金融危机后的深度调整后，美国房地产市场逐步复苏。从 2010 年起吸引了大量海外投资，尤其是中国买家。2015 年，中资对美国工业用地、酒店投资较大①，例如安邦出资 19.5 亿美元购买希尔顿旗下全球闻名的华尔道夫酒店等。②

中国对美商业地产投资集中在一线大都会城市，排名第一的是纽约，其次为洛杉矶和旧金山，此三大城市占中国对美商业地产投资总量的约 70%，其余分布在美国各地。

2016 年，美国商业地产的价格走势较为平稳，不过年末会出现增长。按目前趋势来看，未来中国投资美国房地产将会继续增长且更趋多元化③。

第一，美国房地产市场成熟度高，特色鲜明，投资品种丰富。美国房地产市场有各种类型的公寓、办公楼、酒店和零售等物业。

第二，企业赴美投资房地产有多种选择。除了直接收购，还可以通过投资基金的方式投入到美国房地产项目中，包括私募房地产基金和房地产信托（REITs）。

第三，美国房地产对中国投资者具有独特的吸引力。一是美国市场为中国投资者提供一个汇率风险对冲的机会。相对其他美国风险资产，如股票和债券，房地产

① Real Capital Analytics（RCA）.

② Asia Society and Rosen Consulting Group（RCG）, *Chinese Investment in U. S. Real Estate Report*, http://asiasociety.org/chinese-investment-us-real-estate-report.

③ Real Capital Analytics（RCA）预测。

提供较好的风险调整收益。二是美国被视为是传统的安全港，其法律体系长期稳定。

3. 石油化工行业

在全球范围内，美国的石油化工产业极为发达。页岩气革命给石油化工行业带来许多投资机会和领域，尤其是轻化工行业。

第一，页岩气革命使美国的油气资源产出呈迅猛增长之势。美国页岩气革命的跨越式发展也使美国的石油化工产业成为一片亟待耕耘的机遇之地，该行业有很多需求，如泵、管、水、卡车、管线和压力器等，存在巨大的市场增长空间，多国竞相投资美国石化产业。

第二，投资领域众多。从目前美国石油化工产业的投资领域来看，其主要投资方向有页岩气资源开发、配套页岩油气加工与管道业务、能源效率项目、产品回收率提升以及增加有竞争优势的原油供应等。另外，随页岩气革命影响的石油化工产业可能会使天然气—甲醇—烯烃等产业链有所发展，从而也促使一些轻化工产业具有较大发展空间，可成为重要投资方向。

在投资美国石油化工产业方面，中国投资者表现抢眼。2010 年，中海油以 11 亿美元收购美国 Chesapeake 能源公司三分之一的股份，其后又投资 25 亿美元购买 Devon 能源公司三分之一的股份。2012 年，万向集团购买 GreatPoint 能源公司 4.2 亿美元的股份。2013 年，中石化与美国 Apache 石油公司宣布建立全球战略合作伙伴关系，由中石化收购其埃及油气资产 1/3 的权益；同年，中石化又与美国 Chesapeake 能源公司就密西西比灰岩油气资产 50% 的权益转让项目顺利交割。

4. 其他产业：批发零售业 + 银发产业

（1）批发和零售业

批发和零售业是中国对美投资的重点行业之一，其在 2014 年投资流量和存量均进入行业前五名。虽然在 2012—2013 年，中国对美国批发业和零售业直接投资增速放缓，但在 2013—2014 年，中国对美国批发和零售业直接增速又有所提升，投资流量在 2015 年达到新高 17.43 亿美元。（见图 3 –8）

在全球范围内，美国的批发和零售业行业完整、基础设施完善，拥有广大的消费市场，稳定的市场需求。其大型连锁零售企业的市场份额在 50% 左右，遍布各类消费区域。预计未来，鉴于美国庞大的消费市场，中国对美零售业的投资将持续稳定增加，尤其是在互联网零售及相关配套领域。

第一，批发和零售业进入移动网络的全渠道时代。企业正采取尽可能多的渠道类型以满足顾客购物、娱乐和社交的综合体验需求，包括有形店铺和无形店铺，以

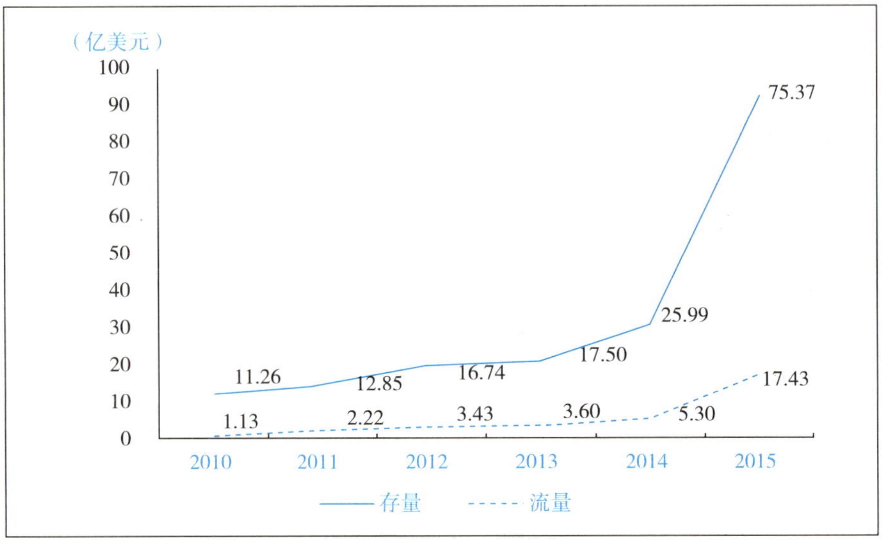

图 3－8　2010—2015 年中国对美国批发和零售业直接投资

资料来源：商务部，统计局，外汇管理局.2015 年度中国对外直接投资统计公报［M］.北京：中国统计出版，2016.

及信息媒体（网站、社交媒体、微博、微信）等。

第二，我国互联网零售业发达，企业积累了丰富的经验，并且到了需要“走出去”或跨境合作以给国内消费者提供更好商品的时代。鉴于此，2013 年苏宁在硅谷成立美国研发中心暨硅谷研究院，作为该公司在互联网零售转型的第一个起点。苏宁美国海外旗舰店是基于苏宁云商在美国成立的新事业部门而设立的，所售产品均从美国供应商处直接采购，运营模式类似香港旗舰店。2015 年 6 月，京东集团宣布投资美国大数据分析公司 ZestFinance，双方同时还宣布成立名为 JD－ZestFinance Gaia 的合资公司，将引入 ZestFinance 的技术和经验打造创新大数据信用评估体系。

（2）银发产业

表 3－3　银发产业的商机维度

本位产业	相关产业	衍生产业
养老设施和机构、老年房地产、老年护理服务业、老年服饰、老年食品、老年医疗	a. 养老设施和机构供应链上的专业家具、专业设施、专业易耗品等 b. 老年护理服务业供应链上的护理人员的培训、劳务派遣、老年护理专业用品、治疗和康复器械等 c. 来自于老年人深层需求的娱乐、学习、旅游、医疗保健、营养保健、心理咨询等	老年储蓄投资理财产品、老年地产的倒按揭等金融产品、寿险产品的证券化产权产品、长期护理保险产品、老年融资等资本市场

资料来源：根据公开资料整理。

顾名思义，“银发产业”是针对老年人的产业。当前世界大部分发达国家出生率低，进入人口老龄化社会，日本、美国等是其中的典型代表。美国的银发产业尤其是家庭护理和养老服务领域蕴含着巨大的投资机会，原因如下：

第一，美国的银发产业市场需求巨大。二战之后的1945—1961年，美国经历了巨大的“婴儿潮”（Baby Boom），出生了6500多万人①，约占目前美国总人口3.24亿②的五分之一。现在在“婴儿潮”出生者年龄为55～71岁，与美国人平均寿命为78.7岁③相比，他们还处于很健康、希望有休闲生活、需要保健产品的阶段，可这类市场比较缺失。展望未来20年，平均每天美国有约1万人满65岁。随着老龄人口的迅速增长，美国银发产业商机巨大。④

第二，产业类型丰富，可为投资者带来机会。银发产业有三个维度（如表3-3），每个纬度都蕴含着大量商机。在美国，绝大部分家庭护理业务属营利性的，与过去几十年依靠政府财政相比发生了很大变化。市场研究预估，到2020年，仅银发产业中的家庭护理业务收入将从2014年的1800亿美元增至3000亿美元，年均复合增长率达8%。

第三，中国企业投资美国银发产业可以为满足国内市场需求积累经验和技术。我国现已迈入老龄化社会，但养老产业难以满足社会养老的需求，一方面，养老产业尚未形成完整、健全的产业链与产品类型标准体系，另一方面，养老服务长期处于落后发展阶段，机构养老床位和人员严重不足，养老业人员缺乏专业和职业化的培训等。中国企业采取参股而非全资收购的形式投资美国专为银发族服务的企业，可以学习借鉴相关经验，适时引入国内以开拓市场。

（三）外资进入美国的政策评估

1. 美国对外资的投资行业准入规定

美国对外国直接投资实行地点、行业中立的政策，但在航空运输、通讯、能源、矿产、渔业、水电等方面，对外国投资者设有一定限制（见表3-4）。美国各州和地方政府根据当地情况出台吸引或限制投资的具体政策。

---

① 维基百科. https：//en. wikipedia. org/wiki/Baby_ boom.

② 2016年5月数据［EB/OL］. http：//www. worldometers. info/world-population/us-population/.

③ 经济合作与发展组织（OECD）［EB/OL］. http：//www. oecd. org.

④ Matt Sena. *Senior Care Industry Analysis* 2016 - *Cost & Trends*, https：//www. franchisehelp. com/industry-reports/senior-care-industry-report/.

表 3-4　美国对外资的部分投资行业准入规定

行业	准入规定
基础设施	美国联邦政府对外国投资进入美国基础设施领域往往实行对等原则 根据美国《公共土地法》和《采矿许可法》，准许外国投资者在美国公共土地上铺设石油和煤气管道，修筑铁路和开采矿藏，条件是投资母国政府对美国投资者提供对等的权利；对那些没有与美国签署类似条约的国家，其投资者不享有这些权利
航空	美国限制外国投资者在美境内开展航空运营领域的直接投资 根据美国《1926 年航空贸易法》《1938 年民用航空法》等法律规定，所有美国航空运营商必须处于美国公民的实际控制之下，非美国公民不得在美航空运营商拥有超过 25% 的投票权，且该运营商董事长、三分之二的董事会成员以及其他管理人员必须为美国公民
通讯	美国有关法律规定，禁止外国经营或控制的公司获得从事通讯传输的许可，同时严格限制外国企业在通讯领域（电话、电报、电台、电视）投资
水电	只有美国公司或国内公司的合伙公司才能在可通航的河流从事水电开发，但不禁止外国控制的美国国内公司从事此类开发
核电	不允许外国公司或外国控制的公司拥有使用或生产原子能的设施
沿海和内河航运	只限于美国公司从事沿海和内河航运；在美国境内的航运船只必须是美国制造、在美国注册并由美国公司所有
秘密政府合同	美国国防部限制外国与美国政府的秘密合同或其他公司参与此类项目

资料来源：中国商务部．对外投资合作国别（地区）指南：美国（2015）[EB/OL]．http：//fec. mofcom. gov. cn/article/gbdqzn/.

2. 美国对外国投资的监管与审查

表 3-5　美国与外资收购有关监管类别与主管机构

类别	适用对象	相关规定
国家对所有收购活动的监管	所有公司	由联邦贸易委员会和司法部这两个反垄断机构进行，目的是保护市场公平竞争
国家对收购上市公司的监管	所有公司	由美国证券委员会（SEC）进行，目的是维护证券市场的公开、公平、公正
对外资收购美国公司的监管	外国公司	由美国外国投资委员会（CFIUS）进行，仅对并购项目是否会对美国国家安全造成影响或威胁进行审查

资料来源：中国商务部．对外投资合作国别（地区）指南：美国（2015）[EB/OL]．http：//fec. mofcom. gov. cn/article/gbdqzn/.

此外，一些重点行业如银行业也有专门涉及并购的立法。

美国外国投资委员会（CFIUS）负责审查对美国安全有影响的投资行为。CFIUS 是一个跨部门行政机构，职能是监督和评估外国投资兼并、收购美国企业交易，调查是否对美国国家安全产生影响及影响的程度，并提出建议，甚至视情况交由总统决定是否批准交易。

根据美国法律，CFIUS 有权评审任何来自国外的投资，如果外国公司想控股美国企业并可能影响到美国的国家安全，委员会就会对交易进行审查。遗憾的是，该委员会的工作流程不透明，因为涉及国家安全，所以相对保密。该委员会因主要应对公司的一些保密信息，所以也负有保密义务。但不能忽视的是，美国政府以国家安全受到威胁为由，给中国科技型企业进入美国设置重重障碍。2011—2012 年，美国会指责华为、中兴为中国情报部门提供了干预美国通信网络的机会，试图借此阻碍它们在美国发展。中国企业投资美国 ICT 行业时，应注意其政策法规。

3. 美国对外国投资的鼓励政策

美国实行联邦体制，对外资的政策分为两个层次：一是联邦政府直接对外国企业颁布实行的政策；二是州和地方一级政府实行的外资政策。总体而言，美国对外资以中立政策为主，没有特殊优惠政策。

表 3－6　美国对外资的鼓励政策

层次	相关规定
联邦政府的外资政策	既不反对、歧视外国资本流入美国，也不以任何方式对外资进入美国实行倾斜和优惠政策，但在个别行业或项目有少数鼓励措施 a. 税收优惠：根据“选择美国”网站（Select USA）① 信息，美国联邦政府目前只提供一项针对可再生能源项目的税收优惠，具体包括： 项目名称：企业能源投资税收抵扣、减免 税收优惠类别：公司所得税抵扣、减免 适用行业：商业、工业、公共设施、农业 适用科技类别：太阳能水加热、太阳能采暖、太阳能发电、太阳能光伏电板，废热发电、风能、小型风力发电机、使用可再生能源的燃料电池、直接利用地热等 15 项技术 优惠措施：太阳能、燃料电池、小型风力发电行业可减免 30% 企业所得税；地热、废热发电企业减免 10% 所得税等 b. 资金支持：目前，美国联邦政府出台了 10 项与资金支持有关的项目，主要涉及：清洁能源贷款担保、创新材料和先进碳捕捉技术流程等项目 c. 信息支持、技术协助：美国能源部能效和可再生能源办公室（EERE）发布其对特定研发项目提供资金支持的信息，邀请符合条件的企业、高等院校开展资金申报工作；研发项目旨在服务社会公众，且符合联邦政府法律规定，主要包括高端制造、建筑节能、海上风电等领域。EERE 将为符合条件的项目提供资金、场地服务等支持②
州和地方政府的外资政策	近年在美国整个外资政策中所占分量明显提升，主要措施有税收减免、发行产业债券、提高基础设施水平和提供特殊服务等，鼓励外资流入

资料来源：中国商务部．对外投资合作国别（地区）指南：美国（2015）［EB/OL］．http：//fec. mofcom. gov. cn/article/gbdqzn/.

---

① https：//www. selectusa. gov/welcome.

② https：//www. selectusa. gov.

二、投资澳大利亚的商业机会分析

澳大利亚政局稳定，市场总体开放，法律健全，政策透明度高，是全球最重要的投资市场之一。

在“2015—2016 年全球竞争力报告”排名[①]中，澳大利亚在 140 个国家和地区中排名第 21 位。在世界银行发布的“2016 年营商环境评级”中，澳大利亚在 189 个国家和地区中排名第 13 位。[②] 2016 年，澳大利亚居“外商直接投资信心指数”排名[③]第 7 位，比 2015 年上升了 3 位。

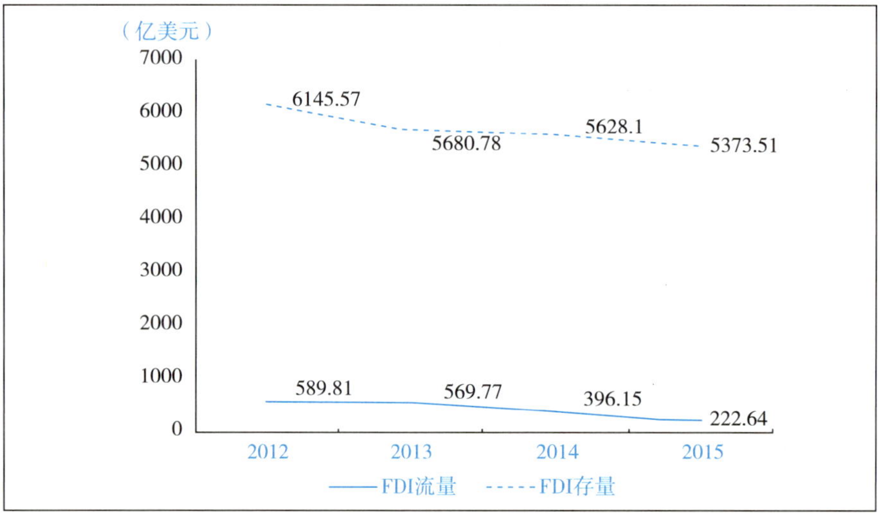

图 3 -9　2012—2015 年澳大利亚吸引外国直接投资流量与存量

资料来源：贸发会议［EB/OL］. http://unctad. org/en/Pages/DIAE/World% 20 Investment% 20Report/Country - Fact - Sheets. aspx.

然而，在 2012—2015 年，澳大利亚吸引的外国直接投资流量和存量均呈下降趋势，尤其是在 2013—2015 年流量急剧下滑。（如图 3 -9）

---

① 世界经济论坛（World Economic Forum）. *Global Competitiveness Report* 2015—2016［EB/OL］. http://reports. weforum. org/global - competitiveness - report - 2015—2016/competitiveness - rankings，中国排名第 28 位。

② 世界银行（World Bank Group），*Doing Business* 2016［EB/OL］. http://www. doingbusiness. org/data/exploreeconomies/india；排名第一为新加坡，中国排名第 84 位。

③ A. T. Kearney：Foreign Direct Investment Confidence Index.

课题组分析认为这与澳大利亚近年工作年龄人口增长缓慢、政府开支占 GDP 比重过大、贸易萎缩、通货紧缩等现实问题不无关系；直接原因可能是由于全球矿产品价格普遍下跌，在矿业领域的投资并购减少而造成投资下降。

海外投资者对澳大利亚的营商环境和经济前景表示乐观，并且对澳大利亚投资倾向于向多元化领域发展。在全球范围内，澳大利亚吸收外国直接投资的规模依然排名靠前，是具备投资潜力的热土。

（一）中国对澳大利亚直接投资现状与特点

1. 流量：2015 年中国对澳投资放缓，直接投资流量 34 亿美元，同比下降 16%

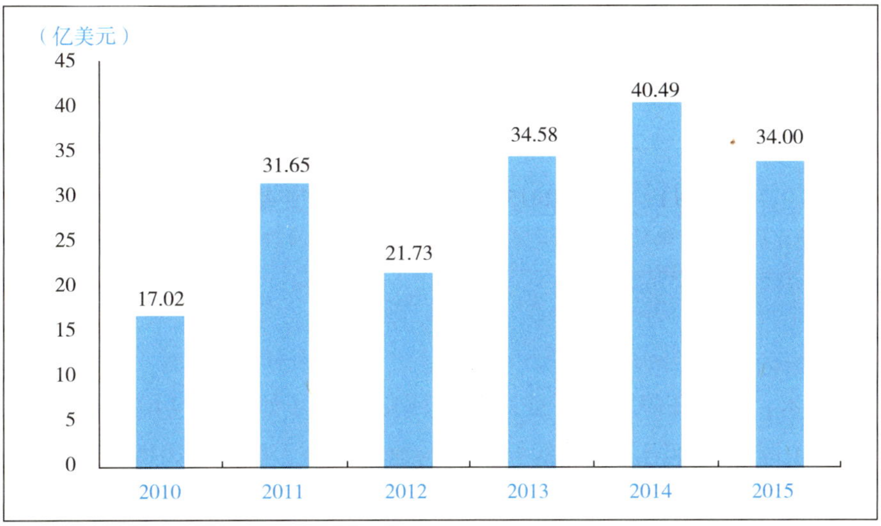

图 3－10　2010—2015 年中国对澳大利亚直接投资流量

资料来源：商务部，统计局，外汇管理局. 2015 年度中国对外直接投资统计公报［M］. 北京：中国统计出版社，2016.

据商务部统计，2015 年受国际大宗商品价格持续下降影响，中企对澳采矿业投资大幅下降（同比下降 85.8%），导致中国对澳直接投资流量也同比下降 16%，跌至 34 亿美元（如图 3－10），中企对澳其他领域的投资则呈现出快速增长态势。

另据毕马威/悉尼大学的数据显示，受中澳签署自由贸易协定影响，2015 年，中国对澳大利亚直接投资达到 111 亿美元[①]，同比增长 32.9%，创对澳投资历史新

① 与商务部数据差异较大的原因是统计口径等因素不同造成。

高。2015 年，中国企业对澳 5 亿澳元以上的大规模投资有 7 起，共有 65 个在法律上已经生效的交易。

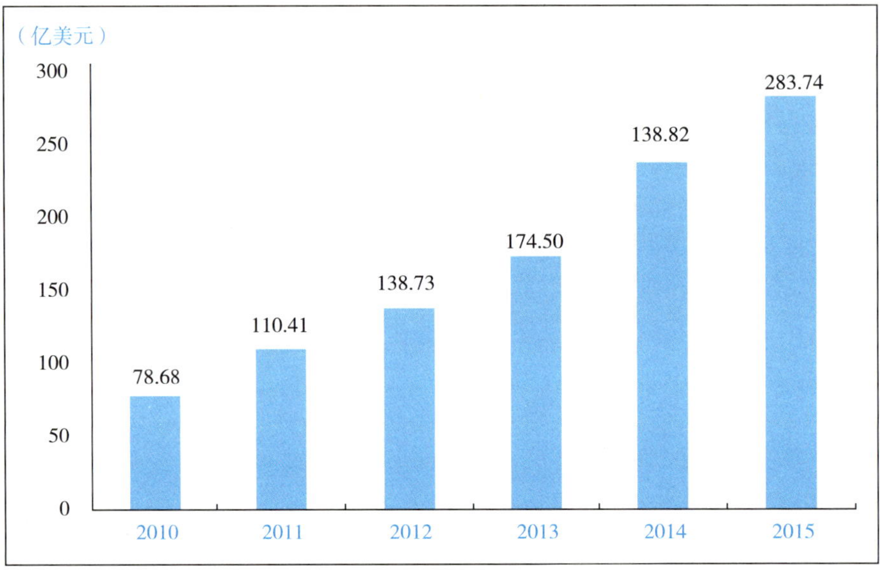

图 3－11　2010—2015 年中国对澳大利亚直接投资存量

资料来源：商务部，统计局，外汇管理局．2015 年度中国对外直接投资统计公报[M]．北京：中国统计出版社，2016.

2. 存量：2005—2015 年澳大利亚是中国海外投资的第二大接收国

2015 年末，中国在澳投资存量为 283.74 亿美元（如图 3－11）。在全球范围内，澳大利亚是中国投资者第二首选的投资目的地，保持了 2005—2015 年累计投资金额第二的地位，仅次于美国。[①]

3. 行业：2015 年房地产业流量、采矿业存量分居第一

根据商务部的统计，2015 年，中国对澳直接投资主要集中在房地产、租赁和商务服务业、采矿业、金融业等领域，对采矿业的投资由 2014 年的第一位跌至 2015 年的第三位，而其他行业投资则经历了快速增长。

毕马威等机构的数据分析发现，中国在澳大利亚、美国的投资，无论增长速度，还是投资行业分布的趋势（向服务业拓展），都非常类似，[②] 分析认为，中国企业在澳大利亚投资的行业偏好变化体现出中国经济“新常态”下的特点：聚焦于满足中

① KPMG. https：//home. kpmg. com/xx/en/home. html.

② Rhodium Group. http：//rhg. com/.

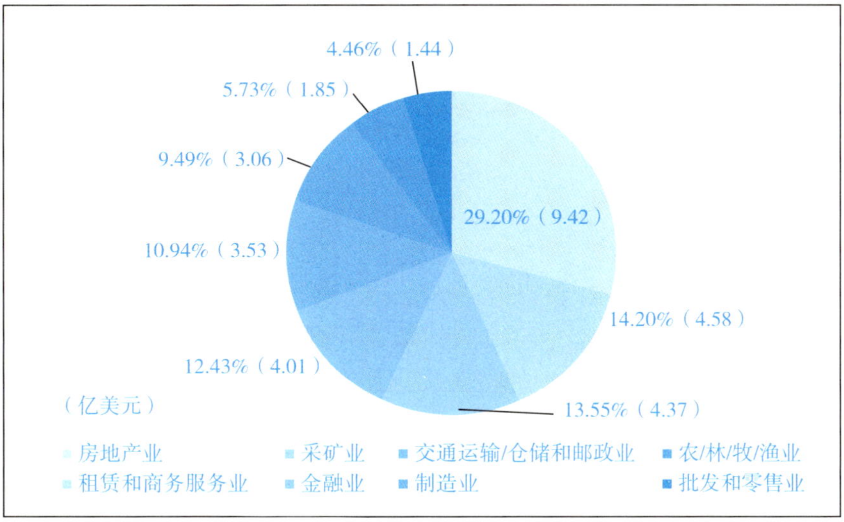

图 3－12　2015 年中国对澳大利亚直接投资流量行业金额及占比

资料来源：商务部，统计局，外汇管理局 . 2015 年度中国对外直接投资统计公报［M］. 北京：中国统计出版社，2016.

产阶级对高品质食品、健康产品、生活方式和服务的需求。[①] 从投资行业看，近年，中国对澳直接投资正从传统的资源投资转向休闲、先进技术、食品、服务及健康医疗等领域，2015 年继续从矿业转移到更多行业，并呈现出一些亮点，而且中国民营企业对澳投资最为活跃，占据了 78% 的投资交易数量。

2015 年，中国对澳房地产投资延续了 2014 年以来的强劲势头，占对澳直接投资总额的 27. 7%；在可再生能源领域有重大交易，国家电力投资集团收购 Pacific Hydro。同时，2015 年又是中国在澳投资医疗健康产业和农业的破冰之年，绿叶医疗集团收购了澳大利亚私立医院 Healthe Care，此外还发生了总金额达 3. 75 亿澳币的 12 项农牧业及农产品投资。

2015 年末，中国对澳大利亚投资存量前三位的行业是采矿业（168. 24 亿美元，占比 59. 3%）、房地产业（28. 28 亿美元，占比 10. 0%）和金融业（24. 51 亿美元，占比 8. 6%），紧随其后的是租赁和商务服务业（21. 65 亿美元，占比 7. 6%）、制造业（11. 37 亿美元，占比 4. 0%），以及批发和零售业（7. 95 亿美元，占比 2. 8%）。（如图 3－13）

4. 区域：2015 年新州、维州投资流量达 83%

从投资区域分布看，中国对澳投资在区域分布上相对集中。新州获得 74. 4 亿澳

① KPMG. https：//home. kpmg. com/xx/en/home. html.

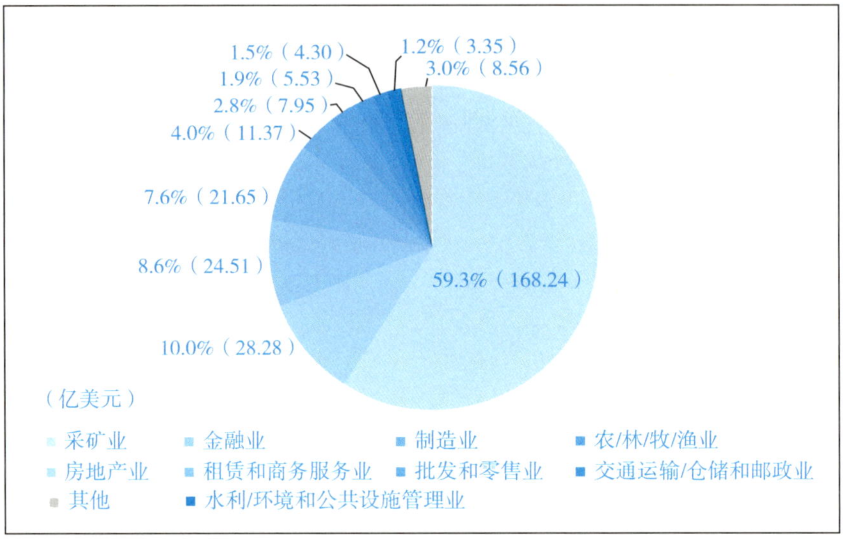

图 3－13　2015 年中国对澳大利亚直接投资存量行业金额及占比

资料来源：商务部，统计局，外汇管理局 . 2015 年度中国对外直接投资统计公报［M］. 北京：中国统计出版社，2016.

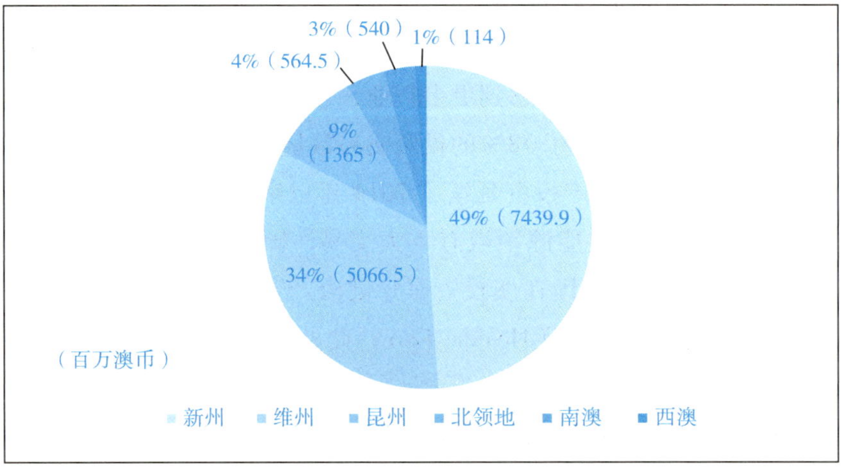

图 3－14　2015 年中国在澳大利亚直接投资流量的区域分布

资料来源：KPMG/悉尼大学数据库。

币投资，集中在房地产（86%，例如中国投资有限公司收购 Investa Office Portfolio、Bright Ruby 收购 Sydney Hilton）、医疗健康（13%，例如合生元收购 Swisse Wellness）和农业（1%）；维州获得 51 亿澳元投资，集中在可再生能源、医疗健康、商业及开发地产和农业投资；西澳获得的投资最少，反映出全球资源类大宗商品价格大幅下滑的现状。（见图 3－14）

（二）中国企业进入澳大利亚重点产业的商业机会

1. 基础设施行业

虽然澳大利亚地域广袤，人口稀少，但当前的基础设施并不能满足其经济发展需求。单凭澳大利亚政府一己之力，对如此广大地区的基础设施进行升级改造，是十分困难的。因此吸引外国投资来进行基础设施建设，对澳大利亚来说十分必要。澳大利亚政府推出包括公路、铁路、机场建设等一系列大型建设计划，允许外国投资者参与当地基础设施投资。预计未来澳大利亚基础设施建设领域投资会保持上升势头。

第一，澳大利亚政府大力支持基础设施建设。2013 年 9 月，澳大利亚政府提出一系列经济改革举措，包括加大对基础设施建设的投入。澳大利亚《国家基础设施规划》根据未来 50 年对基础设施持续增长的需求，提出宏观改革方案和建议，其附件列有优先项目的清单，极具参考价值。在进行建设时，联邦政府与州政府各有分工。部分州政府制订了本州的基础设施发展规划，包括南威尔士州、首都特区和南澳大利亚州等，这些规划更加具体。在联邦政府与交通部的“国家基础设施建设进度数据库”（National Infrastructure Construction Schedule，NICS）中也能查到联邦、州及地方政府大型项目的建造情况。

第二，澳大利亚政府鼓励企业采取 PPP 方式投资。PPP（Public Private Partnership）是通过建立政府与私人投资者之间的合作关系，保证政府对“核心服务”的直接控制。澳大利亚政府委员会 2008 年底颁布了《国家公共私营合作制政策和指南》（*National Public Private Partnership Policy and Guidelines*），在全国推广执行。基础设施咨询委员会网站①列有该指南内容、已经成立的 PPP 项目以及潜在项目信息。目前在澳大利亚开展 PPP 合作方式的外资企业主要来自美国、欧盟成员国和日本等国家。

第三，中国企业资金和技术实力雄厚，在基础设施建设领域具备优势，可以关注澳大利亚基建行业中的投资机会。2015 年，中国岚桥集团（Landbridge Group）出资 5.06 亿澳元（约合 3.70 亿美元）获得澳大利亚北部达尔文港的长期租赁权，为期 99 年。中国投资有限责任公司加入澳大利亚港口运营商 Qube Holdings 所在财团，出价 89 亿澳元（约合 62.5 亿美元）收购港口和零售巨头 Asciano。此外，也有中国企业参与新州 TransGrid 的 99 年租期竞标，但未成功。

---

① www.infrastructureaustralia.com.

2. 医疗健康产业

2015 年，中国企业对澳大利亚医疗健康行业的投资从探索和研究阶段迈入实现阶段，完成四项重大交易，金额总计达到 25.5 亿澳币。例如：合生元以 13.8 亿澳币收购 Swisse 保健品品牌；绿叶集团以 9.38 亿澳币从 Archer Capital 收购 Healthe Care 连锁医院；江河创建下属公司通过买入方式增持 Primary Health Care Limited 共 5822.55 万股，占其总股本的 11.17%，成为第一大股东。预计未来，在澳大利亚医疗保健产品、医院、养老社区和医疗器械领域存在较大的投资机会。

第一，澳大利亚老龄化人口、长期慢性病以及医疗需求为行业带了较大需求和市场。澳大利亚统计局数据显示，1995 年以来，65 岁及以上的澳大利亚人口的比例从 11% 上升至 15%，同期 15 岁以下人口的比例从 21.5% 下降到 18.8%。由于澳大利亚老龄化严重和医疗技术的发达，医疗保健支出比例过大，政府不得不通过控制药品价格等手段遏制医疗支出。

第二，医疗设施方面。2014—2015 年受宏观经济影响，澳大利亚医疗行业产值从 5 亿美元下跌到 4 亿美元。鉴于澳大利亚拥有综合的健康保健系统、较强的研发能力以及对家庭护理和远程医疗的需求等，预计 2016—2019 年会逐年回升。

第三，中国国内医护需求增长，且国家允许澳大利亚健康服务在中国运行。中国正步入老龄化社会，对医疗保健产品和医院、养老社区的需求会加大。《中澳自由贸易协定》中一个值得关注的条款是允许澳大利亚的健康服务商在中国运营。中国投资者可以投资澳大利亚医疗健康产业，将其先进的医疗技术、设备和服务与中国国内巨大的市场需求相对接。

3. 农业、畜牧业

2010—2015 年，中国对澳大利亚农、林、牧、渔业投资量总体不高。2011—2012 投资流量快速增长，但之后回落；2013 年投资总额不到 10 亿澳元；2014 年完成的大规模交易也不多；2015 年投资首次出现实质性增长，完成 12 宗交易，总金额 1.85 亿美元，涉及乳制品、牛肉和棉花等品类。

展望未来，中国投资者对澳大利亚农业将会保持浓厚兴趣，潜在的商机分布在畜牧业、乳业和健康农业等领域。[①] 投资澳大利亚农牧业可以更好地满足中国国内市场对高品质食品和农产品的需求。

第一，澳大利亚广阔的土地和未经污染的自然环境具备发展农业的天然的优势。

---

① KPMG, https: //home. kpmg. com/xx/en/home. html.

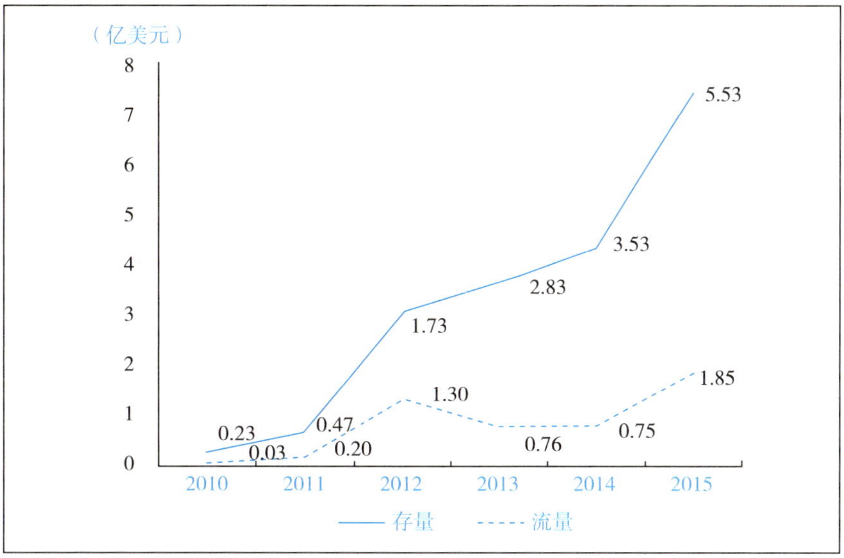

图 3－15　2010—2015 年中国对澳大利亚农、林、牧、渔业直接投资

资料来源：商务部，统计局，外汇管理局 .2015 年度中国对外直接投资统计公报［M］. 北京：中国统计出版社，2016.

农用地占澳大利亚国土面积的 60%，但大多数农业用地均为干旱牧地，十分适合饲养牲畜；农民只在 10% 的耕地上种植农作物。

第二，澳大利亚农牧业物产极其丰富。澳大利亚农牧业产品中，小麦和牛肉所占比重最大，奶制品、水果、坚果、蔬菜和羊毛也占有较大比重。澳大利亚是世界上最大的羊毛生产国和出口国，也是牛肉、糖和小麦的主要生产国和出口国。

第三，澳大利亚农业发展水平高，机械化程度高，具有成本优势。澳大利亚几乎不需要人力耕种，农民只占全国劳动人口的 4%，却生产出全国所需的食物。在澳大利亚生产蔗糖的成本比在中国国内低很多。

近年，中国企业大量收购澳大利亚农场。例如，贝因美（Beingmate）投资维州的 Fonterra 奶粉厂、天马轴承集团收购北领地 Wollogorang 和 Wentworth 牧牛场、大商集团在新州并购 Glenrock 牧牛场、新希望集团和 Freedom Foods 联手收购新州的牧牛和乳品农场 Moxey Farms，此外，还有中国投资者在北领地和昆州收购 Glenrock 牧场、Holymount 牧场、Elizabeth Downs 牧场和 Undabri 棉花田。

需要注意的是，外国企业大规模收购澳大利亚的农田土地容易受到争议。2015 年，澳大利亚外商投资审查委员会（FIRB）收紧了对国外企业收购农牧业土地的管制，要求一次性或累计收购土地价值超过 1500 万澳元的项目必须获得审批。同年，某中国企业向 FIRB 提出购买澳大利亚最大牧牛场之一 S. Kidman & Co 的申请被驳回，原因是 FIRB 认为投资项目中的某个地块若被外国企业收购可能会影响澳大利亚的国家安全。2015 年底生效的中澳自贸协定也会提高人们对澳大利亚农业的增长预期，有可能导致资产估价和企业价格上升。

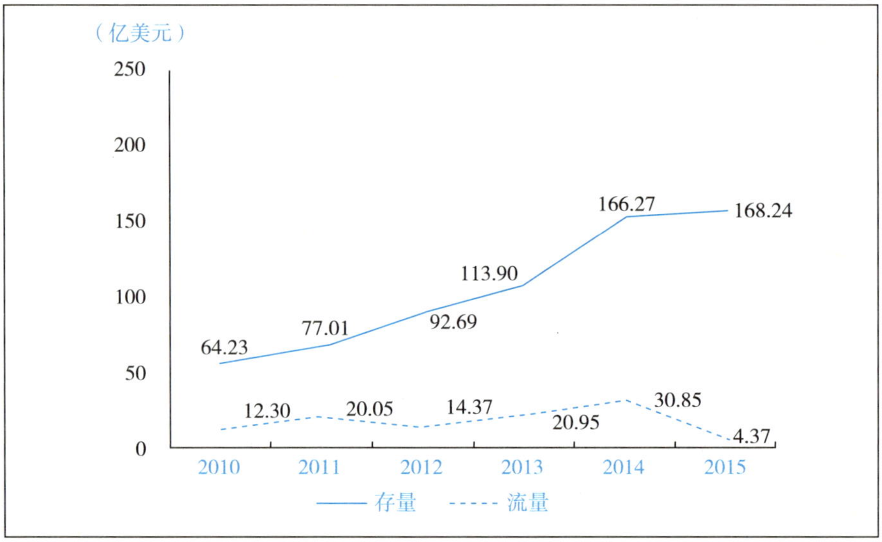

图 3－16　2010—2015 年中国对澳大利亚采矿业直接投资

资料来源：商务部，统计局，外汇管理局.2015 年度中国对外直接投资统计公报［M］.北京：中国统计出版社，2016.

4. 采矿业

按照国民经济行业分类，采矿业的统计口径是对固体（如煤和矿物）、液体（如原油）或气体（如天然气）等自然产生的矿物的采掘。中国对澳大利亚矿业投资量逐年增长，并持续保持较大投资流量。（如图 3－16）

澳大利亚地广人稀，矿产资源丰富。展望未来，澳大利亚液化天然气、清洁能源、有色金属领域存在较大投资潜力。

第一，澳大利亚是世界第九大能源生产国，经合组织（OECD）中的 3 个能源净出口国之一。其中，天然气资源尤其丰富，且出口增量高。2014 年，澳大利亚液化天然气出口量为 249 亿立方米，2015 年这一数字猛增至 374 亿立方米。

第二，澳大利亚政府积极鼓励并推动清洁能源的开发和利用。澳大利亚不但拥有丰富而优质的煤、石油、天然气等传统能源，风能、太阳能等可再生能源分布也十分广泛。为有效应对全球气候变化的影响和挑战，2015 年澳大利亚政府批准了“再生能源目标协议”，让中国投资者在风能等可再生能源领域再增信心。

中国企业曾在澳大利亚投资风能、太阳能等，但近几年案例相对较少。2015

年，国家电力投资集团以30亿澳币收购Pacific Hydro，使可再生能源成为中国企业在澳大利亚投资的第二大产业，证明了中国投资者重返这一领域。

第三，中国“十三五”规划会促进中国企业对澳大利亚采矿业的投资。考虑到中国“十三五”强调的政府对基础设施建设的进一步投入，中国企业未来在澳大利亚铁矿石和煤炭产业上的投资将会高于预期。此外，KPMG分析认为，中国企业对包括黄金、锂和铜矿在内的有色金属的投资兴趣日益增加。2015年，广东广晟以12亿澳元收购了PanAus，江西赣锋锂业股份有限公司也入资澳大利亚的锂矿企业Neometals。

总体而言，澳大利亚矿产资源丰富，采矿业发展态势好，投资机会较多。但值得注意的是，投资采矿业需要大量的前期投入，而矿产品价格易波动，收益不稳定，存在投资风险。

（三）外资进入澳大利亚的管理政策评估

1. 澳大利亚对外资的投资行业准入规定

澳大利亚法律没有明确规定禁止和限制外资进入的领域。

表3－7　澳大利亚对外资的投资行业准入相关规定

类别	行业
鼓励外商直接投资行业	任何支持澳大利亚行业可持续增长和发展的生产型外商投资都受到鼓励。包括为澳大利亚提供货物和服务、发展出口市场、引进和开发新技术或管理技术，以及对商业的经营和管理
外资涉及的敏感行业	外资涉及敏感行业投资则需要申报和审批。在澳大利亚投资能源矿产、房地产、金融、保险、航空、媒体、电信、机场等敏感行业的外资项目需要进行申报和审批，澳政府对投入到这些敏感行业的外资项目设定了限制措施

资料来源：中国商务部．对外投资合作国别（地区）指南：澳大利亚（2015年）［EB/OL］．http：//fec.mofcom.gov.cn/article/gbdqzn/.

2. 澳大利亚对外资投资方式的规定

外商在澳大利亚投资，设立企业的形式主要有：子公司、分公司、合伙公司、合资公司以及个人独立经营公司等。澳大利亚证券及投资委员会（ASIC）处理公司的注册事务。

澳大利亚对外并购主要涉及的法律法规有《外国人收购与接管法》《公司法》《外资并购与接管法》《商业行为法》《上市规则》《公司法律经济改革计划》等；

涉及外国直接投资的法律还有限制外资进入银行业的《银行法》《金融业控股法》，限制外资进入广播服务业的《广播服务法》以及澳大利亚审慎金融监管局的有关规定等。

澳大利亚外国投资的审批机构为国库部[①]，根据国家利益逐一审查外国投资申请。《外资并购与接管法》（FATA）为审查制度提供法律框架，该法在2010年修订，以防止外国投资者通过复杂收购安排规避现有收购法规，获得澳企业的控制权。外国投资者必须向国库部外商投资审查委员会（FIRB）[②] 提出书面投资申请。FIRB将确保维护国家利益，一旦确认某个申请不符合国家利益，则不予批准。

表3-8 澳大利亚对外国投资审批的相关规定

事项	相关规定
申请主体	a. 外国政府及相关实体。无论投资额大小，在澳直接投资前都必须知会澳大利亚政府并获得事先批准；在开始新业务或购买澳大利亚城市土地权益（外交或领事用途购地情况除外）前也必须知会澳大利亚政府并事先得到批准 b. 外国私有企业——商业并购。外国人在收购澳企业或商业资产超过15%或其价值在2.48亿澳元以上、收购澳海外分公司权益或资产在2.48亿澳元以上，需事前知会澳政府。对美国投资者而言，2.48亿澳元的门槛只针对其在敏感领域的投资，对美国在其他领域投资的门槛是10.78亿澳元。所有外国人（包括美国投资者）在媒体领域投资，份额达到或超过5%，需事先知会澳政府并得到批准 在下列情况下，澳法律对外资有不同规定、要求和限制： ——外国人在银行部门的投资必须符合《1959年银行法》[③]、《1998年金融法》[④] 和有关对银行的政策 ——对澳国际航空企业（包括澳航Qantas）的外国投资限制在49% ——《1996年机场法》[⑤] 规定联邦出售机场时，外国所有权的限制为49%，对航空公司所有权及悉尼机场（和悉尼西机场）、墨尔本、布里斯班和珀斯机场的交叉所有权为5% ——《1981年海运注册法》规定，凡在澳大利亚注册的船只必须由澳大利亚人拥有大部分所有权 ——对澳大利亚电讯公司（Telstra）的全部外国权益不得超过非上市股份的35%，每个投资者持股比例最多不得超过5% 外国人在不清楚投资是否需要知会的情况下，就应该知会澳政府 c. 私有性质的外国投资者——房地产。购买某种类型的房地产权益需知会政府并事先得到政府批准。无论价值多少，外国人在获得居住性地产、闲置土地权益或澳大利亚城市土地企业的股份或部分地产，或信托财产时，一般都需要知会政府

① http://www.treasury.gov.au/.

② Australia Government Foreign Investment Review Board, http://firb.gov.au/.

③ *Banking Act* 1959. https://www.legislation.gov.au/Details/C2016C00750.

④ *Financial Sector (Shareholdings) Act* 1998. https://www.legislation.gov.au/Details/C2010C00077.

⑤ *Airports Act* 1996. https://www.legislation.gov.au/Details/C2016C00709.

续表

事项	相关规定
审批考量	国库部长会在30天内对投资申请做出决定，也可发布临时命令延长至90天；做出审批决定后，10天内通知申请人 审批的主要考虑因素是：国家安全；对竞争环境的影响；与澳大利亚政府其他政策（包括税收）的关系；对经济和社会的影响；投资人的性质；以及外国政府和相关实体的投资是否为商业性质或追求与澳国家利益相悖的更广泛的、政治或战略意图 近年来，随着中国赴澳投资不断增加，争相收购农场、在当地购房，使澳大利亚各界对中国企业投资心存疑虑，担心澳农民沦为佃农、当地房价过高等。2015年起，澳政府陆续收紧了对农业用地和房地产等领域的外资审批政策

资料来源：中国商务部．对外投资合作国别（地区）指南：澳大利亚（2015年）［EB/OL］．http：//fec. mofcom. gov. cn/article/gbdqzn/.

3. 澳大利亚对外国投资的鼓励政策

表3－9　澳大利亚对外资鼓励政策的相关规定

政策类型	相关规定
优惠政策框架	a. 重大项目优惠政策。澳政府简化审批手续，资助项目可行性研究。对于特别重大的外资项目，澳投资服务机构将向联邦政府推荐，争取资金支持、税收减让、基础设施服务等优惠。重大外资项目的认定极严格，包括：投资项目对澳具有战略意义或给澳带来重大经济利益或对就业、基础设施将做出重大贡献，将促进澳工业创新，增加研发和商业化能力，项目金额超过5000万澳元等 b. 在澳建立地区总部和营运中心优惠政策。澳政府提供移民和税收优惠政策，但是否给予外国公司税收优惠由澳国库部决定 c. 技术人才支持计划。为澳带来重大投资项目的公司可为内部高管、专家办理永久居留签证和长期居留商务签证 d. 税收优惠政策。公司用于符合规定的研发支出，在计算纳税所得税基时可以按150%的比率扣除
行业鼓励政策	对农牧业投资给予批发销售税减免的优惠
地区鼓励政策	对边远地区的居民和雇主给予一定的税收减让，适用于符合条件的外国和当地居民

资料来源：中国商务部．对外投资合作国别（地区）指南：澳大利亚（2015年）［EB/OL］．http：//fec. mofcom. gov. cn/article/gbdqzn/.

三、投资俄罗斯的商业机会分析

近年来，油价崩溃和经济制裁[①]使俄罗斯联邦（以下简称俄罗斯）面临双重挤压，陷入20年来持续最久的经济衰退中，卢布大幅贬值，居民收入减少，吸引的外

① 乌克兰危机后，西方国家对俄罗斯实施了涉及政治、能源、金融、军事等领域的多轮制裁。

国直接投资在2013—2015年也呈急剧下降趋势。(如图3－17)

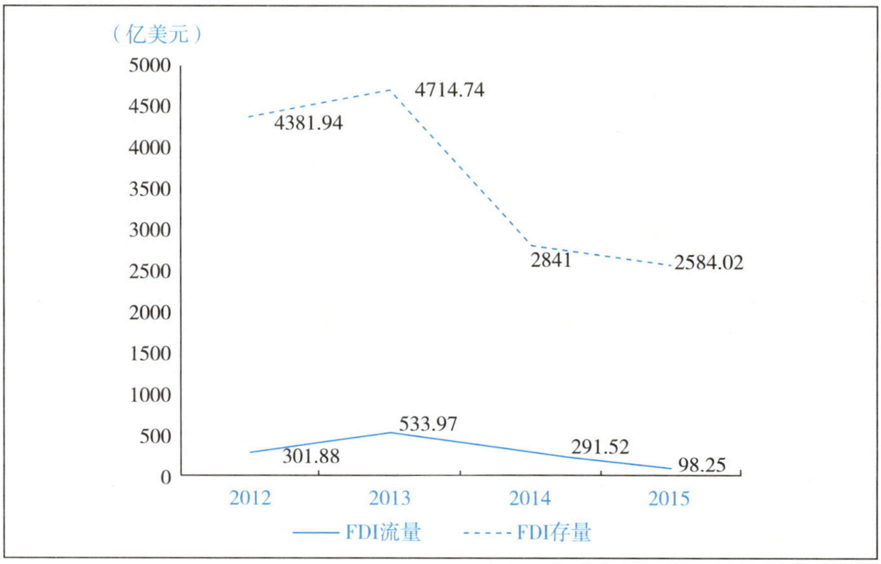

图3－17　2012—2015年俄罗斯吸引外国直接投资流量与存量

资料来源：贸发会议［EB/OL］. http：//unctad. org/en/Pages/DIAE/World% 20Investment% 20Report/Country－Fact－Sheets. aspx.

2015—2016年，俄罗斯连续实施“反危机计划”，确定财政拨款优先支持面临困难但具有显著增长潜力的行业，包括农业（含农业服务）、加工业（含食品生产）、化工、机械制造（航空、船舶、汽车生产等）和住房建设；优先投资项目涉及运输业，包括空运（含空港、空运商业、运输基础设施）、通信与电信、石油产品和医药产品，以及电、气、水和其他资源的生产和分配。

俄罗斯振兴经济的措施取得了一定成效。因其国内投资环境的改善，以及较大的市场规模，在世界经济论坛“2015—2016年全球竞争力报告”中，俄罗斯在140个国家和地区中排名上升8位至第45位。[①] 在世界银行“2016年营商环境评级”中，俄罗斯在189个国家和地区中排名第51位，比2015年上升了3位。[②]

目前中国与俄罗斯政治和经济关系良好。俄积极采取东方战略，谋求与中国合作，并提议与东盟加强经济一体化。在俄罗斯投资的双边关系风险较低，且有利于

① 世界经济论坛（World Economic Forum）. *Global Competitiveness Report* 2015—2016［EB/OL］. http：//reports. weforum. org/global－competitiveness－report－2015－2016/；http：//www. doingbusiness. org/data/exploreeconomies/russia；排名榜首的是瑞士，中国排名28（中国香港第7）。

② 世界银行（World Bank Group）. *Doing Business* 2016［EB/OL］. http：//www. doingbusiness. org/data/exploreeconomies/russia；排名第一为新加坡，中国排名第84位。

中国企业在国际上的战略发展。展望未来，俄罗斯远东跨越式开发区建设、扩大对华石油出口，以及对华天然气输气项目，将吸引巨额资金进入俄罗斯。

（一）中国对俄罗斯直接投资现状与特点

1. 流量：2015 年中国对俄直接投资 29.61 亿美元，创历史最高值

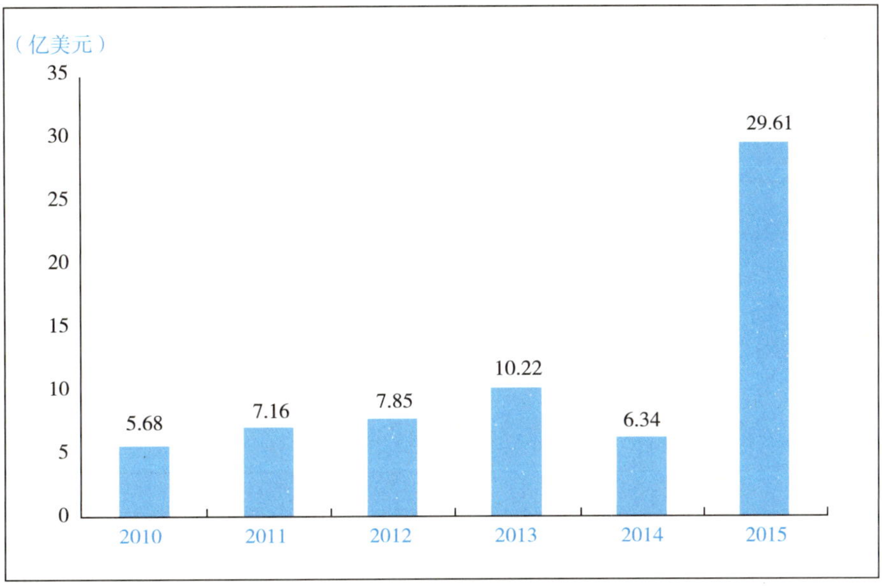

图 3－18　2010—2015 年中国对俄罗斯直接投资流量

资料来源：商务部，统计局，外汇管理局 . 2015 年度中国对外直接投资统计公报［M］. 北京：中国统计出版社，2016.

2010—2013 年，我国对俄罗斯直接投资呈稳定上升趋势，但 2014 年受油价崩溃和卢布暴跌的影响出现了急剧下降，同比下降 38%。不过 2015 年对俄直接投资增长迅速，流量达 29.61 亿美元，同比增长 367%，创历史最高值。（如图 3－18）

2. 存量：2015 年末俄是中国的第九大投资目的国

截至 2015 年底，中国在俄罗斯直接投资存量达到 140.20 亿美元（如图 3－19），是继中国香港、开曼群岛、英属维尔京群岛、美国、新加坡、澳大利亚、荷兰、英国之后的第九大投资目的国，占中国对外直接投资存量的 1.3%。[①]

① 商务部，统计局，外汇管理局 . 2015 年度中国对外直接投资统计公报［M］. 北京：中国统计出版社，2016.

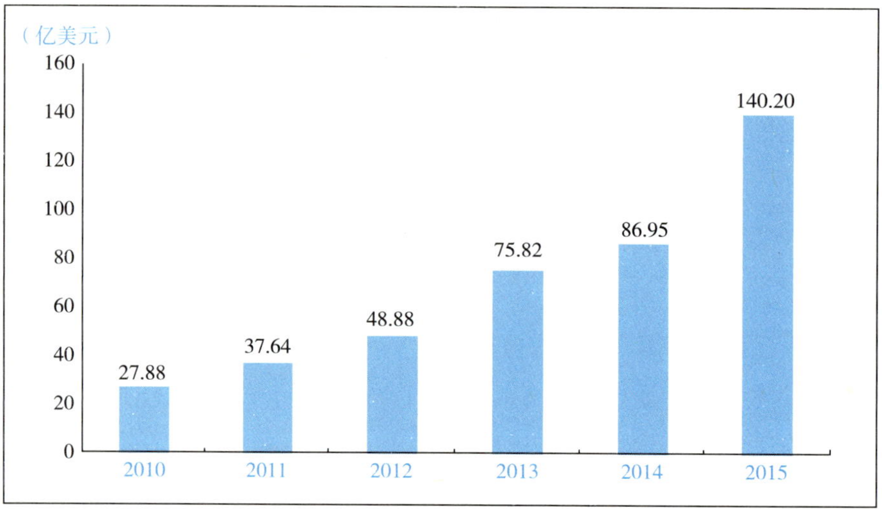

图 3－19　2010—2015 年中国对俄罗斯直接投资存量

资料来源：商务部，统计局，外汇管理局．2015 年度中国对外直接投资统计公报［M］．北京：中国统计出版社，2016.

3. 行业：2015 年采矿业流量和存量占比最高

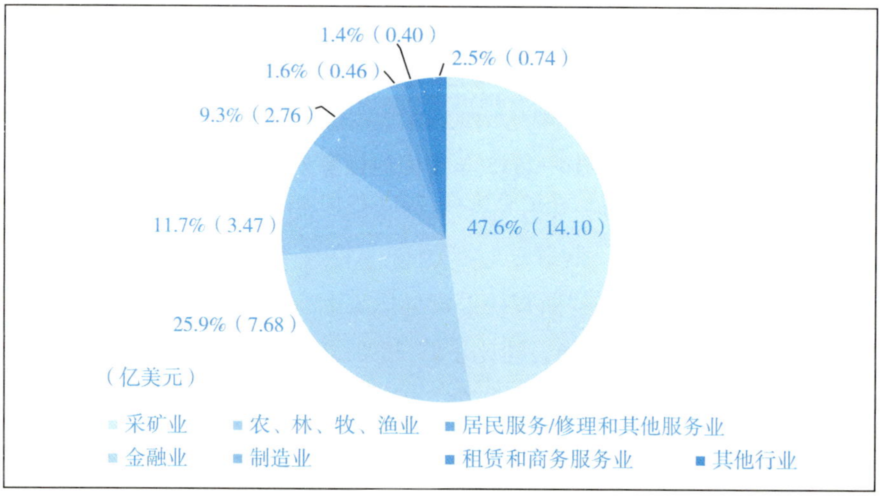

图 3－20　2015 年中国对俄罗斯直接投资流量行业金额及占比

资料来源：商务部，统计局，外汇管理局．2015 年度中国对外直接投资统计公报［M］．北京：中国统计出版社，2016.

注：其他行业包括科学研究和技术服务业、建筑业、批发和零售业、房地产业等。

2015 年，中国对俄罗斯直接投资行业较为集中，流量前三位的行业是采矿业（14.10 亿美元，占比 47.6%）、金融业（7.68 亿美元，占比 25.9%）、农、林、牧、渔业（3.47 亿美元，占比 11.7%），合计占比达到 85.2%。（如图 3－20）

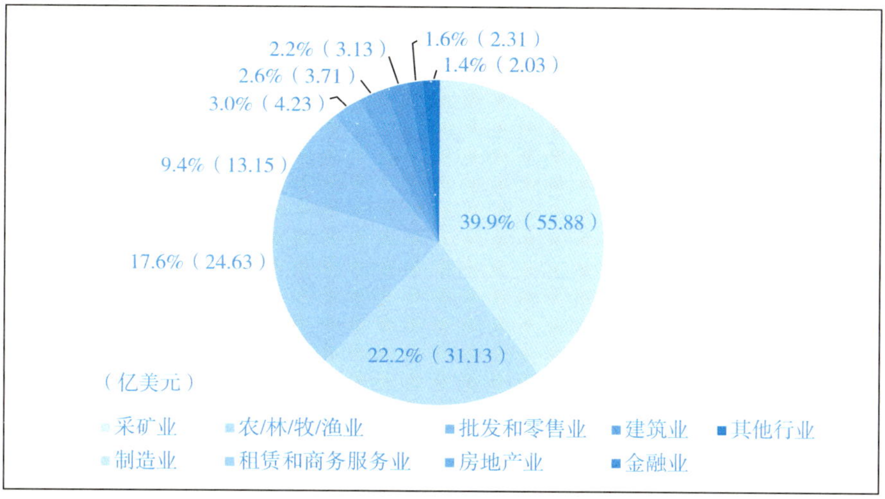

图 3－21　2015 年中国对俄罗斯直接投资存量行业金额及占比

资料来源：商务部，统计局，外汇管理局．2015 年度中国对外直接投资统计公报［M］．北京：中国统计出版社，2016.

截至 2015 年末，中国在俄罗斯设立境外企业共 1000 多家，雇佣外方员工 4.1 万人。我国对俄直接投资存量前五位的行业是采矿业（55.88 亿美元，占比 39.9%），制造业（31.13 亿美元，占比 22.2%），农、林、牧、渔业（24.63 亿美元，占比 17.6%），租赁和商务服务业（13.15 亿美元，占比 9.4%），批发和零售业（4.23 亿美元，占比 3.0%），紧随其后的是房地产业占 2.6%、建筑业占 2.2%、金融业占 1.6%。（见图 3－21）

4. 区域：远东地区成为中俄经济合作的主要地区

俄罗斯吸引外资的重点地区有远东地区、西伯利亚地区、中央区、西北区、南部区、乌拉尔区、伏尔加河沿岸区和北高加索区。其中中央区以莫斯科为中心，是政治、经济、文化中心；伏尔加河沿岸区和乌拉尔区油气资源充沛，制造业和采矿业发达，实力较为雄厚；西伯利亚地区和远东地区远离欧洲中心区域，地域广阔，人口稀少，发展相对滞后；北高加索联邦区局势不甚稳定，但拥有相对温暖的气候条件，农业比较发达，经济整体上落后于其他联邦区。

人口稀少但资源丰富的远东地区是中俄两国展开合作的主要场域。2009 年 9 月签署的《中华人民共和国东北地区与俄罗斯联邦远东及东西伯利亚地区合作规划纲要（2009—2018 年）》已落实部分合作项目。目前，我国在远东地区拥有多个能源、贸易、跨境旅游合作项目，其中最大的是西伯利亚天然气输送管道，该管道每年可向中国输送 380 亿立方米的俄罗斯天然气。2016 年，俄罗斯远东发展部报告称新的远东发展机制，例如先进发展地区、自由港制度、远东发展基金和定向基础设施支持等，受到中国企业的欢迎，中国企业已在该地区投资1630亿卢布（约合160亿元人民币）。①

（二）中国企业进入俄罗斯重点产业的商业机会

1. 农业、畜牧业

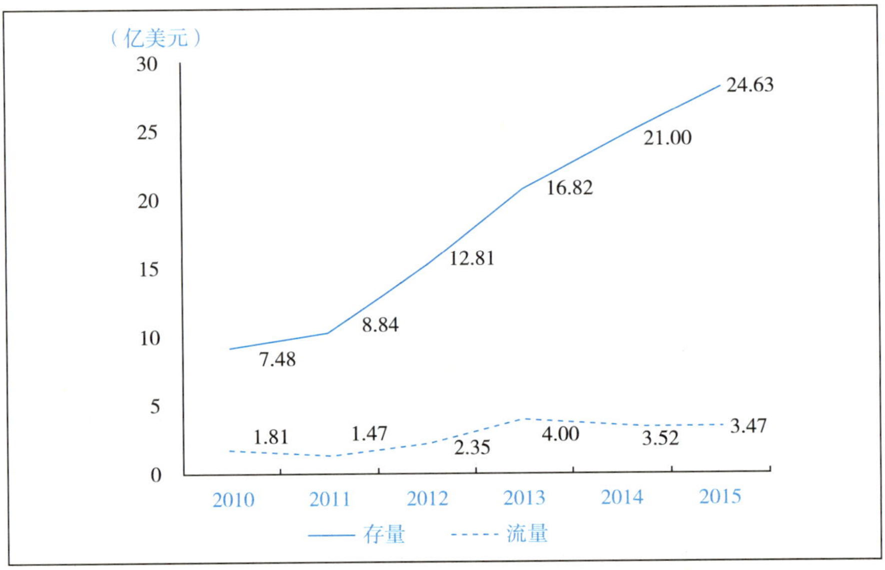

图3-22　2010—2015年中国对俄罗斯农、林、牧、渔业直接投资

资料来源：商务部，统计局，外汇管理局.2015年度中国对外直接投资统计公报［M］.北京：中国统计出版社，2016.

2010—2013年，中国对俄农、林、牧、渔业投资流量呈上升趋势，2013—2015年则出现回落，2015年吸引中国直接投资的流量和存量均居行业中的第三位，其中农业、畜牧业蕴含着较大的投资潜力。

第一，俄罗斯拥有世界上10%的可供耕种的土地，其农业和畜牧业的潜力不可估量。虽然目前俄罗斯经济不景气，然而其独特的地理位置提供了无与伦比的商业机会，农业产出不仅可以供应中国这样的人口大国进口，也可以便捷地输送到欧洲的广大市场。

第二，俄罗斯对欧盟的农产品禁运将刺激俄本国的农业发展。俄罗斯禁止进口欧盟的多项农产品，例如家禽、猪肉、小麦和乳制品等，增大本国农业、畜牧业的

① 中国已在俄罗斯远东地区投资160亿元［EB/OL］［2016-07-06］http：//world. huanqiu. com/exclusive/2016-07/9132423. html.

生产力度以满足市场需求。2016 年，俄罗斯市场上家禽、牛肉和猪肉等产品的供应量减少，俄罗斯本国的畜牧从业者将会加大生产以满足需求，这一情况将在 2017、2018 年得到改善。

第三，俄罗斯正实施“向东看”战略。俄罗斯国徽是向东看和向西看的双头鹰，随着遭遇西方经济制裁，俄罗斯“向东看”战略加大力度实施，总额 20 亿美元的中俄农业投资基金和总额 130 亿卢布的俄罗斯远东农工产业发展基金相继成立，重点加强中俄在农业、海关、物流以及食品销售方面的工作。中俄有望建立农业产品自由贸易区，并为中俄高新技术农业提供优惠政策。[①]

第四，俄罗斯与中国在农业发展上可以合作互补。俄罗斯法律规定，除特殊情况外，外资均可享受国内企业的待遇。特殊情况是，根据俄罗斯《土地法》，边境地区及特定地区不允许外国人和外资企业获得土地所有权；同时，俄罗斯禁止拥有 50% 俄本地公司股份的外资拥有农业用地，在外国人注册为法人通过竞拍后，得到的上限不能超过 49 年。

当前，俄罗斯农业存在的主要缺陷：一是苏联时代建造的基础设施日益老化；二是工人缺乏农业知识和技术；三是行业缺乏投资人。中国非常擅长基础设施建设，在俄投资也极为活跃，并且拥有资金和技术可合理地开发利用俄罗斯的耕土。

中俄农业合作起步较早，但合作规模不大，水平也不高，主要集中在农产品生产、农业境外开发合作等领域。目前，中国公司和其他法人公司在俄罗斯的土地租借主要集中在农业生产领域，分布在远东和西伯利亚地区，租用期限严格按照俄罗斯法律规定。中国民营企业的中捷资源投资公司与俄罗斯赤塔州签订租借俄境内 11. 5 万公顷荒地，期限 49 年，成立合资公司发展农业、畜牧业等，为中俄和其他消费市场提供有机、无害、生态的粮食和肉类等农牧产品。[②]

2. 采矿业

2010—2014 年，我国对俄罗斯采矿业直接投资呈波动状态，存量在 2010—2013 年逐年增长后于 2014 年出现了小幅下滑。根据商务部的最新统计，2015 年，中国对俄采矿业直接投资流量为 14. 1 亿美元，存量则达到 55. 88 亿美元，均创历史新高。

俄罗斯的采矿业存在众多的投资机会，作为世界第一资源大国，其中天然气、铁矿石储量居世界第一；煤、铝储量居世界第二；黄金储量居世界第四至五位；石

---

① 俄直投 . www. russiainvestment. ru.

② Gazeta. www. gazeta. ru.

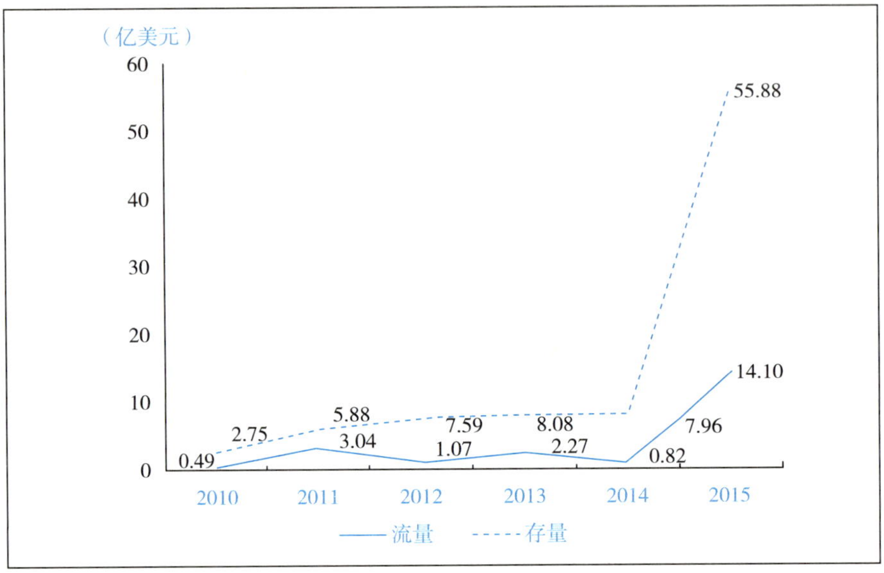

图 3－23　2010—2015 年中国对俄罗斯采矿业直接投资

资料来源：商务部，统计局，外汇管理局．2015 年度中国对外直接投资统计公报［M］．北京：中国统计出版社，2016.

油探明储量 252 亿吨，占世界探明储量的 5%。油气和矿产资源的探明储量每年都有新增。展望未来，俄罗斯的油气行业和有色采矿业投资潜力较大。

（1）油气行业

第一，俄油气行业基础好，发展完备。俄罗斯有着丰富的能源矿产储备、原油凝析油产出量、原油蒸馏产能、天然气产量，2015 年，原油产量与出口量都有所增长，其中原油产量达 5.336 亿吨，较 2014 年 5.267 亿吨有所增长；原油出口约 2.38 亿吨，同比增长 7.5%。

第二，俄罗斯与亚洲尤其是中国油气管道的建设联通，为行业带来新机遇。中俄原油管道起自俄罗斯远东管道斯科沃罗季诺分输站，经中国黑龙江省和内蒙古自治区 13 个市、县、区，止于大庆末站。管道全长 999.04 公里，俄罗斯境内 72 公里，中国境内 927.04 公里。按照双方协定，俄罗斯将通过中俄原油管道每年向中国供应 1500 万吨原油，合同期 20 年。中俄原油管道 2010 年 11 月 1 日进入试运行阶段。

第三，俄政府支持中国投资。俄总统普京曾表示，中国可以成为西伯利亚北部具有战略意义的 Vankorneft 油气田的股东，中俄已签署框架性协议，中国会购买该油气田 10% 的股权，投资金额达 10 亿美元。2014 年该投资项目正式落地。

中国企业和战略投资对俄罗斯油气领域的投入颇大，具体表现为支付预付款购买原油、入股石油天然气开发项目、入股油田、收购石油公司股权等。2015 年，中国向俄方支付了 9965 亿卢布（约合 972.6 亿人民币）的原油预付款。中国企业华信能源和中石化分别收购了俄罗斯天然气石油股份公司三个油田的股权，以及俄石化企业 Sibur 10% 的股权。

另一个值得关注的是，丝路基金投资入股的俄亚马尔液化天然气项目[①]。俄第二大天然气生产商 Novatek 公司已基本与中国丝路基金达成协议，向中方出售其在亚马尔液化天然气项目中 9.9% 的股份。加上之前中石油在其中所占 20% 的股份，中方在这个全世界最大、纬度最高的 LNG 项目中所持股份接近 30%。[②]

（2）有色采矿业

中国财团和企业对收购俄矿业项目兴趣浓厚。全球最大的镍和钯矿商和出口商 Norilsk Nickel 以 1 亿美元价格出售西伯利亚东部 Bystrinskoye 金铜矿项目 13.3% 股权给中国财团 Highland Fund。[③] 黑龙江龙兴国际资源开发集团投资 168 亿卢布到克兹尔—塔什特克锌铅多金属采矿选矿场，矿场位于俄罗斯图瓦共和国，现已正式投入使用。[④]

当然，一些负面因素，如部分矿产的市场价格低、俄基础设施不完善、国家对矿业管控严格，以及西方制裁的影响等也是中国投资者的考量因素。

3. 基础设施行业

俄罗斯基础设施项目金额大、分布广，投资机会多，涉及供水、供热、供气以及石油、电力、通信系统等基础设施领域。

俄联邦基础设施工程投资项目概述框架显示，2015 年基础设施投资总额估计超过 1.9 万亿卢布。[⑤] 2015 年实施基础设施投资项目最多的是伏尔加河沿岸地区，有 131 个项目，其次是西联邦的 113 个项目和中央联邦区的 111 个正在实施的项目。2015 年基础设施工程投资额最多的是乌拉尔联邦区，达 3360 亿卢布，占全俄项目投资总额的 19%；离中国较近的远东地区为 18%，位居第二；伏尔加河沿岸联邦区为第三。值得一提的是，在刚回到俄罗斯联邦管区内的克里米亚联邦区所实施的投

① 俄罗斯亚马尔液化天然气（LNG）项目是北极圈内最大的 LNG 项目。项目位于俄罗斯北极的亚马尔半岛，地处严寒。这块土地面积被永冻层覆盖，却依托南塔姆别伊斯克凝析气田，拥有着超级丰富的天然气储量。作为意在摆脱过度依赖欧洲市场，东进计划的一部分，俄罗斯政府对该项目高度关注，普京也为此做出过批示，并大力推进项目。

② 福布斯 . http：//www. forbes. com/.

③ Vedomosti. http：//www. vedomosti. ru/.

④ Gazeta. https：//www. gazeta. ru/.

⑤ 中国商务部 . http：//fec. mofcom. gov. cn/article/gbdqzn/.

资项目总额超过1000亿卢布。

第一，俄国家层面支持基础设施建设并给予相应保障。2014年，普京强调必须确保俄罗斯基础设施建设领域的资金需求，尤其是能源、电力和通信领域。俄政府和央行正在研究并考虑制定法律政策予以保障。

第二，中俄战略合作密切，两国通过多个有关铁路运输的合作项目。2015年，俄政府批准通过《上海合作组织成员国政府间国际道路运输便利化协定》的法律草案，协议正式签署后上合组织六国将逐步形成国际道路运输网络，不仅可推动中国丝绸之路经济带建设，还能促进中国高铁外销，扩大中俄两国贸易额。[①] 此外，在中国被多国在高铁项目上“跑单”的情况下，2015年投资3000亿卢布（约合320亿人民币）建设的莫斯科—喀山高铁日后可成为“新丝路”的一部分，不仅将带动中俄贸易，也会有巨大的战略价值。[②]

中国企业积极投资俄基础设施行业。例如，2015年，江苏宝利沥青拟融资20亿美元进军俄罗斯市场，直接以PPP形式参与俄罗斯联邦中央、西北和远东地区的道路设施建设工厂，并准备参与现有签订的合作意向书中所涉及的招投标。[③]

4. 其他行业：TMT行业+房地产业

（1）TMT行业

TMT（科技、媒体和通信）行业在俄罗斯的重点投资机会是通信行业及电子商务领域。

第一，俄电信市场有待开发，给通讯行业提供了大量潜在的投资机会。除了圣彼得堡和莫斯科地区以外，对价格较敏感的俄罗斯民众并未得到全面的电信服务。在俄富裕地区之外的城市里，电信服务尚未普及。2013—2016年，俄罗斯3G和4G以及手机网络用户呈增加趋势，2015—2020年将继续增加。随着电信市场规模的持续开发，投资者的成本也会降低。

第二，俄电子商务领域市场前景广阔。中俄之间天然的地缘优势和近年政治上的二度蜜月给中国电商在俄发展奠定了良好基础。Yandex Money统计数据显示，2014年，俄罗斯居民互联网消费共计50亿美元，其中从中国网购商品高达35亿美元，占比70%；同年，俄居民在中国网店订单数约5000万，同比上涨40%[④]；近

① 俄联邦政府. http：//government. ru/.

② BBC. http：//www. bbc. co. uk/.

③ 江苏宝利沥青有限公司. http：//www. baolijt. cn/.

④ Yandex Money. https：//money. yandex. ru/new.

2400万俄罗斯居民通过互联网购买中国商品，约占总人口17%。[①]

第三，俄积极同中国合作。例如，在通讯领域，2014年，俄罗斯国家电信运营商（Rostelecom）和中国国家开发银行达成协议，后者将提供6亿美元长期融资贷款，用于与中国华为合作的通信项目及对公司现有债务的再次融资。[②] 华为将在俄罗斯伊尔库茨克建立数据处理中心，约有5000个机组，预计投资将达到90亿卢布。

在电子商务领域，中国部分知名电商已进入俄市场，并与俄当地电商合作。中国最受俄罗斯欢迎的电子商务网站是阿里巴巴、淘宝、天猫和当当网等主流网站。[③] 阿里巴巴的全球速卖通成为俄罗斯最受欢迎的在线交流平台，月访问量超过1560万；2015年，京东也于“6·18”周年庆当天正式开通俄罗斯站点，并与俄罗斯邮政、SPSR快递、电子钱包Yandex Money等公司签约成为合作伙伴；中国投资公司顺为资本也在俄在线商贸平台ToBox注资5000万美元，ToBox是中国人在俄罗斯建立的企业。俄罗斯是中国的传统贸易伙伴，长期从中国进口纺织服装、塑料制品、家具及其零件、玩具、鞋类和箱包等，这些商品适合通过电商渠道销售。投资俄罗斯电商领域，有助于提升中国商品在俄的认可度和扩大销量。

（2）房地产业

从2015年末投资存量（3.71亿美元，占比2.6%）看，房地产是中国对俄直接投资流入的第六大行业。与投资美国、澳大利亚相比，2010—2015年，中国对俄房地产业的投资处于较低水平。中国对俄罗斯房地产业的投资流量在2010—2011年间实现了突增，2011—2012年又急剧下降，此后维持较低水平，2015年投资流量仅为0.12亿美元。（如图3-24）

由于当前俄罗斯经济不振，房地产业也在经历寒冬。住宅地产因俄经济疲软，市场需求小，价格跌幅全球最快。RBC数据显示，2015年，俄房地产业名义价格下降3.1%，实际价格下降15.3%（2015年俄通胀率为12.9%）。2015年，俄房地产业获得的投资主要来自办公楼、仓库和商业地产（如图3-25）。可见，经济困难时期，外国投资者依然关注俄房地产市场。课题组分析认为，俄房地产业市场需求不足和低价格虽然无法实现即期获益，但从长远来看，能给海外投资者带来有吸引力的估值和高租金回报率。商业地产和物流地产尤其存在着潜在的投资机会。

---

① Interfax. http：//www. interfax. com/.

② Interfax. http：//www. interfax. com/.

③ Gazeta. https：//www. gazeta. ru/.

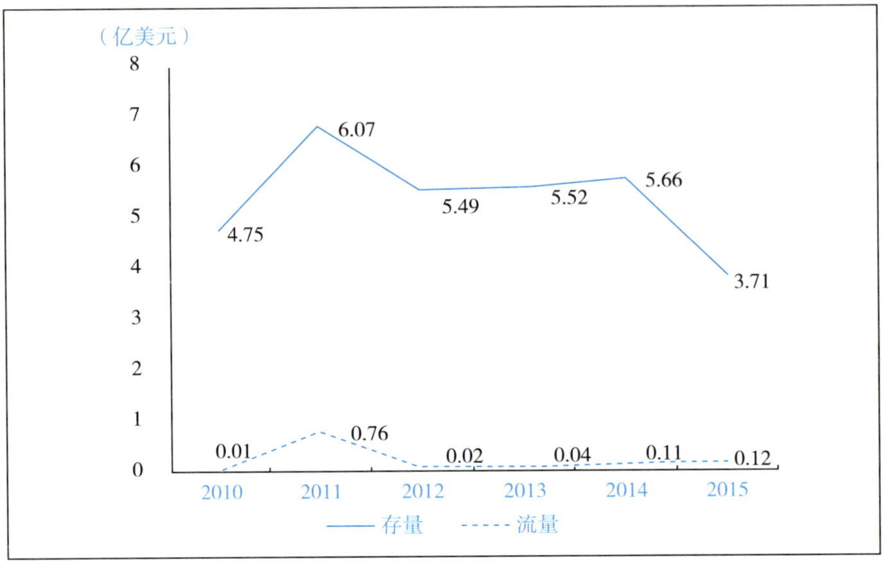

图 3-24　2010—2015 年中国对俄罗斯房地产业直接投资

资料来源：商务部，统计局，外汇管理局.2015 年度中国对外直接投资统计公报［M］.北京：中国统计出版社，2016.

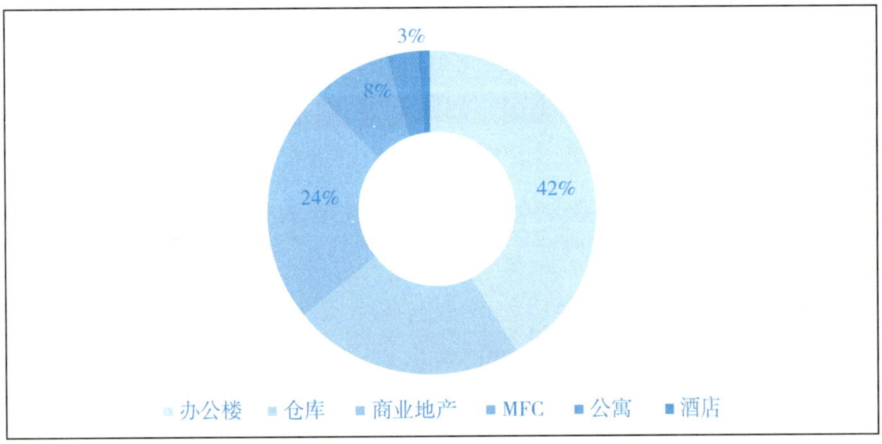

图 3-25　2015 年俄罗斯房地产业外国直接投资进入的部门

资料来源：高力国际（Colliers International）. http：//www. colliers. com/en-gb/russia.

第一，办公室地产需求稳定。对办公室物业来说，固定的就业数量有助于市场需求保持稳定。在俄目前的经济环境下，雇员薪酬水平大幅下降，企业无须通过削减员工人数来节省开销，所以不用改租其他办公室物业，现有物业得以持续使用，办公室地产仍然有其市场需求。

第二，零售业赋予地产以活力。俄罗斯的零售业虽然也受到经济疲软的冲击，但仍属于规模最大、发展最完备的行业之一，在全球亦有一席之地。零售业的大体量给零售物业有力支撑，尤其是在食品、水、交通工具、衣服、鞋子、日用品等生活必需品行业。

中国企业对俄房地产市场的投资以私人投资者和基金为代表。俄罗斯—中国投资基金（RCIF）宣布收购莫斯科商务园区 Comcity 计划，包括高档办公物业、零售、娱乐、健身与医疗服务区域等。上海海外投资股份公司（Shanghai Overseas Investment Joint Stock Company）正在圣彼得堡开发"波罗的海明珠"（Baltic Pearl）项目，建筑成本近 30 亿美元，按规划将在一个 205 公顷的地块上建设 170 万平方米的商业和住宅地产。

第三，无论从短期还是长期来看，俄物流地产具有投资优势。作为零售业的上游行业，目前俄仓储物流业以及物流地产（以仓库为主）有一定市场。此外，随着技术的飞速发展，自动化仓储技术或将融入人工智能技术，逐渐取代原有的传统模式，作为物流业的基础设施，物流地产的发展趋势被较为看好。

众多国内外企业已开始投资俄物流地产。2015 年 11 月，美国黑石集团与奥地利开发商 Immofinanz 签署协议，收购其位于俄圣彼得堡的仓储综合体。① 同年 8 月，阿迪达斯利用俄地产价格下降时机，收购了位于莫斯科周边的库房，总投资近 1 亿美元。② 俄直接投资基金与几家主要中东投资基金也组成财团，成立 1 亿美元基金，用于投资莫斯科州物流园项目。③

（三）外资进入俄罗斯的管理政策评估

1. 俄罗斯对外资的投资行业准入规定

俄罗斯主管国内和国外投资的政府部门有：经济发展部、工业贸易部、国家资产委员会、司法部国家注册局、反垄断署、联邦政府外国投资咨询委员会、中央银行、财政部、联邦金融资产管理署、联邦政府外国投资者监管委员会等。

表 3-10 俄罗斯对外资的投资行业准入分类

类别	行业
鼓励外商直接投资行业	石油、天然气、煤炭、木材加工、建材、建筑、交通和通信设备、食品加工、纺织、汽车制造等传统行业

① Vedomosti. http：//www. vedomosti. ru/.
② RBC，Reuters. http：//www. reuters. com/.
③ 俄直投基金。

续表

类别	行业
限制外资投资行业	a. 俄罗斯联邦法《有关外资进入对国防和国家安全具有战略性意义行业程序》的第五款明确规定 13 大类 42 种经营活动被视为战略性行业，包括：国防军工；核原料生产；核反应堆项目的建设运营；武器和军事技术生产必需的特种金属和合金的研制和销售；宇航设施和航空器研究；密码加密设备研究；天然垄断部门的固定线路电信公司；联邦级的地下资源区块开发；水下资源；覆盖俄罗斯领土一般区域的广播媒体；发行量较大的报纸和出版公司；自然垄断行业 b. 俄罗斯法律规定俄罗斯中央银行有权对外资信贷机构在业务和最低注册资本方面提出补充要求；外国投资者不能参加航空业股东大会和董事会的管理工作 c. 从实际操作看，俄罗斯至今未开放铁路客运货运市场、油气管道和电网建设运营，但公路建设领域对外资进入开始松动
禁止外资投资行业	赌博业；外资银行设立分行；外国保险公司参与其强制保险方案

资料来源：中国商务部．对外投资合作国别（地区）指南：美国（2015）[EB/OL]．http：//fec. mofcom. gov. cn/article/gbdqzn/.

2. 俄罗斯对外资投资方式的规定

俄罗斯现行的联邦级别的鼓励和调节外商投资的基础性法律文件是《俄罗斯联邦外国投资法》，与外国投资有关的法律有《俄罗斯联邦租赁法》、《俄罗斯联邦产品分成协议法》、《俄罗斯联邦土地法典》和《俄罗斯联邦经济特区法》。其中《俄罗斯联邦反垄断法》是并购法律体系的基础。

表 3－11　俄罗斯对外资投资方式的相关规定

投资方式	相关规定
外资实体设立	俄罗斯有整套法律体系规范外国主体在俄境内投资，允许外资在俄罗斯创办外资企业、合资企业、分公司或外国公司驻俄代表处。其中，外资或合资企业是由外国投资的法人机构，外国资本不少于 10%，创立人可以是外国自然人或法人
外资并购	俄罗斯允许外资并购本地企业，主管机构是联邦反垄断署（FAS），俄罗斯中央银行（CBR）也履行部分并购职能 a. 并购限制。俄罗斯的审查重点是经济战略领域，对战略性企业的并购持股比重有明确法律限制：有外国政府背景的外资对拥有联邦地下资源公司的控股权不得超过 5%，对其他部门战略性公司的控股权不得超过 25%～50%。若外资企业希望在具有战略意义的相关企业或地下资源区块项目中取得 10% 以上股权，必须向俄罗斯政府外国投资者监管委员会提交申请 b. 并购审查。俄罗斯的外资并购审核程序严格且规范。欲获得俄罗斯战略领域企业 50% 以上股份的外国私人投资或私营公司投资，须向俄罗斯政府专门委员会（由政府经济部门和国家安全机关的代表组成）提出允许交易的申请，专门委员会在 3～6 个月后做出决定。如果在规定期间无法做出决定，应把申请移交政府进行审议，某些特殊情况下也可以交移给总统审批
股权和证券投资	俄罗斯《有价证券市场法》规定，外国投资者有权购买俄罗斯联邦境内企业的股份、股金、股票和其他有价证券。交易后必须在俄罗斯联邦财政部或其他授权的国家机构进行登记，按照证券交易所的有关规定进行

资料来源：中国商务部．对外投资合作国别（地区）指南：美国（2015）[EB/OL]．http：//fec. mofcom. gov. cn/article/gbdqzn/.

3. 俄罗斯对外资的鼓励政策

表 3－12 俄罗斯对外资鼓励政策的相关规定

政策类型	相关规定
行业鼓励政策	除了鼓励外商直接投资部分行业，俄罗斯还简化了外资进入食品、医疗、银行及地下资源使用等行业的手续，降低外资进入门槛 a. 自 2012 年入世 4 年后取消电信领域外资股比限制 b. 自 2012 年入世 9 年后允许外资保险公司建立分支机构，允许外国银行建立分支机构，单个银行业机构中外资资本不限顶，但俄罗斯联邦整体银行体系中外资不得超过 50% c. 允许外国独资企业进入批发、零售和专营领域
地区鼓励政策	俄罗斯出台了“远东地区开发计划”和“远东地区开发政策” a. “远东地区开发计划”是俄联邦政府成立国家远东和西伯利亚地区社会经济发展委员会，直接指导地区开发工作，以提振经济，调整结构，改善民生，加强对外合作 俄政府计划分三个阶段发展该地区经济：2009—2015 年，加快该地区投资增长速度，推广节能技术和劳动就业率；2016—2020 年，兴建大规模能源项目，增加过境客运和货运量，建立核心运输网络，对原材料进行深加工并加大其产品出口份额；2021—2025 年，发展创新型经济 b. “远东地区开发政策”指为该地区的俄罗斯公民一次性无偿提供不超过 0.3 公顷土地用来修建私人住宅；成立远东和贝加尔地区发展基金，加快亚太经合组织会议设施建设等的融资支持；提供税后优惠；打造“跨越式社会经济开发区”，具体措施包括企业税收减免、低费率征收强制保险、简化企业电网接入等；设立专门机构促进远东开发
税收鼓励政策	a. 税收减免。俄罗斯政府促进重大外资项目引进的主要鼓励政策。例如，减免进口关税和增值税；减免利润税，即外商投资俄政府鼓励的优先发展领域项目，且外方投资占项目总投资的 30% 以上，投资额不低于 1000 万美元，前两年免交利润税，第三年交 40% 的利润税，第四年交 50% 的利润税 b. 海关税费优惠。俄罗斯海关法和俄联邦税收法规定，对外国投资者和有外国投资的商业组织实施优先发展领域的项目投资时，给予海关税费优惠 c. 地区优惠政策。俄罗斯各地区因地制宜，制定地方法律和法规，对外国投资实施不同的优惠政策，以促进本地区的投资活动 d. 避免双重征税新协定。俄罗斯和中国、中国香港均签署了避免双重征税协定。此外，俄国家杜马批准了中俄避免双重征税和防止偷漏税的政府间新协定，在原有协定基础上降低了跨境投资者的税收负担，有助于进一步推进两国间贸易和投资。例如，受益于 2015 年 3 月俄政府批准的中俄避免双重征税协定修正案，中方贷款在俄产生的利息收入仅需在中国缴税，在俄免征，降低了融资成本，推动中国企业在俄投资

资料来源：中国商务部．对外投资合作国别（地区）指南：美国（2015）［EB/OL］．http：//fec. mofcom. gov. cn/article/gbdqzn/.

四、投资印度的商业机会分析

2015 年第四季度，印度的 GDP 增长 7.3%；2016 年第一季度则达到 7.5%，令世界瞩目。① 在全球老龄化背景下，印度在不远的未来将有一半人口是30岁以下，构成庞大的生产力和市场。鉴于此，《经济学人》认为，“印度是在新兴市场国家的普遍低迷中鹤立鸡群的存在”。② 国际货币基金组织（IMF）预测，到2025年，印度占世界经济总量有望达到7.1%。

世界经济论坛《2015—2016年全球竞争力报告》显示，印度在全球最具竞争力的140个国家和地区中排名第55位，比2014—2015年度的第71位上升了16位。2016年，印度居“外商直接投资信心指数”排名③的第9位，比2015年上升2位。

从投资环境吸引力来看，印度政治相对稳定，经济增长势头良好，人口超过12亿，市场潜力巨大，地理位置优越，辐射中东、东非、南亚、东南亚市场。

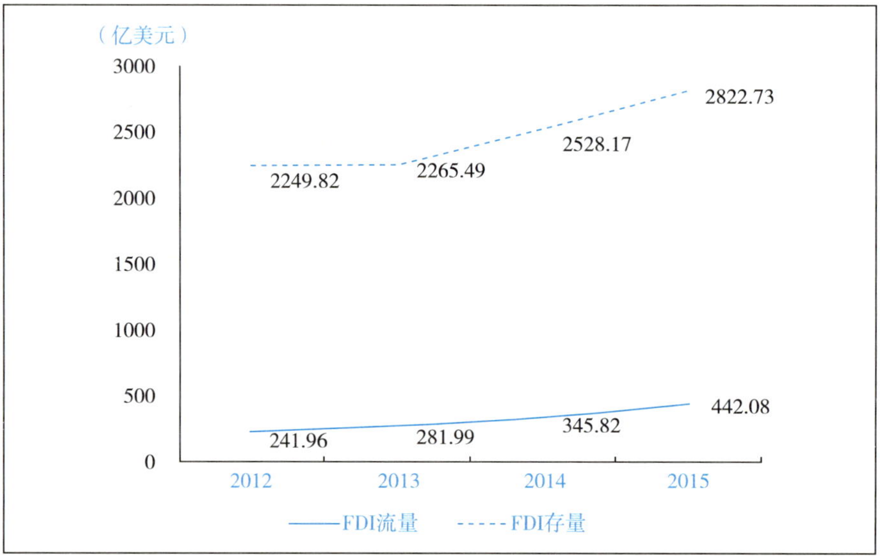

图3－26　2012—2015年印度吸引外国直接投资流量与存量

资料来源：贸发会议［EB/OL］. http://unctad.org/en/Pages/DIAE/World%20Investment%20Report/Country－Fact－Sheets.aspx.

2012—2015年，印度吸引的外国直接投资流量和存量均呈增长趋势，尤其是在2013—2015年，流量年均增长超过20%，存量年均增长超过10%，速度十分可观（如图3－26）。这与印度政府持续出台政策鼓励外商投资有关。2013年，印度政府推出针对12个领域外国直接投资条件的改革措施，大幅放宽对外资进入电信、保险、石油、天然气和国防等重点行业的限制。2014年莫迪政府提出“Make in India”

① 印度中央统计局，2016年11月印度换币或致经济增速大幅下滑。
② *The Economist.*
③ A. T. Kearney. Foreign Direct Investment Confidence Index.

(印度制造)[1]，给有意投资于印度的国内外企业提供一站式服务，主要涉及25个行业，包括汽车（零部件）、化工、制药、纺织、信息技术（软件）、港口、航空、旅游、铁路、再生能源、采矿以及电子产业等。

印度吸引外商直接投资主要来自毛里求斯、新加坡、英国、日本、美国等国家，投资领域主要有金融和非金融服务业、建筑业（含房地产开发）、电信业、电脑软硬件、制药业、化学品（化肥除外）、汽车、电力、酒店与旅游等行业。[2]

中印均为经济高速增长的发展中人口大国，市场规模的迅速扩大孕育了大量投资机会。中国与印度在经济社会方面有些相似，因此，中国企业投资印度更有经验上的优势。但是印度的营商环境值得重点关注，在世界银行发布的“2016 营商环境评级”中，印度在189个国家和地区中排名第130位，情况不容乐观。[3] 中国企业在投资印度时，要尤其注重投资风险规避。

（一）中国对印度直接投资现状与特点

1. 流量：2015 年达到 7.05 亿美元，同比增长 122.4%

中国对印度直接投资体量较小，除2013年流量下滑外，2010—2014年整体呈上升趋势，2015年中国对印度直接投资达到7.05亿美元，同比增长122.4%。（如图3－27）

2. 存量：中国对印度直接投资规模总体偏小

中国对印度的直接投资自2000年以来快速增长，截至2015年末，中国对印度直接投资存量37.7亿美元（如图3－28）。总体而言，中国对印度投资规模较小。

3. 行业：高科技创新领域投资增长尤为迅速

中国在电信、电力设备、家用电器、钢铁、机械设备、工程机械领域对印度直接投资较大。华为、比亚迪、特变电工、日立电器、中兴通讯、三一重工、海尔等均在投资印度。近年来的投资趋势表明，中国对印度高科技创新领域投资增长尤为迅速，阿里巴巴、百度、猎豹移动和 Apus Group 纷纷入驻印度。

4. 区域：制造业青睐西部、北部，信息技术倾向南部

印度投资环境的区域差异明显。总体而言，以新德里为首的西北地区、孟买为

---

① http：//www.makeinindia.com/home.

② 中国商务部．“走出去”投资指南：印度．

③ 世界银行（World Bank Group）．*Doing Business* 2016 ［EB/OL］．http：//www.doingbusiness.org/data/exploreeconomies/india；排名第一为新加坡，中国排名第84位。

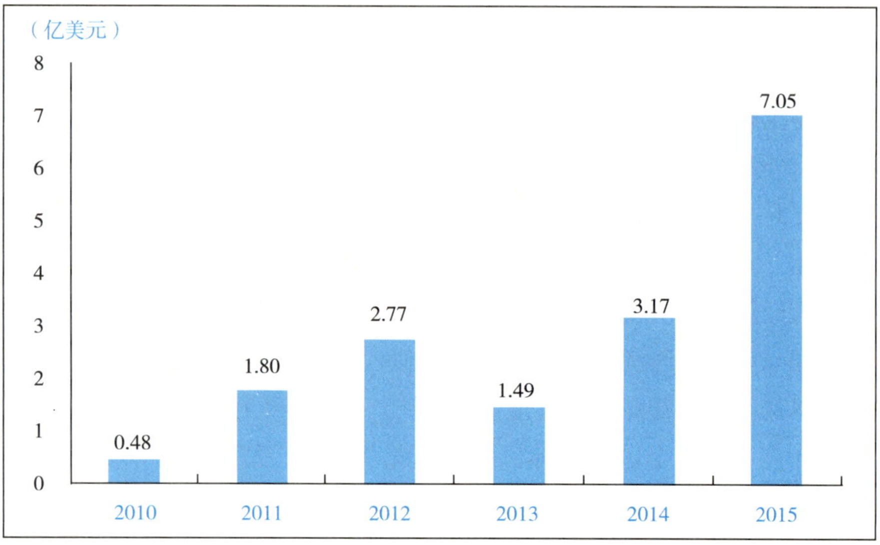

图 3－27　2010—2015 年中国对印度直接投资流量

资料来源：商务部，统计局，外汇管理局．2015 年度中国对外直接投资统计公报［M］．北京：中国统计出版社，2016.

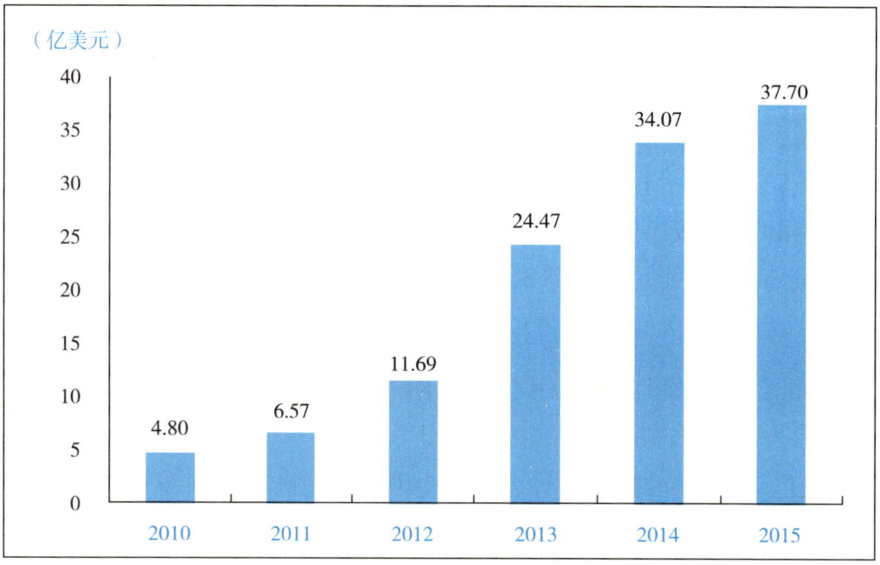

图 3－28　2010—2015 年中国对印度直接投资存量

资料来源：商务部，统计局，外汇管理局．2015 年度中国对外直接投资统计公报［M］．北京：中国统计出版社，2016.

主的西部地区、加尔各答为主的东北部以及班加罗尔为主的南部地区投资环境相对较好。其中，西部、北部吸引制造业企业较多，例如富士康计划到 2020 年在印度西部地区开办 10 到 20 座工厂，雇用 5 万名工人。南部的信息科技中心班加罗尔被誉为“亚洲硅谷”，吸引了海内外高科技公司的投资。

2015 年 2 月，华为在班加罗尔成立了中国内地之外的最大研发中心，可容纳 5000 名工程师。

（二）中国企业进入印度重点产业的商业机会

1. 电力行业

在全球范围内，印度的电力行业拥有巨大的发展潜力和优秀的发展前景，火电、水电、核电、新能源发电均蕴含商机。

第一，随着经济快速发展，印度的电力需求势必增长。世界银行预测，2015—2020 年印度 GDP 增长率将保持在 7% 以上①，电力增长率要在 10% 以上才能满足其经济发展的需要。但目前印度总体供电状况不稳定、电厂燃料供应不足、上网电价低、电网输送损耗大、风能和太阳能发电成本较高。电力供应不足或将长期制约印度经济发展。

第二，印度政府推行电力行业私有化，允许外商投资发电、输电领域。印度正大力推进电力生产及输配电领域的行业竞争，采取措施在保护国内本土电力运营商的同时，允许外资投资占股比例最高可达 100% 。

第三，印度火电、水电、核电、新能源发电潜力较大。截至 2015 年 3 月底，印度全国总装机容量 267600MW，其中火电、水电、核电、新能源发电分别占总装机容量的 69% 、15% 、2% 、14% 。印度拟对煤炭开采业进行大刀阔斧的改革，以解决火力发电的燃料问题。同时，印度水力资源丰富，大约有 84000MW 的水电蕴藏量，截至 2014 年底，印度的水电装机容量约为 44199. 7MW。核能发展仍存在较多阻碍因素，2011 年印度境内发现了大量铀矿，莫迪政府又将核能列为优先发展的替代能源，预计未来数年是印度核能发电的猛增期。

印度的电力行业欠发达，发展潜力大，中国企业投资机会多。中国企业投资已经涉足印度的电力行业。2014 年，上海电气与印度 ILFS 能源发展公司洽谈股权收购事宜，后者欲出售其旗下八大项目最多 74% 的股权。同年，中国特变电工股份有限公司也与印度古吉拉特邦政府签署了一项初步协议，协议显示，TBEA 将在古吉拉特邦当地初始投资 1 亿美元设立变压器工厂。

中国电建集团所属山东电建一公司承建了印度 KMPCL 6 ×600MW 机组项目工

① 2016 年 11 月印度大规模换币或引致两种结果：好的结果是经济经过阵痛后企稳回升；坏的结果是经济陷入长期衰退。

程，现4号机组并网发电已成功，各项指标良好，2015年获得“印度电力杰出工程奖”。印度KMPCL 6×600MW亚临界燃煤电站项目是中印之间最大的电站工程，合同金额27亿美元。目前，中国电建承担着印度火电市场近80%的市场份额。

但值得注意的是，虽然印度电力发展的政策环境较好，但项目正式实施过程中可能会遇到各种阻碍，如政策实施困难、官僚政治、法律法规不健全、行政效率低等。中国企业在投资前一定要考量各种因素，做好调研规划。

2. 制造业

印度正调整产业结构，大力发展制造业。自1991年印度经济改革以来，服务业迅速发展，工农业发展缓慢，产业结构失衡。2011年，印度政府出台首份国家政策，大力发展制造业，到2022年将把制造业占GDP比重从16%提高到25%。2014年，莫迪政府的未来5年施政计划中提出致力于吸引海外投资，建立工业区，出台促进劳动密集型企业发展的措施，将印度打造成“具有国际竞争力的制造业中心”。

中国在国内产业结构转型升级过程中，可把中低端的劳动密集型制造业企业转移至印度。与此同时，另外印度的汽车制造业蕴藏着巨大机遇。

第一，印度具备制造业发展的工业基础。在制造水平上，印度的工业体系较为完善，包括纺织、化工、水泥和基本机械等中低端制造产业。印度在制药、汽车、钢铁和石油加工等领域已具备优势，医药部门能自主研发生产世界级抗癌新药。印度建立世界上单体最大、技术最先进的炼油厂。印度联合钢铁工厂已将美国和日本同行挤出印度市场。

以汽车工业为例，印度拥有一批在汽车零部件产业非常具有竞争力的企业。其中：487个企业拥有ISO－9000认证；超过332个企业拥有TS－16949的认证；87个企业拥有QS 9000认证；9个企业拥有戴明质量奖（Deming Prize for Quality）；4个企业已经获得JIPM和1个企业获得日本质量奖。良好的基础奠定了印度汽车业发展的潜力。①

第二，印度廉价劳动力资源丰富。2011年，印度人口为12.1亿，其中15岁以下人口占总人口的30.78%，35岁以下人口占总人口的65.65%。联合国报告预测印度将在2022年前后超越中国，成为世界第一人口大国。印度不仅拥有低廉的劳动力成本，同时制造成本相较欧美和中国较为实惠。

第三，印度制造品市场潜力巨大。作为拥有8亿农村人口的国家，印度是一个巨大的中低端产品市场。随着经济发展和收入水平的提高，更多印度人成为中产阶

① Keystone数据。

级，对电子类消费品、耐用消费品需求大增，推动印度消费制造品市场迅速扩大。

印度现是世界第六大汽车制造国。目前，尽管印度国内能消费起机动车的人还是少数，内销市场有限，但印度未来巨大的人口红利不仅意味着可观的生产潜力，也意味着未来购买力增加而带来的市场。美国咨询公司 Keystone 预测，印度将会在 2030 年成为世界第三大汽车市场，排在中国和美国之后。①

中国计划在 2025 年前逐步向中高端制造业行业转型，一些中低端的劳动密集型企业正在向印度转移。2015 年，大型纺织企业山东如意科技集团宣布将与印度财阀的核心企业瑞来斯实业（Reliance Industries）成立合资企业；华为获得印度政府的批准在印度办厂；小米手机也开始在富士康安德拉邦的工厂代工制造。国际上许多企业也在向印度转移工厂，比如富士康曾承诺在 2020 年前在印度建造 10 ～ 12 个工厂设施，包括数据中心。

需要注意的是，印度的基础设施不足、电力系统欠发达的现状仍然会在无形中增加投资者的制造成本。比如，原材料和产品运输就可能因公路、铁路、港口码头的建设不足而被延误。因此，中国企业要按照自身情况审慎对印投资，在投资之前应全面评估建厂区域的货物运输发达水平、供电量、供电稳定性等因素，做出全面规划，避免损失。

3. 基础设施行业

印度基础设施建设存在巨大短缺，制约着印度的经济发展。印度政府承诺对基础设施进行改善，宣布了 5.63 万亿卢比的长期基建投资计划。预计到 2018 年，印度建筑行业将保持年均 10.09% 的强劲增长，印度建筑业市场价值将达到 3.77 万亿卢比（4969 亿美元）。② 在建筑市场中，基础设施建设是过去几年中增长最快的市场，未来预期会有较快增速，其中工业建筑、商用建筑、地铁、轻轨潜在投资机遇较大。

第一，印度城市化发展中工业建筑和商用建筑蕴含着巨大机遇。2011 年，中国 50% 的人口住在城市化的地区，而印度仅有 31% 的人口住在城市里。③ 到 2030 年印度城市人口比重有望达到 40% 。④ 印度政府计划在 2019 年以前建设 7 座城市，在 2040 年前建设 24 座城市。⑤ 印度的城市化进程中蕴藏着巨大的市场机遇。

---

① Keystone 数据。

② 中国出口信用保险公司．全球投资风险分析报告（2015）［M］．北京：中国财政出版社，2014：47 –48.

③ 加州大学伯克利分校：《计划城市未来：给发展中国家的新方法和新数据》。

④ 中国商务部．企业“走出去”商业指南：印度［EB/OL］. http://fec.mofcom.gov.cn/article/gbdqzn/.

⑤ 中投顾问：《2016 –2020 年印度投资环境分析及前景预测报告》。

第二，印度基础设施领域允许外商投资比例高。印度的相关政策规定，地铁、轻轨、港口、机场、公路、油气管道领域允许外商投资，外资比例最高为100%。印度的铁路部门正在酝酿对外资开放。在BOT模式下，马来西亚、中国、韩国、俄罗斯、西班牙、泰国、英国等投资了20个外商独资项目和80个合资项目。

第三，印度政府欢迎PPP/BOT模式，鼓励私人部门投资。印度基础设施不足，公共财政能力又有限，因此PPP/BOT模式①受到印度政府的欢迎。2007—2012年，私人部门在印度基建领域投资达2250亿美元，大部分通过PPP/BOT模式投入。例如，印度高速公路发展规划（NHDP）涉及54000公里的公路加宽、升级和改造，总投资达600亿美元，印度国家高速公路局（NHAI）在执行中主要采取BOT模式。

2016年，华夏幸福基业股份有限公司发布公告称，公司与印度哈里亚纳邦政府签署谅解备忘录。邦政府及华夏幸福原则上决定采用PPP模式建设智慧城市和工业走廊。同年，大连万达集团宣布将承建印度北部哈里亚纳邦的工业区，预计投资高达100亿美元，项目一期占地约13平方公里，包括工业和娱乐园区，万达主要投入前期基础设施资金，力争在2016年开工。

中国企业在投资印度基建行业时，应该注意印度土地获取与转换的复杂性。印度的分级行政系统经常导致行政效率不高，从而会对工期、成本、项目规划产生影响，投资前要进行系统的风险评估与管控。

4. 航空业

印度航空业的潜在投资机会存在于航空客货运和机场建设领域。

第一，印度民航业正处于高速发展的阶段。2011年，印度年乘客运输量约7400万人，2014年达到近8300万人，这一增长可观且稳定，预计将会持续。印度的目标是到2020年成为世界第三大航空市场，到2030年成为全球最大市场②。

第二，印度政府正全力支持机场建设等项目，外资可在机场领域进行100%的投资。目前，印度的古吉拉特邦将在托莱拉建设第二个国际机场，首都地区也提出建设第二个机场的提案。到2020年印度需要有500个正规和简易机场。③

第三，印度的航空货物运输需求增长迅速。随着印度总理莫迪上台并对外资政策进行改革，航空货物运输量在2007—2014年平均每年增长6%。④ 相比中、美等国

① PPP即公私合作关系：Public - private Partnership。BOT即建设—经营—转让：Build - Operate - Transfer。
② 印度品牌证券基金会（IBEF）. http：//www. ibef. org/.
③ 印度品牌证券基金会 . http：//www. ibef. org/.
④ 世界银行数据 . http：//data. worldbank. org. cn/.

家，印度的年运输量数据尚有很大差距，但其成长潜力不可忽视。印度空港局数据显示，2014 年印度航空货运业从负增长回归正值，取得年增长 4% 的好成绩，2015 年达到年增长 11% 的水平；预计到 2023 年将达到现在运输量的 5 倍，约为 1140 万吨，其中国际货物运输量将占到 60% 以上，出口与进口的不断增长将拉动市场扩大。根据世界银行的数据，2011—2014 年印度完成了 1703 百万～1739 百万吨 · 千米的增长。①

需要注意的是，目前 40% 的印度民众仍然是使用机动车作为运输主要方式的中产阶级，空运对大多数人而言还十分奢侈，因此，印度航空业虽然有较大的发展潜力，但中国企业要把握好进入的时机。

（三）外资进入印度的管理政策评估

1. 印度对外资的投资行业准入规定

印度商工部（Ministry of Commerce and Industry）② 下属的投资促进和政策部负责制定相关政策和促进投资，下设有产业协助秘书处（SIA）、外国投资执行局（FIIA）、外商投资促进理事会（FIPC）等机构；公司事务部负责公司注册审批；储备银行负责外资办事处、代表处的审批及外汇管理。

在外资审批中，属于“自动生效”程序审批的外资项目直接报备印度储备银行，不属于“自动生效”程序审批的外资项目或超出印度政府有关规定的外资项目的审批由外国投资促进委员会（FIPB）③ 负责。

FIPB 审批外国资本流入总值低于 120 亿印度卢比（约合 2 亿美元）的提案，超出此金额则由 FIPB 提交内阁经济事务委员会（CCEA）审批。对外国直接投资超过 26% 的国防工业项目，则由国防生产部（DODP）先行审核，再提交内阁安全委员会（CCS）最终审批。

印度官方的投资促进机构，还包括印度投资署（INVEST INDIA），旨在促进外国资本有重点、全面、系统地在印投资，并为投资者提供相关服务。

---

① 印度空港局数据。

② 印度国家贸易主管部门 . http：//www. commerce. nic. in/MOC/index. asp.

③ 隶属于财政部。

表 3-13　印度对外资的投资行业准入分类

类别	行业
鼓励外商直接投资行业	a. 电力（除核电外）、石油炼化产品销售、采矿业、金融中介服务、农产品养殖、电子产品、电脑软硬件、特别经济区开发、贸易、批发、食品加工等 b. 2013 年印度政府大幅放宽对外资进入电信、保险、石油、天然气和国防等 12 个行业领域的限制，主要措施为提高外国直接投资的投资比例上限，以及减少投资审批环节，扩大“自动生效”的范围
禁止外商直接投资行业	核能、赌博博彩业、风险基金、雪茄及烟草业
限制外商直接投资行业	a. 电信服务业、私人银行业、多品牌零售业、航空服务业、基础设施投资、房地产业、广播电视转播等。外商投资如超过政府规定投资比例的上限，需获得政府批准 b. 外资投资于法定保留给小型企业的扶植经营项目①，需获政府批准

资料来源：中国商务部．对外投资合作国别（地区）指南：印度（2015 年）[EB/OL]．http：//fec. mofcom. gov. cn/article/gbdqzn/.

2. 印度对外资投资方式的规定

印度与投资合作相关的法律主要有：《公司法》，对在印度境内公司的成立、组织、运作、解散、转让和变更做出规定，对公司类型进行划分，对商业公司章程进行规范；《外汇管理法》，对资金跨境流动做出规定，赋予印度储备银行对跨境资金流动的监督和司法解释权，并规定外国代表处、联络办公室、分公司等非独立法人机构在印度经营的范畴；《仲裁和调解法》，规定经济纠纷的仲裁、调解机制和程序。

表 3-14　印度对外资投资方式的相关规定

投资方式	相关规定
设立公司	根据印度《公司法》，外国投资者可在印度独资或合资设立私人有限公司，设立后视同印度本地企业。若外国投资者以设备、专利技术等非货币资产在印度设立公司，上述资产须经当地中介机构评估，且股东各方同意后报公司事务部批准
外资并购	印度允许外资并购印度本地企业。当地企业向外转让股份须符合所在行业外资持股比例要求，否则需获得财政部批准。所有印度企业转让股权和债权都须获得印度储备银行的批准。若并购总金额超过 60 亿卢比，还需获得内阁经济委员会批准

① 小型企业一般定义为用于工厂及机器设备的投资小于 5000 万卢比的项目。截至 2007 年 3 月，保有 114 项（每项下包含详细产品类别，共 771 种。详见印度小型工业部网站：www. ssi. nic. in）非小型企业取得工业许可证后，亦可经营保留给小型企业的产业项目，但该项目的出口比例要求在 50% 以上。

续表

投资方式	相关规定
收购上市公司	外国企业可以通过印度证券市场收购当地上市公司。如通过市场持股超过目标企业流通股总额的5%，须通知目标企业、印度证监会和交易所；持股超过15%，继续增持股份需获得印度证监会和储备银行批准，被批准后须通过市场邀约收购其他股东所持股份的20%

资料来源：中国商务部．对外投资合作国别（地区）指南：印度（2015年）[EB/OL]．http：//fec. mofcom. gov. cn/article/gbdqzn/.

3. 印度对外资并购的审查

印度对外资并购的主要法律依据是《竞争法》。2011年取消了对普通并购的交易审查，并大幅度减少并购通告费①。

印度竞争委员会（CCI）② 是并购和兼并交易中反垄断经营的审查机构。CCI将在180～210天内完成审查工作，对影响印度公平竞争的项目，会进行第二轮审查。此外，交易涉及的企业集团资产超过600亿卢比或营业额超过1800亿卢比的交易，仍须事前许可。被兼并或并购的目标企业的净资产达到20亿卢比或营业额达到60亿卢比以上的，CCI也会干预。

2015年，CCI调查后指控谷歌滥用市场主导地位操纵搜寻结果，同年重罚铃木、丰田、本田、日产、通用汽车等14家在印汽车厂商，称其妨碍公平竞争。

4. 印度对外资的鼓励政策

印度政府没有专门针对外商投资的优惠政策，外商在印度投资设立的企业视同本地企业，须同样遵守印度政府的产业政策。外资仅投资于政府鼓励发展的产业领域或区域，才能和印度本土企业一样享受优惠政策。

当前，印度并没有系统地鼓励行业吸收外资的政策。印度外商投资优惠政策主要体现在地区优惠、出口优惠和特区优惠上。

表3-15　印度对外资鼓励政策的相关规定

政策类型	相关规定
地区鼓励政策	a. 投资于印度东北部各邦、克什米尔（印度）等落后地区，依各邦不同可享10年免税、50%～90%的运费补贴、设备进口免税，投资额在2.5亿卢比以上项目享有最高600万卢比投资补贴及3%～5%的利息补贴等 b. 投资于Uttaranchal及Himachal Pradesh两邦前5年100%免税，后5年减税25%
出口鼓励政策	a. 产品全部出口的企业、出口加工区和自由贸易区的国内外企业，5年内免征所得税 b. 企业进口用于生产出口商品的机器设备零部件和原材料免征关税 c. 落后地区合资企业10年内减征所得税25%

① 分别由400万卢比降至5万卢比（FORM1），400万卢比降至100万卢比（FORM2）。

② Competition Commission of India. http：//www.cci.gov.in/.

续表

政策类型	相关规定
特殊经济区域的规定	目前，印度有173个特殊经济区在运营①，其《特殊经济区（SEZ）法》规定： a. 在特区内，经营单位无须获得许可或特定批准，即可进口或从国内购买建立特区及进一步经营所需的资本货物、原材料、消耗产品及办公设备等，且无须缴纳关税，进口或本地购买的免关税货物，批准的使用有效期为5年 b. 企业在特区的投资，前五年的利润所得可获得100%的利润免税优惠，第6～10年可得到50%的利润免税优惠政策，第11～15年可得到50%的再投资所得盈利的免税优惠 c. 除需要产业许可的产业外，特区的制造业允许100%的外商直接投资；特区内允许建立境外金融业务单位，且前3年可获得100%所得税减免，在其后2年可获得50%所得税减免 d. 针对特区经营单位的外汇管制更灵活，上述经营单位每年外部商业借款限额为5亿美元 e. 特区经营单位无须缴纳服务税 f. 被征土地的1/4须用于生产和加工业，其他部分可用于任何目的 g. 简化申请手续，提供“一站式”服务

资料来源：中国商务部．对外投资合作国别（地区）指南：印度（2015年）［EB/OL］．http：//fec. mofcom. gov. cn/article/gbdqzn/.

五、投资欧盟国家的商业机会分析

欧盟②有超过5亿消费者③的市场，完善透明的法制，素质较高的劳动力，先进的科研技术，其化工、医药、航空、车辆制造，以及精密设备等产业处于世界前端。体制方面，欧盟经济一体化程度高，资金与人员、服务可自由流动，因此进入其中一国市场有助于进入整个欧盟国家市场。

自金融危机后，欧盟经济增长停滞，失业率高，并有通货紧缩的危险。2014年11月，欧盟委员会（以下简称欧委会）公布了3000亿欧元的投资计划，利用欧洲投资银行和欧盟现有现金作为种子资金，资助私企主导的投资项目。同年12月，欧委会发布投资报告，指明欧洲有约2000个潜在投资项目、价值1.3万亿欧元的投资额，覆盖欧盟确定的五个关键投资领域：知识、创新和数字经济；能源；交通；社会基础设施；资源与环境。

---

① 特区名称、地址、开发者和主要产业［EB/OL］. www. sezindia. nic. in/about－asi. asp.

② 自1993年成立以来共经历7次扩大，现有28个成员国：法国、德国、意大利、比利时、卢森堡、荷兰、英国、丹麦、爱尔兰、希腊、葡萄牙、西班牙、奥地利、瑞典、芬兰、爱沙尼亚、拉脱维亚、立陶宛、波兰、捷克、斯洛伐克、匈牙利、斯洛文尼亚、马耳他、塞浦路斯、保加利亚、罗马尼亚和克罗地亚。本报告数据统计包含英国。

③ 2014年总人口约5.1亿。

在世界经济论坛“2015—2016 年全球竞争力报告”中，在全球最具竞争力的 140 个国家（地区）中，前 10 位中有 5 个、前 50 位中有 20 个国家和地区来自欧盟；排名 50 位后的国家和地区多位于中东欧。（如表 3 – 16）

表 3 – 16　2015—2016 年欧盟国家全球竞争力排名

排名	国家和地区	排名	国家和地区
4	德国	36	立陶宛
5	荷兰	38	葡萄牙
8	芬兰	41	波兰
9	瑞典	43	意大利
10	英国	44	拉脱维亚
12	丹麦	48	马耳他
19	比利时	53	罗马尼亚
20	卢森堡	54	保加利亚
22	法国	59	斯洛文尼亚
23	奥地利	63	匈牙利
24	爱尔兰	65	塞浦路斯
30	爱沙尼亚	67	斯洛伐克
31	捷克	77	克罗地亚
33	西班牙	81	希腊

资料来源：世界经济论坛 .2015—2016 年全球竞争力报告（*Global Competitiveness Report 2015—2016*）；对全球最具竞争力的 140 个国家（地区）进行排名［EB/OL］. http：//reports. weforum. org/global – competitiveness – report – 2015 – 2016/.

从营商环境来看，在世界银行“2016 年营商环境评级”对全球 189 个国家和地区进行排名中，欧盟国家表现较佳：前 10 名中占 4 国；前 50 名占 25 国；仅有希腊、卢森堡和马耳他排在 50 名以后。（如表 3 – 17）

表 3 – 17　2016 年欧盟国家营商环境评级排名

排名	国家和地区	排名	国家和地区
3	丹麦	20	立陶宛
6	英国	21	奥地利
8	瑞典	22	拉脱维亚
10	芬兰	23	葡萄牙
15	德国	25	波兰
16	爱沙尼亚	27	法国
17	爱尔兰	28	荷兰

续表

排名	国家和地区	排名	国家和地区
29	斯洛伐克	42	匈牙利
29	斯洛文尼亚	43	比利时
33	西班牙	45	意大利
36	捷克	47	塞浦路斯
37	罗马尼亚	60	希腊
38	保加利亚	61	卢森堡
40	克罗地亚	80	马耳他

资料来源：世界银行：2016 年营商环境评级（Doing Business 2016）；对全球 189 个国家和地区进行排名［EB/OL］. http：//www. doingbusiness. org/reports/global – reports/doing – business – 2016.

总体而言，欧盟的国际竞争力和投资吸引力较强，吸引的外国直接投资流量和存量十分瞩目。

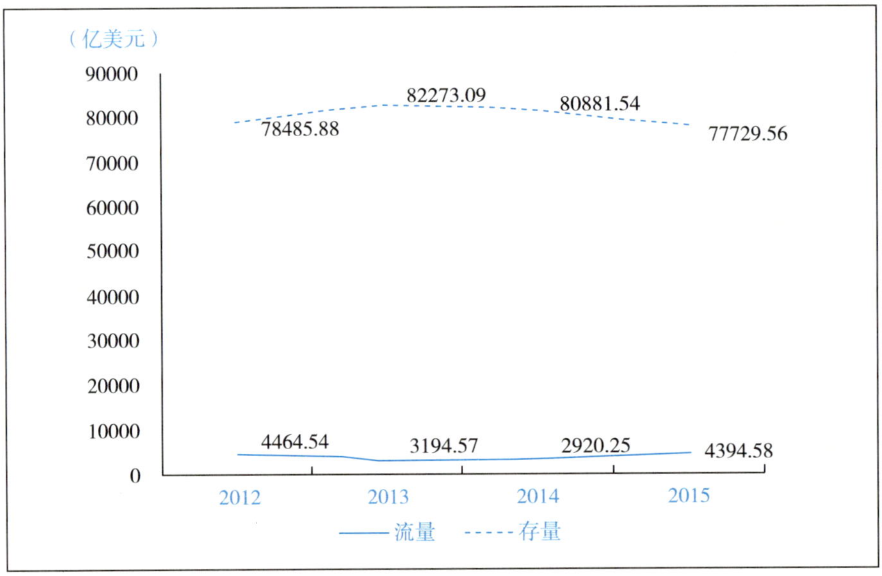

图 3 – 29　2012—2015 年欧盟吸引外国直接投资流量与存量

资料来源：贸发会议［EB/OL］. http：//unctad. org/en/Pages/DIAE/World% 20Investment% 20Report/Country – Fact – Sheets. aspx.

欧盟吸引的外国直接投资流量在 2012—2014 年连续下滑后于 2015 年强劲增长，达到 4394. 58 亿美元，同比增长 50. 5%，接近 2012 年的水平（如图 3 – 29）；2013—2015 年存量则出现连续缓慢下滑，这与同期欧洲地区外国直接投资流出显著有关。

（一）中国对欧盟国家直接投资现状与特点

1. 流量：2015 年对欧盟直接投资 54.8 亿美元，较上一年回落幅度较大

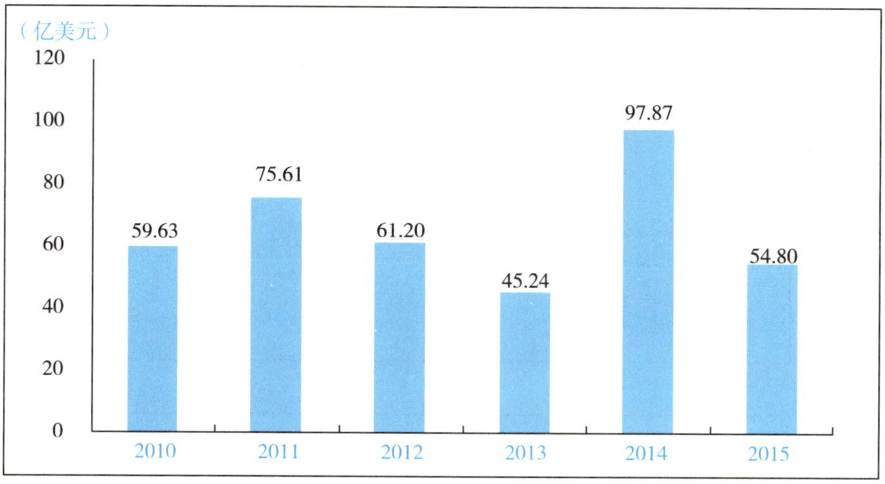

图 3－30 2010—2015 年度中国对欧盟直接投资流量

资料来源：商务部，统计局，外汇管理局. 2015 年度中国对外直接投资统计公报［M］. 北京：中国统计出版社，2016.

2010—2014 年，中国对欧盟的投资流量有所波动。在 2011 年投资流量达到高点，随后两年回落，2014 年又创新高，达到 97.87 亿美元，同比增长 116.3%，2015 年投资流量出现回落，为 54.8 亿美元，同比下降 44%，占流量总额的 3.8%，较上一年下跌 4.1 个百分点，占对欧洲投资流量的 77%。（如图 3－30）

2. 存量：2010—2015 年连续六年稳步大幅增长

截至 2015 年末，中国对欧盟的投资存量为 644.60 亿美元，占存量总额的 5.9%，占对欧洲投资存量的 76%（如图 3－31）。存量在 30 亿美元以上的欧盟国家有 6 个，分别为：荷兰、英国、卢森堡、德国、法国、瑞典。

3. 行业：2015 年采矿业、制造业、金融业投资较多，租赁和商务服务业投资流量为负

2015 年，中国对欧盟直接投资流入最多的行业是采矿业（101.43 亿美元，占比 185.1%）①、制造业（30.23 亿美元，占比 55.2%）、金融业（21.55 亿美元，占比

① 《2015 年度对外投资统计公报》统计的流量包括负值数额比较大的租赁和商务服务业，所以采矿业的占比大于 100%。

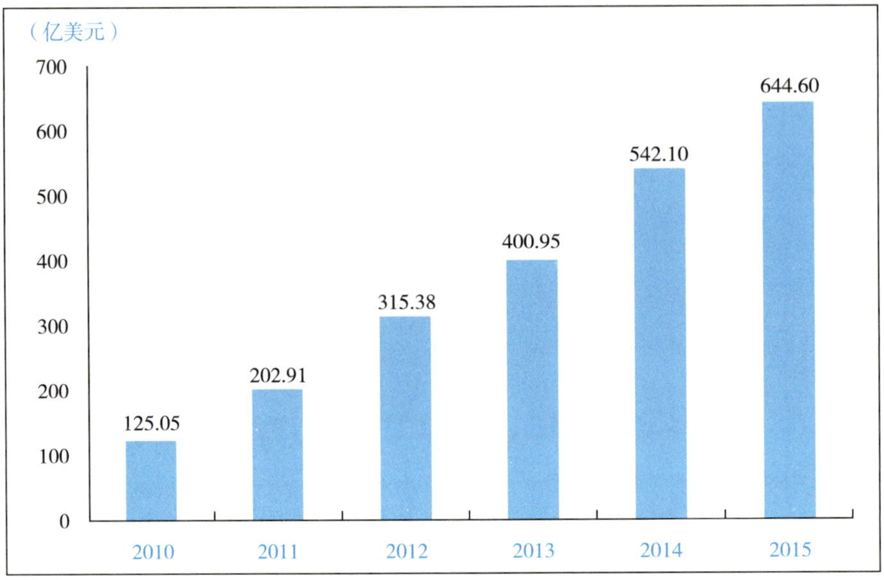

图 3－31　2010—2015 年中国对欧盟直接投资存量

资料来源：商务部，统计局，外汇管理局．2015 年度中国对外直接投资统计公报［M］．北京：中国统计出版社，2016.

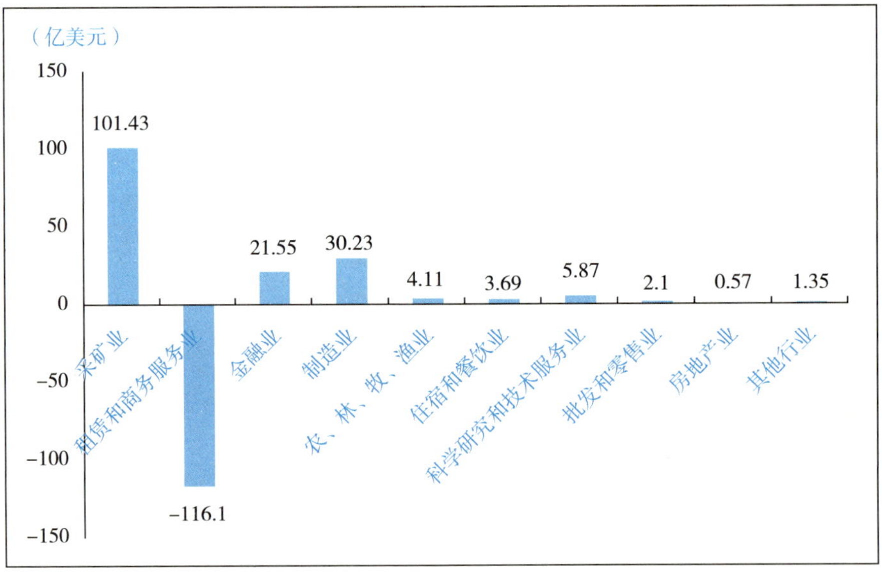

图 3－32　2015 年中国对欧盟直接投资流量行业金额及占比

资料来源：商务部，统计局，外汇管理局．2015 年度中国对外直接投资统计公报［M］．北京：中国统计出版社，2016.

39.3%）。而上一年居于首位的投资行业租赁和商务服务业因欧盟境内中企撤并调整，投资流量为负。（如图 3－32）

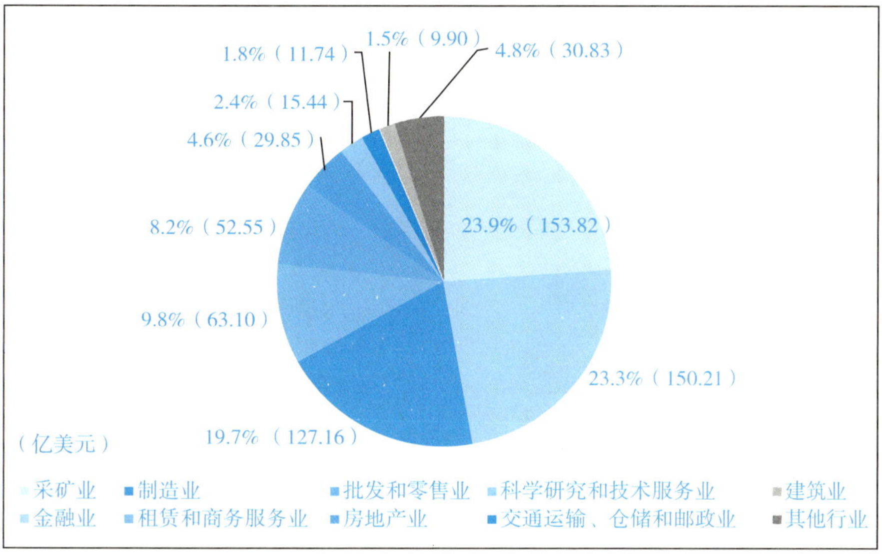

图 3－33　2015 年中国对欧盟直接投资存量行业金额及占比

资料来源：商务部，统计局，外汇管理局．2015 年度中国对外直接投资统计公报［M］．北京：中国统计出版社，2016.

从存量的行业分布看，采矿业、金融业、制造业、租赁和商务服务业、批发和零售业等吸引了大量的中国投资。（如图 3－33）

近年来，中国具备实力的企业收购和投资欧盟老牌企业，如吉利收购沃尔沃，上汽在英国设立研发中心，中远集团在比利时收购集装箱码头等。截至 2015 年末，中国共在欧盟设立直接投资企业超过 2300 家，覆盖欧盟的全部 28 个成员国，雇佣外方员工 9 万人。

4. 区域：卢森堡、英国、法国、德国、荷兰吸收投资存量最多

2015 年，中国对欧盟投资最引人注目的是对荷兰的投资，达到创历史最高的 134.63 亿美元，是上年的 13 倍，主要原因是中国企业在卢森堡投资撤销并转至荷兰。吸收中国直接投资流量超过 10 亿美元的欧盟国家只有荷兰（134.63 亿美元）和英国（18.48 亿美元）两国；超过 1 亿美元的国家有德国（4.1 亿美元）、法国（3.28 亿美元）、瑞典（3.17 亿美元）、西班牙（1.5 亿美元）、奥地利（1.04 亿美元）。（如图 3－34）

2015 年，由于中企在卢森堡投资撤销，转向投资荷兰，也使在荷兰的投资存量猛增，由上一年的第三位上升为第一位，紧随其后的是英国、卢森堡、德国和法国。（如图 3－35）

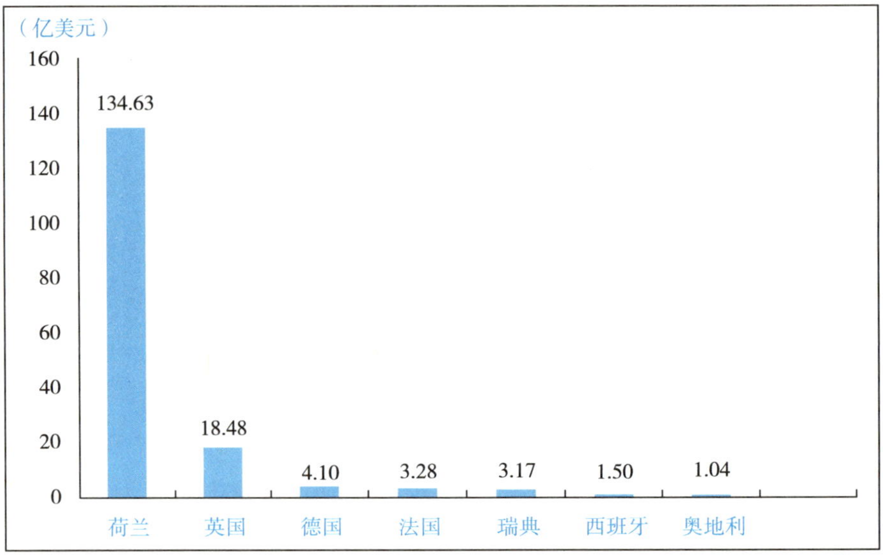

图 3－34　2015 年中国对欧盟重点国家直接投资流量

资料来源：商务部，统计局，外汇管理局．2015 年度中国对外直接投资统计公报［M］．北京：中国统计出版社，2016.

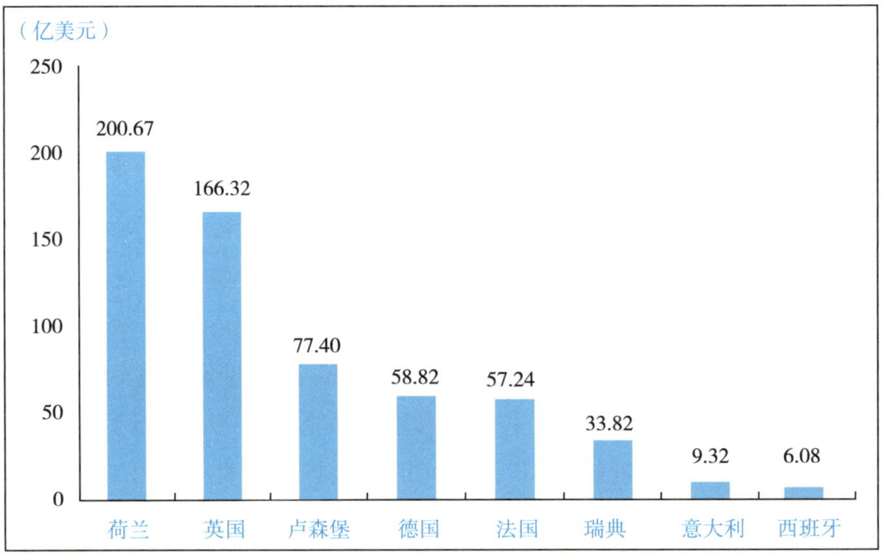

图 3－35　2015 年中国对欧盟重点国家直接投资存量

资料来源：商务部，统计局，外汇管理局．2015 年度中国对外直接投资统计公报［M］．北京：中国统计出版社，2016.

（二）中国企业进入欧盟重点产业的商业机会

英国、法国、德国是中国资本进入欧盟的重点目的国，其中中国直接投资流入英国最多，截至2015年有500多家中国企业落户英国，投资点多面广，覆盖多个领域，广泛参与英国机场、水务、空港城等基础设施建设；法国紧随其后，有超过200家中国企业在法投资，创造就业岗位2万多个；2014—2015年中国对德直接投资连续排名第一，2015年在德投资项目达到260个①，2016年对德投资势头依旧强劲。下面选取英、法、德三国对其重点投资领域进行研判。

1. 英国：可再生能源

可再生能源是自然界中不断再生、永续利用的能源，具有取之不尽、用之不竭的特点，主要包括太阳能、风能、水能、生物质能、地热能和海洋能等，对环境无害或危害极小，资源分布广泛，适宜就地开发利用。

2015年全球绿地投资总额达7130亿美元，其中可再生能源领域投资达760亿美元，同比上升73%，增幅最大。② 2015年全球私人资本参与基础设施投资保持在1116亿美元，其中太阳能项目投资额比过去5年平均水平攀升72%，可再生能源领域吸引了私人资本参与投资额的近2/3。③ 与欧洲市场其他国家相比，英国的可再生能源尤其是海陆风能、太阳能、生物质能（Biomass）以及潮汐能投资潜力较大。

第一，英国可再生能源类型丰富，政府重视环保能源的利用。英国的地理位置决定了其海上风能、潮汐能、太阳能等蕴藏量丰富。尤其是海上风电领域，英国居全球领先的地位，2013年海上风电累计装机量占全球海上风电装机总量的52%。可再生能源在英国2015年第二季度能源构成中占比达到了创纪录的25.3%，首次超越煤炭成为其第二大发电能源，同比增长51.4%，其中太阳能增幅高达115%、风能65.2%、生物质能26.2%。英国政府制定目标要在2050年前实现减排80%的二氧化碳，并在2020前实现可再生能源占30%的供能比例，这为资本继续流入这一行业奠定了基础，并提供了消费市场作为保障。

第二，英国“脱欧”给私人资本进入可再生能源领域提供了机遇。英国的大部分可再生能源融资，特别是海上风电，资金多来自欧洲的银行。现在虽不确定“脱欧”

---

① 德国联邦外贸与投资署（Germany Trade and Invest）. http：//www. gtai. de/GTAI/Navigation/EN/welcome. html.

② FDI Markets. https：//www. fdimarkets. com/.

③ 世界银行集团私人资本参与基础设施投资数据库。

给英国造成多大影响，但英国极有可能需要重新寻找部分甚至全部投资以填补可再生能源发展领域的资金缺口，这恰给多种类型的私营部门参与投资提供了良好机遇。

然而，卡梅伦任期内英国保守党政府终止了对新陆上风能农场的补贴，并削弱了对太阳能的支持（对潮汐发电的支持依然存在）。2015 年英政府将把天然气和核能领域的发展放在政府能源目标的首要位置，这将挤占可再生能源的生存空间，使投资者处于观望状态，在一定程度上抑制了投资。

2. 法国：可再生能源 + 基础设施

（1）可再生能源

法国是世界第一核电大国，80% 的电量由核电站提供。然而在 2015 年 10 月法国环境及能源管理署（ADEME）发布的最新报告显示：法国未来的电力将全部来源于可再生能源，而且不会给政府带来额外的财政压力。

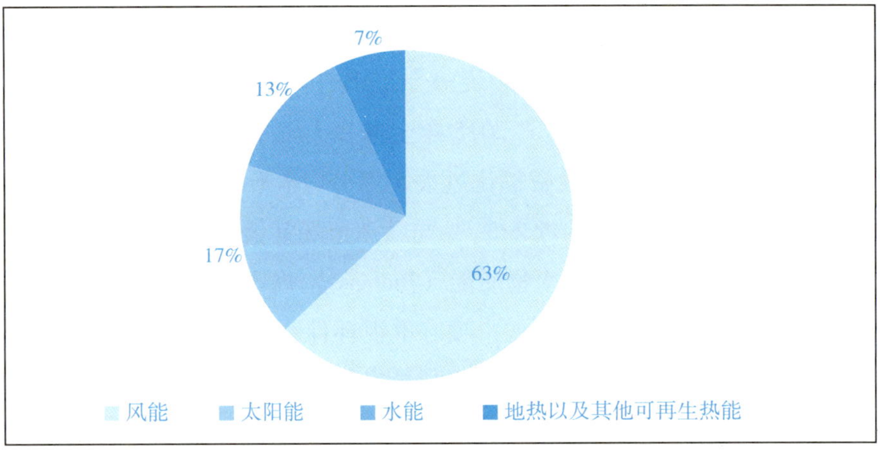

图 3－36　2050 年法国的电力结构预测

资料来源：法国环境及能源管理署（ADEME）. http://www.ademe.fr/en.

电力的主要能量来源是风能和太阳能，太阳能发电尤值得投资者关注，因为其发电价格大幅下降，低于新增的化石燃料发电和核电成本，对环境保护明显，代表了未来的能源利用趋势。

第一，法国政府大力支持可再生能源的发展。2015 年 7 月，法国通过了《绿色发展能源过渡法》（*Energy Transition for Green Growth Bill*），表达出对能源转型的决心。法案目标包括：优化电源结构，到 2025 年核电占发电比例降至 50%；到 2030 年温室气体排放比 1990 年减少 40%；到 2030 年化石能源消费比 2012 年减少 30%；到 2030 年可再生能源占最终能源消费的比例上升至 32%，可再生能源发电比例上升至 40%；到 2050 年终端能源消费比 2012 年减少 50%；到 2050 年垃圾填满废弃物减少50%。[①]

第二，法国的能源转型之路将加速前行：提高可再生能源发展目标，关闭核电站。2015年12月，法国主办了联合国巴黎气候变化大会（UN COP21）。2016年4月，全球170多个国家和地区的高级代表出席了纽约联合国总部举行的《巴黎协定》高级别签署仪式，随后法国在爱丽舍宫举行第四次国家环保会议，释放出法国能源规划的两大重要部署：提高可再生能源发展目标和即将开始关闭核电站，这意味着法国的能源转型之路将加速前行。

第三，法国有南部的阳光和海岸的风，电力设备设施世界领先，发展的综合条件也居于欧洲领先地位。当前全球变暖危机加重，化石燃料必须被淘汰。应对气候变化的标准处方是风能和太阳能相结合，兼顾能源效率。二者均是低碳能源，有助于实现能源安全和竞争力。风能与太阳能也正驱动欧洲能源转型。欧洲2015年风能和太阳能发电装机容量飙升，增长率分别为6.3%和15%。[②]

法国的陆上风电、海上风电和太阳能发电具有极大潜力，政府的强力支持配合适宜的发展战略、健全的配套法律体系、合理的激励措施以及对能源安全的重视，使其在欧洲可再生能源投资市场上极具吸引力。

第四，法国在可再生能源领域向外资开放。法国政府宣布，到2018年法国将发布10.2吉瓦太阳能项目招标，到2023年累计发布20.2吉瓦太阳能项目招标，届时法国将实现太阳能装机容量是现在的3倍。2015年11月，中广核欧洲能源公司在国际竞标中中标，与法国Inovia Concept Development（ICD）公司在巴黎签署太阳能项目开发合作协议，标志着中广核欧洲公司迈出进军法国太阳能产业领域的第一步，成为首家进军法国太阳能市场的中国央企。

（2）基础设施行业

在“2015—2016年全球竞争力报告”（*Global Competitiveness Report* 2015—2016）排名[③]中，法国的基础设施居全球第8位。虽然法国的基础设施条件相当好，但依然存在投资机遇，尤其是在交通基础设施和建筑领域。

第一，法国在2009年4月启动“大巴黎改造计划”[④]（Grand Paris），投资额高达1000亿欧元，拟用20年时间来完善和改造巴黎及周边地区的城市设施和基础设

① Ministry of Ecology, Sustainable Development and Energy. http://www.developpement-durable.gouv.fr/.
② 欧洲太阳能电力协会（原欧洲光伏行业协会）和欧洲风能协会。
③ 世界经济论坛（World Economic Forum）[EB/OL]. http://reports.weforum.org/global-competitiveness-report-2015-2016/competitiveness-rankings/瑞士；中国排名第28位。
④ 又译为“大巴黎城市发展计划”。

备。该计划包括将巴黎 Saclay 地区打造成欧洲硅谷，La defense 地区建设为欧洲曼哈顿，Roissy 地区打造为欧洲空港航运中心，Bourget 发展为航空工业社区，Orly 地区发展为生物技术园等。

公共交通建设是“大巴黎改造计划”的重要组成部分，仅地铁改造的投资就高达 270 亿欧元。地铁增改工程预计 2017 年动工，2030 年全部完工，届时巴黎的地铁规模将从 200 多公里增加至 400 余公里，新建地铁站 70 个；另外还将有 60 亿欧元用于已有线路的升级和改造。

建造房屋也是计划的重要部分。大巴黎地区计划新建超过 150 万套住房，它们的选址和建设将秉持可持续发展理念，与办公、学校、文化和其他各功能区域临近，以减少居民对汽车的依赖，控制污染，并将选用环保的建筑材料和施工方式。

第二，法国政府计划通过 BOT 特许经营或 PPP 公私合营等方式推进建筑、交通等相关项目建设，并欢迎包括中国投资在内的国际投资。结合“大巴黎改造计划”，法国政府拟扩建地铁线路，连接即将发展的区域，并铺设无线网络，完善电信等基础设施以方便周边居民。这一计划预计 50% 的资金将由法国政府出资，另外 50% 的资金向民间和企业筹集。随着巴黎的扩大和建设，私营企业在巴黎周边地区将获得更多的投资机会。

法国政治制度稳定，经济国际化程度高，投资大门不仅向欧美敞开，也欢迎来自亚洲与非洲的资本和企业。无论是戴高乐机场到巴黎北站的地铁快线建设，还是 2016 年 9 月巴黎将进行的 50 个住宅、商业、文化等项目的招标，都欢迎国际资本的进入。

3. 德国：汽车制造业 + 医疗设备制造业

（1）汽车制造业

德国汽车享誉世界，也对本国经济带来巨大的贡献。截至 2013 年，德国汽车行业就业 75.6 万人；汽车及其连带产业出口率高达 65.5%，是贸易顺差的主要原因。据统计，中国每卖出的 5 辆新车中，就有 1 辆是德国车。在中国工业升级的背景下，德国在汽车行业的领先地位具有可观的经济和技术价值，尤其在零部件领域，可以成为中国企业海外并购的首选。

第一，德国中小型零部件企业是中国企业扩充产能和产业链的极佳收购目标。德国汽车产业链中既包括大中型整车制造企业，也有中小规模的零部件供应商，它们拥有全球领先的专利申请量。据估计，零部件企业为德国汽车行业贡献了约 80% 的产业附加值。在我国经济“新常态”背景下，汽车行业整体性的机会将减少，行业获得超额收益的概率也将降低，我国汽车企业必须谋求零部件中核心技术的创新与发展才能发掘新的市场机会。鉴于此，德国零部件企业值得中国企业考察了解，寻求潜在并购机会。

第二，金融危机为中国汽车零部件企业海外并购提供了“窗口机遇期”。西欧和北美是我国汽车厂商并购最活跃的区域，德国是首选目标国。2013—2015年，我国汽车和零部件企业在德国发起12起并购交易，占总体交易的20%。[①] 金融危机后，因人力成本、原材料价格上涨等因素以及新兴市场国家的竞争，许多西方汽车零部件企业陷入财务困境，急于剥离非核心资产，这一定程度上给中国汽车零部件企业提供了并购机遇。[②] 2014年，均胜电子以人民币6.9亿元收购了提供内饰功能件和高端方向盘总成的汽车零部件供应商 Quin GmbH；2015年，凌云股份收购了生产车门、后挡板、引擎盖组件和结构件等的 Waldaschaff Automotive GmbH 100%股权；2016年，均胜电子又收购了提供车载娱乐系统、导航系统、车联网以及信息处理领域的创新类产品及软件解决方案的德国 TechniSat 汽车业务。

（2）医疗设备制造业

德国吸引中国企业的是技术、产品和品牌，除了汽车制造业享誉世界，医疗健康产业的医疗设备（器械）制造也世界领先，从注射器材、整形耗材到尖端的电子测量仪器等都在全球热销。

第一，德国医疗技术创新世界领先，产品的世界认可度高。德国联邦经济部和卫生部推出“健康经济出口计划”，支持医疗器械企业发展，并成立基金会，奖励企业进行专利研发。德国联邦卫生部下设有联邦药品和医疗器械局，由医疗专家、工程师等组成，并对行业进行监管。总体上，德国医疗器械行业把利润的8%用于研发，比西方国家的平均值高出一倍，每年专利申请超过1000项，使德国成为欧洲医疗技术的创新中心。德国医疗器械产品约2/3用于出口，居世界第二位。最大的出口市场是欧盟，占德国医疗器械总额的40%左右，第三是以中国为主的亚洲，并且增速最快。[③] 相比之下，中国的医疗器械相对较弱，在中国国内医院进口器械占比达70%[④]，高端设备占比接近90%[⑤]。

第二，我国医疗器械企业需要对接德国技术、产品和品牌。目前，国内医疗器

---

① 德勤.2016中国汽车行业对外投资报告［EB/OL］. https://www2.deloitte.com/cn/zh/pages/consumer-industrial-products/articles/china-automotive-industry-outbound-investment-report-2016.html.

② 德勤.2016中国汽车行业对外投资报告［EB/OL］. https://www2.deloitte.com/cn/zh/pages/consumer-industrial-products/articles/china-automotive-industry-outbound-investment-report-2016.html.

③ 德国世界经济研究所. http://www.diw.de/en/diw_01.c.100293.en/about_us/about_us.html.

④ 中国医疗器械行业协会. http://www.camdi.org/.

⑤ 中国医学装备协会. http://www.yxzb.org.cn/.

械企业数量众多，但规模相对较小，只有迈瑞、复星等规模化、高标准的企业进行了国际化扩张。鉴于中国是人口大国，随着人均收入水平的提升对医疗健康提出更高要求，本土医疗器械企业需要在国际市场上获取创新技术、产品和品牌，以更好地服务国内市场和全球市场。

第三，德国医疗器械产业规模大，中小型医疗器械企业多，提供了众多潜在收购目标。德国拥有全球仅次于美国的医疗器械产业规模，有170多家医疗器械生产商，除了西门子旗下医疗系统集团这类大企业外，更多的医疗器械企业是典型的"隐形冠军"。

第四，世界经济低迷、欧债危机、产品售价过高、竞争对手增多、家族后继无人等因素使一些德国中小型医疗器械企业面临经营困境，这给中国企业提供了收购机遇。在中低端医疗器械领域，中国企业近年发展较快，海外销售市场主要是中东、南美、拉美、南亚、非洲等，难以进入欧美市场。收购德国医疗器械企业将协助中国企业进入国际高端市场。2016年，杭州启明医疗器械有限公司全线收购德国Transcatheter Technologies公司专利技术组合，将被应用于启明医疗的第三代TAVI产品，为中国和世界的结构性心脏疾病和瓣膜疾病患者提供新的解决方案。启明医疗期望藉此开拓海外市场，加快国际化进程。

（三）外资进入欧盟的管理政策评估

《里斯本条约》（*Lisbon Treaty*）生效后①，外国在欧盟直接投资正式纳入欧洲共同贸易政策范畴，意味着欧盟可代表其成员国对外开展投资协定谈判，内容包括投资准入和保护。②

欧盟虽然拥有谈判代表权，但各成员国对外国投资的规定不同。由于中欧还没有一个整体的双边投资合作协定，投资的禁止、限制和准入内容，需要专门进行双边谈判。中欧投资协定谈判于2013年正式启动，截至2015年3月在北京举行了第五轮谈判，内容包括投资保护、投资市场开放等，比中国与欧盟各成员国之间达成的投资保护协定更复杂和广泛。中欧投资协定达成一致后对促进中欧双向投资将大有助益。

1. 欧盟对外资的投资行业准入规定

欧盟各成员国对外国投资准入都有具体的规定。截至2015年，中国已与除爱尔

① 2007年12月签署，2009年12月生效。
② 2016年6月英国"脱欧"公投和12月即将到来的意大利公投，以及法国反欧盟的政党领导人勒庞参与竞选，给欧盟前景带来不确定性，需要投资者密切关注。

兰以外的27个成员国签订双边投资保护协定。表3－18是中国在欧盟的部分重点投资目的国的行业准入简况。

表3－18 欧盟部分国家对外资的投资行业准入规定

国别	准入规定
英国	英国对外国企业的投资一般没有限制，但特殊行业需要接受反垄断委员会强制监管，如电力、天然气、通讯业等 a. 推荐中资企业赴英投资生物制药、计算机制造、贸易、分销、仓储、交通运输、研发、金融、法律咨询等行业 b. 运输、能源、国防和核能领域对外国和英国公司都有限制 c. 提供无线电广播、电视转播等服务需申请执照
法国	法国没有设定明文禁止外国投资的行业。但有加设限制的敏感行业，需申请许可，如博彩、私人安全服务、使用生物药剂或者毒药剂、生产武器等，外国投资者收购这些敏感行业企业控股权，需要获得许可 金融保险业受到法国政府的保护政策，非欧盟国家的投资需要特别许可和法国银行的介入
德国	对于外资的市场准入，对于外国公司的要求基本与德国企业一样 a. 原先禁止投资者进入的水电供应、基础设施、能源、医药等领域已经对境内外投资者开放 b. 明确禁止的行业只有核电站以及核垃圾处理项目 c. 德国的武器行业规定非本国籍进入军火行业的申请可能不被批准 d. 从事某些行业需要向当地工商部门进行申请，比如银行、保险业、拍卖业、出售酒精饮料的餐饮业、运输、发电和供暖、炼油和蒸馏等 e. 若经济部认为该项目危害德国公共安全和秩序，可在被批准后进行干预
荷兰	对外商采取鼓励政策，但不包括铁路、军工生产、电气输送网等行业
比利时	a. 对外资并没有特殊的限制。在国防领域，比方投资者持股必须超过50%，实现控股 b. 外商在比利时投资，需要审批的行业有：金融、保险服务、运输、电信等
意大利	a. 外资在意大利投资可拥有100%股权 b. 在国防制造、飞机制造、石油天然气资源开发、国内航空业经营和海运等行业对投资经营限制比较严格，有具体的法律相对应
西班牙	在航空航天、广播电视、战略性矿产和原材料、博彩、电信、保安、国防等产业，外资需要得到西班牙经济部贸易政策总司的许可

资料来源：中国商务部．对外投资合作国别（地区）指南：英国、法国、德国、荷兰、比利时、意大利、西班牙（2015）［EB/OL］．http：//fec. mofcom. gov. cn/article/gbdqzn/.

2. 欧盟对外资的投资方式的规定

外资在欧盟的投资方式由各成员国自行具体规定。

根据《欧盟并购条约》（*The EU Merger Regulation*），跨境交易可能需要由欧盟委员会或一个或多个欧盟成员国的反垄断主管机构进行审批，也可能需要欧盟以外的主管机构审批。具体而言，在外国企业并购方面，如果参与企业在世界范围内年销售额达到50亿欧元，并且参与并购的企业中至少有两个企业在欧盟年销售额达到2.5亿欧元、在欧盟市场年销售额2/3以上来自同一个成员国，则需报欧委会竞争总司进行反垄断审查。欧委会竞争总司与欧盟各成员国竞争主管机关的审查权划分主要取决于相关并购是否“具有欧盟影响”，并可根据并购是否与欧盟市场相容做出无条件批准、有条件批准或禁止并购的决定。低于欧盟并购审查门槛的并购由相关欧盟成员国竞争主管机构审查。

鉴于近年绿地投资增长缓慢，跨国并购日益活跃，下面选取欧盟吸引中国直接投资的部分重点流入国的商业并购相关规定予以介绍。(见表3－19)

表3－19　英国、法国、德国对外资商业并购的相关规定

国别	主管机构	相关规定
英国	英国贸易投资总署（UK Trade & Investment)①是英国主管投资的政府部门。外商在英国投资可以采取注册新企业或并购当地企业的方式。从法律上讲，外商和外资控股公司与英国公司相同，可在英国从事多种形式的投资经营活动 英国收购委员会（Panel on Takeovers and Mergers）是对上市公司进行收购的主要监管机构 英国公平贸易局②在《2002年企业法》（*The Enterprise Act* 2002）的指导下评估交易	a. 在英国可以收购或投资上市或非上市公众公司，也可以通过双边谈判或非公开拍卖的方式购买私人公司或其资产。中国投资者可对上市公司进行股份权益不超过总额29.9%的较小规模投资，《披露和透明规则》对这类投资进行监管；如果个人或者组织购买的股票占投票权的30%以上，则需对剩余份额做出现金要约。收购私人公司时，非公开拍卖或谈判更加灵活，各方面可以就文件条款自行谈判决定 b. 英国公平贸易局③如果决定相关并购需要更深度地审查，会提交给欧盟 c. 英国相关政府部长有权干预涉及公共利益的交易案件，英国商务、创新与技能国务大臣有权干预涉及国防或英国金融业的并购，英国文化、媒体及体育国务大臣有权干预涉及报纸及媒体合并的特殊公共权益案件 d. 英国实行自愿备案制度，但英国的反垄断主管机构可以对任何交易进行调查，无论相关方是否已提请备案
法国	法国国际投资署（AFII）主管外国投资，2015年与法国企业国际化发展署（UBI-FRANCE）合并组成法国商务投资署（Business France）	法国对公司和股权收购有相关规定，此外对外国投资者的投资方式没有特别限定 公司收购可以是两家公司之间签订协议，也可以是一家公司出价购买另一家的股份 a. 相关企业税后销售总额超过1.5亿欧元，或者两家及以上合伙公司在法国实现税后销售总额达到或超过5000万欧元的企业合并案，必须获得经济部长批准 b. 相关企业全球销售额超过50亿欧元，或两家及以上相关公司在欧盟成员国内的销售额分别超过2.5亿欧元的企业合并案，须向欧盟委员会提交情况说明

① https://www.gov.uk/government/organisations/uk－trade－investment.

② Office of Fair Trading. https://www.gov.uk/government/organisations/office－of－fair－trading.

③ Office of Fair Trading. https://www.gov.uk/government/organisations/office－of－fair－trading.

续表

国别	主管机构	相关规定
德国	德国鼓励外资，没有针对外资企业制定的专门法规，也没有特殊机构管理，该领域主要由联邦贸易与投资促进署（Germany Trade and Invest）及各联邦州经济促进公司管理	a. 德国2009年生效的《对外经济法》规定，外来投资者收购德国企业25%以上时，德国政府对该项目拥有审查权。这里的外来投资者指来自欧盟和欧洲自由贸易联盟外的投资者，股权包括在欧盟或欧洲自贸联盟里其他的分公司和工厂，也包括下属与其他公司协议间接控制的股份 b. 若经济部认为该项目危害德国公共安全和秩序，需要进行干预，在联邦政府通过后即可介入 c. 德国《反限制竞争法》规定，收购另一家公司的全部或者绝大部分资产，或取得另一家公司的直接或间接控制权，获得另一家公司的50%以上股份和25%表决权，均有向联邦卡特尔局申报的义务 d. 如并购的企业在全球销售额达到5亿欧元，或者在德销售额超过0.25亿欧元，需要经过审批 e. 欧盟的并购政策同时也在德国有效，仅当各方在欧盟的营业总额2/3来自同一成员国时不需经过欧盟批准

资料来源：中国商务部．对外投资合作国别（地区）指南：英国、法国、德国（2015）［EB/OL］．http：//fec. mofcom. gov. cn/article/gbdqzn/.

3. 欧盟对外资的鼓励政策

总体而言，外国投资者在欧盟投资可享受与本国企业一致的国民待遇，包括欧盟及成员国各级政府制定的不同优惠政策，例如为企业投资和经营活动提供补贴、低息贷款和担保等。这些鼓励措施通常适用于部分地区，由地方政府负责实施。欧盟和成员国中央政府只负责制定框架条件和提供资金，发挥协调和监督作用。

此外，欧盟各成员国结合自身情况，对外资的优惠政策也因国而异。下面选取欧盟吸引中国直接投资的部分重点流入国的相关鼓励政策予以介绍。（见表3－20）

表3－20 英国、法国、德国吸引外资的鼓励政策

国别	鼓励政策
英国	欧盟对企业在英投资的直接帮助比较小，而更实际的援助计划来自英国政府。英国中央和地方政府都对外国投资有不同的优惠政策，可向英国商业部和专业顾问公司查询 a. 在英格兰地区可从Business Link网站搜索到当地政府对援助和激励计划提供的建议，除此之外，有潜在投资项目的公司还可通过地区成长基金合法申请援助。该基金每年提供14亿英镑的基金，用于刺激当地经济业务 b. 北爱尔兰地区向生产企业和国际贸易服务业务企业提供援助和咨询计划，可查询Invest Northern Ireland网站 c. 苏格兰地区提供多项援助计划，详见Scottish Enterprise和Scottish Development International网站 d. 威尔士的援助和激励计划由政府协调，包括产权资助、创新支持等，详见Business Support Wales网站 e. 英国为外国投资设立了一系列经济优惠政策，设立了良好的经济特区，英格兰、威尔士和苏格兰都分别设立企业区。在英格兰企业区设立的企业，开展符合企业区的计划项目无须报批。政府保证工业区连接超高速宽带。某些地区还可享受第一年100%厂房和设备资本免税等优惠政策。而在英国目前设立的五个自由区运营的企业，货物被批准在欧盟内部自由流通或者出口到欧盟以外地区之前，可进行各种交易，不需要缴纳关税、增值税等

续表

国别	鼓励政策
法国	无论企业设立在法国哪个地区，只要符合政策规定，都可享受有关政策的优惠 将企业应享受的研发税务抵偿机制额度列入企业应上缴税目中，第三年以退税形式归还 a. 在企业创办第一年和之后的4年，都可享受返还的额度 b. 对年轻的技术性企业和成长性企业，可以返还当年税务 c. 为方便企业获得流动资金，对无法立即获得返还金额的企业，进行以该组织为担保的贷款 该机制的抵免额可达到企业开支的30%。如果公司是第一次申请，或五年内未享受该机制的福利，第一年可上调到50%，第二年为40%；该机制是可终生享受的优惠政策，即使在亏损而暂不纳税期间也可保留
德国	根据德国《对外经济法》规定，外国投资者在德国投资享受与本国一致的待遇 德国的投资促进体系主要帮助从事制造加工相关产业的中小企业，获得的补贴最高可以达到投资的4%；若其他投资项目中，所在产业可创造长期就业，私人资本占投资的25%，那么可获得最高达到15%的投资补助，直到2020年底可获得10%的补助

资料来源：中国商务部. 对外投资合作国别（地区）指南：英国、法国、德国（2015）［EB/OL］. http：//fec. mofcom. gov. cn/article/gbdqzn/.

六、投资东盟国家的商业机会分析

东盟是一个人口超过6亿、面积达440多万平方公里的十国集团，是世界第七大经济体、亚洲第三大经济体，2015年经济增长率在4.4%以上，2016年预计增长4.9%。①

2015年底东盟宣布共同体正式建成，成员国积极寻求新发展：文莱宣布一系列改革新政，包括设立外国直接投资和油气下游产业委员会，加大招商引资力度；印度尼西亚（以下简称印尼）拟加速基础设施建设；缅甸签署生效《外国投资法（修正案)》在内的一系列法案；泰国投资促进委员会（BOI）确立2016年促投目标为4500亿铢。

从国际竞争力和投资吸引力来看，在世界经济论坛“2015—2016全球竞争力报告”中，对全球最具竞争力的140个国家和地区的排名，东盟国家之间差异较大：新加坡在全球排名第2位；马来西亚、泰国、印尼和菲律宾排在前50位；越南、老挝、柬埔寨进入前100位；缅甸则排在第131位。（如表3－21）

① 1961年，马来西亚、菲律宾、泰国成立东南亚联盟；1967年，印度尼西亚、泰国、新加坡、菲律宾和马来西亚宣告东盟正式成立；20世纪八九十年代，文莱、越南、老挝、缅甸和柬埔寨先后加入，使东盟扩大到10国。东帝汶是东盟观察成员国。

表 3－21　2015—2016 年东盟国家全球竞争力排名

排名	国家和地区
2	新加坡
18	马来西亚
32	泰国
37	印度尼西亚
47	菲律宾
56	越南
83	老挝
90	柬埔寨
131	缅甸

资料来源：世界经济论坛. 2015—2016 年全球竞争力报告（*Global Competitiveness Report* 2015—2016）[EB/OL]. http://reports. weforum. org/global－competitiveness－report－2015－2016/. 对全球最具竞争力的 140 个国家（地区）进行排名，文莱未含在内.

从营商环境来看，在世界银行“2016 年全球营商环境评级”中，对全球 189 个国家和地区进行排名，东盟国家之间差异更大：新加坡位居世界第 1；菲律宾、印度尼西亚、柬埔寨、老挝、缅甸则排在 100 名之后。（如表 3－22）

表 3－22　2016 年东盟国家营商环境评级排名

排名	国家和地区
1	新加坡
18	马来西亚
49	泰国
84	文莱
90	越南
103	菲律宾
109	印度尼西亚
127	柬埔寨
134	老挝
167	缅甸

资料来源：世界银行：2016 年营商环境评级（Doing Business 2016）[EB/OL]. http://www. doingbusiness. org/reports/global－reports/doing－business－2016. 对全球 189 个国家和地区进行排名.

从东盟吸引的对外直接投资流量和存量来看，2013—2015 年流量呈极其平稳态势，上下波动幅度极小；除 2015 年出现约 20 亿美元的下滑外，存量也呈稳增状态。（如图 3－37）

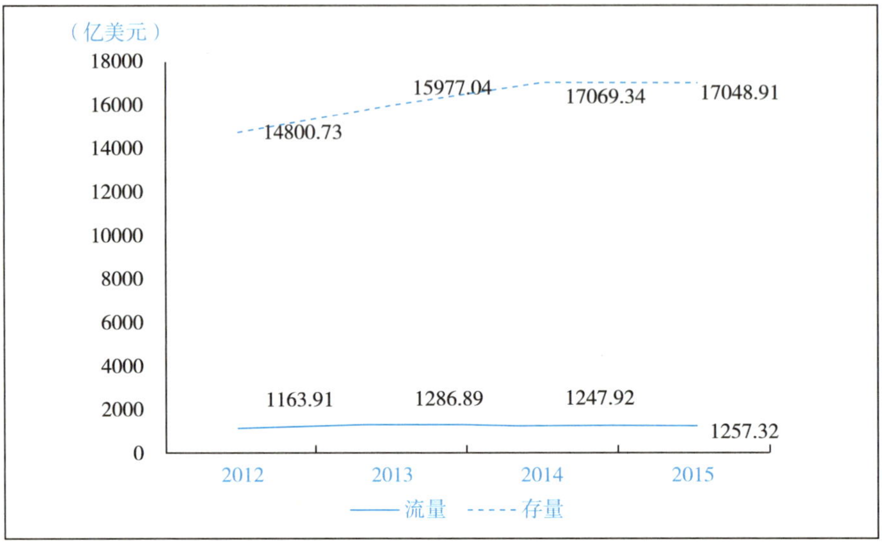

图 3－37　2012—2015 年东盟吸引外国直接投资流量与存量

资料来源：贸发会议［EB/OL］. http：//unctad. org/en/Pages/DIAE/World% 20 Investment% 20Report/Country－Fact－Sheets. aspx.

2015 年东盟吸引的流量相当于欧盟同期吸引流量（4394. 58 亿美元）的 29%，2015 年末东盟吸引的存量相当于欧盟同期存量（77729. 56 亿美元）的 22%，吸引投资的规模存在较大差距。

（一）中国对东盟投资现状与特点

1. 流量：2010—2015 年持续增长，2015 年达到 146. 04 亿美元

2010—2015 年，中国对东盟的投资流量持续增长：2010—2011 年同比增长 34%，2011—2012 年增长幅度很小，2012—2013 年同比增长 19. 1%，2014 年同比增长 7. 5%；2015 年增长最猛，同比增长达 87%，创历史最高值。（如图 3－38）

2. 存量：2010—2015 年稳步递增，2015 年达到 627. 16 亿美元

2010—2015 年，中国对东盟的直接投资存量逐年稳步递增。截至 2015 年末达到 627. 16 亿美元，占中国对外投资存量总额的 5. 7 %，占中国对亚洲投资存量的 8. 2%。（如图 3－39）

3. 行业：租赁和商务服务业、制造业、批发和零售业排名靠前

2015 年，东盟吸引中国直接投资流量最多的三大行业分别是租赁和商务服务业（66. 74 亿美元，占比 45. 7%）、制造业（26. 39 亿美元，占比 18. 1%）以及批发和

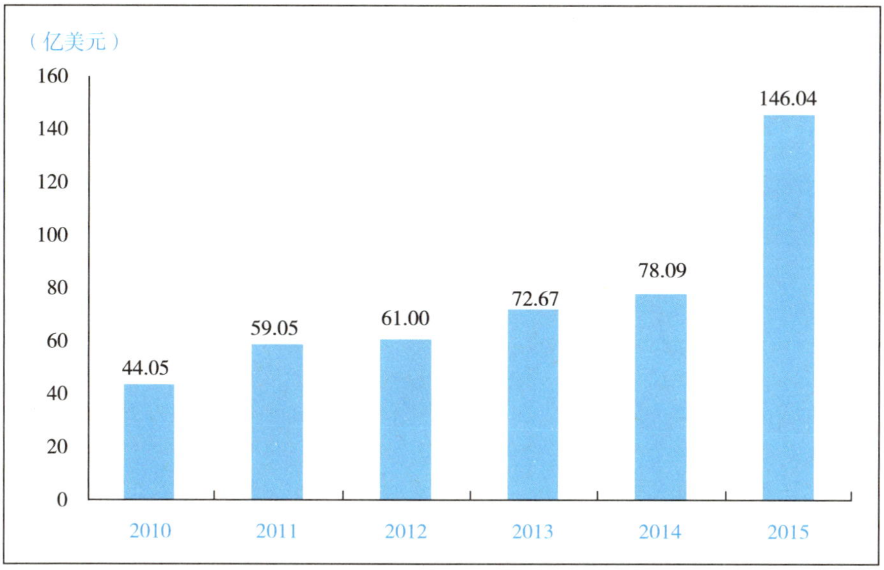

图 3－38　2010—2015 年中国对东盟直接投资流量

资料来源：商务部，统计局，外汇管理局 . 2015 年度中国对外直接投资统计公报［M］. 北京：中国统计出版社，2016.

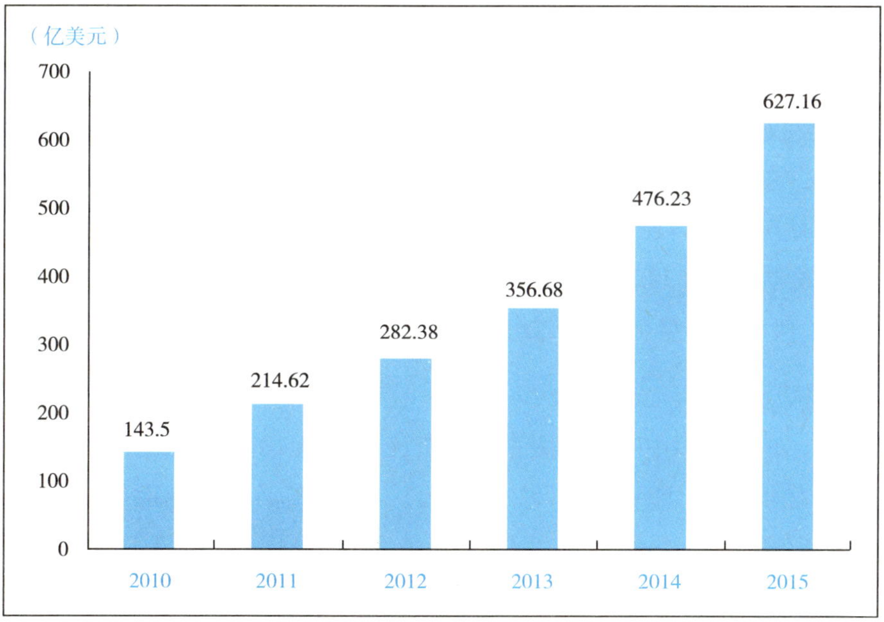

图 3－39　2010—2015 年中国对东盟直接投资存量

资料来源：商务部，统计局，外汇管理局 . 2015 年度中国对外直接投资统计公报［M］. 北京：中国统计出版社，2016.

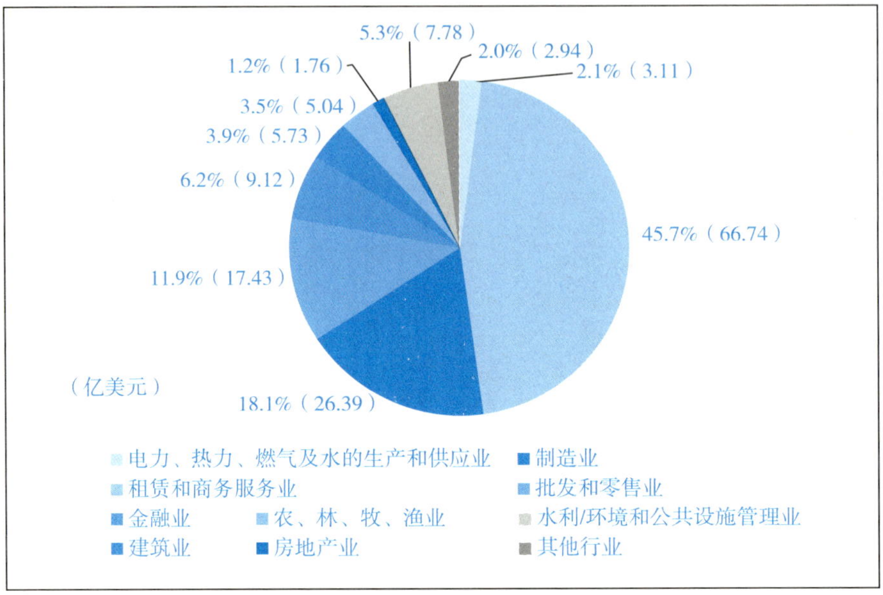

图 3-40　2015 年中国对东盟直接投资流量行业金额及占比

资料来源：商务部，统计局，外汇管理局. 2015 年度中国对外直接投资统计公报［M］. 北京：中国统计出版社，2016.

零售业（17.43 亿美元，占比 11.9%）。（如图 3-40）

近年来，中国对东盟的投资领域不断拓宽，覆盖行业越来越多，2015 年，中国对东盟的主要投资领域为电力、商务服务、批发零售、制造业、矿业和金融业。①

2015 年，东盟吸引中国直接投资存量最多的前两大行业分别是租赁和商务服务业（160.89 亿美元，占比 25.7%）、制造业（93.59 亿美元，占比 14.9%），紧随其后的是批发零售业（78.66 亿美元，占比 12.5%）和采矿业（75.37 亿美元，占比 12.0%），吸引的存量金额比较接近。（如图 3-41）

4. 区域：新加坡、印尼、老挝、泰国吸收投资存量最多

2015 年，东盟十国中吸收中国直接投资流量超过 10 亿美元的国家依次是新加坡（104.52 亿美元）、印尼（14.51 亿美元），紧随其后的是越南（5.6 亿美元）、老挝（5.17 亿美元）、马来西亚（4.89 亿美元）、柬埔寨（4.2 亿美元）和泰国（4.07 亿美元）。（如图 3-42）

截至 2015 年末，吸收中国直接投资存量在 30 亿美元以上的东盟国家有 7 个，依次为新加坡（319.85 亿美元）、印尼（81.25 亿美元）、老挝（48.42 亿美元）、

---

① 中国商务部. http：//www. mofcom. gov. cn/.

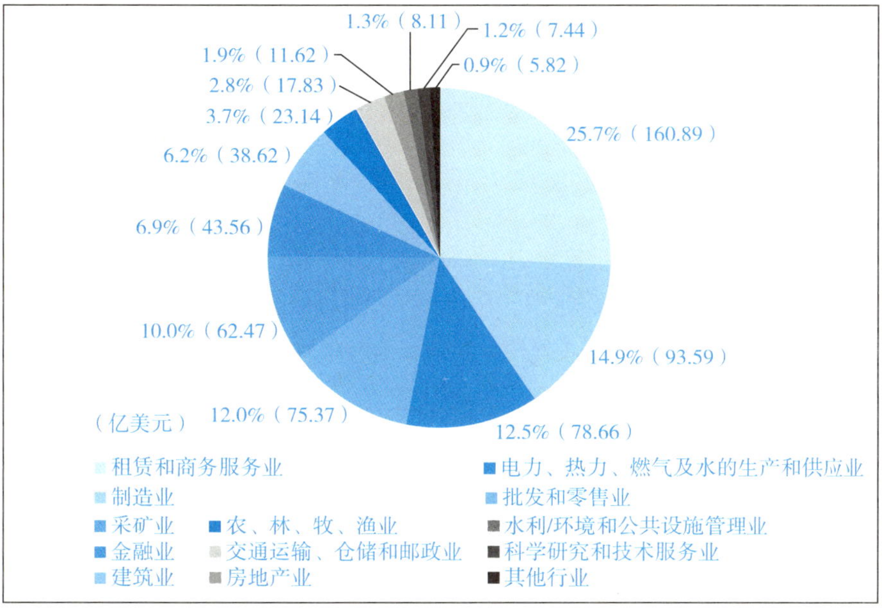

图 3－41　2015 年中国对东盟直接投资存量行业金额及占比

资料来源：商务部，统计局，外汇管理局 . 2015 年度中国对外直接投资统计公报［M］. 北京：中国统计出版社，2016.

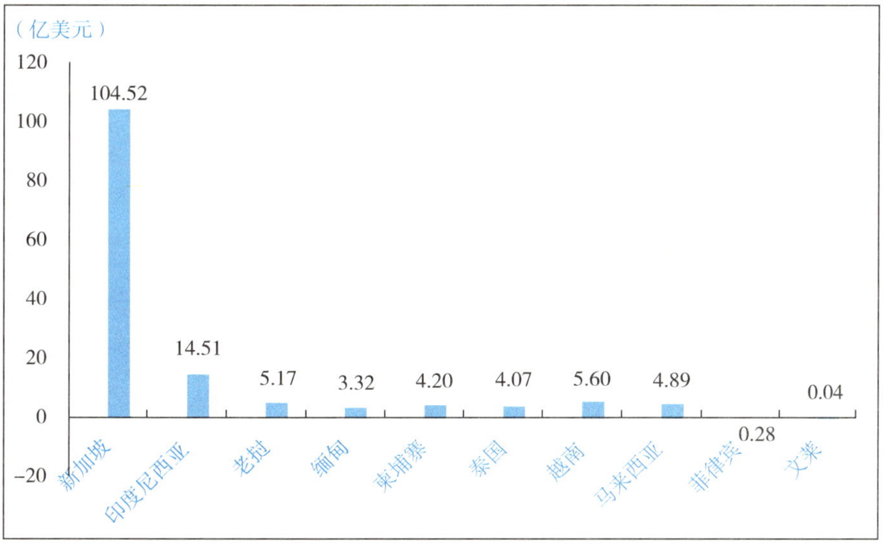

图 3－42　2015 年中国对东盟十国直接投资流量

资料来源：商务部，统计局，外汇管理局 . 2015 年度中国对外直接投资统计公报［M］. 北京：中国统计出版社，2016.

缅甸（42.59 亿美元）、柬埔寨（36.76 亿美元）、泰国（34.4 亿美元）和越南（33.74 亿美元）。（如图 3－43）

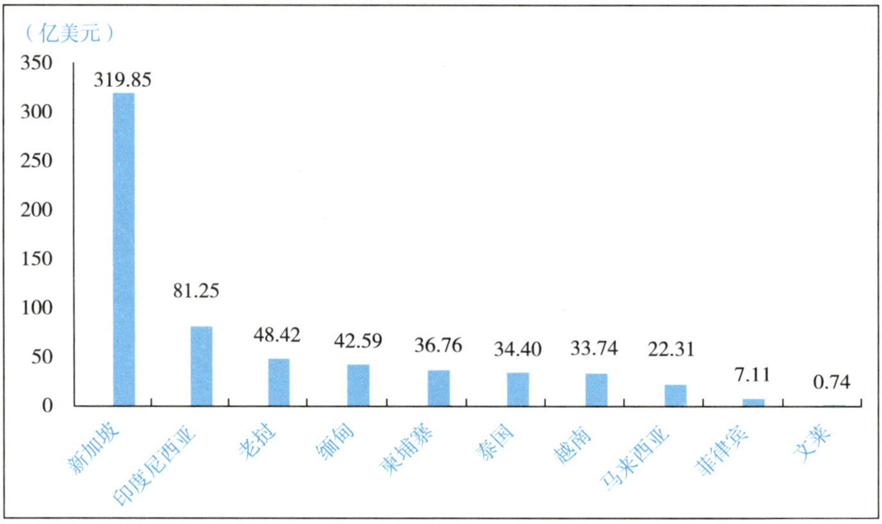

图 3-43　2015 年中国对东盟十国直接投资存量

资料来源：商务部，统计局，外汇管理局.2015 年度中国对外直接投资统计公报［M］.北京：中国统计出版社，2016.

新加坡因是全球著名的金融中心①，加上基础设施完善、社会稳定、法制健全、银行融资成本低等因素，吸引外资的竞争力较强，吸收中国直接投资存量是位居第二的印尼的近四倍。

（二）中国企业进入东盟重点产业的商业机会

新加坡和印尼是中国对东盟投资的重点目的国，2015 年吸引中国直接投资流量和存量均排名前两位。新加坡在世界经济论坛发布的《2016 年全球竞争力报告》中排名第 2 位，世界银行的《2016 年全球营商环境报告》中，营商环境便利度排名全球第 1 位。2015 年新加坡吸引中国直接投资的流量和存量远超其他东盟国家。

印尼得益于不断增长的国内需求和庞大的国内市场，近几年经济运行良好，吸引外资持续较快增长，特别是 2008 年国际金融风暴以来，每年以 13% 以上的速度增长，其竞争优势主要体现在政治稳定、自然资源丰富、市场潜力大、地理位置重要、劳动力充沛、市场化程度较高、金融市场充分开放等方面。

泰国在东盟十国中营商环境较好，在世界银行“2016 年营商环境评级”中排在新加坡、马来西亚之后，居于其他东盟七国之前。2011—2014 年中国对泰国直接投

① 2016 年总部位于英国伦敦的 Z/Yen Group 全球性商业顾问公司的调查显示，新加坡超越中国香港成为世界上第三大金融中心。

资流量和存量均呈迅猛增长势头，2015 年出现回落，为 4.07 亿美元。下面选取新加坡、印尼和泰国进行投资机会研判。

1. 新加坡：基础设施建设 + 生物医药行业

（1）基础设施建设

“2016 年全球基建投资指数”排名①中，新加坡居于首位，其次是卡塔尔和阿联酋。该指数对全球 41 个国家（地区）的基础设施投资市场吸引力进行评估，新加坡连续多年成为最具吸引力的基建投资目的地。2016—2020 财政年，新加坡拟投入约 100 亿新元来建设公共交通、住宅区、医疗机构等基础设施，以应对经济与社会发展需求。展望未来，新加坡的交通、电力、水资源基建领域存在较大投资机会。

第一，2011 年，新加坡政府推出轨道交通建设计划，在地铁网络扩展、高速公路系统建设等方面加大力度。新加坡拟在 2030 年之前将地铁网络从 178 公里扩大到 360 公里；此外，与马来西亚就吉隆坡至新加坡的高速铁路系统（HSR）展开非正式磋商，预计将耗资 80 亿～120 亿新元。

第二，新加坡地狭人稠，电力和供水基建需求潜力巨大。2011 年 5 月，新加坡政府宣布拟投入数十亿新元建设 400 千伏的超高压地下电网，东西向全长 16.5 公里，南北向长 18.5 公里，计划 2017 年建成。2013 年，新加坡政府还公布了未来 50 年的水源发展蓝图，预测 2060 年新加坡日用水量将达到 7.6 亿加仑。由于新加坡与马来西亚签署的供水协定将于 2061 年到期，新加坡政府将加大投资力度，努力扩大本地新生水和海水淡化产量，力争到 2060 年分别满足当地 55% 和 25% 的用水需求。

（2）生物医药行业

生物医药行业是新加坡重点培育的战略性新兴产业。经过近 10 年的发展，新加坡现已成为亚洲最具活力的生物医药中心之一，2015 年生物医药科技产业产值超过政府预期的 250 亿美元的目标，截至 2016 年 9 月，生物医药制造实现 22.2% 的增长，势头强劲，增速瞩目。②

第一，新加坡具有完备的生物医药产业发展战略并欢迎外资进入。新加坡经发局重点吸引国际著名大企业在新加坡设立研发中心和生产企业，允许以资金、土地和厂房折价等方式合资，并给予税收优惠条件。2011—2015 年，新加坡政府投资 161 亿新元（约合 125 亿美元）资助生物医药研发、创新和企业生产等，其中 23%

---

① Arcadis, *Global Infrastructure Investment Index* 2016.

② 新加坡经济发展局（EDB）［EB/OL］. https://www.edb.gov.sg/content/edb/en/news-and-events/news/monthly-manufacturing-performance.html.

的资金用于研发，保障新加坡作为世界级研发中心的竞争力。在人才战略上，新加坡科研局2001年建立了培养生物医药科学、物理科学和工程研究人才的“国家科学奖学金”和“科研局研究生奖学金”，与当地大学和研究所合作培养博士生，为新加坡医药发展提供人才队伍储备和奖励激励。

第二，新加坡生物科技城发展成熟，吸引生物医药高科技公司入驻。新加坡从2000年起将建立生物医药园区作为推动经济发展的动力之一。新加坡政府创立了纬壹生物科技城（One－north），其中包括启奥生物医药园和科学工程园，吸引生物医药高科技公司入驻。新加坡中央医院与南洋理工大学合作设立“生物医学园”。这些园区的设立为新加坡生物医药行业发展营造了良好的产业投资环境。

近几年，尽管新加坡的生物医药产业取得了高速发展，但生物技术的工具产品（例如抗体）市场还没有形成很稳定的局面；再加上跨国公司由于战线过长，在新加坡投入的精力相对有限，导致运作水平较低。因此，建议中国的中小企业投资时应首先系统了解新加坡生物产业子类目市场，采取小而精的运作模式，谨慎选择投资方向。

2. 印度尼西亚：基础设施建设＋旅游业

（1）基础设施建设

设施联通是“一带一路”建设的重要内容。多数亚洲发展中国家在道路、铁路、港口、电站、洁净水、能源与可再生资源、健康与教育等领域有着较大的基础设施资金需求。在印尼，电力和电信基础设施建设领域的投资机会尤其瞩目。

第一，印尼确定了2011—2025年总投资达4000亿美元的基础设施建设项目。为解决基础设施落后问题，印尼政府2011年颁布了《2011—2025年印尼经济发展总体规划》，制定了“六大经济走廊”发展战略，确定了至2025年总投资达到4000亿美元的基础设施建设项目。① 2014年佐科总统上任后提出建设“海上高速公路”战略，初步确定了2015—2019年建设的国家重点项目，所需投资约4000亿美元，涵盖供水、交通、电力、港口和公共卫生设施等基础设施项目。大规模的基建计划将迎来外资投资建设的新高潮。

第二，印尼的电力供应短缺，亟须电力基础设施建设和大型电站设备进口。2014年印尼人口约2.37亿，是世界第四人口大国，但截至2014年中期，印尼全国总装机容量约5200万千瓦，人均约0.22千瓦，相当于中国同期的1/4.5、西方国家同期的1/17，相当比例的印尼人口未用上电或经常停电。鉴于印尼的工业未成体

① 中国商务部．对外投资合作国别（地区）指南：印度尼西亚（2015）［EB/OL］．http：//fec. mofcom. gov. cn/article/gbdqzn/.

系，制造业是经济中的短板，大型电站设备全部进口。2015 年，印尼能源矿产资源部公布了《2015—2024 年国家电力发展规划》，其中 2015—2019 年建设 109 座发电量为 3658.5 万千瓦的电站，其中 74 座采用独立发电商（IPP）方式招标兴建，另外 35 座通过国家预算资金和融资等方式筹建。

中国企业自 1993 年参与印尼火电站兴建以来，除投资电站或承包电站工程，还参与电站运行操作、设备维护等。佐科总统上任后简化了兴建发电站的冗长繁杂审批过程。中国发电设备处于世界先进水平，中国企业进入印尼电力市场，还可以带动配套设备的出口。

需要注意的是，印尼的基建情况不同于中国国内，往往伴有复杂的海洋工程，如海水码头、防波堤、海水淡化、海水脱硫等，费用不菲。中国上电股份公司总包的印尼公主港电厂，海洋工程造价达到人民币 6 亿元。

第三，印尼的电信基础设施建设增长势头迅猛，市场潜力巨大，跨国运营商和资本介入较多。印尼是世界上移动通讯发展最活跃的国家之一：2015 年有 2.8 亿多移动通信用户；互联网普及率为 22%，不到中国同期的 1/2；3G 普及率约 20%，不到中国同期的 1/2。① 与大多数发展中国家不同的是，印尼的宽带发展未经历成熟的互联网便直接迈向移动互联网，而且“千岛之国”的地理特点带来巨大的互联网基础设施成本，虽然通信基础设施建设如火如荼，但仍无法满足移动用户对于无线带宽的巨大需求。

印尼政府 2014 年公布的“国家宽带计划（2014—2019）”总投资约 278 万亿盾（约合 230 亿美元），目标是至 2019 年为全国所有城镇人口以及 52% 的农村人口提供移动宽带业务，为 30% 的城镇人口及 6% 的农村人口提供固定宽带接入业务；到 2019 年将市区宽带渗透率提升到 30%，71% 的家庭带宽达到 20Mbps，全部楼宇实现 1Gbps 接入。2014 年印尼还启动了 4G 服务。然而，由于路权、入户、施工、解决方案集成等问题，截至 2015 年底，印尼的宽带渗透率仅达 7%，离既定目标差距较大且发展缓慢。预计到 2020 年，印尼的数据流量会增长 6 倍，达到 656 艾字节。

在外资准入方面，为了弥补国内资金投入缺口，2010 年 3 月，印尼将电信基础设施领域对外资开放；2013 年把外资在电信行业（含移动通讯和固话通讯）的投资持股比例从不超过 45% 提高至 65%；2016 年又把外资在通信服务领域的占股上限从 49% 调高至 67%。

2015 年，中兴通讯参与建设的印尼首个 4G LTE 网络在雅加达正式启用，标志

---

① YeahMobi. 全球移动互联网市场数据大揭秘——印尼篇.［EB/OL］中文互联网数据资讯中心.［2015－12－28］. http：//www.199it.com/archives/422848.html.

着中印尼两国在通讯基础设施建设的合作迈入新阶段。2016 年为推进印尼国家宽带规划，印尼通信部联合华为，与地方政府、管制机构、基础设施与住建部、房产集团、水电公司、物业公司、光纤铺设公司、内容提供商、运营商等 17 个部门组成印尼 FTTH 联盟，旨在加强产业多方合作，提升用户体验，共同促进宽带基础设施建设，增加光纤渗透率，丰富家庭和企业的互联网应用。

印尼国内有三大电信运营商——Telkomsel、Indosat 和 XL Axiata，外资进入时应注意与本土公司的竞争与合作。

（2）旅游业

印尼别称“千岛之国”，实际上拥有 17000 多个岛屿，其中约 9000 个岛屿有人居住，海岸线漫长，热带风光秀丽，除自然景色、风土人情、多元宗教、美食购物外，会议旅游、体育旅游和综合旅游均极具发展潜力，预计旅游市场将长期增长，给旅游基础设施建设、航空客运业以及酒店业带来巨大投资机遇。

第一，旅游业被印尼政府定位为战略性支柱产业。自 2014 年起，旅游业同基建、海洋、食品、能源一起被列为印尼五大优先发展的支柱产业。印尼政府计划在 5 年内把印尼旅游竞争力从目前的世界第 70 位提高到第 30 位，在 2019 年达到吸引 2.75 亿人次国内游客和 2000 万人次外国游客的目标；到 2019 年将旅游业占国民经济的比重翻番至 8% 以上。相比泰国、马来西亚、新加坡等亚洲成熟旅游市场国家，印尼的丰富旅游资源尚处于待开发阶段，未来增长潜力巨大。印尼欢迎外资进入旅游业。在 2016 年 G20 峰会上，印尼财长班邦·布罗佐内戈罗表示印尼正认真考虑如何改善旅游业的投资环境。

第二，印尼政府规划了一系列旅游基础设施建设，鼓励中国企业赴印尼投资。为实现 2019 年旅游业发展目标，印尼加强住宿餐饮、信息通讯、卫生健康等旅游基础设施建设，整顿旅游领域的一些薄弱环节。除巴厘岛外，印尼将建立 10 个新的旅游目的地，鼓励中国企业前往投资。2016 年，印尼在中国广州的投资推介会上明确邀请中国企业家投资印尼中文旅游经济特区建设。

此外，2015—2025 年，印尼机场建设投资年均增速预计达到 4.8%，高于全球增速 2.6%。[①] 由于中产阶级规模的迅速增长和出入境旅游需求的增长，2015—2025 年印尼将投资 250 亿美元用于机场建设。

第三，从 2015 年 6 月起印尼政府对中国等 90 个国家和地区的游客实施免签政策，并积极开展旅游推介活动以吸引游客。印尼圈定了包括 16 个国家和地区在内的

① 普华永道：《互联互通和经济增长：机场投资的机会和挑战》。

主要外国游客来源地，依次是中国、澳大利亚、韩国、日本和俄罗斯等。旅游部部长阿里夫认为，签证费的损失相比潜在的旅游收益微不足道。2019 年免签政策有望使外籍游客人次翻番至 2000 万人次。

印尼政府积极开展旅游推介活动，如“Discover Indonesia”、“Wonderful Indonesia”等，把亚洲、北美、欧洲、中东国家均纳入推介范围。中国是继新加坡、马来西亚之后，印尼第三大外国游客来源国。有 110 万中国游客入境印尼。印尼政府借鉴泰国、新加坡和马来西亚的经验，对华扩大旅游宣传推广、开发直航航线并与百度、携程等建立合作。印尼还推出一系列符合中国元素的旅游服务内容，例如“郑和下西洋之路”旅游线，完善重要旅游景点标识、文字介绍、注意通知等的中文表述等。对游客而言，印尼的酒店住宿、国际机票、生活成本不高，自然、历史、人文风光又极为秀丽，相比其他旅游目的地具备竞争优势。

第四，印尼大力度开发与潜在客源国之间的航空客运航线，放松对廉价航空公司机票定价权的管制。免签政策使许多外籍游客选择赴印尼旅游，对国际航空客运需求增大。以中国为例，2015 年，印尼鹰航正式开通北京至巴厘岛常规直飞航班，加上原有从北京、上海、广州直飞雅加达的航班，鹰航已开通 4 条直飞中国的航线。鹰航还在旅游旺季开通哈尔滨、重庆、成都、昆明、西安、沈阳、宁波 7 条直飞巴厘岛的包机航线。印尼还放松了对廉价航空公司机票定价权的管制，使亚洲航空（Air Asia）、狮子航空（Lion Air）的票价可比主流航空公司低 30%。此外，印尼还扩大岛屿之间的国内航线，以服务国际游客和促进国内旅游。

第五，酒店业和度假地产投资机会较大。高端品牌如丽思卡尔顿（Ritz – Carlton）已在印尼开设四家酒店，主要服务外国商务旅行者；本土品牌 Tauzia 经济型酒店主要服务普通游客。印尼因地域覆盖广泛，近年入境游和国内游稳定增长，给各档次的酒店提供较大的消费市场。酒店除了开在雅加达、巴厘岛，还出现在许多新开发的旅游目的地。由于投资环境持续改善，游客稳定增长，高端和中端酒店都迎来投资良机。

影响印尼旅游业发展的不利因素是自然灾害和恐怖袭击等，2016 年 1 月 14 日雅加达市中心发生爆炸恐袭，造成 7 人死亡 20 人受伤。中国企业在投资时还要关注当地法律规定、市场开放度以及腐败因素等。

3. 泰国：农业 + 制造业

（1）农业

泰国是传统的农业国家，土地总面积的 38% 为耕地。农业部门吸收了总劳动力人口的 45%。2014 年泰国农业产值 441.5 亿美元。其农作物主要包括稻米、天然橡胶、木薯、玉米、甘蔗、热带水果等。农业和农产品加工业是泰国政府促进投资时优先考虑的行业，包括食品加工、农作物、动物饲养等多个部门。

第一，泰国农业出口具有竞争优势，其高附加值农业产业具有投资潜力。首先，泰国在土地、水源、食品加工经验方面具有优势，成为亚洲最成功的食品出口国之一。2014 年，泰国大米出口量达到 1096 万吨，出口贸易额 53.8 亿美元；出口天然橡胶 340 万吨，出口金额为 59.6 亿美元；出口木薯 680 万吨，15.1 亿美元。[①] 此外，农业和农产品加工业的发展潜力很大，为提高产品质量，实现可持续发展，现阶段泰国农业已经从基础农业向高附加值农业转变。泰国政府重视的投资项目主要包括食品加工及相关产品、橡胶产品、生物技术及建立冷藏库、农产品贸易中心等。

第二，泰国投资促进委员会（BOI）对农产品的促进措施已经扩大到农业管理、食品包装、冷藏、食品加工设备及农机的生产及运输等方面，更进一步扩展到深海捕捞、虾饲养及生产生物和有机肥料。此外，天然橡胶生产可享受 BOI 的投资优惠政策，因而在增加和扩大橡胶等多种原材料的生产方面有很大的发展空间。在区域应用方面，最南部的北大年、也拉和陶公三个府是生产清真食品的集群。为鼓励投资，对新获 BOI 投资许可的农业和农产品项目取消法人所得税免税期的上限，并对成立清真食品生产和销售中心，包括在北大年府设立的清真食品加工工业区给予特别重视。[②]

需要注意的是，绝大多数的泰国农产品都是小规模农业，产量有限，再加上政府对农业市场的介入，特别是对统一农场价格和零售业的价格上限规制对泰国农产品的国际竞争力水平有所限制。2010 年，东盟—澳大利亚—新西兰自由贸易协定（AANZFTA）实施，农业进口量上升，会对国内本土农业造成一定的冲击。外国投资者在投资泰国农业领域时应予以注意。

（2）制造业

泰国的制造业发展完备，2014 年制造业产值达 1550 亿美元，占全国 GDP 的比重为 42.0%。主要制造业产品类别有：汽车装配、电子、塑料、纺织、食品加工、玩具、建材、石油化工等。外国直接投资大部分流向泰国的制造业，吸收外资最多的是计算机、电子、光学仪器类制造业，其次是化工和汽车制造业。2014 年，泰国汽车产量达 200 万辆，成为全球十大汽车生产国。2015 年，泰国投资促进政策向能

---

① 中国商务部. 对外投资合作国别（地区）指南：泰国（2015）［EB/OL］. http：//fec. mofcom. gov. cn/article/gbdqzn/.

② 国际商报/中国—东盟商务周刊。

够提高工业产值、高附加值的企业倾向，以吸引能帮助提高研发、设计能力的项目入驻。BOI 更重视申请项目的质量，而非数量以及投资总额度。

第一，泰国电子仪器加工制造业潜力可观。泰国的电子产业发展战略包括参与世界市场的竞争，鼓励集团公司在东南亚进行战略性布局，发展工业产业链及从代工生产（OEM）向产品开发（ODM）转型等。其中，投资硬盘驱动器（HDD）及配件、印刷电路板（PCB）及 PCBA、电子零配件、白色家电（冰箱、空调器、压缩机）等行业是较好的选择。在东盟自贸区建立后，泰国可辐射广阔的周边市场，产品除在国内销售外，还可自由向其他国家出口。中国企业可利用技术成熟、质量有保证、产品价格低、售后服务好等优势进入泰国市场，逐步实现就地生产与销售。

第二，泰国的汽车制造业前景广阔，政府鼓励外商投资汽车零配件业。泰国是东盟最大的汽车制造国，也是世界上仅次于美国的第二大皮卡车生产国。为鼓励汽车零配件业的发展，政府对外商的投资形式无强制性要求，无出口比例限制，无外资比例限制，也无本地化要求。投资汽车零配件业可获免法人所得税 8 年，降低或免缴进口设备和原料的关税。允许雇佣外国专家和技术人员，允许拥有土地和自由出口，并保证不强制实行国有化。此外，由于生产汽车零配件包括轿车发动机、燃油喷射泵、变速器、差动齿轮、喷嘴、电子系统和电子控制装置等产业尚不成熟，因此鼓励拥有先进技术和开发能力的企业来泰投资设厂，为现有各大整车厂供应零配件或提供服务。

需要注意的是，由于泰国政局动荡导致投资者担忧泰国违约风险，纷纷开始抛售泰铢债券和股票。自 2014 年 10 月底至今，包括富国银行在内的海外机构从泰国市场撤资达 40 亿美元，高盛等大型投行基金也相继减持泰国债券。鉴于此，中国投资者还需要对向泰国投资持观望谨慎态度。

（三）外资进入东盟的管理政策评估

1. 东盟对外资的投资行业准入规定

东盟十国经济发展水平和开放程度不同，根据其国内相关法律，产业开放领域有着较大差别。新加坡、马来西亚、菲律宾、泰国、印尼和文莱（老东盟六国）开放程度较高，除文莱外，其他五国在 20 世纪六七十年代便开始对外开放，吸引外资，经过几十年的发展后开放领域越来越宽。总体上，老东盟六国的开放领域已从传统基础工业转向新兴产业，新东盟四国（越南、老挝、柬埔寨、缅甸）在 20 世纪八九十年代才开始利用外资，外资准入领域较为有限，开放领域重点还限于农业、加工业等基础工业。

新加坡的经济发展局（EDB）是负责投资的主管部门，其对外资准入政策宽松，除国防相关行业及个别特殊行业外，对外资运作基本不设限。

表 3－23　东盟十国对外资的投资行业准入规定

国家	准入规定
新加坡	投资自由化程度高，对投资领域的限制少 除了公共事业（公共交通、电力、煤气、供水）、新闻传播、武器制造等领域限制投资，金融、保险等一些领域需要预先取得营业准字外，其他经济领域基本放开
印度尼西亚	2007 年《投资法》及其衍生规定，国内外投资者可自由投资任何营业部门，除非已为法令所限制与禁止 25 个被禁止投资的行业包括：毒品种植交易业、受保护鱼类捕捞业、以珊瑚或珊瑚礁制造建筑材料、含酒精饮料工业、水银氯碱业、污染环境的化学工业、生化武器工业、机动车型号和定期检查、海运通信或支持设施、舰载交通通信系统、空中导航服务、无线电与卫星轨道电波指挥系统、地磅站，公立博物馆、历史文化遗迹和古迹、纪念碑以及赌博业等
泰国	根据《外籍人经商法》（*Alien Business Act*）有关规定，泰国限制外国人投资以下三类行业： a. 因特殊理由限制外国人投资的行业，包括媒体、农业、林业以及涉及泰国古董或文物的经营和拍卖 b. 须经商业部长批准的项目，包括涉及国家安全或对艺术文化、风俗习惯、生态环境造成不良影响的投资业务 c. 本国人对外国人未具竞争力的投资业务，如碾米业、水产养殖业、石灰生产等
马来西亚	a. 外商投资下述行业会在股权方面受到严格限制：金融、保险、法律服务、电信、直销及分销等，一般外资持股比例不能超过 50% 或 30% b. 2009 年马来西亚政府为进一步吸引外资，刺激本国经济发展，开放了八个服务业领域的 27 个分支行业，允许外商独资，不设股权限制，包括：计算机服务相关服务领域、保健与社会服务领域、旅游服务领域、运输服务领域、体育及休闲服务领域、商业服务领域、租赁服务领域、运输救援服务领域 c. 为进一步刺激外资流入，马来西亚政府 2012 年逐步开放 17 个服务业分支行业的外资股权限制，包括：电讯领域的服务供应商执照申请、电讯领域的网络设备供应与网络服务供应商执照申请、快递服务、私立大学、国际学校、技工及职业学校、特殊技术及职业教育、技能培训、私立医院、独立医疗门诊、独立牙医门诊、百货商场与专卖店、焚化服务、会计与税务服务、建筑业、工程服务以及法律服务
菲律宾	禁止外国资本进入的领域共有 11 个，分别是：大众传媒；所有依赖专业技能的行业（比如各类工程、医药及相关行业，会计、报关、化工、环境规划、园林景观施工、地质勘探以及农林渔牧业等）；实际资本低于 250 万美元的零售企业；合作社；私人安保公司；小型矿企；海洋资源开发利用和小规模内河资源的开发；建设、运营斗鸡场；核武器的制造、维护、储存和拆解；生物武器、化学武器、放射性武器和地雷的制造、维护、储存和拆解；烟花爆竹的制造

续表

国家	准入规定
文莱	禁止的行业包括武器、毒品和与伊斯兰教义相悖的行业等 限制的行业包括林业，不对外资开放
越南	鼓励外国投资养殖业、加工业、基础制造业等
老挝	吸引外资的项目主要有农业、手工业、服务业等，鼓励外商投资的领域和重点扶持的产业是电力开发、农林产品加工
柬埔寨	鼓励农业、畜牧业的投资项目 不鼓励各种商业活动、批发零售、运输等各种服务业投资项目
缅甸	允许外商投资农、林、牧、渔业，采矿业，建筑业和服务业等

资料来源：中国商务部．对外投资合作国别（地区）指南：东盟（2015）［EB/OL］．http://fec. mofcom. gov. cn/article/gbdqzn/.

2. 东盟对外资投资方式的规定

外资在东盟的投资方式多样，主要为直接投资、间接并购和外资并购。新加坡对外资进入新加坡的方式无具体限制，除国防相关行业和金融、保险、证券等个别特殊领域需向主管部门报备外，绝大多数产业领域对外资的股权比例等无限制性措施。外资可以在印尼设立个人、合资和独资企业，可以购买上市公司的股票，但要在印尼投资法律框架内运作。泰国对于股权投资、公司上市、收购以及反垄断调查都有相关规定限制，BOT 方式的投资项目实践相对较少。

表 3－24　新加坡、印度尼西亚和泰国对外资投资方式的规定

国别	相关规定
新加坡	a. 对个人投资，新加坡给予外资国民待遇，外国自然人依照法律，可申请设立独资企业或合伙企业 b. 在外资并购方面，除了金融、保险、证券等特殊行业需向主管部门进行报备，其他产业领域对外资的股权比例等投资方式无具体限制 c. 对于普通私人有限公司收购兼并，新加坡经管局要求遵守《公司法》及公司章程的有关规定，对于上市企业在收购兼并过程中，必须符合“Secuities and Futures Act, Company Act and Merge and Take over Code”的相关规定。对收购兼并的目标，须由第三方独立的机构进行公允值评估，作为收购或者兼并的依据，同时在兼并收购过程中，也需要遵守《合同法》等其他相关法律法规的要求 d. 虽然对于关于收购兼并的主要手续及操作流程，新加坡政府没有具体的格式规范要求，但建议企业在进行收购兼并之前，委托当地具有一定影响力和公信力的会计事务所、律师事务所以及相关行业机构，例如环保部门等就收购兼并目标的财务、法律、行业和合规性等进行尽职调查，矿业以及资源类的企业应对矿业、资源的储量、拥有权、开采权等进行相应调查

续表

国别	相关规定
印度尼西亚	a. 根据《投资法》(2007),在规定范围内,外国投资者可与印尼的个人、公司成立合资企业 b. 外国直接投资可以设立独资企业,但须参照《非鼓励投资目录》规定,属性没有被该《目录》禁止或者限制外资持股比例的行业 c. 外国投资者可以通过公开市场操作,购买上市公司的股票,但是受到投资法律关于对外投资开放行业相关规定的限制
泰国	a. 股权投资:外籍人对泰国开展投资经营活动的方式可分为两类,一类是按照泰国法律注册为某种法人实体,具体形式有独资企业、合伙企业、私人有限公司和大众有限公司等;二是成立合资公司(Joint Venture)通常为一些自然人或法人根据协议为从事某项商业活动而组建的实体 b. 上市:只有大众有限公司才有资格申请登记加入证券交易市场,有限公司可以转为大众有限公司;泰国没有关于外资公司在泰国上市的特殊限制,只要符合泰国证券交易委员会各股票交易所的有关规定,在泰国注册成立的大众有限公司即可申请上市 c. 收购:泰国没有关于跨国并购的专门法律法规,规范收购行为的法律法规包括《民法商典》、《大众有限公司法》和1992年颁布的《证券交易法》。收购行为通常有全资并购、股票收购和资产收购等三种方式。收购私人公司,须符合《民商法典》有关规定。收购上市公司,必须符合《证券交易法》和泰国证券交易委员会的有关规定 d. 反垄断调查:泰国设立贸易竞争委员会(Thai Trade Competition Commission,TCC)负责制定构成市场垄断的标准以及反垄断法实施细则、处理各项反垄断投诉并进行反垄断调查等。受法律限制的垄断行为主要包括:滥用市场支配地位;经营者集中;建立私下协议或集体统一行动以限制市场自由竞争;垄断产品进口渠道损害消费者直接进口权;通过不公平竞争排除或限制竞争对手 e. BOT方式:目前此类投资项目实践比较少,主要集中在国家出资或者列入国家预算管理的公共基础设施项目,如公路、城市垃圾处理、电力设施等

资料来源:中国商务部.对外投资合作国别(地区)指南:新加坡、印度尼西亚、泰国(2015)[EB/OL].http://fec.mofcom.gov.cn/article/gbdqzn/.

3. 东盟对外资的鼓励政策

近年来,为了鼓励投资,扩大出口,增加就业机会,促进研发和高新技术产品的生产并使整个经济更有活力,东盟国家政府一直致力于改善投资环境,完善投资法律,加强投资激励并采取一系列优惠政策以吸引外资。

新加坡采取的优惠政策主要是以鼓励投资、出口,增加就业机会,鼓励研发和生产高新技术产品为目的。特别是,对涉及特殊产业和服务(如高技术、高附加值的企业)、大型跨国公司、研发机构、区域总部、国际船运以及出口企业等给予一定期限的减免优惠或者资金扶持。印尼在旅游业、制造业以及其他相关行业方面给予了专门政策优惠。为吸引更多的外资流入,印尼出台了十分可观的税收政策优惠,简化税收手续,降低投资者获得免税期和免税津贴的标准。泰国不但推出了行业优惠政策,还重点出台了针对特殊地区和工业园区的相关鼓励政策,为投资者在自由经济区提供更为开放且具有吸引力的投资平台。

表 3-25 新加坡、印度尼西亚和泰国吸引外资的鼓励政策

国别	鼓励政策
新加坡	**优惠政策方面** 新加坡产业优惠政策主要包括先锋计划、投资加计扣除计划、业务扩展奖励计划、金融与资金管理中心税收优惠、特许权使用费分摊的资产减值税计划等税收优惠措施，以及企业研究奖励计划和新技能资助计划等政府补贴措施。新加坡国际企业还推出了环球贸易商计划，发放环球贸易补贴 对于中小企业，新加坡标新局推出了天使投资者税收减免计划、天使基金、孵化器开发计划、标新局起步公司发展计划、技术企业商业化计划、企业家创业家创业行动计划、企业实习计划、管理人才奖学金、高级管理计划、业务咨询计划、人力资源套餐、知识产权管理计划、创意代金券计划、技术创新计划、品牌套餐、企业标准化计划、生产力综合管理计划、本地企业融资计划、微型贷款计划等财税优惠措施 新加坡生产力及创新优惠计划（Porductivity and Innovation Credit），培训资助计划和特别红利计划设立国家生产力基金，强化就业入息补助计划，采用减免税收以鼓励企业并购重组和土地集约化经营，并将组建项目融资机构支持企业国际化经营 **行业鼓励政策方面** a. 先锋企业奖励：包括制造业和服务业在内的行业中，享有先锋企业称号的公司，自生产之日起，其先锋活动经营所得可享受免征 5～10 年所得税的优惠待遇 b. 发展和扩展奖励：一定基数以上的公司所得可享受最低为 5% 的公司所得税率，为期 10 年，最长可延长到 20 年。曾享受过先锋企业奖励的企业以及其他符合条件的企业均可申请享受此项优惠 c. 服务出口企业奖励：向非新加坡居民生活在新加坡、没有常设机构的公司或个人提供与海外项目有关的符合条件的服务的公司，其符合条件的服务收入的 90% 可享受 10 年的免征所得税待遇 d. 区域/国际总部计划：将区域总部（RHQ）或国际总部（IHQ）设在新加坡的跨国公司，可适用较低的企业所得税税率。区域总部为 15%，期限为 3～5 年；国际总部为 10% 或者更低，期限为 5～10 年 e. 国际船运企业优惠：拥有或运营新加坡船只或者外国船只的国际航运公司，可申请 10 年免征企业所得税的优惠，最长期限可延长至 30 年 f. 金融和财务中心奖励：金融和财务中心从事符合条件的活动取得的收入可申请享受 10% 的企业所得税优惠率，为期 10 年，最长可延长到 20 年 g. 研发业务优惠：自 2009 估税年度起，企业在新加坡发生的研发费用可享受 150% 的扣除，并对从事研发业务的企业每年给予一定的研发资金补助 h. 国际贸易商优惠：新加坡政府批准的“全球贸易商”给予 5～10 年的企业所得税优惠，税率减低为 5% 或 10%

续表

国别	鼓励政策
印度尼西亚	**优惠政策方面** a. 旅游业优惠：兴建观光旅馆、休闲中心、高尔夫球场可免税，外资持有100%股权；旅游设施进口手续简化并免征关税；拟将旅游土地使用年限延长为70年，使旅游业成为吸引外资的主要动力 b. 制造业优惠：所有制造业均允许外资拥有100%股权（包括经审核的批发零售业）。外商可拥有已登记注册的新银行的100%的股权。1亿美元以下的投资案，审核时间将在10天内完成 c. 税收优惠： ·1999年，印尼政府第七号总统令，公布了恢复鼓励投资的“免税期”政策。对纺织、化工、钢铁、机床、汽车零件等22个行业的新设企业给予3到5年的所得税免征。如投资项目雇佣工人超过2000人，或有合作社20%以上的股份，或投资额不少于2亿美元，则增加1年优惠。对于已经超过30%的规模进行扩大再生产的项目，减免其资本货物以及2年生产所需材料的进口关税。对出口加工企业减免其进口原料的关税和增值说以及奢侈品销售税。对于保税区的工业企业，政府还有其他的鼓励措施 ·根据印尼《有关所规定的企业或所规定的地区之投资方面所得税优惠的第一号政府条例》，印尼政府提供的所得税优惠包括：企业所得税税率为25%，可以在6年之内付清；加速偿还和折旧；在分红利时，外资企业所缴纳的所得税税率是10%，或者根据现行的有关避税双重征税协议，采用较低的税率缴税；给予5年以上的亏损补偿期，但不超过10年 ·简化税收手续，降低获得免税期和免税津贴的标准。在基础金属、炼油、天然气、有机基础化学、可再生能源和电信设备等5个工业部门，投资额超过1万亿印尼盾（约合1亿美元）的企业，可获得5至10年的所得税免税期。同时在对印尼偏远落后地区投资的129个劳动密集型行业的企业，最低投资额500亿印尼盾（约合500万美元）且投资期限超过6年的，可最多按总投资的30%降低应纳税所得 **行业鼓励政策** 自2007年起，印尼政府对6种战略物资豁免增值税，即原装或拆散属机器和工厂工具的资本物资（不包括零部件）；禽畜鱼饲料或制造饲料的原材料；农产品、农业、林业、畜牧业和渔业的苗或种子；通过水管疏导的饮用水；以及电力 2007年，免除国内加工鱼产品的出口税，减轻渔业加工机械进口税，减免收入税以及增值税，在综合经济开发区和东部地区投资的企业还可以获得土地建设税减免优惠；2009年，印尼政府进一步明确对工业发展用机器、货物和原料免征进口税；2010年，对食品饮料业、纺织业、电子行业、交通运输业、通讯信息产业、基础金属与机器工业、石化工业、农畜产品加工业、林业和海洋产品加工业、创意产业给予财政支持或税收奖励。2011年，印尼政府对原金属、炼油、天然气、有机基础化学、可再生能源和电信设备等5个行业推出财政奖励政策，规模达1.17亿美元 **投资便利** 印尼中央与地方政府实行投资审批一站式服务。实行一站式服务之后，每个部门都派代表到投资统筹机构办事处，加快办理审批手续

续表

国别	鼓励政策
泰国	**优惠政策框架** 泰国投资促进委员会（BOI）向投资者提供两种形式的优惠政策：一是税务上的优惠权益，主要包括免缴或减免法人所得税及红利税、免缴出口产品所需要的原材料进口税等；二是非税务上的优惠权益，主要包括允许引进专家技术人员、允许获得土地所有权、允许汇出外汇以及其他保障和保护措施 非税务优惠适用于所有获得BOI批准的项目，税务优惠则根据项目所属行业和所在地等不同情况享受相应的优惠；此外为鼓励外商投资，BOI还放宽了对外商持股比例的限制，对于工业企业投资，无论工厂设在何处，允许外商持大部分或全部股份，如果有适当理由，BOI可规定外商在某些受鼓励的行业持股比例的限额 **行业鼓励政策** BOI将鼓励的投资行业分为7类：农业及农产品加工业、矿业、陶瓷及基础金属工业、轻工业、金属产品、机械设备和运输工具制造业、电子与电气工业、化工产品、塑料及造纸业、服务业以及公用事业 **地区鼓励政策** BOI鼓励对南部边境和经济特区的投资。南部边境地区主要包括南部边境3个府以及宋卡府的4个县。五个经济特区分别位于达府、莫拉限府、萨缴府、宋卡府和哒叻府境内 **工业园区政策** 泰国的工业园分为两类：一般工业区和自由经营区。在一般工业区投资的外国投资者，不必向BOI提交申请，就可以获得工业园内的土地所有权和引进外国技术人员、专家来泰国工作的权利。在自由经济区的投资者还可以享受更多优惠政策，如无条件向国外出口产品，享受更大的进口物件和原材料便利等

资料来源：中国商务部．对外投资合作国别（地区）指南：新加坡、印度尼西亚、泰国（2015）［EB/OL］．http：//fec. mofcom. gov. cn/article/gbdqzn/.

七、投资非洲的商业机会分析

非洲是世界第二大洲，有60个国家和地区，11亿人口，似一块未经打磨的原石，有着巨大的发展潜力。在金融危机后，全球许多国家（地区）增长低迷、债务高企、通货紧缩时，非洲是个亮点，涌现出一些全球增长最快的经济体。然而自2015年以来，原油和金属价格暴跌重创了非洲的几个大型经济体，包括尼日利亚、安哥拉（非洲最大的两个原油出口国）和南非（非洲头号矿产大国）等，在短期内影响了非洲经济的发展。

从国际竞争力和投资吸引力来看，非洲总体上不强。在2015—2016年全球竞争力排名中进入前50位的仅有2国，分别为毛里求斯和南非；进入50～100位仅有10国；其余非洲国家均排在100位以后。（如表3－26）

表 3－26　2015—2016 年非洲国家全球竞争力排名

排名	国家和地区
46	毛里求斯
49	南非
58	卢旺达
71	博兹瓦纳
72	摩洛哥
85	纳米比亚
87	阿尔及利亚
91	科特迪瓦
92	突尼斯
96	赞比亚
97	塞舌尔
99	肯尼亚
100 位以后	其余非洲国家

资料来源：世界经济论坛．2015—2016 年全球竞争力报告（*Global Competitiveness Report* 2015—2016）［EB/OL］．http：//reports. weforum. org/global－competitiveness－report－2015－2016/. 对全球最具竞争力的 140 个国家（地区）进行排名．

从营商环境来看，在世界银行“2016 全球营商环境评级”对全球 189 个国家和地区的排名中，非洲国家并不乐观：排名前 50 位的仅有毛里求斯（第 32 位）；51～100位的仅有 5 个国家和地区；101～150 位的有 16 个国家和地区；其余均排在 100 位以后。(如表 3－27)

表 3－27　2016 年非洲国家营商环境评级排名

排名	国家和地区	排名	国家和地区
32	毛里求斯	126	佛得角
72	博兹瓦纳	133	莫桑比克
73	南非	139	坦桑尼亚
74	突尼斯	141	马拉维
75	摩洛哥	142	科特迪瓦
97	赞比亚	143	布基纳法索
101	纳米比亚	143	马里
105	斯威士兰	146	埃塞尔比亚
108	肯尼亚	147	塞拉利昂
114	加纳	150	多哥

续表

排名	国家和地区	排名	国家和地区
114	莱索托	150 位以后	其余非洲国家
122	乌干达		

资料来源：世界银行：2016 年营商环境评级（Doing Business 2016）［EB/OL］. http://www.doingbusiness.org/reports/global-reports/doing-business-2016. 对全球 189 个国家和地区进行排名.

从吸引的外国直接投资金额来看，2015 年，非洲吸引直接投资流量 540.79 亿美元，相当于欧盟吸引外资流量（4394.58 亿美元）的 12.3%、东盟吸引外资流量（1257.32 亿美元）的 43%、拉美吸引外资流量（1675.82 亿美元）的 32.3%；2015 年末，非洲吸引直接投资存量为 7404.36 亿美元，相当于欧盟（77729.56 亿美元）的 9.5%、东盟（17048.91 亿美元）的 43.4%、拉美（17185.95 亿美元）的 43%。（如图 3-44）

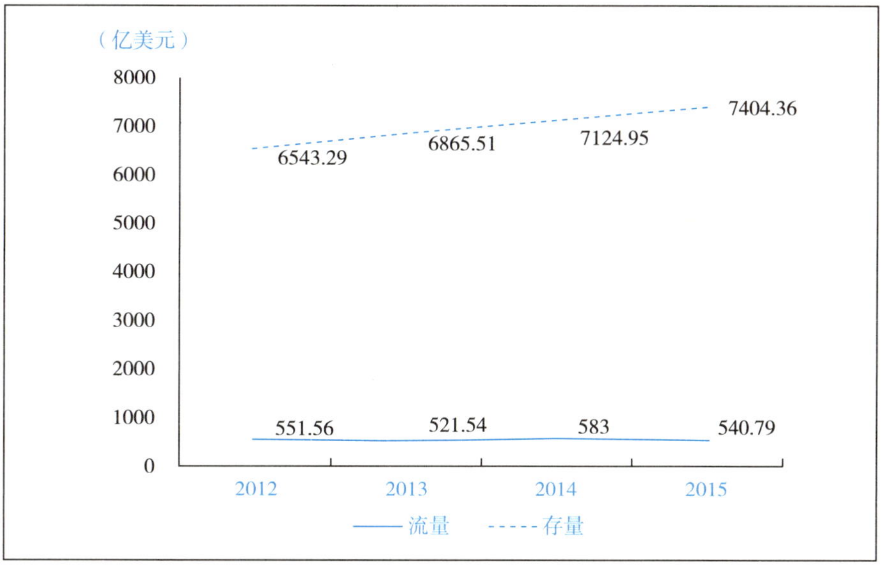

图 3-44　2012—2015 年非洲吸引外国直接投资流量与存量

资料来源：贸发会议［EB/OL］http://unctad.org/en/Pages/DIAE/World%20Investment%20Report/Country-Fact-Sheets.aspx.

目前来看，非洲基础设施整体较差，撒哈拉以南地区电力短缺，但能源资源、旅游资源丰富，年轻劳动力充足。当前中国经济进入"新常态"，国内产业结构正在转型升级，一些产业产能过剩，需要向包括非洲国家在内的发展中国家转移。尤其是劳动密集型制造业，与东盟国家相比，非洲承接我国劳动密集型产业转移的能力更强、工资更低，展望未来，工资长期不会上涨。

2015 年，中非峰会上中国宣布未来三年重点实施“十大合作计划”①，并向非洲提供 600 亿美元的配套资金支持：50 亿美元是未来 3 年对非无偿援助和无息贷款；350 亿美元贷款额度和 200 亿美元基金安排将以项目本身的经济社会效益和可持续发展为导向，支持非洲国家建设大型基础设施，改善投资和发展环境。展望未来，非洲依然是中国企业投资的热土。

(一) 中国对非洲直接投资现状分析

1. 流量：2010—2015 年呈波动增长态势

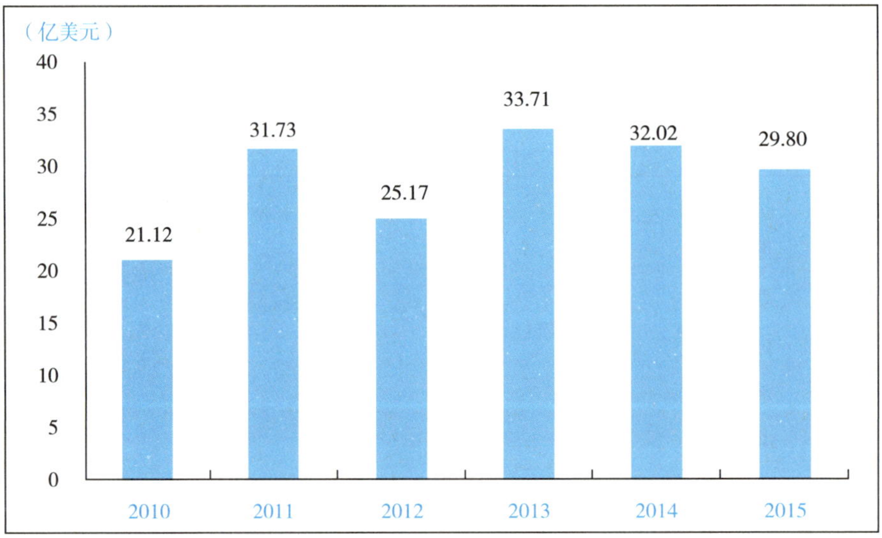

图 3-45　2010—2015 年中国对非洲直接投资流量

资料来源：商务部，统计局，外汇管理局.2015 年度中国对外直接投资统计公报 [M]. 北京：中国统计出版社，2016.

2010—2015 年中国对非洲直接投资流量呈波动型增长状态。2015 年投资流量为 29.8 亿美元，同比下降 10.7%，占全年对外直接投资流量的 2%。(如图 3-45)

2. 存量：2010—2015 年呈稳步增长态势

2015 年末，中国对非直接投资存量为 346.9 亿美元，占同期对外直接投资存量总额的 3.2%，总规模不大，但近年增长十分稳定。2010—2014 年，每年增长率均超过 20% (如图 3-46)，2015 年增速放缓，同比增长 7.2%。

① 中非工业化、农业现代化、基础设施、金融、绿色发展、贸易和投资便利化、减贫惠民、公共卫生、人文、和平与安全。

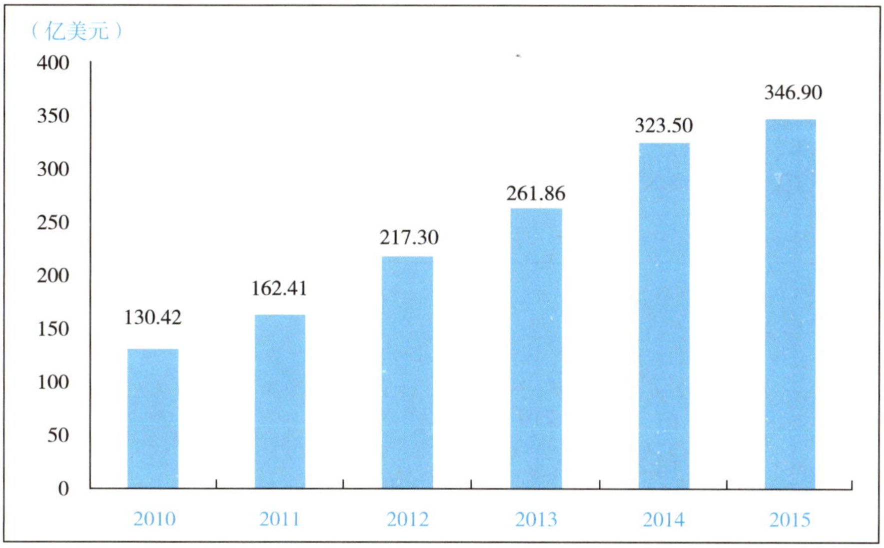

图 3-46　2010—2015 年中国对非洲直接投资存量

资料来源：商务部，统计局，外汇管理局.2015 年度中国对外直接投资统计公报［M］. 北京：中国统计出版社，2016.

3. 行业：建筑业、采矿业、金融业存量位居前三

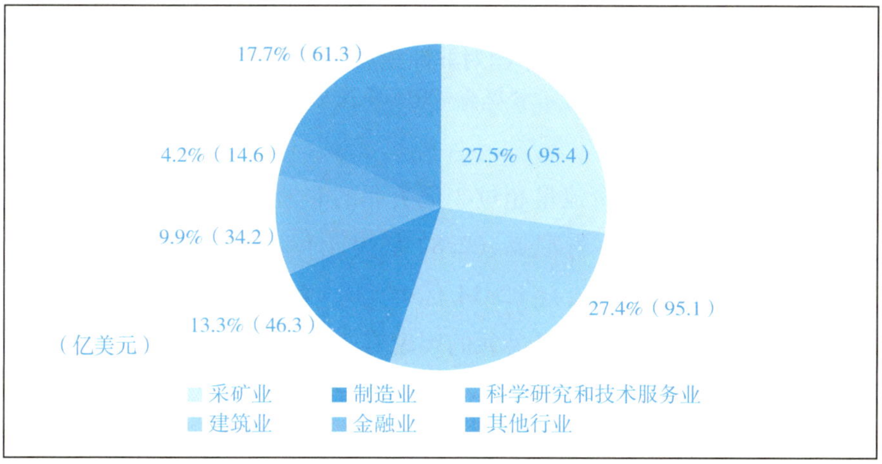

图 3-47　2015 年末中国对非洲直接投资存量行业分布

资料来源：商务部，统计局，外汇管理局.2015 年度中国对外直接投资统计公报［M］. 北京：中国统计出版社，2016.

截至 2015 年末，采矿业（占比 27.50%）、建筑业（占比 27.4%）、制造业（13.3%）、金融业（占比 9.9%）居于中国对非洲直接投资存量的前四位。这与中国对非洲基础设施建设投资较多有关。贝克·麦坚时国际律师事务所和经济学人企

业组织联合发布的《跨越非洲基础设施差距》研究报告①声称：中国机构是非洲基础设施领域最大的资金来源。此外，非洲自然资源禀赋较好，矿产蕴藏丰富，采矿业是中国对非直接投资的传统领域。制造业吸引存量较多与中国劳动密集型产业转移至非洲有关，例如纺织服装业、制鞋业等。

4. 区域：加纳、肯尼亚、南非吸引投资存量最多

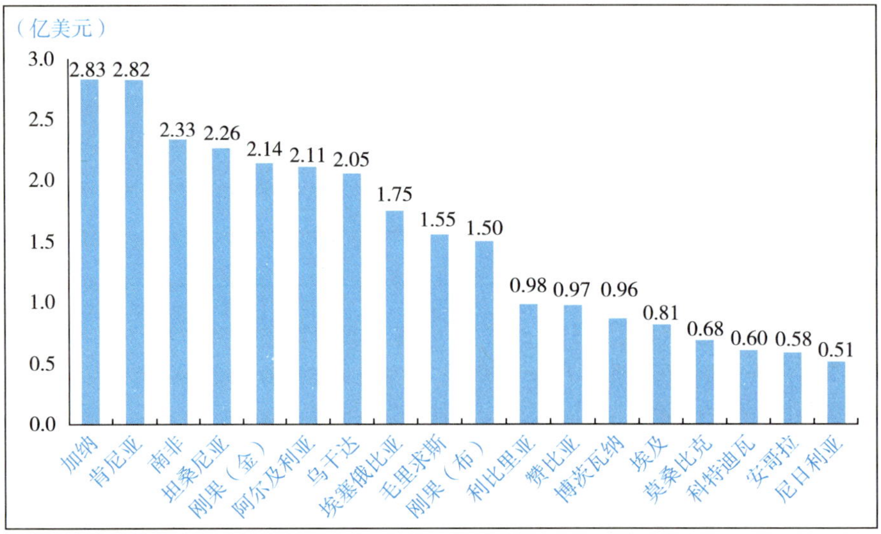

图 3－48　2015 年中国对非洲重点国家直接投资流量

资料来源：商务部，统计局，外汇管理局.2015 年度中国对外直接投资统计公报［M］.北京：中国统计出版社，2016.

2015 年吸引中国直接投资流量超过 2 亿美元的非洲国家有 7 个（如图 3－48），分别是加纳（2.83 亿美元）、肯尼亚（2.82 亿美元）、南非（2.33 亿美元）、坦桑尼亚（2.26 亿美元）、刚果（金）（2.14 亿美元）、阿尔及利亚（2.11 亿美元）和乌干达（2.05 亿美元）；1 亿～2亿美元的国家有 3 个（埃塞俄比亚、毛里求斯、刚果（布）；其余国家皆不足 1 亿美元。总体呈现出投资分散、金额小的特点。

截至 2015 年末，非洲吸引中国直接投资存量超过 20 亿美元的国家有 5 个，分别是南非（47.23 亿美元）、刚果（金）（32.39 亿美元）、阿尔及利亚（25.32 亿美元）、尼日利亚（23.77 亿美元）、赞比亚（23.38 亿美元），其中南非吸引的存量领先于其他国家，反映出其投资环境具备相对优势。（如图 3－49）

① Baker & McKenzie，Economist Corporate Network：*Spanning Africa's Infrastructure Gap.*

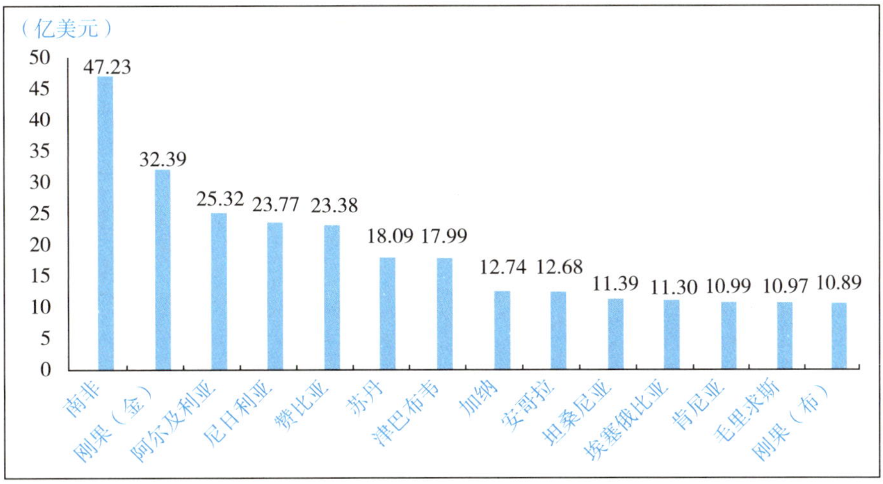

图 3-49 2015 年中国对非洲重点国家直接投资存量

资料来源：商务部，统计局，外汇管理局. 2015 年度中国对外直接投资统计公报［M］. 北京：中国统计出版社，2016.

（二）中国企业进入非洲重点产业的商业机会

非洲地区除了北非和南部的一些国家，大部分国家都比较贫穷，经济发展水平低，政治环境差，基础设施落后，限制了海外投资的流入。课题组选取在世界经济论坛“2015—2016 年全球竞争力报告”中排名第二的非洲国家南非（第 49 位）和“一带一路”先行先试示范国家埃塞俄比亚予以投资机会研判。

南非是非洲第二大经济体，“金砖五国”（BRICS）和南部非洲关税同盟（SACU）成员之一，位于非洲大陆南端的战略要冲，是南部非洲大市场的核心、跨国公司对非洲投资的首选目的地之一、中国企业对非投资第一大目的地。南非海岸线近 3000 公里，拥有多种矿产，基础设施相对优良，低技能工人数量充足，政治经济稳定，金融、法律体系健全，但受电力供应不足、劳资关系紧张等影响，近年来经济持续低迷，国内储蓄率和投资率均低，迫切需要吸引外国直接投资。

埃塞俄比亚是非洲第二人口大国，2003—2015 年的十二年间，经济年均增长超过 11%，预计未来 GDP 也将保持高速增长，是全球发展最快的经济体之一。埃塞俄比亚的现政府自 1991 年执掌政权以来，政局较为稳定。政府施行对外开放政策，推行经济市场化和私有化改革，扩大外商投资领域，降低投资门槛，实施减免税优惠等政策措施，为外国投资者提供保护；营商环境相对较好，是非洲国家中腐败程度较低、合同执行率较高、外汇管制相对宽松、国内市场较大的国家。总体而言，埃塞俄比亚大力学习“中国模式”，致力于“发展”，吸引外资前景广阔，该国投资委员会（EIC）指出，根据埃塞俄比亚经济增长与转型计划（GTP），投资将主要集中于制造业并涵盖农业、建筑业、服务业等。截至2015年底，中国对埃塞俄比亚直接投资存量11.3亿美元，是埃塞俄比亚最主要的外资来源国和工程承包商。由于“一带一路”建设的推进，展望未来我国对埃塞俄比亚的投资将进一步增长。

1. 南非：基础设施行业 + 制造业

（1）基础设施行业

南非的基础设施条件在非洲国家中居于领先地位，近年来涌现出的投资机会主要受益于国家规划。展望未来，南非在电力基础设施和建筑业领域存在着巨大的投资潜力。

第一，南非在国家层面为基础设施建设提供机构、规划和法律保障。2011年，南非政府设立了总统基础设施协调委员会，统筹全国基础设施建设；2012年，推出《国家基础设施规划》（NIP），详细列出南非基础设施领域18个大型战略目标，涉及能源、水利、物流、交通等行业；2014年，《基础设施建设法（2014）》正式生效，为未来基础设施建设和部门协调夯实了法律基础。

第二，南非电力投资和维护不足，已成为掣肘经济增长主因，南非政府大力推进加快电力基础设施建设。近年来南非主要大城市均出现大量拉闸限电情况，引发工业企业和民众担忧。2011年，公布的《2030年国家发展计划》（NDP）中，重点任务有新增3000万千瓦发电能力，其中核电960千瓦。南非总统祖马曾表示，将在中国、法国、俄罗斯、韩国和美国之间寻求核电新项目的供应商，中国和南非在风力发电、太阳能和水电等可再生能源领域的合作颇具前景。2015年，《中国国家电网公司与南非电力Eskom国有控股有限公司战略合作备忘录》签署，合作内容涵盖输配电和可再生能源项目开发、特高压和智能电网技术开发与应用、项目咨询、国际组织合作、技术培训等多个领域。2016年，南非政府扩大可再生能源基础设施建设的计划成功获得非洲开发银行（AFDB）的融资支持。展望未来5年，南非电力基础设施仍将维持高速增长，有望给中国相关企业海外投资提供新的市场空间。

第三，南非基础设施项目数量多且行业分布广，给建筑业带来巨大机遇。2011年，在《2030年国家发展计划》中规划设立10个经济特区，建设18个重大基础设施项目，积极筹划英加水电站、南美交通走廊等跨国基础设施建设。2012年，《国家基础设施规划》（NIP）涉及多个行业和多个项目，其中商业和娱乐项目有90个，能源与公共设施项目有171个，工业有96个，基础设施63个，公共机构23个，隧道2个。

受益于国家规划，在2009—2013年，南非建筑业实现了年均8.65%的高速增长。[①]

第四，南非加入亚洲基础设施投资银行，并被我国列入“一带一路”非洲投资潜力国家，这意味着中国的社会资本将与南非的基建行业有更多更深的接触机会。2015年，南非成为《亚洲基础设施投资银行协定》的第55个签署方。2016年，在全面调研的基础上，中国将南非作为引领非洲工业化的火车头，鼓励中国企业参与南非经济特区投资和建设[②]。

（2）制造业

南非是非洲地区工业化程度最高的经济体。[③] 截至2014年底，中国在南非投资额已超过130亿美元，其中制造业是重要的投资领域之一。展望未来，中国投资南非的装备制造业和汽车制造业的潜力较大。

第一，中国制造业产能过剩，南非恰是非洲地区极少数可承接我国装备制造业转移的国家。制造业是南非的重点产业，门类齐全，技术先进，2014年占GDP总额的11.9%。中国实现了快速工业化，南非的工业化进程相对较慢，在未来相当长一段时期内进行，中南双方可以发挥各自优势与资源，建立促进产能合作的平台。

相比其他非洲国家，例如埃塞俄比亚、坦桑尼亚、尼日利亚等，南非的工业化基础良好，近年来，南非的纺织、服装等低端劳动密集型制造业有转移到其他非洲国家的趋势。

第二，中南两国政府在加强装备制造业领域的产能合作方面给予大力支持。在落实“中国制造2025”规划目标时，工信部把进一步支持高端装备制造业“走出去”作为重点。2015年，中非装备制造业展览在南非举行，轨道交通、电力能源、通信广电、农机建材、智能制造、航空航天和金融服务七大领域的30多家中国企业集中展示了适合非洲经济发展的中国装备和技术，探寻中非加强产能和装备制造合作的空间。

第三，南非是非洲地区的汽车生产强国，政府采取刺激措施吸引外资流入汽车产业。汽车工业是南非最重要的制造业部门，宝马、奔驰、日产、丰田、大众等许多主要汽车品牌都在此设厂。2014年，南非汽车销量55.7万辆，占制造业产值的12%，汽车及零部件出口占出口总额的10%。

2013年南非宣布实行汽车生产和发展计划，主要涵盖四方面的刺激措施：进口汽车零部件和整车征收关税；汽车组装补贴；本地生产的税收优惠；长期投资最高

① 中国出口信用保险公司．全球投资风险分析报告［M］．北京：中国财政经济出版社，2015.
② 中国外交部非洲司．http：//www.fmprc.gov.cn/web/wjb_673085/zzjg_673183/fzs_673445/.
③ 安永会计师事务所。

可获得30%的返还。南非全国汽车制造商协会的数据显示，2013—2016年底，外国汽车公司预计共投资245亿兰特。南非政府的目标是在2020年前将汽车年产量提升至120万辆，出口扩大至欧洲、亚洲、美洲、澳大利亚、非洲等地区。① 中国一汽、北汽集团均已在南非建厂。

第四，南非辐射整个非洲地区市场，交通基础设施可支撑货物集散。南非连接着约11.5亿人口的非洲地区市场，庞大的人口数量对各类商品有着巨大需求。以汽车为例，2015年全球新车销量为9000万辆，非洲占155万辆，目前该地区每1000人仅拥有44辆汽车，而全球平均水平为180辆/1000人，因此非洲汽车需求潜力巨大。②

南非政治较为稳定，与其他非洲国家相比基础设施相对完备，并且拥有非洲最完善的交通运输系统：高速公路密度仅次于美国，为世界第二；空运与世界193个国家和地区连接。因此南非是整个非洲大市场的主要货物集散地。③

然而，受全球大宗商品价格持续疲软、美国货币政策正常化、英国脱离欧盟、国内收入不平等和高失业率等因素影响，南非兰特兑美元汇率贬值，外国直接投资萎缩，财政赤字高企，通胀率不断恶化，经济面临巨大的下行风险。国际货币基金组织（IMF）将南非2016年GDP增长预期从0.6%下调至0.1%，并预计南非2017年经济增长1.1%。南非国家汽车制造商协会（Naamsa）数据则显示，2016年南非新车销售呈现低迷态势，预计乘用车和商用车销量将分别下降9%和5%。此外，南非虽劳动力丰富但缺乏高技术人才，平均工资水平在非洲国家中较高，工会力量强大；政府出台或调整了多项法规，将外商优惠政策与本地化和黑人持股比例挂钩；外资保护、采矿权益分配、工作签证等政策趋紧；土地政策面临调整等。中国企业在投资南非时需考量上述因素。

2. 埃塞俄比亚：制造业+基础设施行业

（1）制造业

埃塞俄比亚政府实施以工业为主导的经济发展战略，鼓励发展出口导向型和进口替代型工业，推动农业和工业的垂直链接。总体来看，埃塞俄比亚制造业水平低，基础薄弱，配套性差，工业门类不齐全，结构不合理；食品、饮料、纺织、皮革加工业相对具有优势。因此，埃塞俄比亚计划发展成轻型制造业④中心。鉴于此，中

---

① 南非国家汽车制造商协会（Naamsa）. www. naamsa. co. za.
② 德勤. https：//www2. deloitte. com/global/en. html？ icid = site_ selector_ global.
③ 联合国工业发展组织（UNIDO）。
④ 按照联合国工业发展组织的分类，轻型制造业主要包括食品、饮料、烟草、纺织、服装、皮革制品、制鞋、木材制品、家居装饰、印刷出版、橡胶制品、塑料制品等行业。

国将低端劳动密集型制造业企业转移至埃塞俄比亚的潜力较大。

第一，埃塞俄比亚劳动力供给充足，薪资水平较低，并且在未来较长时期内不会大幅上涨。2014 年埃塞有 9651 万人口[①]，仅次于非洲第一人口大国尼日利亚（2014 年有 1.7852 亿人口）；失业率高达 40%，普通工人月薪 30 ～ 70 美元，熟练技工月薪 70 ～ 130 美元，高管月薪 130 ～ 350 美元。[②] 由于埃塞俄比亚人口增长率高[③]，年轻劳动力供给充足，因此工资短期内不会大幅上涨。近年来，由于中国的劳动力密集型制造业企业在国内的工资不断上涨，利润空间受到挤压，只有转移到成本更低的国家这些企业才能继续生存发展，此为大趋势。

第二，埃塞俄比亚的资源优势吸引我国部分产业的劳动密集型制造业企业投资。世界银行数据显示，埃塞俄比亚的农业、纺织、皮革等行业利用外资能力较强，这与其农业为支柱产业、棉花是重要的农产品、棉绒短、适合纺织牛仔布以及原皮资源位居非洲第一和皮革质量上乘极为相关。截至目前，河南黑田明亮皮革制品有限公司投资中非洋皮革厂、华坚集团[④]投资埃塞俄比亚，中国东莞华坚国际轻工业园、苏州奥特林公司投资的东方纺织印染公司等项目均已落地。然而，由于特定产业部门制造业的迅速扩张，也带来原材料供应短缺问题，例如 2014 年出现的原皮供应短缺，一些企业只能减产或从国外进口半成品来应对困难。

第三，埃塞俄比亚国内市场较大，产品出口至非洲地区和欧美国家也具便利性。轻型制造业是最终消费品制造业，埃塞国内具有上亿人口的消费市场，还是“东非共同市场”（COMESA）和“非洲、加勒比海和太平洋组织”（ACP）的成员国，并享受美国“非洲增长与机遇”（AGOA）和欧盟“武器除外的全面优惠安排”（Everything but Arms）关于非洲产品免关税、免配额的政策。埃塞俄比亚商品出口到苏丹、肯尼亚、吉布提和索马里具备很多优势条件；由于地缘优势，出口至中东地区也很便利；出口欧美可享受优惠贸易协定的免关税待遇。

第四，中埃塞政府间合作良好，“一带一路”将埃塞俄比亚列为先行先试示范国家，有意将其打造成国内制造业对非转移的主要承接地。2014 年，李克强总理访问埃塞俄比亚时表示愿向其转移适合当地需要的优势产业和技术，拓展制造业、轻工业等产业合作。商务部部长高虎城表示，在制造业投资领域，中埃塞双方在产业

---

① 世界银行数据. http://data.worldbank.org.cn/.

② 中国商务部. 对外投资合作国别（地区）指南：埃塞俄比亚（2015）［EB/OL］. http://fec.mofcom.gov.cn/article/gbdqzn/.

③ 近年人口增长率分别为：2010 年为 2.66%；2011 年为 2.64%；2012 年为 2.61%；2013 为 3.19%；2014 为 4.4%。

④ 中国最大女鞋生产集团之一。

转移承接方面的匹配性强，合作空间广阔。

（2）基础设施行业

基础设施不足是制约埃塞俄比亚经济发展的瓶颈。埃塞俄比亚虽然劳动力充足，却缺乏设备、资金、经验和制造业配套的道路、电力供应等基础设施。例如，电力不稳定会影响生产；原材料进口需要入港口再经陆路运输，效率低下；几乎所有出口均需通过吉布提港中转，而该港吞吐能力低下，制约对外贸易发展。展望未来，中国企业投资埃塞俄比亚的交通基础设施、电力基础设施和产业园区较有潜力。

第一，埃塞俄比亚政府学习投资驱动、基建先行、设立特区、招商引资的“中国模式”，大力支持基础设施建设，中埃塞合作潜力巨大。埃塞俄比亚政府推动在道路、电力、铁路、公路、能源、电信及住房方面的投资。2014 年，李克强总理访问埃塞俄比亚时指出，双方将以基础设施建设、能源资源开发为重点，扩大轻轨、高速公路等方面的合作，支持埃塞俄比亚建设经济特区和工业园区。2016 年，埃塞俄比亚被中国选为“一带一路”建设先行示范国家，中国将集中资源优势打造示范区，将铁路、公路、港口等大型基础设施建设同产业园区、经济特区建设结合起来，努力建成沿线产业带，形成大型基础设施与产业发展的良性互动。在此过程中，将给中国企业带来巨大的投资机会。

中国于 20 世纪 90 年代便加大对埃塞俄比亚的基础设施投资，积累了丰富经验，截至 2014 年，埃塞俄比亚 90% 以上的公路、全国的通信网络、第一条铁路和城市轻轨、第一个风电场以及几个重要的水电站等，都是中国企业承建或参与承建的。目前，中国企业参与的项目大多采用 EPC 模式，埃塞俄比亚政府未来将逐步增加 BOT 和 PPP 项目。

第二，交通基础设施是埃塞俄比亚增长与转型计划（GTP）的重点。GTP 安排提出建造 7.1 万公里的新公路，建造 2395 公里的新铁路线，连接首都亚的斯亚贝巴和吉布提港，并延伸至国内主要城市及亚的斯亚贝巴市内道路。中铁二局已动工修建新铁路线，未来将是埃塞俄比亚乃至东非腹地物资进出口的主要通道，会大大提升埃塞俄比亚制造业产品出口的效率。2014 年，由中交集团承建的从亚的斯亚贝巴至阿达玛的埃塞首条高速公路也已通车。2015 年 9 月，由中国中铁公司承建、深圳地铁集团提供运营管理服务的亚的斯亚贝巴轻轨正式开通运营，中国的投资额为 4.75 亿美元。

第三，埃塞俄比亚期待打造成东非的区域电力中心，非洲最大的风电基地。到 2010—2015 年 GTP 末期，埃塞俄比亚的电力覆盖率达到 55%；到 2016—2020 年 GTP 末期，埃塞俄比亚计划实现 812 万千瓦的发电量，不但满足国内用电需求，还努力成为东非可再生能源中心。埃塞俄比亚因缺乏石油、天然气等资源，积极开发风电、水电、地热和太阳能发电，将新能源开发视为国家电力发展战略。埃塞俄比亚水利资源丰富，水电潜力达到45000兆瓦。2016—2020年GTP期间计划建设4座新的风电场，分别位于Aysha、Mesebo－Harena、Assela和Debre Berhan，总装机容量达到54万千瓦。埃塞俄比亚国家电力公司表示，这些项目至少一半由政府出资，其余部分可以来自公共和社会民间资本，并欢迎国际融资机构支持。这给中国新能源企业带来投资机会。

2015年，中国国家电网公司在海外竣工的规模和投资额最大的输变电工程——埃塞俄比亚GDHA500千伏输变电工程竣工，使埃塞俄比亚进入500千伏电压时代。此外，中国电建、中国能建、中国水电均进入埃塞俄比亚市场投资或承包工程。给这些大型企业做配套的中国企业也有巨大的市场机遇。

第四，埃塞俄比亚经济特区和产业园区建设给建筑业带来投资机会。埃塞俄比亚正从农业经济向工业化迈进，政府期待与中国加强产能合作，一方面拉动埃塞俄比亚经济增长和增加就业，另一方面转移中国的过剩产能。这与中国“基础设施建设＋产业园区、经济特区或自贸区”的“一带一路”建设规划不谋而合①。当前埃塞俄比亚政府正在亚的斯亚贝巴、孔博勒查、德雷达瓦和阿瓦萨等地进行工业园区开发，希望外国投资者以公私合作模式参与工业园区建设；未来在联邦政府运营模式成功的基础之上，地方政府可效仿以建立更多的工业园区。

2009年，江苏永元投资有限公司兴建的东方工业园在埃塞俄比亚是首家；2011年，华坚集团在埃塞俄比亚建设了当地的最大制造业工厂之一，2015年抓住“一带一路”发展契机，奠基建设当地最大的轻工业园；2016年，首钢国际工程公司总体设计的埃塞俄比亚阿瓦萨工业园顺利竣工，并已签订埃塞俄比亚孔博查工业园区的设计合同。展望未来，中国民营企业投资主体和工程承包企业均有较大机遇。

总体而言，中国企业在埃塞俄比亚充满机遇和挑战，例如埃塞俄比亚虽然人力成本较低，但工人技术水平低，生产效率低下；同时，埃塞俄比亚实行严格的外汇管制，不利于投资者资金回流等，都是中国企业应该考量的因素。

（三）外资进入非洲的管理政策评估

1. 非洲对外资的投资行业准入规定

非洲地区国家较多，国情各异，投资环境差别较大。下面选取被我国列为产能

① 我国在产能合作示范国家将集中资源优势打造示范区，将铁路、公路、港口等大型基础设施建设同产业园区、经济特区建设结合，建成沿线产业带，形成大型基础设施与产业发展的良性互动，打出一套“基础设施建设＋产业园区、经济特区或自贸区”的组合拳。

合作重点对象的八个国家：埃塞俄比亚、肯尼亚、坦桑尼亚、刚果（布）、南非、埃及、安哥拉、莫桑比克①予以介绍。

表 3-28　非洲部分国家对外资的投资行业准入规定

国别	准入规定
埃塞俄比亚	a. 限定由埃塞俄比亚政府经营的行业：输变电网输电、供电，除速递服务外的邮政服务 b. 必须与政府合资经营的领域：武器弹药制造、电信服务业以及载客能力超过 50 人的航空运输服务 c. 仅限本国投资者投资的领域：银行和小额信贷，保险，船运和旅行代理，广播服务，零售贸易，经纪业，批发贸易，进口贸易，用于制造出口产品的原材料，出口从本国市场购买的生咖啡、恰特草（一种轻毒品）、油籽、豆类、皮革和非投资者饲养的活牛羊，各类服务业，商业公路货运和本国水上运输服务，建筑维护和车辆保养维修，木材加工，清关服务，印刷业等
肯尼亚	a. 禁止生产和经营麻醉和神经药品 b. 对于保险公司、电信公司和在内罗毕上市的公司，外国企业持股总额分别不超过 66.37%、70% 和 75% c. 外国企业拥有渔业公司有表决权的股份不得超过 49% d. 制造和经营火器（包括军火）及炸药的企业需要获得特殊许可证 e. 对于可能对安全、健康或环境有影响的投资项目，必须先得到主管部门的同意后方可批准，如对环境有影响的项目需得到肯尼亚国家环境管理局的批准，对公共健康有影响的项目需得到公共健康管理机构的批准等 f. 生产需缴纳消费税的商品，需征得海关和消费税部门的同意 g. 涉及森林产品和采矿业的投资，需得到环境与自然资源部门的批准 h. 在海关保税区内的投资，需得到财政部的授权
坦桑尼亚	禁止的行业：制造和加工迷幻药；武器和军火制造；砍伐木材，胶合板、合板以木材为主，使用原木作为原料的行业需经旅游及自然资源部的批准
刚果（布）	对外资投资领域没有限制
南非	a. 经济开放，鼓励外国投资，其中包括能源、基础设施、采矿等核心行业 b.《南非黑人经济成分法案》（BEE）规定，公司中黑人占股比例需达到一定的数额，如要获得采矿许可，矿业公司的黑人占股比例需达到 26%；对赌场、通信等行业的公司也有最低黑人占股比例要求
埃及	a. 外商只能以合资形式成立建筑公司，外资股权不得超过 49%，非埃及员工比例不得超过 10% b. 本国人才能注册从事进口业务 c. 外国人不得从事商品流通和批发业务 d. 在埃及开办超市或连锁经营要通过特别委员会审批通过

① 在埃塞俄比亚、肯尼亚、坦桑尼亚和刚果（布），我国将集中资源优势打造示范区，将铁路、公路、港口等大型基础设施建设同产业园区、经济特区建设结合起来，努力建成沿线产业带，形成大型基础设施与产业发展的良性互动；在南非，我国将开展产业对接和产能合作，推动优质富余产能走进南非，帮助提升当地工业化水平，鼓励中国企业参与南非经济特区投资和建设，推进港口、油气资源开发、渔业等海洋经济合作；在埃及，我国将优先投资在道路、铁路、港口、工业园和经济特区的建设和工业化，以发展经济。

续表

国别	准入规定
埃及	e. 只允许埃及人注册从事投标业务的商业代理 f. 在未经国有航空公司（埃及航空）许可的情况下，任何私营或国外航空承运人不得经营从开罗出发或抵达开罗的定期航班业务 g. 不允许外国人进入棉花种植业 h. 非埃及人不得从事职业介绍、为企业招募员工等经营活动 i. 埃及中央银行数十年未发放新的商业银行和保险公司牌照，因此外国公司进入埃及金融市场的唯一方式是并购当地银行或保险公司
安哥拉	a. 国家私人投资局主管国内外私人投资，由安哥拉财政部负责审批，外商投资企业的最低投资额为 100 万美元，无上限 b. 没有颁布反垄断审查政策或法律
莫桑比克	a. 限制和禁止外商投资的范围：有关法律规定范围内的公共消费及生产用电；市区民用和工业用水的供应；邮政服务；发展和管理国家公园、海域或其他法律保护的区域；武器、弹药的生产、分配和贸易 b. 环保要求：环保标准要求高，所有投资项目必须通过对环境影响的评估

资料来源：中国商务部．对外投资合作国别（地区）指南：埃塞俄比亚、肯尼亚、坦桑尼亚、刚果（布）、南非、埃及、安哥拉、莫桑比克（2015）［EB/OL］. http：//mofcom. gov. cn/.

2. 非洲对外资投资方式的规定

非洲国家开放程度不同，有关外资投资方式的规定也不同，下面选取在南非、埃塞俄比亚的投资方式予以重点介绍。

表 3－29　南非、埃塞尔比亚对外资投资方式的规定

国别	主管机构	相关规定
南非	南非贸易工业部（DTI）主要负责管理外国投资。各省商会、协会均设有负责促进投资的相关机构。其他投资管理部门还包括：南非税务署、南非国家经济发展和劳工委员会、地区工业发展委员会等	外国投资者可以在南非新设分支机构或当地公司，也可以入股、控股或收购当地企业 允许外国自然人在当地开展投资合作，根据合作业务种类和规模，在成立公司、开设银行账户和税务登记方面有相应要求 a. 跨国并购 外国公司根据南非公司法的相关规定，对南非企业进行并购。对在约翰内斯堡上市的南非企业进行收购，须符合监管部门的批准，其中包括竞争委员会、接管规则小组、约翰内斯堡证券交易所、南非储备银行以及其他行业主管部门；根据规模不同，并购需要向南非反垄断监管部门和竞争监管部门申请批准 b. 承包工程 南非招标的项目，评标的标准不仅注重实力和报价，更注重能否促进本地经济的发展、劳动能力的培训、技术转移等社会性内容 为了增强黑人经济实力，政府或国有企业的项目会要求投标者的黑人经济振兴评分达到一定标准 南非政府对外国承包商在当地承包工程没有特殊限制

续表

国别	主管机构	相关规定
埃塞俄比亚	埃塞俄比亚投资委员会(EIC)① 为投资管理与促进机构	凡现行规定允许外资进入的行业，允许外商独资或设立合资公司 a. 外国投资者对单一投资项目的最低投资金额不得少于 20 万美元 b. 与本国投资者合资的外国投资者最低投资金额不得少于 15 万美元 c. 投资于工程、建筑、项目研究或业务和管理咨询服务，或出版业务的外国投资者（独资）最低出资不得少于 10 万美元，与本国投资者合资的外国投资者最低资本金不得少于 5 万美元 d. 外国投资者用其盈利或红利进行再投资，或其产品的 75% 用于出口的，不受最低投资金额限制

资料来源：中国商务部．对外投资合作国别（地区）指南：南非、埃塞俄比亚（2015）[EB/OL]．http：//mofcom. gov. cn/.

3. 非洲对外资的鼓励政策

非洲国家开放程度也不同。对外资采取的吸引措施和吸引力度也不同。下面选取南非、埃塞俄比亚的投资鼓励政策予以重点介绍。

表 3-30　南非、埃塞俄比亚吸引外资的鼓励政策

国别	鼓励政策
南非	**行业鼓励政策** 南非向多个对社会可产生正面影响的行业提供贷款利率支持，如高技术产业、医疗、采矿和选矿业、食品农产品加工、化工、纺织等行业 **外国投资补贴** 南非专门的对外国投资的优惠政策计划，规定如若外国投资者投资制造业，南非政府将对实际运输费用和机器设备价值 15% 且每个项目最多不超过 1000 万兰特两者相比较低的费用给予现金补贴 **就业基金** 如公共和私人部门创造大量就业，将提供财政支持。适用于私人部门、非政府组织、政府部门和地方政府，具备经济发展潜力，可持续创造就业 **制造业投资计划** 鼓励本地和外国资本新建或者扩建项目，进行生产性资产投资，如工厂、机器设备和租用土地、商用车辆等 **产业政策项目计划** 为吸引本地和外国投资，该计划提供 200 亿兰特的资金，减免大型项目的所得税 用于资助创新工艺流程或者使用新技术，提高能源使用效率的清洁生产技术，提高环境保护水平的项目

① http：//www. investethiopia. gov. et/.

续表

国别	鼓励政策
埃塞俄比亚	**行业鼓励政策** 鼓励外商投资园艺、花卉、农产品加工、纺织服装业、农业及畜牧、渔业、林业、矿业、旅游、一级资质建筑承包、医疗和教育行业 推出国有企业私有化政策，允许将涉及制造业、建筑业、农业和农产品加工业、宾馆和矿业等部分国有企业出售给私人投资者或公私合营 允许外资获得农业土地使用权（类似承包经营权），租赁时间为 20～90 年（根据项目的土地开发用途）。对外资投资林业的规定与农业基本一致 **税收鼓励政策** 投资者用于投资项目的资本物品，如机械设备、建筑材料等，以及相当于资本货物价值 15% 的零配件可免征进口关税，并可免税转让给具有同等资格的投资者 用于制造出口产品的原材料进口关税和进口货物税收可予以返还 根据投资领域、地理位置和出口产品多少，投资者可享受免征所得税 2～7 年的优惠；如免税期间发生亏损，期满后可递延免税优惠 涉及制造业、农业和工业活动、信息和通讯技术开发，或符合埃塞俄比亚投资委员会投资指导方向的农业产品投资者，当其产品或服务的 50% 用于出口，或其产品的 75% 作为产品或服务提供给出口商时，可在 5 年内免征收入所得税 用于出口的产品或服务不足投资者生产总量的 50%，或产品及服务仅用于国内市场销售时，有些可免征收入所得税 使用利润再投资，可免征 2～3 年所得税
埃塞俄比亚	投资期间用于研究和培训费用所缴纳税收可予以返还 **地区鼓励政策** 对于落户少数民族聚居区、边远地区和不发达地区的外商投资，联邦政府投资局和投资委员会将给予更长的免税期，地方政府也会在土地价格等方面给予优惠，但优惠待遇不会超过《2002 年投资公告》所确定的优惠政策框架 **特殊经济区域鼓励政策** 埃塞加强工业开发区建设，制订了工业园法案，陆续出台有关优惠政策

资料来源：中国商务部．对外投资合作国别（地区）指南：南非、埃塞俄比亚（2015）［EB/OL］. http：//mofcom. gov. cn/.

八、投资拉丁美洲的商业机会分析

拉丁美洲幅员辽阔，人口众多，地理位置显要，自然资源丰富、劳动力充足且相对廉价，对外国投资者具有较大吸引力。总体上，拉美国家对于投资市场较为开放，同时政府管制在不断优化，本地市场也比较广阔。

不利因素是拉美的中低端劳动力产业比较优势不足，而且不同国家对进出口的限制差别比较大，再加上地区经济高度依赖大宗商品和发达经济体，例如委内瑞拉依赖石油、智利依赖铜矿、墨西哥经济则与美国经济密切相关。在大宗商品价格低迷和世界经济不景气的大背景下，拉美经济岌岌可危。

从国际竞争力和投资吸引力来看，拉丁美洲和加勒比海地区总体上不强。在2015—2016年全球竞争力排名中进入前50位的仅有2国：智利和巴拿马；进入51～100位的有13国；其余国家（地区）均排在100位以后。（如表3-31）

表3-31　2015—2016年拉丁美洲和加勒比国家（地区）全球竞争力排名

排名	国家和地区
35	智利
50	巴拿马
52	哥斯达黎加
57	墨西哥
61	哥伦比亚
69	秘鲁
73	乌拉圭
75	巴西
76	厄瓜多尔
78	危地马拉
86	牙买加
88	洪都拉斯
89	特立尼达和多巴哥
95	萨尔瓦多
98	多米尼加共和国
100位以后	其余国家和地区

资料来源：世界经济论坛.2015—2016年全球竞争力报告（*Global Competitiveness Report* 2015—2016）[EB/OL].http://reports.weforum.org/global-competitiveness-report-2015-2016/.对全球最具竞争力的140个国家（地区）进行排名.

从营商环境来看，在世界银行"2016年营商环境评级"对全球189个国家和地区的排名中，拉丁美洲和加勒比海国家（地区）不容乐观：排名前50位的为0；51～100位的有11个国家（地区）；101～150位的有13个国家（地区）；其余均排在100位以后。（如表3-32）

表3-32　2016年拉丁美洲和加勒比海国家（地区）营商环境评级排名

排名	国家和地区	排名	国家和地区
58	哥斯达黎加	110	洪都拉斯
64	牙买加	111	圣文森特和格林纳丁斯

续表

排名	国家和地区	排名	国家和地区
69	巴拿马	116	巴西
77	圣卢西亚	117	厄瓜多尔
81	危地马拉	119	巴巴多斯
86	萨尔瓦多	120	伯利兹
88	特立尼达和多巴哥	121	阿根廷
91	多米尼克	124	圣基茨和尼维斯
92	乌拉圭	125	尼加拉瓜
93	多米尼加共和国	135	格林纳达
100	巴拉圭	137	圭亚那
104	安提瓜和巴布达	150 位以后	其余拉美和加勒比国家（地区）
106	巴哈马		

资料来源：世界银行：2016 年营商环境评级（Doing Business 2016）［EB/OL］. http://www.doingbusiness.org/reports/global-reports/doing-business-2016. 对全球 189 个国家和地区进行排名.

从吸引的外国直接投资来看，2015 年，拉丁美洲和加勒比海地区吸引直接投资流量 1675.82 亿美元，相当于欧盟吸引外资流量（4394.58 亿美元）的 38%，大于东盟（1257.32 亿美元）、非洲（540.79 亿美元）吸引的直接投资存量。2015 年末，拉丁美洲和加勒比海地区吸引的直接投资存量为 17185.95 亿美元，相当于欧盟（77729.56 亿美元）的 22%，与东盟（17048.91 亿美元）吸引的规模相当，超出非洲（7404.36 亿美元）两倍多（如图 3－50）。2012—2015 年流量总体呈逐年小幅下降趋势；存量在 2013 年达到 17716.97 亿美元的高峰后也呈下降趋势。这与拉美自 2009 年全球经济衰退以来经济形势不容乐观密切相关。

世界经济复苏缓慢，石油、矿产品和农牧产品等大宗商品市场需求和价格低迷不振，美国退出量化宽松货币政策导致资金流回美欧等不利的外部环境短期内恐难以扭转，或将继续成为制约拉美经济复苏的主要因素。与此同时，巴西和委内瑞拉等部分拉美国家内部政治社会形势恶化也限制了经济复苏，阿根廷等政党轮换或面临大选的国家无力顾及经济问题，形势也难以好转。

鉴于此，国际货币基金组织（IMF）、联合国拉美经济委员会、世界银行纷纷降低对拉美地区经济形势的展望预期，外商投资在拉美也面临新的风险和不确定性，外国政府部门和投资企业需要根据实际情况以应对，规避不利因素，从困境中找出商机，创新投资与合作方式。

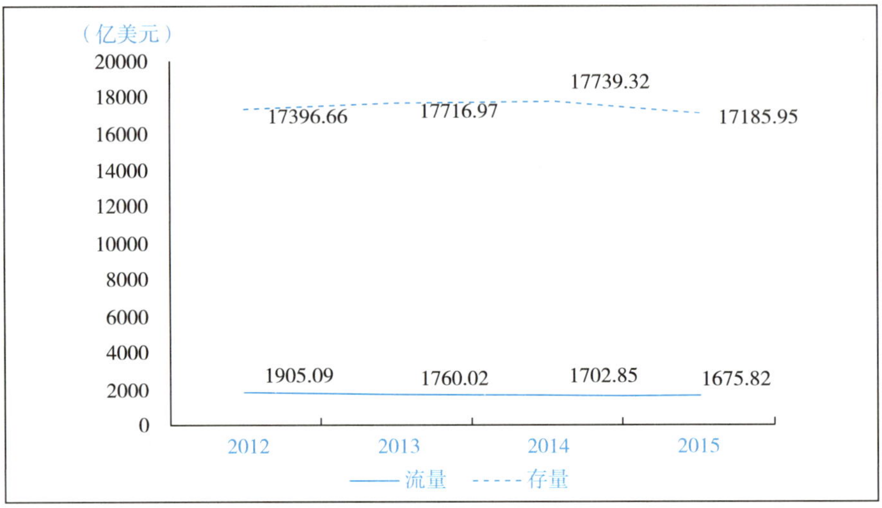

图 3－50　2012—2015 年拉丁美洲和加勒比海地区吸引外国直接投资流量与存量

资料来源：贸发会议［EB/OL］. http：//unctad. org/en/Pages/DIAE/World% 20Investment% 20 Report/Country－Fact－Sheets. aspx.

（一）中国对拉丁美洲直接投资现状与特点

1. 流量：2010—2015 年呈较大波动幅度

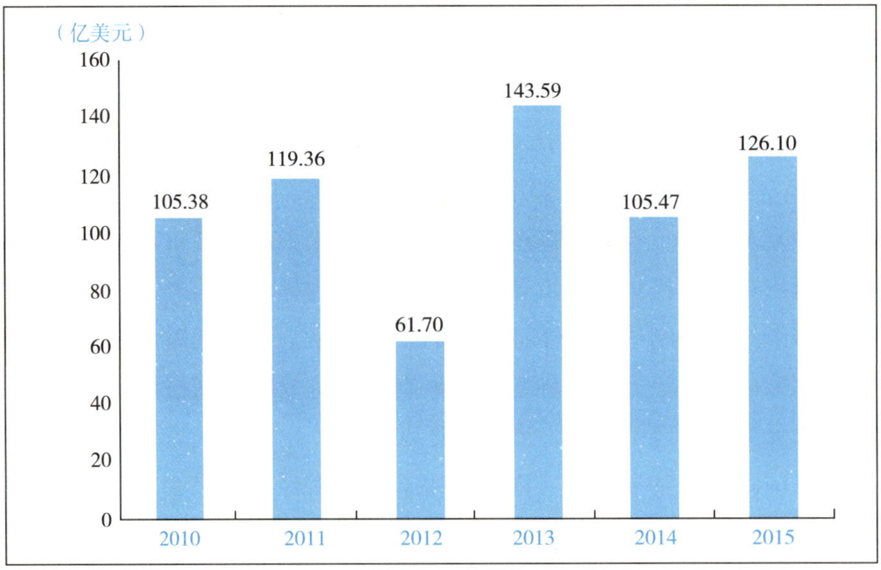

图 3－51　2010—2015 年中国对拉丁美洲直接投资流量

资料来源：商务部，统计局，外汇管理局 . 2010—2015 年中国对外直接投资统计公报［M］. 北京：中国统计出版社，2016.

2010—2015 年，中国对拉丁美洲投资流量波动较大，主要受到世界经济震动、资源类产品价格起伏大、地区态势不稳定等因素影响。2015 年，拉丁美洲吸收中国直接投资流量为 126.1 亿美元，同比增长 19.6%，投资流量仅次于亚洲（1083.7 亿美元），占当年中国对全球直接投资流量的 8.6%。（如图 3－51）

2. 存量：2010—2015 年呈稳步快速增长

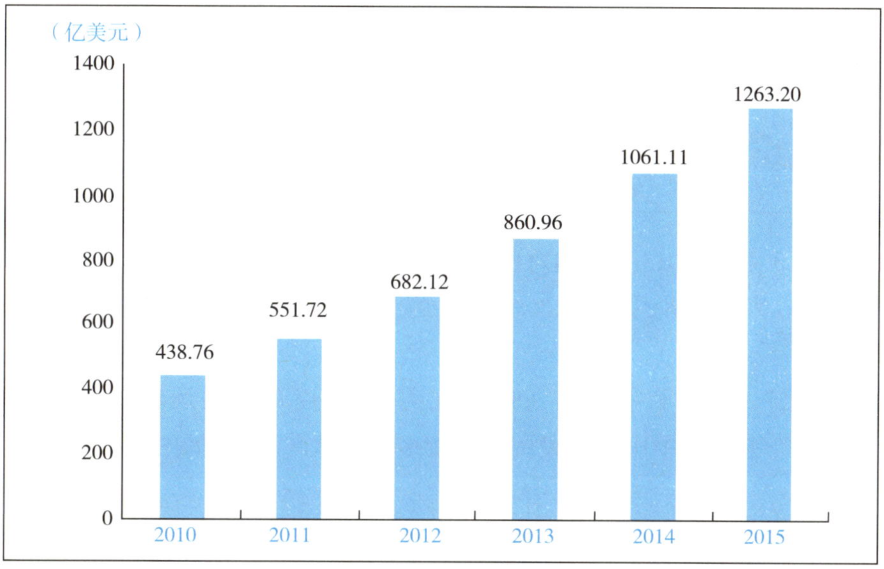

图 3－52 2010—2015 年中国对拉丁美洲直接投资存量

资料来源：商务部，统计局，外汇管理局.2015 年度中国对外直接投资统计公报［M］.北京：中国统计出版社，2016.

截至 2015 年末，中国对拉丁美洲的累计投资存量为 1263.2 亿美元，占同期对外直接投资总存量的 11.5%，投资存量仅次于亚洲（70%），高于欧洲（7.6%）、北美洲（4.8%）、非洲（3.2%）和大洋洲（2.9%）。由此可见，虽然近年流量有所波动，但中国对拉丁美洲的投资存量仍占不小比重。（如图 3－52）

3. 行业：租赁和商务服务业、金融业、批发和零售业存量位居前三

中国对拉丁美洲的投资领域从初期的石油、矿产逐步过渡到在农业、制造业、电力、交通运输和金融领域均有合作。[①] 2015 年，拉美的租赁和商务服务业（602.5 亿美元）、金融业（230.7 亿美元）吸引直接投资存量居于前两位，分别占比 47.7% 和 18.30%，这与英属维尔京群岛和开曼群岛的离岸中心地位相关。采矿业

① 中国统计局资料.http：//www.stats.gov.cn/.

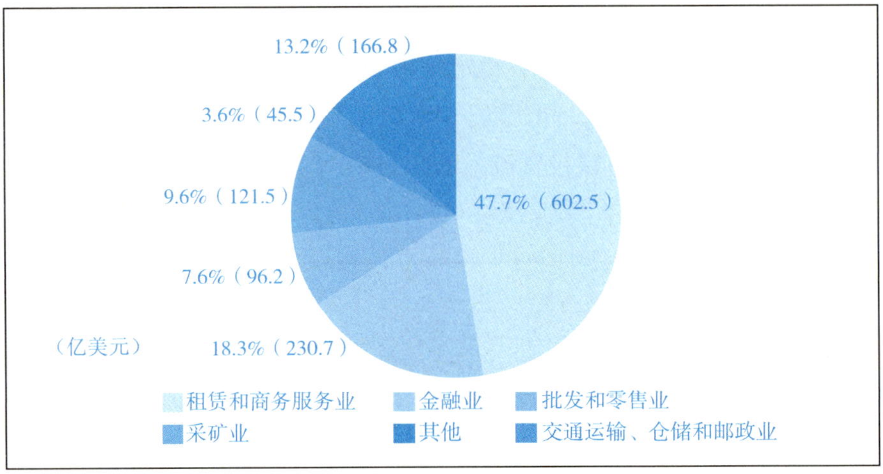

图 3－53　2015 年中国对拉丁美洲直接投资存量行业金额及占比

资料来源：商务部，统计局，外汇管理局.2015 年度中国对外直接投资统计公报［M］.北京：中国统计出版社，2016.

(121.5 亿美元)、批发和零售业（96.2 亿美元），以及交通运输、仓储和邮政业（45.5 亿美元）是吸引中国直接投资存量较多的实体产业。(如图 3－53)

4. 区域：巴西、阿根廷吸引投资流量、存量较多

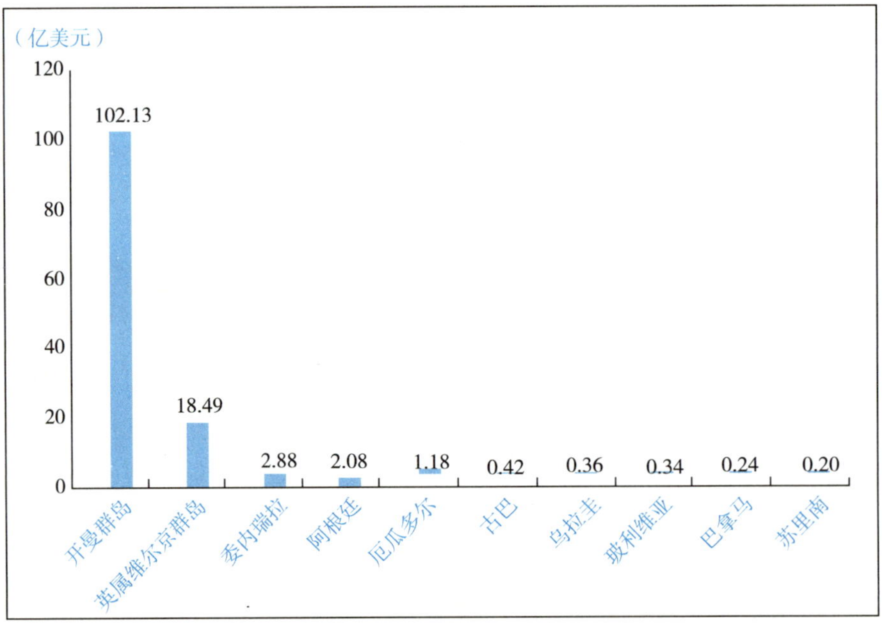

图 3－54　2015 年中国对拉丁美洲重点国家（地区）直接投资流量

资料来源：商务部，统计局，外汇管理局.2015 年度中国对外直接投资统计公报［M］.北京：中国统计出版社，2016.

2015 年，开曼群岛和英属维尔京群岛吸引中国直接投资流量遥遥领先，这与二者是全球著名离岸司法管辖区密切相关；委内瑞拉（2.88 亿美元）、阿根廷（2.08 亿美元）、厄瓜多尔（1.18 亿美元）三国吸引中国投资皆超过 1 亿美元。其他吸引中国较多投资的国家和地区还包括古巴、乌拉圭、玻利维亚、巴拿马、苏里南等（如图 3-54）。而上一年中国的主要投资对象国秘鲁、巴西皆出现中国企业撤资情况，2015 年，中国对秘鲁和巴西的直接投资流量分别下降了 1.78 亿美元、0.63 亿美元。

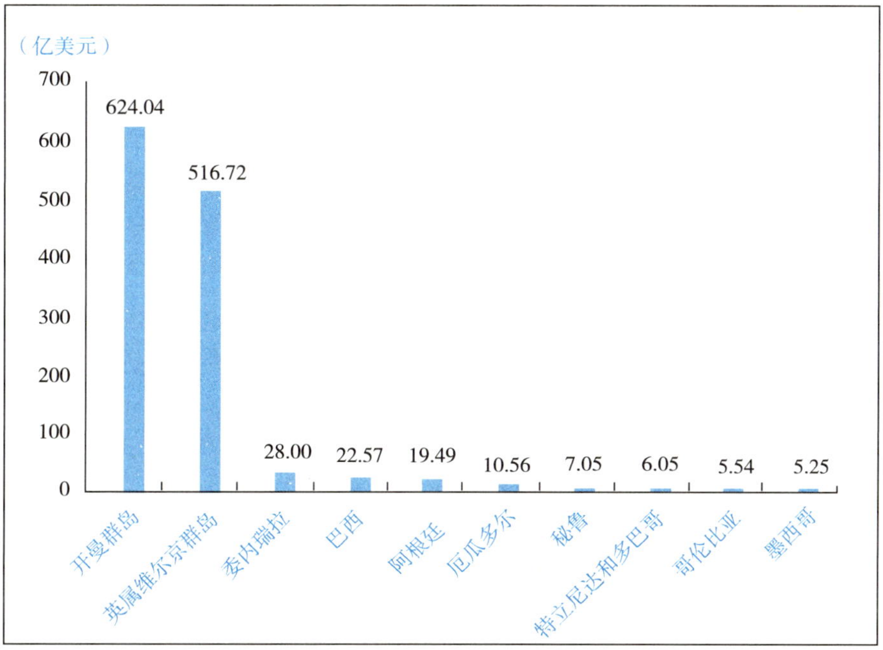

图 3-55 2015 年中国对拉丁美洲重点国家（地区）直接投资存量

资料来源：商务部，统计局，外汇管理局 .2015 年度中国对外直接投资统计公报［M］. 北京：中国统计出版社，2016.

截至 2015 年末，开曼群岛、英属维尔京群岛吸引中国直接投资存量均超过 500 亿美元。委内瑞拉、巴西、阿根廷、厄瓜多尔等四国吸收中国直接投资的存量均超过 10 亿美元。巴西吸收的中国直接投资存量（22.57 亿美元）与同期非洲排名第二的阿尔及利亚（24.52 亿美元）较为接近。（如图 3-55）

（二）中国企业进入拉丁美洲重点产业的商业机会

在拉丁美洲和加勒比海地区，哥伦比亚是第四大经济体，政治较稳定、经济表现较好，在全球大宗商品价格暴跌浪潮中独善其身，成为拉美诸经济体中少有的稳定岛。2012—2014 年，哥伦比亚吸引的外国直接投资流量分别为 150.39 亿美元、162.09 亿美元和 163.25 亿美元，呈连续稳定增长态势；2015 年，受宏观因素影响下降到 121.08 亿美元，占拉美和加勒比海地区吸引外国直接投资流量总额（1675.82 亿美元）的 7%。哥伦比亚吸引外资投资存量 2012—2015 年连续稳步上升，2015 年末达到 1496.92 亿美元，占拉美和加勒比海地区吸引外国直接投资存量总额（17185.95 亿美元）的 9%。

2016 年，总统桑托斯与哥伦比亚革命武装力量（FARC）达成具体停火协议，成为结束半个世纪战争的重要步骤，民族解放军队（ELN）① 也将开始与政府和平谈判，哥伦比亚有望实现政局稳定。经济学人智库②认为，油价低迷和通货紧缩会抑制哥伦比亚 2016 年 GDP 增长至 2.2%，但随后会因政府的基建项目规划和私人部门投资而恢复增长。

巴西是金砖国家之一，自 2011 年以来受美国和欧元区经济低迷、大宗商品价格下跌、贸易需求量下降的影响，加上国内高利率、高税收、投资不足等不利因素，2015 年 GDP 负增长 3.8%，2016 年一季度 GDP 同比负增长 5.42%，陷入十年来最严重的经济衰退。经济学人智库预测，如果旨在“重建巴西”的“特梅尔计划”③顺利实施，巴西经济有望在 2017 年温和复苏。2016 年，里约奥运会的举办使基建业、地产业、服务业和通讯业受益，并带来巨额旅游收入，为巴西经济注入一针“强心剂”。

截至 2015 年底，中国企业对巴西直接投资存量为 22.57 亿美元，主要涉及能源矿山、电力输送、制造业、金融、农业、服务业和批发零售业等领域④。总体而言，巴西仍是拉美经济规模最大的国家，资源体量大、市场容量大、承接能力强、政治风险低、经济政策成熟，虽然正经历困难，仍是中国在南美开展产能合作的重要潜在目的国。

下面选取哥伦比亚、巴西两国对其重点产业投资机会进行研判。

---

① 哥伦比亚第二大游击队组织。

② http://country.eiu.com/Colombia.

③ 巴西代总统特梅尔执掌新政府后，推出“特梅尔计划”，意在“重建巴西”，目标瞄准改革、投资和就业。为此，政府设定了五项紧急改革任务：在经济领域，重点是实现财政平衡，改善商业环境，推进就业改革；在基础设施领域，引入特许权经营，进行私有化，吸引民间和国际资本投资基建；在社会民生领域，采取措施刺激就业，注重提高教育质量，优化收入分配政策，改革医疗卫生制度；在对外交往方面，强化危机应对，提高处理紧急情况和重大突发事件的能力；在公共管理方面，推行全国反腐败行动，确立国家现代化目标。

④ 中国商务部.2015 年度中国对外直接投资统计公报［M］. 北京：中国统计出版社，2016.

1. 哥伦比亚：旅游业 + 汽车制造业

（1）旅游业

哥伦比亚经济发展较为稳定，其中旅游业更是蓬勃发展的领头羊，是南美洲最重要的旅游目的地之一，在旅游业基础设施方面存在较大投资潜力。

第一，哥伦比亚入境旅游人次增长十分可观，在 2012—2015 年，哥伦比亚接待境外游客人次从 217 万增长到 250 万，是 2005 年的近三倍。商务部数据显示，近十年来到哥伦比亚旅游的外国游客人数增长率一直保持在 10% 左右，预计这一数字将继续增长。[①] 展望未来，哥伦比亚的旅游业将继续呈发展和增长态势。

第二，哥伦比亚货币（比索）呈贬值趋势，增加了旅游业的竞争力。2016 年 6 月 30 日的最新汇率数据，2916. 17 比索可兑换 1 美元；2015 年 6 月同期 2547 比索可兑换 1 美元。[②] 因此，鉴于货币贬值带来的价格优势，哥伦比亚旅游业的竞争力会随着比索的走低而不断提高。

第三，哥伦比亚的旅游基础设施需要提升以满足游客的需求。例如必须完善酒店服务业基础设施和交通基础设施，以提升接待大量游客的能力。另外，游客不仅喜欢享受海滩、游泳池，更青睐生态游和探险游，而哥伦比亚有很多地区可以满足这类需求。新兴旅游类型发展势头旺盛，亟待完善基础设施和服务。

（2）汽车制造业

哥伦比亚是中南美洲第三大汽车生产国，国内约有 2. 5% 的人从事汽车生产这一行业，[③] 现已形成从零件生产到整车组装的完整产业链。总体而言，其汽车外销主要为 10 人座以下的中小型客车，市场主要面向南美洲其他国家和地区，如墨西哥、阿根廷等国。展望未来，中国汽车企业在哥伦比亚投资建厂存在潜在机遇。

第一，从整车出口“绕道”进入拉美市场。2015 年，中国整车出口共 75. 55 万台，出口市场以发展中国家为主，集中在亚洲、南美洲和非洲地区。其中前十五名出口目标国中有五个在南美洲，占出口总量的 20%（委内瑞拉占 5%；智利占 5%；哥伦比亚占 4%；秘鲁占 4%；乌拉圭占 2%）。[④] 然而，近年来，拉美等新兴市场国家纷纷提高整车进口的门槛，提高进口关税或原材料本地化比例，打压进口整车，保护本国汽车厂商。例如，2011 年，巴西政府宣布提高进口汽车关税，阿根廷政府

---

① 中国商务部驻哥伦比亚经商参处［EB/OL］. http：//co. mofcom. gov. cn/.

② 金融数据公司 Xignite 旗下网站 exchange - rate. org。

③ 中国商务部驻哥伦比亚经商参处［EB/OL］. http：//co. mofcom. gov. cn/.

④ 德勤. 2016 中国汽车行业对外投资报告［EB/OL］. https：//www2. deloitte. com/cn/zh/pages/consumer - industrial - products/articles/china - automotive - industry - outbound - investment - report - 2016. html.

则对汽车进口实行配额限制。因此，海外投资建厂成为中国整车进入拉美市场的重要方式之一，拉美地区也成为中国自主品牌汽车海外投资建厂最为集中的区域，占2013—2015 年海外投资建厂数量和投资金额的 24% 和 20% 。

第二，哥伦比亚是继巴西、委内瑞拉之后的潜在汽车企业投资地。巴西是全球第四大汽车消费市场，占中国对拉美地区汽车行业总投资数量和金额的 13% 和 59% ，然而，在 2015 年巴西出现了 25 年来最大的经济衰退、通货膨胀率高，消费支出下降，汽车销量跌幅巨大。另一汽车企业投资目的地委内瑞拉，因受石油价格暴跌影响，经济遭受重创，财政收入从 2013 年的 800 亿美元下降至 2015 年的 200 亿～250 亿美元，预计 2016 年 GDP 将下降 8% ，通货膨胀率将超过 700% ，处于经济崩溃的边缘。哥伦比亚经济则在拉美诸经济体中一枝独秀，是承接外商投资汽车产业的良好目的地。

第三，哥伦比亚政府出台各类优惠政策全力支持汽车行业。2014 年，哥伦比亚政府出台并开始执行《2910 号法案》，为鼓励本土汽车制造业的发展，暂停对多种车辆进口收取关税，允许本土汽车公司零关税进口不生产的组装件，并对配额内清洁能源汽车仅收取 0 ～5% 的优惠关税税率。该法案促进了本土汽车业的发展以及汽车生产行业的继续完善。

第四，哥伦比亚战略区位优势突出，借助其作为支点，可辐射周边市场。拉美有多个新兴汽车消费市场国家，尽管短时间内经济遇到困难，但未来消费潜力巨大。

2. 巴西：基础设施行业 + 能源资源 + 农业

（1）基础设施行业

基础设施薄弱已成为制约巴西经济发展的瓶颈。在“2015—2016 年全球竞争力报告”排名①中，巴西的基础设施在 140 个国家和地区中排名第 74 位②。展望未来，巴西的铁路、港口、公路、机场等领域投资机会较大。

第一，巴西政府推出了连续三期的“经济加速发展计划”和两期“物流投资计划”，将包括铁路、港口、公路、机场等 1000 多个基础设施项目建设提上议事日程。

第二，中国在基础设施建设领域经验丰富，巴西政府欢迎中国企业投资巴西的基础设施和物流领域，希望中国企业参与相关项目的投标。中国企业有着丰富的实践经验、成熟的技术和资金优势，目前很多企业已经进行投资，例如，华为技术有

① 世界经济论坛（World Economic Forum）［EB/OL］. http：//reports. weforum. org/global – competitiveness – report – 2015 – 2016/competitiveness – rankings/瑞士，中国排名第 28 位。

② http：//reports. weforum. org/global – competitiveness – report – 2015 – 2016/economies/#economy = BRA.

限公司承建了巴西电信，上海振华重工（集团）股份有限公司承建了ZP2223/4巴西岸桥场桥，大连华锐重工集团承建了巴西桑托斯港装船机、卸船机等。

但中国企业在投资巴西的基础设施时，需重视风险。以中国倡导的“两洋铁路”为例，诸如此类长期的规划项目可能牵涉不止一任政府，巴西政策的连贯性与稳定性会造成政治风险。此外，世界银行提出巴西在电信、能源、交通市场等领域尚未制订明确的法律法规，因此对基础设施领域的投资缺乏可靠的法律保障。

（2）能源资源

巴西在海上石油开采、可再生能源、生物质能源领域的投资潜力较大。

第一，巴西海上石油资源丰富，石油领域法律法规较为健全。长期以来，巴西一直被定性为“贫油国”，但随着海上石油开采技术的发展，巴西的油气储量发生逆转，目前已证实的石油储量约为156亿桶，排名世界第15位，其中90%以上位于海上油田，且基本集中在东南沿海。巴克莱资本2011年发布的《全球能源展望》曾估计，到2020年，巴西盐下层石油的日产量将接近200万桶，届时巴西将成为“拉美的沙特”。再者，巴西石油领域法律法规较为健全，尽管目前面临本地化率高等门槛仍旧存在①，依然是中国企业值得期待的一个石油产区。

第二，巴西可再生能源资源丰富，水电、风电资源尤为突出。巴西拥有丰富的水电资源，该国的河流平均年径流总量69500亿立方，居世界各国之冠，水力发电占该国年发电量的84%。尽管目前水电在巴西能源结构中占比最高，但需要注意的是，因受水电建设破坏当地雨林生态等因素影响，在巴西建设任何一个水利设施或工程都需要经过漫长的审批过程。

巴西的风力发电也具有较大潜力。德国风能机构DEWI预测，巴西风能资源潜在开发量达5亿千瓦。② 巴西政府的目标是到2021年风电占比提高至10%。不过也存在一些因素影响巴西风电的持续发展，例如风电设备造价畸高而上网电价超低。

第三，巴西在以生物质能源替代石油方面也一直走在世界前列。2014年，全球生物质能源在能源消费结构中的平均比重为13.6%，发达国家为6%，巴西则超过40%，处于世界绝对领先地位。

中国企业和巴西洽谈中的能源项目不仅涉及电网、油气等传统领域，还包含海上风电、光伏、生物质等可再生能源，相信未来巴西将成为一个重要的能源产地。

---

① 随着盐下层石油的发现，巴西政府制定了作业者本地化、设备采购保持一定本地化率等政策。

② DEWI的创始人Jens Molly在2015年巴西国际风能展上发布了此预测，该预测数据不包括巴西海上风能资源开发量。

(3) 农业

巴西是农产品生产大国和出口大国，种植业和畜牧业是农业中两大重要产业部门，农产品出口是国民经济的支柱产业，例如大豆产量和出口量均居世界第一，玉米产量世界第一，出口量世界第三，牛肉和鸡肉的产量世界第三，出口量世界第一。但是巴西农业的基础设施、物流落后，农产品运输成本过高，出口价格缺乏竞争力，巴西政府希望中国企业能够直接投资、承包或以合资形式投资巴西农业生产链的各个环节。

从中国企业目前投资巴西的情况来看，虽然2015年重庆粮食集团投资巴西农业受挫，但2016年湖南大康国际农业食品股份公司宣布以2亿美元收购巴西农业龙头企业 Fiagril Ltda 公司57.57%的股权，成为目前中国企业投资巴西农业的最大一笔交易。在雷亚尔汇率疲软、借贷成本激增，巴西农业企业经营困难等背景下，国内有实力的企业可以抓住机会，考虑投资巴西农业。

(三) 外资进入拉丁美洲的管理政策评估

1. 拉丁美洲对外资的投资行业准入规定

拉丁美洲和加勒比海地区国家众多，对外资开放程度不一，投资行业准入规定也不同。下面选取世界经济论坛“2015—2016年全球竞争力报告”中排名比较靠前的部分拉丁美洲国家简要介绍其投资行业准入规定。

表3-33 拉丁美洲部分国家对外资的投资行业准入规定

国家	准入规定
巴西	管理外国投资的主要法律是《外国资本法》，与投资有关的法律有《外资管理法实施细则》《公司法》《劳工法》《证券法》《工业产权法》《反垄断法》《环境法》等 a. 禁止或限制外国资本进入的领域包括：核能开发、医疗卫生、养老基金、海洋捕捞、邮政、报纸、电视、无线电通信网络、国内特许航空服务以及航天工业等 b. 石油、天然气、矿产开采：逐步放松对上述领域的垄断 c. 电信、电力行业：实行私营化 d. 新闻媒体、海关保税仓库、近海航运、高速公路：允许外国企业参与融资和服务 e. 航空：未在巴西设立公司、代表处或其他商业存在的外国投资者，不能直接投资巴西国内公共航空领域。外资在民航企业的股份不得超过20% f. 公路货物运输：外资不得超过有表决权股份的20%；企业必须以股份公司的形式存在并且只能发行记名股票；在国际道路运输领域，只有《国际道路运输协定》七个成员国和《拉丁美洲一体化协定》成员国的公民持有过半有表决权资本的公司才能经营

续表

国家	准入规定
墨西哥	国家控制的行业：基础石化工业、核能发电、放射性矿物、电报、邮政服务、铸币及货币发行、港口及产管制及监控等行业
智利	a. 限制外资的行业：国际陆路运输、渔业捕捞、近海航运、电台、媒体印刷等领域 b. 边境线 10 公里以内土地原则上不得向外国人出售
秘鲁	a. 禁止的行业：外国人不得以任何直接或间接的方式或名义取得占有矿产、土地、森林、水源、石油以及其他能源等资源 b. 限制的行业：外国法人参与秘鲁国内电视、广播领域的投资时，投资比例被限制在 40% 以内；另外，对外资限制的行业还有空运、海运、私人保安服务和武器生产等
哥伦比亚	对外资实行国民待遇，外国资本不受任何限制，对投资金额并没有任何限制，可以与本国投资一样进入多个部门 a. 不允许外国投资的敏感行业：国防、安全以及有毒的危险品以及带有辐射性的废弃物加工行业 b. 需要向政府部门进行申请和接受审批：金融、保险、石油、天然气、矿业和电视领域

资料来源：中国商务部．对外投资合作国别（地区）指南：巴西、墨西哥、智利、秘鲁、哥伦比亚（2015）［EB/OL］．http：//fec. mofcom. gov. cn/ article/gbdqzn/.

2. 拉丁美洲对外资的投资方式规定

拉丁美洲国家众多，有关外资投资方式的规定也相异，下面选取在哥伦比亚、巴西的投资方式予以重点介绍。

表 3－34 哥伦比亚、巴西对外资投资方式的规定

国别	主管机构	相关规定
哥伦比亚	贸易、工业和旅游部，财政部，计划署，共和国银行和其他相关部门主管国内投资和外国投资，根据各自的职责联合分工或分别制订吸引投资政策与相关行业的市场准入政策 负责管理企业并购的行政部门为企业总监署和工商总监署	允许外国投资者通过直接投入外汇、实物、无形资产或本币利润再投资等方式进行直接投资，也允许外国投资者通过本地融资投资证券等方式进行投资 法律对自然人投资或并购当地企业无特殊限制性规定 a. 跨国并购 关于企业并购的法律主要依据是《商法》和《反垄断法》，以及 1995 年的《222 号法》；如果有意并购上市企业，还需参考并符合哥伦比亚股票交易所的相关规定 允许外资并购当地企业，如并购涉及公共行业或涉嫌垄断时，并购行为将由有关政府部门进行审批，并需接受监管；在对电视业和其他上述敏感行业投资时，政府对外资收购的比例和企业组织形式均有明确要求 b. 股票上市 外国企业可以在哥伦比亚收购企业上市，程序是：企业向哥伦比亚交易所提出上市申请，由证券交易所组织专家对申请企业进行评估后方可正式挂牌上市交易

续表

国别	主管机构	相关规定
巴西	巴西出口与投资促进局（APEX－Brasil）负责投资促进事务，下设投资机构负责吸引外资。不同行业的外资政策一般由负责该行业的政府部委具体负责，一些重大项目的外资政策还需总统最后批准 国内各州设立地方一级的投资促进机构	外国货币投资： 在巴西投资建厂或获得现有巴西企业的所有权，只需通过巴西有权进行外汇操作的银行将外国货币汇入巴西。外资注册由巴西受益企业在外汇买卖合同成交后30天内向巴西央行提出申请，同时提交资金的资产化证明 外国信贷转化的投资： 须事先经巴西央行批准，然后进行象征性的外汇买卖操作。巴西企业应在30天内将该资金资产化，并向巴西央行提出外资注册申请 以实物投资： 以投资形式进入巴西的进口商品受非自动进口许可证（LI）的管理，进口商（外资或合资企业）需要先向巴西发展工商部外贸局（DECEX）提出进口申请，外贸局审核，再经巴西央行会签后发放进口许可证。以进口货物、机械、设备及其零配件进行的投资必须在通关后180天内融入目标企业资产 外资并购： 巴西《公司法》规定，股权收购实现对巴西上市公司的兼并，可通过现金或股权交换来完成 股权收购必须拥有足够数量的有表决权的股票，以确保对公司的控制权。进行股权收购应通过金融机构来完成，且受其担保。收购通知书要对让受方身份、认购股份、价格和其他支付条款、收购程序以及其他收购条款和条件进行披露 若公司发行的无表决权股票达到总数的2/3，公司控制者将可能掌握的50%的有表决权的股票，股权收购实现接管的可能性将降低

资料来源：中国商务部．对外投资合作国别（地区）指南：哥伦比亚、巴西（2015）［EB/OL］．http：//fec. mofcom. gov. cn/ article/gbdqzn/.

3. 拉丁美洲对外资的鼓励政策

拉丁美洲国家开放程度不同，对外资采取的吸引措施和吸引力度不同，下面选取巴西、哥伦比亚的投资鼓励政策予以重点介绍。

表3－35　巴西、哥伦比亚吸引外资的鼓励政策

国别	鼓励政策
哥伦比亚	哥伦比亚法律对外资实行与国内企业相同的待遇，政府不得对外资采取歧视性态度，也不得实行超国民待遇 **行业鼓励政策** a. 投资建筑业或者酒店业，如翻新或扩建等，可享受30年免征所得税的优惠政策 b. 投资生态旅游业可享受20年的所得税减免 c. 投资橡胶、可可等晚熟作物可免10年的赋税 d. 对可再生资源行业进行投资，或者投资河道运输等行业，可享受15年免征所得税的待遇 e. 投资林业，可终生免征所得税 f. 投资软件和医药，可享受免征所得税

续表

国别	鼓励政策
哥伦比亚	**地区性鼓励政策** 哥伦比亚政府2005年和2007年间设立了免税区的建设和管理框架，目前已经批准超过100个免税区，分布在大西洋、玻利瓦尔、北桑坦德、桑坦德等15个省和首都区，总面积约400万平方米 a. 在免税区可享受多重优惠政策，如所得税税率从33%降低为15%；从国外向免税区进口原材料、机械等免征关税、增值税和其他海关税负 b. 如果投资者满足一定条件，还允许单一公司设立自己的免税区，并享受与其他免税区同等一切优惠政策
巴西	**优惠政策框架** 巴西政府积极鼓励外国企业到巴西投资，主要优惠政策框架包括：对中小企业给予优惠税收；给予外国投资者国民待遇；对外资进入部分行业给予税收优惠；对外资进入部分地区（含特殊经济区域）给予优惠；对外资企业在巴西境内生产的出口产品，可向巴西政府申请出口信贷和保险等 **中小企业优惠政策** 为了鼓励中小企业，巴西政府提供三种税收优惠： a. 简易税率：要求企业年营业额在120万元雷亚尔以内，且所有外国股东必须都有巴西永久居留证。 b. 假设利润：要求企业年营业额在4800万雷亚尔以内，且不限制所有股东必须都有巴西永久居留证。 c. 实际利润：年营业额在4800万雷亚尔以上的公司可以自行选择是否适用本优惠税率，不限制所有股东必须都有巴西永久居留证 **行业鼓励政策** a. 免征部分资本产品以及软件产品等的工业产品税，具体产品涉及：农用拖拉机、蒸汽锅炉零件、汽轮机零件、泵类零件、非电热的工业或实验室用炉、皮革制品的制作机器、冶金、炼焦、铸造机械等14种资本产品；信息处理机器用的软件CD或DVD母片（不包含音像制品和其他软件）；用于制作发票的机器 b. 2013年5月，巴西政府对汽车新政的规章做了调整，对汽车行业的税率做了特殊规定。根据鼓励计划，履行了相关规定的汽车组装厂可以免纳额外的30%工业产品税 **地区鼓励政策** 为鼓励开发巴西北部和东北部地区，巴西联邦政府和地方政府对外国投资（必须是合资形式，而且巴西方面投资要占大股）实行免征10年企业所得税，从第11年起的5年内减征50%；免征或减征进口税及工业制成品税；免征或减征商品流通服务税等地方税

资料来源：中国商务部．对外投资合作国别（地区）指南：哥伦比亚、巴西（2015）[EB/OL]．http：//fec. mofcom. gov. cn/ article/gbdqzn/.

第四部分　行业篇

Industrial Report

在行业篇中，企业全球化研究课题组对航空运输业、海运物流业、旅游业、房地产业、金融业和信息技术产业六大领域进行研究，在数据与调查分析的基础上，形成对外投资行业研究报告。

一、航空运输业

我国国民经济行业分类将航空运输业分为航空客货运输①、通用航空服务②和航空运输辅助③活动三类。

2015 年，全球有大约 1400 家商业航空公司、4130 家机场和 173 家航空服务供应商（ANSP），在促进旅游和贸易方面扮演着重要角色。④ 下面以航空客货运输为重点，研判其投资机会。

（一）全球航空运输业发展现状与趋势

1. 航空客运：2015 年全球增长 6.8%，预计未来持续增长

（1）收入客公里（RPKs）：2010—2015 年连续六年保持高速增长

2015 年，全球航空业在石油价格持续大幅下降的背景下保持较高增长，以总的定期航班收入客公里（RPKs）表示的旅客运输量增长 6.8%，完成大约 65620 亿收入客公里（如图 4-1）。⑤ 2015 年，全球定期航班运输的旅客总数升至 35 亿人次，与 2014 年相比增加 6.4%。2015 年，全球飞机起降架次达到约 3400 万次。

2006—2015 年，除 2009 年受金融危机影响出现短暂下滑外，其余九年旅客运输量一直保持较快增速，其中 2007 年和 2010 年旅客运输量较上一年分别增长 8.2% 和

① 航空客货运输包括航空旅客运输和航空货物运输，前者指以旅客运输为主的航空运输活动，后者指以货物或邮件为主的航空运输活动。

② 通用航空运输指使用民用航空器从事除公共航空运输以外的民用航空活动。

③ 航空运输辅助活动包括机场、空中交通管理和其他航空运输辅助活动。

④ ICAO, *Air Navigation Report* [EB/OL]. http://www.icao.int/airnavigation/Documents/ICAO_ AN%20Report_ EN_ final_ 30042014.pdf.

⑤ 根据国际航空运输协会（International Air Transport Association, IATA）、国际民航组织（International Civil Aviation Organization, ICAO）和全球机场协会（Airports Council International, ACI）数据。

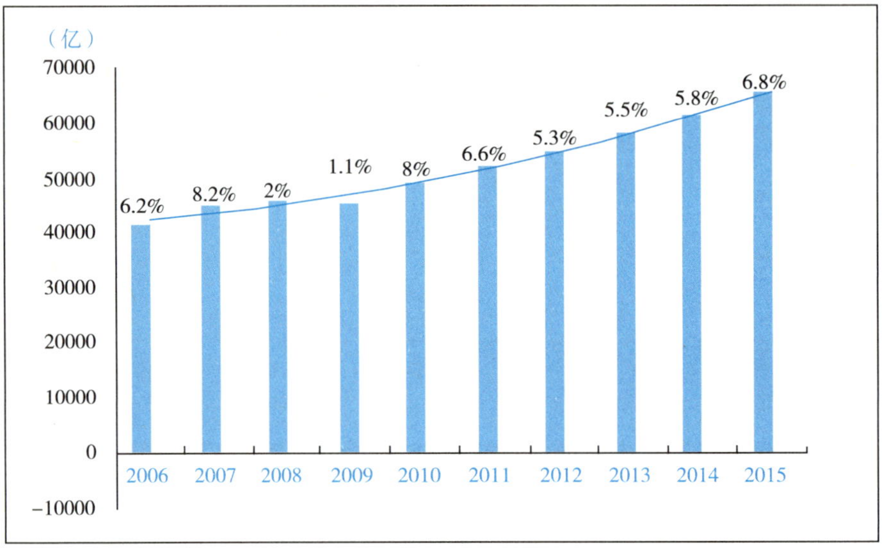

图 4-1　2006—2015 年全球航空运输同比增长趋势：以收入客公里（RPKs）计

资料来源：ICAO，2015：*Air Transport Yearly Monito* [EB/OL]. http://www.icao.int/sustainability/Documents/Yearly%20Monitor/yearly_ monitor_ 2015. pdf.

8%，远高于其他年份；2011 年以后旅客运输量进入稳定增长阶段，每年同比增速在 5%～7% 之间波动。

（2）可用座公里（ASKs）：2012—2015 年连续四年持续增长

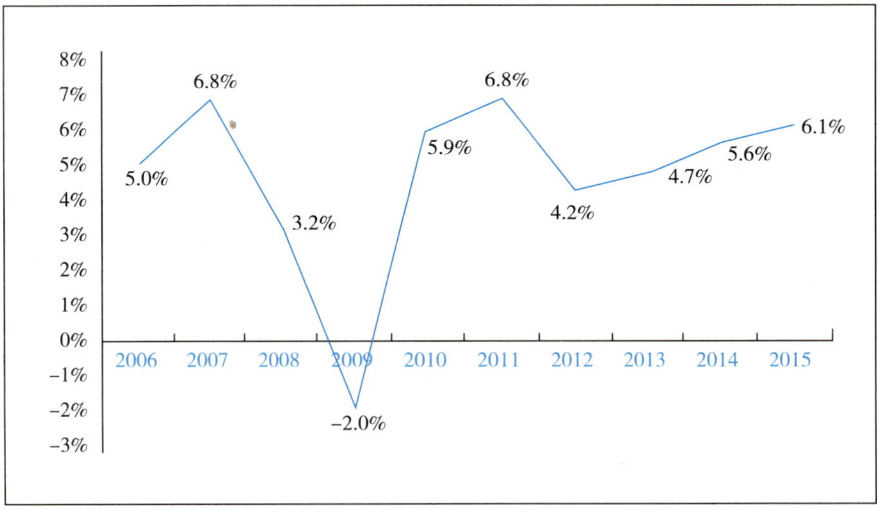

图 4-2　2006—2015 年全球航空运输同比增长趋势：以可用座公里（ASKs）计

资料来源：ICAO，2015：*Air Transport Yearly Monito* [EB/OL]. http://www.icao.int/sustainability/Documents/Yearly%20Monitor/yearly_ monitor_ 2015. pdf.

以可用座公里计算全球航空运输发展状况，2015 年较 2014 年增长 6.1%（如图 4－2）；近十年除 2009 年受经济危机影响出现负增长外，其余九年的增速保持在 3.2%～6.8%之间；2011 年恢复到 2007 年 6.8%的增长速度，此后增速有所下滑，但 2012—2015 年连续四年均保持稳定的持续增长态势。

（3）客座率（LS）：2015 年达到近十年来的最高值 80.2%

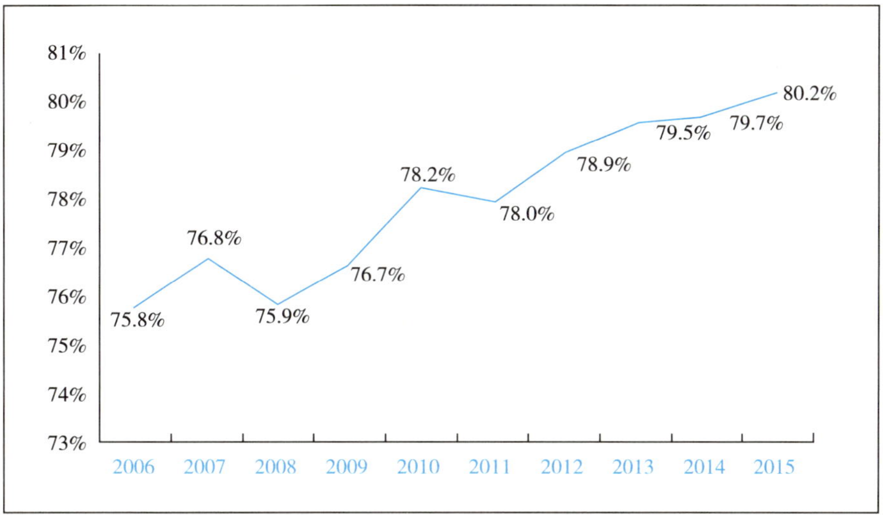

图 4－3 2006—2015 年全球航空客座率（LF）趋势图

资料来源：ICAO，2015：*Air Transport Yearly Monito* [EB/OL]．http：//www.icao.int/sustainability/Documents/Yearly%20Monitor/yearly_ monitor_ 2015.pdf.

以客座率来反映全球航空运输业发展状况，2015 年可谓表现亮眼的一年，客座率达到 80.2%的历史新高。2006—2015 年十年间，全球航空运输业的客座率除 2008 年受经济危机影响下滑 0.9 个百分点和 2011 年出现 0.2%的小幅下降外，整体呈上升趋势。（如图 4－3）

（4）区域：2015 年国际航空在中东、亚太、拉美地区增速最快，国内航空中印两国增长显著

以收入客公里计算，2015 年，全球国际定期航空旅客运输量区域份额占比最大的是欧洲地区（37%），其次为亚太地区（28%），中东地区和北美地区并列第三（14%），拉丁美洲和加勒比海地区以及非洲最低，各占 4%和 3%。（如图 4－4）

以收入客公里计算，2015 年全球国际定期航空旅客运输量区域增长状况差异明显：中东地区增速最快，达到 12.1%；其次是亚太地区，同比增长 8.2%；拉丁美洲和加勒比海地区增长 7.9%，居第三位；这三个地区的增速皆高于全世界 6.7%的

平均水平。2015 年欧洲和北美地区增速分别为 5.5% 和 3.3%，低于世界平均水平。非洲地区增长最慢，2015 年仅实现 0.3% 的增长。（如图 4－5）

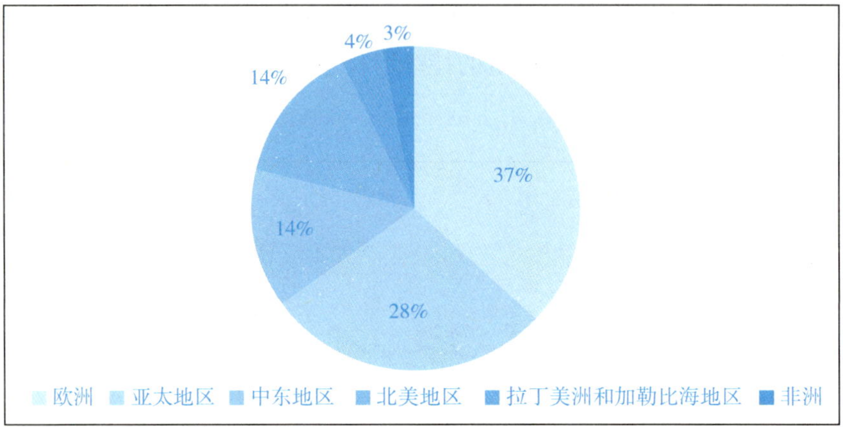

图 4－4　2015 年全球国际定期航空旅客运输量区域份额：以收入客公里（RPKs）计

资料来源：ICAO，*Air Navigation Report*，2016［EB/OL］．http：//www. icao. int/airnavigation/Documents/ICAO_ AN%20Report_ EN_ final_ 30042014. pdf.

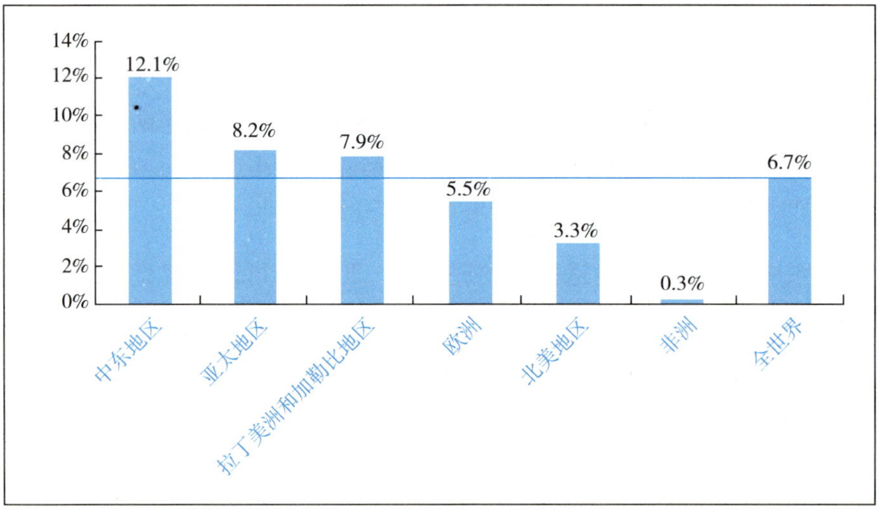

图 4－5　2015 年全球国际定期航空旅客运输量区域同比增长情况：以收入客公里（RPKs）计

资料来源：ICAO，*Air Navigation Report*，2016［EB/OL］．http：//www. icao. int/airnavigation/Documents/ICAO_ AN%20Report_ EN_ final_ 30042014. pdf.

在各国国内定期航班方面，2015 年整体市场增长 6.9%。其中：北美地区是世界上最大的国内市场，占全球国内定期航班运输量的 43%，2015 年增长约 4.7%；亚太地区占比 39%，2015 年增速高达 10.3%，十分迅猛，主要是受到印度和中国的强劲两位数增长的拉动——前者增长了 20.0%，后者增长了 10.6%；欧洲和俄罗斯的国内航空旅客运输量增长约 7%；美国和巴西的国内航空旅客运输量仅增长约 3%。

（5）趋势展望：航空客运业务重心东移，伴随旅游业的兴旺持续增长

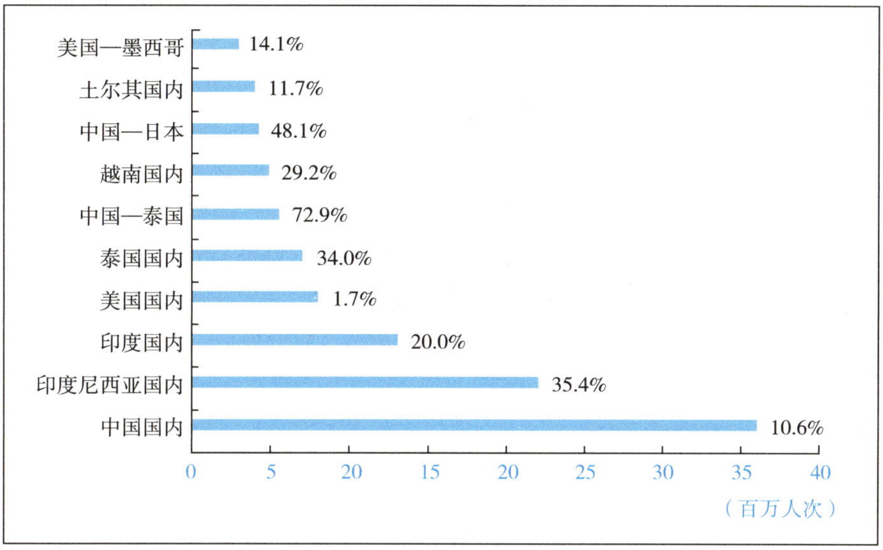

图 4－6　2015 年全球增长最快的 10 个出发地—目的地（O－D）航空客运市场

资料来源：IATA，*Annual Review* 2016［EB/OL］. http：//www. iata. org/publications/Documents/iata－annual－review－2016. pdf.

2015 年，全球增长最快的 10 个出发地—目的地（O－D）航空客运市场中有 7 个位于亚洲。亚洲客运市场包揽了增长速度最快的前 5 个，其中与中国相关的市场有 3 个，中国—泰国航空客运市场增速最快，达到 72.9%（如图 4－6）。这种迹象表明航空客运市场在向东方转移。

虽然中国经济的增长速度在下降，2015 年，中国国内航空客运市场在旅客量上仍实现了巨大的增长，较 2014 年增长 3600 万人次，高于印尼和印度两国航空客运市场旅客量增长总额。中国出境旅游市场发展强劲，往返于泰国、日本的旅客量较多。

2015 年全球国际旅游客流量同比增长 4.4%，国际航空运输收入客公里同比增长 6.7%，二者增长趋势保持一致（如图 4－7）。2006—2015 年十年间，除了 2009 年国际旅游客流量和国际航空运输收入客公里同比增长受经济危机影响“双降”外，其余年份均保持增长趋势。

由于国际旅游的持续升温，国际航空运输也随之增长。国际航空运输协会估计，2016 年全球商业航空运输量以收入客公里（RPKs）计将增长 6.3%，2017 年预计增

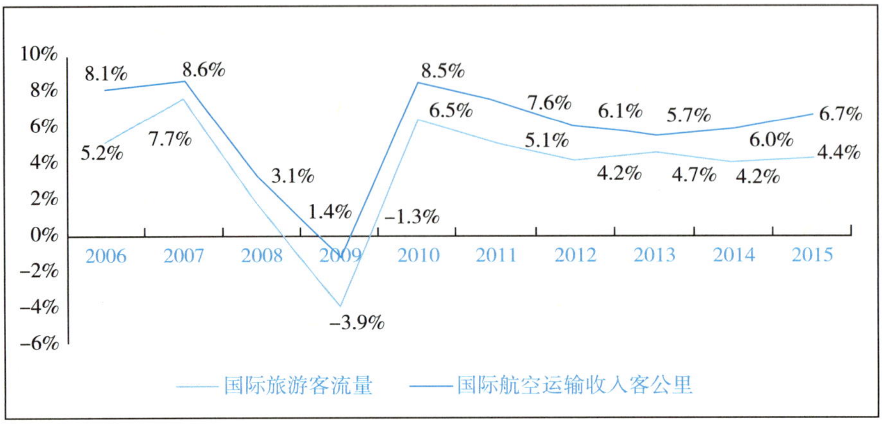

图 4-7　2006—2015 年全球国际旅游客流量和国际航空运输收入客公里（RPKs）同比增长趋势

资料来源：ICAO，2015：*Air Transport Yearly Monito* [EB/OL]. http://www.icao.int/sustainability/Documents/Yearly%20Monitor/yearly_ monitor_ 2015. pdf.

长 6.0%，2018 年将增长 4.7%。

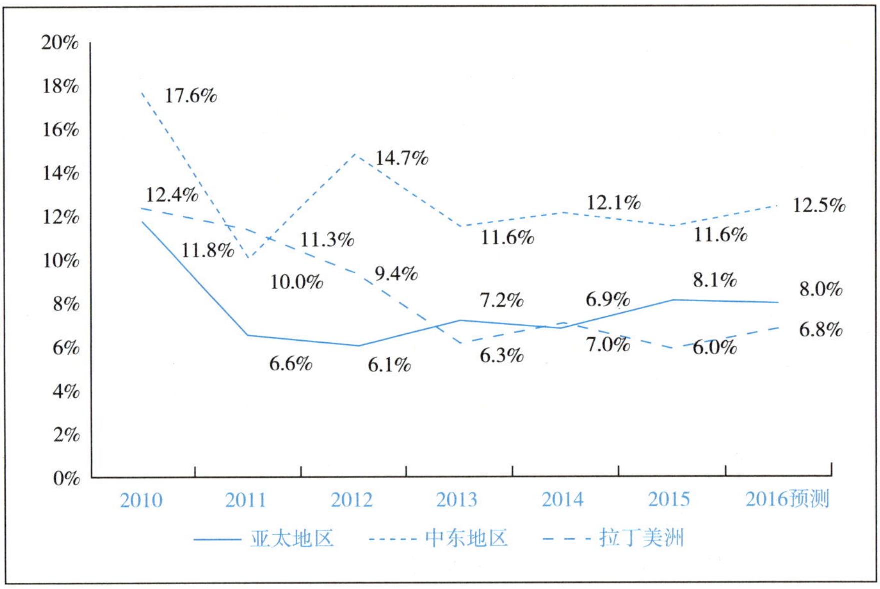

图 4-8　2010—2016 年区域航空客运以收入客公里（RPKs）计的同比增长趋势（一）

资料来源：IATA, *Air Passenger Forecasts Global Report* [EB/OL]. https://www.iata.org/events/agm/2015/Documents/air - pax - forecasts - executive - summary. pdf.

从航空运输量来看，2015 年航空客运以收入客公里计算，中东地区、亚太地区和拉丁美洲增长最快，增速分别达到 11.6%、8.1% 和 6.0%（如图 4-8）。欧洲、北美和非洲地区的增速相对较慢，同比增长分别为 5.8%、4.3% 和 1.2%。（如图4-9）

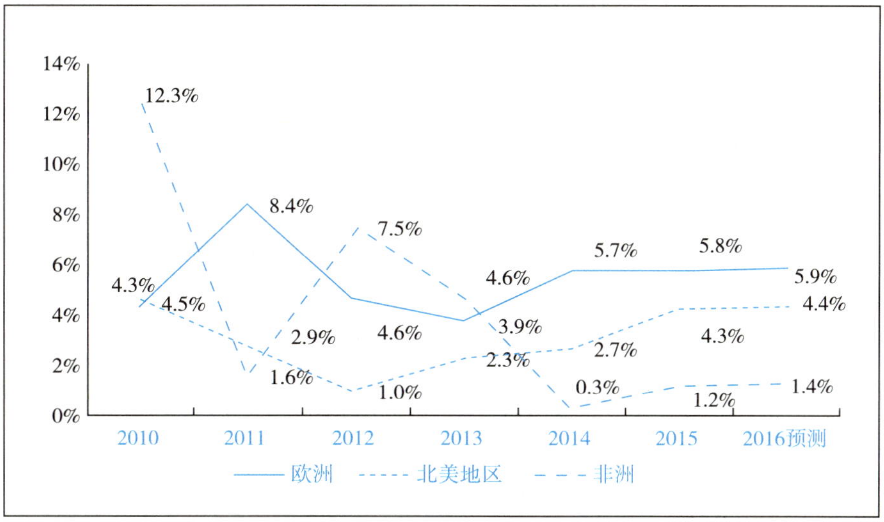

图 4-9 2010—2016 年区域航空客运以收入客公里（RPKs）计的同比增长趋势（二）

资料来源：IATA, *Air Passenger Forecasts Global Report* [EB/OL]. https://www.iata.org/events/agm/2015/Documents/air-pax-forecasts-executive-summary.pdf.

从航空运输能力来看，2016 年全球商业航空公司以可用座公里计（ASKs）的全球增长估测为 7.1%，其中北美地区增长 4.8%、欧洲增长 6.2%、亚太地区增长 8.4%、中东地区增长 12.2%、拉丁美洲增长 7.5%、非洲增长 1.6%。①

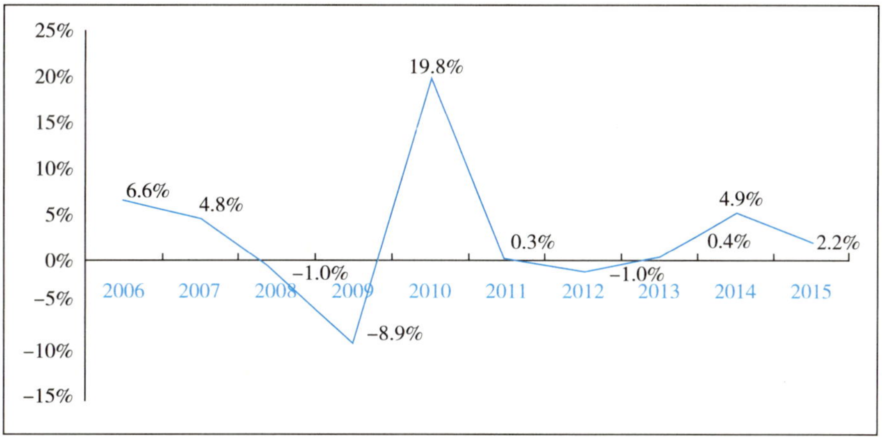

图 4-10 2006—2015 年全球航空运输业同比增长趋势：以货运吨公里（FTKs）计

资料来源：IATA, *Annual Review* 2016 [EB/OL]. http://www.iata.org/publications/Documents/iata-annual-review-2016.pdf.

① 国际航空协会（IATA）. http://www.iata.org/Pages/default.aspx.

2. 航空货运：2015 年全球增长 2.2%，未来增速预期缓慢

(1) 货运吨公里（FTKs）：2011—2015 年整体增长近乎停滞

航空货物运输主要服务于航空快递、国际贸易中的贵重物品、鲜活货物和精密仪器运输等，具有速度快、效率高的特点。2015 年以货运吨公里（FTKs）计的世界定期航班航空货运运输量增长 2.2%，不及 2014 年（4.9%）的一半。(如图 4－10)

(2) 区域：2015 年亚太地区市场份额最大，中东地区增长最快

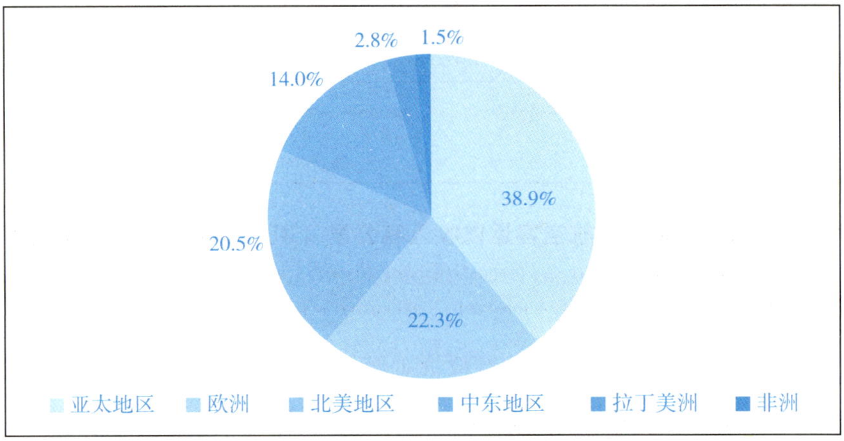

图 4－11　2015 年全球航空货运市场区域份额

资料来源：IATA, *Air Freight Market Analysis*, *June* 2016 [EB/OL]. http://www.iata.org/whatwedo/Documents/economics/freight－analysis－jun－2016.pdf.

从航空货运市场区域份额来看，2015 年亚太地区占全球航空货运市场份额最高（38.9%），其次为欧洲地区（22.3%），北美地区和中东地区分列第三（20.5%）和第四位（14.0%）。拉丁美洲和非洲地区所占份额最少，分别仅有 2.8% 和 1.5%。（如图 4－11）

在全球航空货运总份额中，2015 年国际航空货运占比近 87%，区域占比依次为亚太地区（34.6%）、欧洲（21.9%）、中东地区（14.0%）、北美地区（12.4%）、拉丁美洲（2.5%）和非洲（1.5%）。①

从航空货运市场区域增长速度来看，2015 年对世界航空货运市场增长速度贡献最大的是中东地区，增速高达 11.6%；其次为亚太地区，同比增长 2.4%；唯有这两个地区增速高于世界平均值。非洲和北美地区的增速分别为 1.8% 和 0.1%；欧洲

① IATA, *Air Freight Market Analysis*, *June* 2016 [EB/OL]. http://www.iata.org/whatwedo/Documents/economics/freight－analysis－jun－2016.pdf.

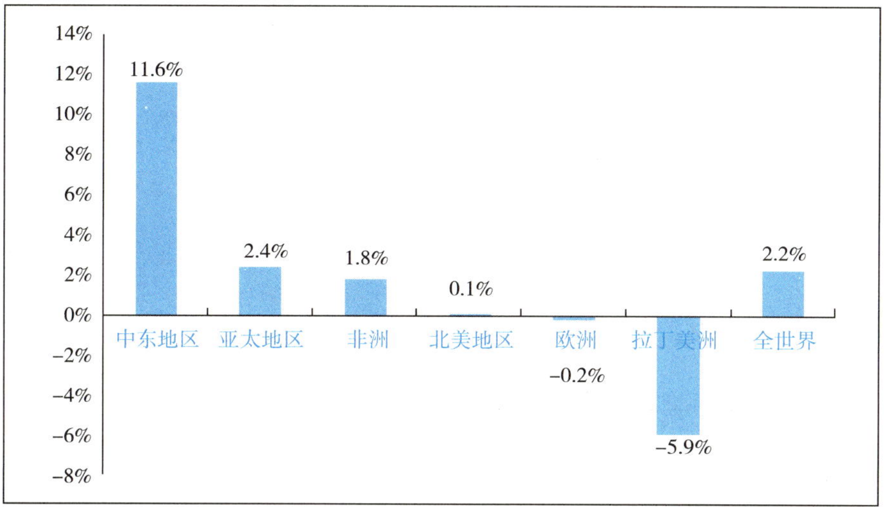

图 4-12 2015 年全球航空货运市场区域同比增长情况：以货运吨公里（FTKs）计

资料来源：IATA, *Air Freight Market Analysis*, *June* 2016［EB/OL］. http://www.iata.org/whatwedo/Documents/economics/freight-analysis-jun-2016.pdf.

和拉美地区则出现负增长，分别同比减少 0.2% 和 5.9%。（如图 4-12）

2015 年国际航空货运市场区域以货运吨公里（FTKs）计的增长速度为中东地区 11.5%，亚太地区 2.3%，欧洲 0.0%，北美地区 0.4%，拉丁美洲 -5.9%，非洲 2.0%。

（3）趋势展望：全球货物贸易不振将影响全球航空货运增速

2015 年，全球航空运输业货运吨公里和全球货物贸易量分别同比增长 2.2% 和 2.8%①。2010—2015 年增长趋势显示：二者基本呈正相关，不同的是航空运输业（FTKs）比全球货物贸易量的增幅波动更大一些。二者在 2010 年的增速均达到 10% 以上，之后增速下滑明显，2012 年均达到最低值，之后开始回升，但近年来增速在低位徘徊。（图 4-13）

2015 年，定期航班国际载货率从 2014 年的约 50% 降至 47%，反映出世界贸易趋势总体走弱。另一种情况也开始出现，即越来越多的航空公司利用客机而非专用货机来运输货物，以此提高客机的利用率。

预计 2015—2020 年，全球经济整体呈“弱复苏、慢增长、多风险”的状况，全球贸易发展缓慢，进而影响全球航空货运业务量，使全球航空货运乏力。截至 2016 年 6 月，虽然全球航空货运吨公里同比增长 4.3%，实现 14 个月以来最快增速，中东航空公司的增速再次位居世界榜首，欧洲和亚太航班收益稳定，但潜在风险不可

① WTO 估测值。

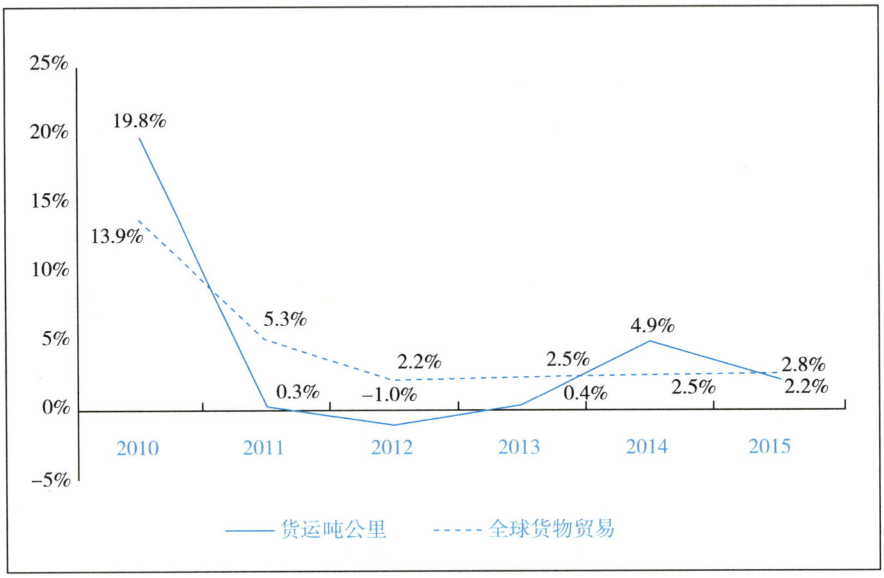

图 4-13　2010—2015 年全球航空运输业（FTKs）与全球货物贸易量同比增长趋势

资料来源：IATA，*Annual Review* 2016［EB/OL］. http：//www. iata. org/publications/Documents/iata - annual - review - 2016. pdf；WTO，World Trade Report 2015.［EB/OL］. https：//www. wto. org/english/res_ e/reser_ e/wtr_ e. htm.

注：2015 年的 2.8% 为 WTO 的估测值。

忽视。荷兰 CPB 的数据显示①，2016 年全球贸易量估测增长 0.7%，几近停滞。显然，全球贸易增长和航空货运之间关系密切，这给航空货运带来巨大的挑战。

此外，航空货运运输单位成本近年来一直呈下降趋势。2015 年每收入吨公里（RTK）的运费约为 1995 年的 49%，预计 2016 年会下降到 46%。而到 2016 下半年至 2017 年，国际油价有望回升，航空成本预计会有所提高。

（二）中国航空运输业对外投资情况②

1. 规模：2005—2015 年实施境外并购 33 起，累计披露交易额约 54.36 亿美元

根据 CCG 数据库收集的案例③，2005—2015 年中国航空运输业共实施境外投资并购 33 起，披露交易额累计为 54.36 亿美元④——因有多起境外投资未公布交易金

① CPB，*World Trade Monitor June* 2016［EB/OL］. http：//www. cpb. nl/en/figure/cpb - world - trade - monitor - june -2016.

② 中国航空输运业对外投资情况是指中国企业（包括航空运输业企业主体和非航空运输业企业主体）在境外实施的航空运输业领域的投资并购情况。

③ 不完全统计，数据案例涵盖大部分投资案例，包括在航空工业领域的投资，不包括在航空租赁领域的投资。

④ 不包含航空租赁案例。

额，该数据未必能反映真实的投资规模，但仍能从中获得一些趋势性观测。

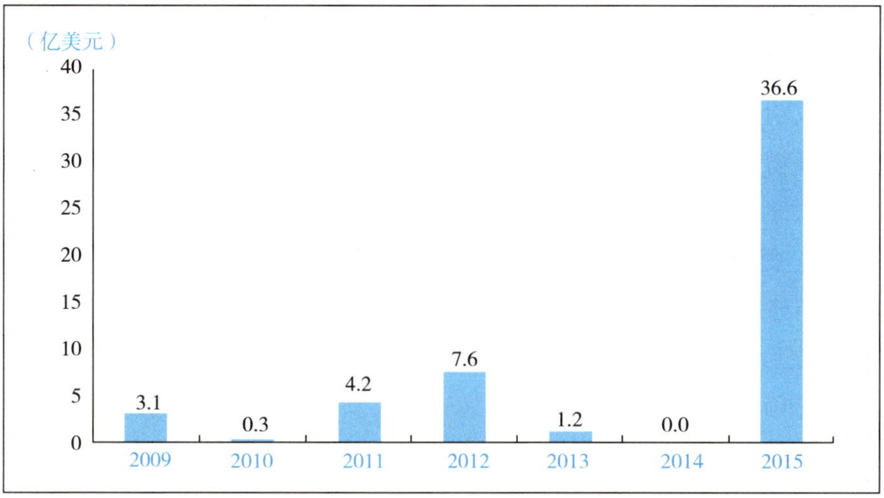

图 4-14 2009—2015 年中国航空运输业海外投资金额

资料来源：CCG 数据库。

注：2005 年为 143 万美元；2007 年 1.3 亿美元；2006 年、2014 年的投资案例均未披露交易金额。

总体来说，航空运输业的对外投资占中国对外直接投资总额比例较少，但近年来其海外投资金额整体呈增长态势，2015 年达 36.6 亿美元（如图 4-14）。2016 年 1—9 月，包括正在洽谈中的项目，中国航空运输业对外投资额累计达 25.62 亿美元，预计全年有望创下历史新高。

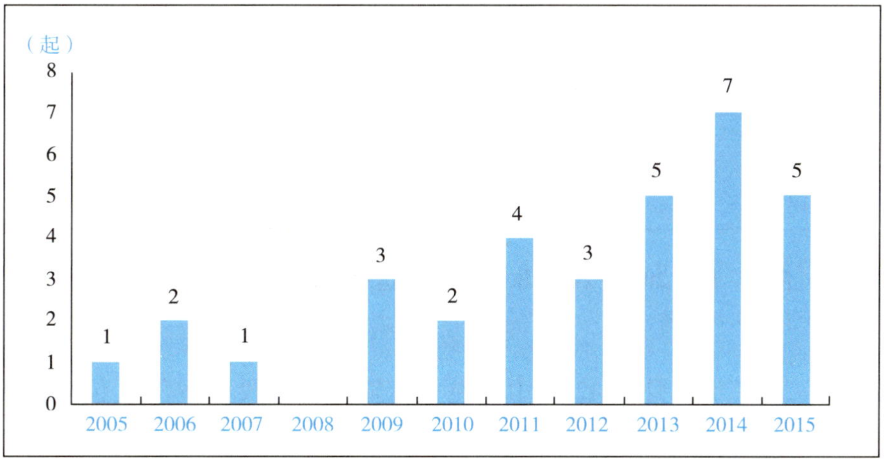

图 4-15 2005—2015 年中国航空运输业海外投资并购案例数

资料来源：CCG 数据库。

从航空运输业的对外投资历程来看：2008 年之前，共发生了 4 起投资，其中包括 2005 年哈尔滨飞龙航空与五位尼泊尔自然人投资成立尼泊尔飞龙航空公司，中方持股 90%——这是中国航空业首次投资海外，拉开了海外扩张的帷幕；2006 年，海南航空公司收购香港快运，首次实现中国内地航空公司跨国（地区）并购；2007 年，林德国际物流集团以 10 亿元人民币收购德国帕希姆机场，将航空运输业的对外投资扩展到欧洲地区。

2008 年，受全球金融危机影响，航空运输业国际化发展受阻，当年中国未发生海外并购或新建航空公司的案例。

2009 年之后，中国航空运输业的对外投资步伐明显加快，当年实施了 3 起投资案例。2009—2015 年六年间，中国航空运输业共发生了 29 起海外投资案例，期间以海航集团为首的中国航空公司加快了“走出去”步伐，以新建机场及并购国外航空公司的形式不断拓展海外业务；2014 年实施海外投资 7 起，为历年最高。整体来看，2009 年之后中国海外航空运输业对外投资呈增长趋势。（如图 4－15）

2016 年有望成为中国航空运输业对外投资高速增长的一年，据统计 2016 年 1—9 月，已完成和进行中的海外并购案例为 9 起，创历年投资数量之最。

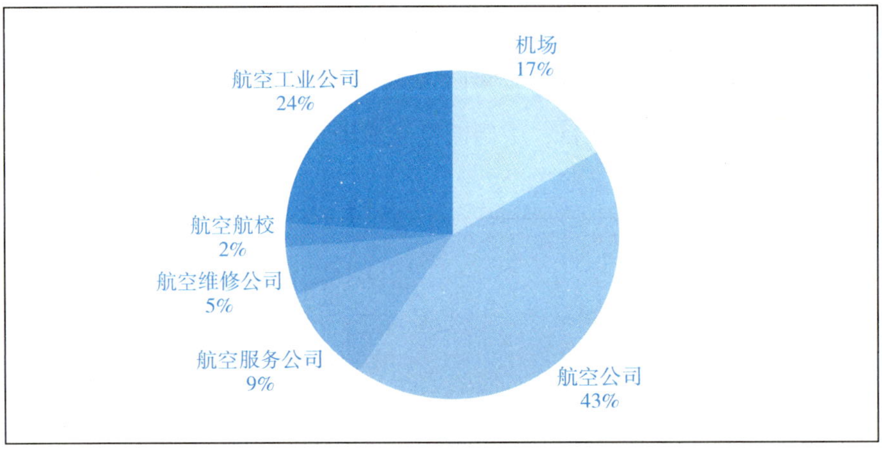

图 4－16　2005—2016 年中国航空运输业海外投资细分领域

资料来源：CCG 数据库。

在 2005—2016 年 9 月的 42 起中国航空运输业海外投资案例（包括正在进行的），对航空公司的并购有 18 起，占总投资案例数的 43%，其中包括 2 起对货运公司的并购案例；其次是并购航空工业公司，占总份额的 24%（10 起）；新建或并购机场占 17%（8 起）、收购航空服务公司占 9%（4 起）、收购航空维修公司占 5%（2 起）、并购航空航校占 2%（1 起）。（如图 4－16）

2. 区域：欧洲、美洲、亚洲发生的投资并购案例数最多

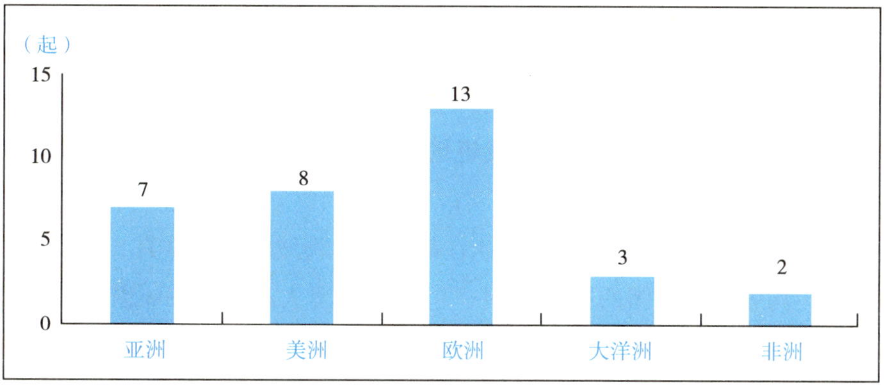

图 4－17　2005—2015 年中国航空运输业对外投资区域分布

资料来源：CCG 数据库。

从区域分布状况来看，2005—2015 年中国航空运输业对外投资主要发生在欧美发达地区，据不完全统计，期间对欧洲投资案例为 13 起，对美洲投资案例 8 起；其次是亚洲，期间共实施 7 起。（如图 4－17）

在欧洲，2007 年 5 月，林德国际物流集团从全球 11 家竞标者中胜出，成功收购德国帕西姆机场 100% 控股权，实现中国企业首次收购外国机场并在欧洲拥有航空运输基地；2009 年，中航工业下辖西安飞机工业集团和香港 AIGL 投资基金共同收购了奥地利 FACC 公司 91% 的股份，实现国有航空公司在欧洲投资的首战；2012 年之后，中国企业加快对欧洲市场的投资，在法国、希腊、意大利、葡萄牙等国收购航空公司、国际机场，以及航空服务公司等。其中，2014 年，亿普集团收购意大利帕尔马国际机场 68% 的股权，交易金额未披露；2015 年 7 月，海航集团以约 175 亿元人民币全资收购了瑞士空港公司（Swissport）100% 的股权，该公司是全球最大的航空地面服务及货运服务供应商。

在美洲，中国企业在航空运输业的投资主要发生在北美地区。2009 年 11 月，潍坊天翔航空科技公司收购美国卓越航空发动机公司 100% 股权，交易金额 1000 万美元，属在美洲投资最早的案例。2010—2011 年，中航工业收购美国 EPIC 飞机公司和西锐飞机工业公司，获得了对方的先进技术。在 2012—2014 年中国企业比较大型的投资案例有：2012 年 11 月，中国投资有限责任公司以 7.16 亿美元收购英国希思罗机场，获得后者 10% 的股权；2013 年，河南美景集团收购美国穆尼航空公司 100% 股权，交易金额为 1 亿美元。

2015 年 11 月，海航集团以 4.5 亿美元收购巴西蔚蓝航空公司 23.7% 的股权，

后者是巴西第三大航空公司，海航由此成为该航空公司单一最大股东，这是中国公司在美洲航空运输领域单笔投资中最大的一笔。

在亚洲，中国企业在航空运输领域的对外投资最早发生在尼泊尔，2005 年，合资成立尼泊尔飞龙航空公司，其后包括海航在中国香港早期的投资。截至 2015 年，中国企业共发生了 7 起航空公司并购或机场新建案例，主要发生在中国香港和土耳其地区。

在大洋洲，截至 2015 年，中国企业在航空运输领域的投资共有 3 起，主要发生在澳大利亚，均为海航集团的投资项目，包括收购澳大利亚 Arena 航校、海航集团和南山集团分别收购维珍澳大利亚航空公司 13% 和 20% 的股权，维珍澳大利亚是澳大利亚第二大航空公司，中国企业由此掌握了该公司三分之一的股权。

在非洲，目前非洲航空市场在全球市场中所占份额不到 1%，因此，中国企业对该地区的投资量也最少。仅有海航集团实施的两起案例，分别是 2012 年在加纳投资建立 AWA 航空公司及 2015 年通过旗下荷兰的全资子公司入股南非商务航空集团。海航在组建加纳 AWA 航空公司之后，公司的旅客量以年均 50% 的速度增长。随着"一带一路"建设的推进，中国对非洲投资以及赴非洲旅游的人越来越多，有助于非洲地区航空运输业的发展。

3. 特点：民营企业为主体，并购为主要方式，横向投资最多

（1）民营企业为投资主体

2005—2015 年发生的 33 起海外航空运输类投资并购案例中，中航工业等国企实施了 11 起投资，民营企业完成了 22 起①投资。2016 年 1—9 月，11 起海外投资中，民营企业有 10 起，国企有 1 起，从数量上看民营企业仍然占据优势。

（2）并购为主要投资方式

中国企业在境外航空业投资的主要形式是海外并购。2005—2015 年的 33 起境外航空业投资案例中，30 起是以并购形式完成。

2015 年以来，中国航空领域海外并购出现井喷式发展特点，至 2016 年 9 月，9 起案例（其中 2 起为金融租赁）均是以并购形式进行，其中海航集团（包括下属公司渤海租赁）实施的并购案例高达 7 起。（如表 4 - 1）

---

① 此统计方法把海航集团等混合所有制企业划分至民营企业阵营。

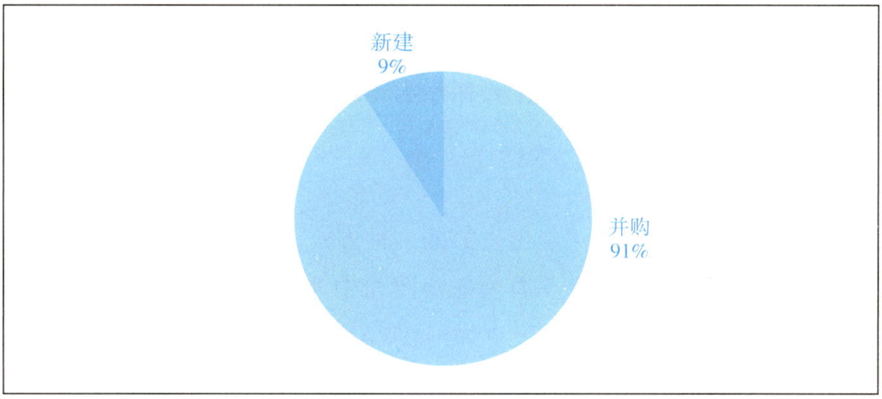

图 4－18　2005—2015 年中国航空业海外投资类型

资料来源：CCG 数据库。

表 4－1　2015—2016 年中国航空运输业境外并购案例（部分）

时间	并购主体	并购标的	标的所在地	被并购方卖家
2015 年 1 月	东方航空	CAE 墨尔本飞行培训有限公司 50% 股权	澳大利亚	CAE 墨尔本航校
2015 年 3 月	海航集团	南非 Comair 航空公司	南非	Comair
2015 年 7 月	海航集团	瑞士 Swissport	瑞士	Swissport
2015 年 9 月	海航集团	爱尔兰 Avolon 飞机租赁公司	爱尔兰	Avolon
2015 年 12 月	海航集团	巴西蔚蓝航空 23.7% 股权	巴西	巴西蔚蓝航空
2016 年 4 月	海航集团	瑞士佳美集团	瑞士	Gategroup Holding AG
2016 年 5 月	海航集团	维珍澳大利亚航空	澳大利亚	Virgin Australia
2016 年 6 月	海航集团	法航旗下航空配餐公司 Servair	法国	Servair
2016 年 6 月	海航集团	葡萄牙 TAP 航空公司	葡萄牙	TAP
2016 年 6 月	中国航空技术国际控股有限公司	英国 AIM Altitude 公司	英国	英国 AIM Altitude 公司
2016 年 6 月	中国南山集团	维珍航空 19.98% 的股份	新西兰	维珍航空
2016 年 7 月	渤海金控	45 架附带租约的飞机租赁资产（不含负债）	美国	GECAS
2016 年 7 月	海航集团	瑞航技术 80% 的股权	瑞士	穆巴达拉发展公司
2016 年 7 月	渤海金控	45 架带租约的飞机租赁资产	美国	通用电气（GE）

资料来源：根据公开资料整理。

中国企业在航空运输业的境外投资布局相对起步晚，2005 年才开始赴海外投资，2009 年以后大力“走出去”，以并购为主要形式，有助于快速扩大规模和向产业上下游延伸。例如，海航集团通过海外并购，不但扩充了航空运输规模，还拓展到航空培训、航空地面服务、配餐服务等领域，完善其航空产业链的全球化经营格局。

境外合资新建也是航空业“走出去”的一种方式，但占比较小。2005 年中尼双方成立尼泊尔航空公司，2012 年 7 月海航集团与中非发展基金有限公司、加纳 SAS 金融集团、加纳社保基金四方共同投资加纳 AWA 航空公司，以及 2014 年 10 月西藏航空有限公司、尼泊尔喜马拉雅航空投资公司和尼泊尔雪人航空共同投资成立喜马拉雅航空公司，是较为典型的案例。

（3）横向投资、纵向投资较多，混合投资较少

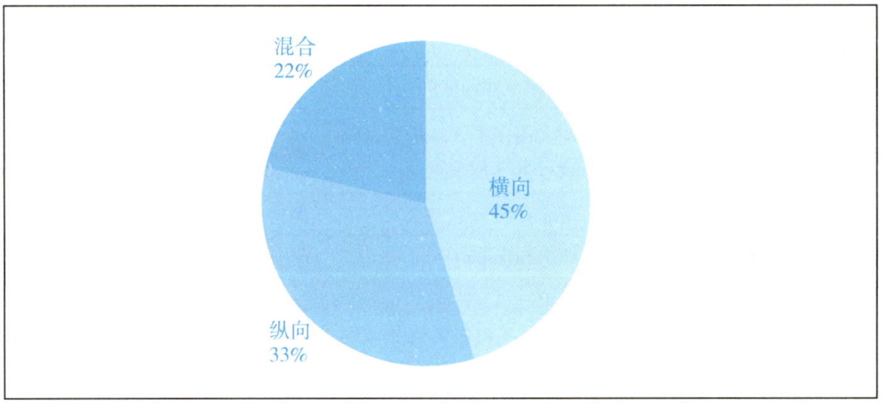

图 4 –19　2005—2016 年中国航空业公司海外投资案例类型

资料来源：CCG 数据库。

2005—2016 年，中国航空业公司 42 起（包括正在进行的）海外投资案例中，其中有 19 起（45%）属于横向投资，另有 14 起（33%）属于纵向投资，剩下的 9 起（22%）属于跨行业的混合投资。（如图 4 – 19）

从中可以看出，中国航空企业是对外实施投资的主体，通过海外扩张来扩大规模，或向产业上下游延伸，以在全球舞台上进行资源重组配置。

在 9 起混合投资案例中，既有大型国企为扩展公司经营范围将势力延伸到航空业，例如 2012 年中国投资有限责任公司斥资 7 亿多美元并购英国希思罗机场；也有民营企业收购国外飞机公司，例如 2012 年黑马矿业公司以 2000 万美元收购法国飞机制造商丽夏公司 70% 的股份和核心资产。这种跨行业并购有的是出于财务投资，有的是为了获得核心技术或其他目标。对于后者，在之后的经营中需要付出较大努

力，特别是受全球金融危机影响，海外航空类公司因经营不善而被并购，如何改善这些企业的运营状况显然是一个棘手问题。

（三）中国航空运输业对外投资重点区域的商业机会

1. 中东地区

中东是两洋、三洲、五海之地，处在联系亚欧非三大洲，沟通大西洋和印度洋的枢纽地位。2015 年，中东航空客运和货运市场成为全球增长最快的区域，主要得益于中东国家贸易量大幅增长、航空货运网络和基础设施不断完善，以及中东各大航空公司实施新航线开拓战略等。

（1）航空运输业增长潜力

2015 年，中东航空客运和货运市场增长指数居全球之首，航空运量占全球总运量的 9.4%，居于第四位。其中，国际运量占全球国际运量份额的 9.1%，居于第三位，给投资者带来潜在投资机遇。①

①航空客运：领跑国际市场，预计至 2034 年累计新增运量近 4 亿人次

2015 年，中东航空客运以运力增长 12.6%、运量增长 10.1% 的高速增长率领跑国际市场，全球国际定期航空旅客总运输量的 14%，定期航空旅客运输量增长 12.1%。2015 年，航空旅客运输国际化率（国际运输量/整体运输量）达到 96.8%。② 2015 年，仅迪拜国际机场总客流量已超出 7800 万人，同比增长 10.7%。根据国际航空运输协会（IATA）预计，至 2034 年，中东地区将实现 4.9% 的年均增长率，为世界最高，其中阿联酋、卡塔尔和沙特阿拉伯将成为中东地区的主要发力国，其年均增长率将分别达到 5.6%、4.8% 和 4.6%，新增客运量累计将达到 3.83 亿人次。③

②航空货运：全球增速最高，达到两位数

2015 年，中东地区国际航空货运占全球国际航空货运市场份额的 14%，且增速高达 11.6%，成为拉动世界航空货运市场增长的主要力量。同年，中东地区航空货运力（货运吨公里，FTKs）以 15.7% 的速度增长，接近全球水平的三倍；运量增长 11.6%，增速超过全球增速的五倍。货物运输均为国际货物承运，国际化率（国际运输量/整体运输量）达到 100%。2016 年 5 月，相比欧洲和北美航空货运量出现

---

① 国际航空运输协会（IATA）. http：//www. iata. org/Pages/default. aspx.
② 国际航空运输协会（IATA）. http：//www. iata. org/Pages/default. aspx.
③ 国际航空运输协会（IATA）. http：//www. iata. org/Pages/default. aspx.

1.3%和2.9%的下降，中东地区航空货运量同比增长18%，十分瞩目。

③航空运力需求：中东空港和远程航线发展需求潜力大

波音公司预计，到2035年，拥有超过3500架飞机才能满足中东空港的发展。未来20年，新增约1500架宽体飞机才能满足中东地区发展远程航线的需求。[①]

（2）外资准入政策

中东地区国家对外资进入本国民航产业的准入政策限制较多，其中阿拉伯国家政府在航空业对外国投资者均设有一定的限制，但不排除部分国家（地区）在民航领域对外商投资实施相关鼓励政策。下面重点选取阿联酋、伊朗、埃及、以色列、沙特阿拉伯予以介绍。

表4-2 部分中东国家对外资进入航空业的准入规定

国家和地区	准入规定
阿联酋	a. 外资进入航空业比重不得超过49% b. 将航空服务业列为《阿联酋竞争法》的行业豁免名单之中，并在自由区和经济特区内投资的外商无个人企业所得税、无股比和最低投资限制，并可100%控股
伊朗	外商投资只能占伊朗航空公司股份的49%，其余51%必须由伊朗合作伙伴占股
埃及	私营或国外航空承运人经营从开罗出发或抵达开罗的定期航班业务需经国有航空公司许可
以色列	a. 公共安全考虑 b. 在航空、海运等部分领域的投资予以人员和资金限制
沙特阿拉伯	a. 鼓励私人业主参与机场等航空基础设施建设 b. 注重以BOT方式吸引私有资本，弥补政府资金不足

资料来源：商务部．对外投资合作国别（地区）指南：阿联酋、伊朗、埃及、以色列、沙特阿拉伯（2015）[EB/OL]．http://fec.mofcom.gov.cn/article/gbdqzn/.

（3）重点投资目的国：沙特阿拉伯+伊朗

①沙特阿拉伯：民航运营+机场及服务+私人飞机服务

沙特阿拉伯是中东地区最大的经济体和消费市场，2015年GDP达6532.19亿美元，同比增长3.4%；境内建有26座机场，22个由民航总局管理和运营的地区以及国内的航空港。其中，民航运营、机场及相关服务运营和私人飞机服务市场存在较大投资机遇。

第一，沙特阿拉伯将航空业列为六大外商投资行业之一，逐渐放宽外资投资航空领域的限制。[②] 沙特政府陆续向民航运营商联合体发放运营许可证，政策利好为

① 波音航空航天公司．http://www.boeing.com/.

② 沙特投资总局．www.sagia.gov.sa.

外商投资中东航空业提供了便利。2012 年，沙特民航总署开始向包括沙特与中国运营商联合体、沙特与海湾国家运营商联合体等在内的 7 家民航运营商联合体发放沙特民航运营许可证。

第二，2016 年沙特全面实现机场及相关服务运行私营化。2013 年，沙特民用航空管理局开始扩容利雅得哈立德国王国际机场，从 1200 万架次增至 3500 万架次。[①] 2016 年一季度，首都利雅得的哈利德国王国际机场率先实现私营化运作，随后空中交通管制以及信息技术处理单元也将相继私有化运营。2020 年之前，国际机场的其他单元以及地方机场私有化将全方位实施。

第三，私人飞机服务市场投资潜力大。得益于近年外国投资增长以及国内需求增多，沙特的私人飞机服务市场年增长率可达 15%。

②伊朗：航线开辟 + 候机楼建设 + 机场建设

伊朗是中东地区第二大经济体，2015 年的航空运输总客座数为 2200 万，国际航线客座数约 1160 万，年增长率为 14%，国内航线客座数约 1050 万。同年，随着伊朗核问题达成全面协议，外部环境趋于稳定，民航业迅猛发展。其中，航线合作、候机楼建设、机场建设领域投资潜力较大。

第一，伊朗鼓励外资进入民航运输领域。2016 年，共有 28 家境外航空公司涉足伊朗的国际航线运输，主要是来自中东和土耳其的航空公司，例如，占据伊朗民航运输市场最大份额（20%）的土耳其航空和阿联酋航空（9%）以及迪拜航空（6%）；中亚的阿斯塔纳航空和亚航长途都开始进军伊朗市场。在中国和东亚范围内，中国南方航空是首家涉足伊朗市场的航空公司。

第二，得益于空客的融资支持，更多海外航空公司与伊朗建立航线合作。在再融资便利方面，空客公司为先期交付伊朗航空的部分飞机提供融资支持，直到银行等其他国际金融机构能适时重返伊朗，并为后续的采购订单提供融资支持。据伊朗民航组织统计，在 2025 年前，为更新老旧机队，伊朗需要投入 400 ～ 500 架飞机。[②]

第三，伊朗加大对航空基础设施领域的投入。2015 年，伊朗开始为 1/2 的民用机场开发新候机楼，同时为阿拉兹、库姆等地筹建 80 亿美元的新机场。

但须注意的是，根据伊朗法律，外商投资伊朗航空公司的股份不得超过 49%；同时，由于伊朗当地融资成本高，外资企业在当地融资困难较大，工程承包项目的

---

① 沙特投资总局 . www. sagia. gov. sa.

② 民航资源网 . http：//www. carnoc. com/.

融资方案多要求承包商提供。再加上美欧对伊朗的金融制裁，信用卡使用受到限制，以现金和当地储蓄账户交易为主。

2. 亚太地区

亚太地区凭借地理范围广阔和多种规模经济体集合，成为世界上最重要的经济投资区域之一。得益于人口数量、“一带一路”建设和亚太国家对外资投资航空业的政策放宽，亚太地区航线客货运潜在需求量巨大。

（1）航空运输业增长潜力

①航空客运：“一带一路”建设提供勃发潜力

2015 年，亚太地区占全球国际定期航空旅客运输量区域份额的 28%，同比增长 8.2%；占世界国内定期航班运输的 39%，同比增长 10.3%。

中国推进“一带一路”建设，为培养所需的人才，每年向沿线国家提供 1 万个政府奖学金名额；同时，新加坡、马来西亚和部分非英语国家政府实施的优惠措施对中国留学生也具有明显的吸引力。此外，预计未来 5 年内，中国将向“一带一路”沿线国家输送 1.5 亿人次的游客量。上述因素为亚太航空客运提供勃发潜力。[①]

②航空货运：增速高于世界平均值

亚太地区以占比 38.9% 居全球航空货运市场份额首位；占国际航空货运的 34.6%，同比增长 2.4%，高于世界平均值。

2016 年 6 月，亚太航空公司航空货运需求同比增长 3.5%，运力增长 3.6%。[②]借力“亚洲内陆”市场货运商机，亚太航空的全球和区域货运贸易市场潜力巨大。

③航空运力需求：货运机队规模有望翻番

空客公司全球市场预测认为，亚太地区将在全球航空货运市场中占主导地位。到 2030 年，亚太地区航空公司运营的专用货机机队将从目前的 316 架增加到 887 架，占到全球货机机队的 30%。[③]

（2）外资准入政策

亚太地区各国对外资进入本国航空业的规定不尽相同，其中印度和东盟国家政策对于外资流入比较宽松，其他部分国家则相较严格。

---

① 国家旅游局 . http：//www. cnta. gov. cn/.

② 国际航空运输协会（IATA）. http：//www. iata. org/Pages/default. aspx.

③ 空中客车公司 . http：//www. airbus. com. cn/homechina/.

表 4-3 部分亚太国家对外资进入航空业的准入规定

国家和地区	准入规定
印度	a. 允许外资在航空运输业的持股比重达到 49% b. 允许外资在机场领域进行 100% 的投资
韩国	外资持股比例不得等于或超过 50%
俄罗斯	对外资准入规定较严格，外国投资者不能参加股东大会和董事会的管理工作
缅甸、越南	2007 年起根据《中国—东盟全面经济合作框架协议服务贸易协定》，对中国取消“市场准入限制”及“国民待遇限制”
柬埔寨、马来西亚、文莱、新加坡	a. 对中国取消“市场准入限制”及“国民待遇限制” b. 对飞机维修和保养服务、航空运输服务的销售和营销等领域完全放开
日本	航空运输业属于限制行业，外国投资者获取日本航空运输等保留行业非上市企业股权或上市企业股份超过 10%，需要提前申报手续

资料来源：商务部. 对外投资合作国别（地区）指南：印度、韩国、俄罗斯、缅甸、越南、柬埔寨、马来西亚、文莱、新加坡、日本（2015）[EB/OL]. http://fec.mofcom.gov.cn/article/gbdqzn/.

（3）重点投资目的国：印度 + 俄罗斯

①印度：机场建设 + 航空货运 + 低成本航空市场

印度是南亚次大陆最大的国家和全球第二人口大国，航空市场正处于高速成长期。2015 年，印度民航业旅客运输量增速近 20%，居全球首位；国内旅客运输量达到 8109.2 万人次，同比增长 20.34%；国内运力上升 10.2%。其中，机场建设、航空货运、低成本航空领域投资潜力较大。

第一，印度在外资投资航空业准入政策方面相对宽松，规定外资在航空业参股比重可达 49%，允许外资在机场建设领域持股可达 100%。2000 年 4 月至 2015 年 5 月，印度航空运输业吸引的外商直接投资达 5.7318 亿美元，[①] 包括坎努尔国际机场公司与印度机场当局签署协议，投资马塔努尔新机场 2.9562 亿美元，占股 26%。

第二，印度民航需求将持续大幅度增加，其中航空货运市场潜力尤为巨大。空客公司预测，到 2020 年后，印度的航空运输业年增长将超过 10%，约为全球平均增长率的两倍；航空货物运输量将达到 2015 年运输量的 5 倍——其中，由于出口与进口的不断增长，进而拉动市场扩大，国际货物运输量将占到 60% 以上。

第三，印度民航的航空运力需要大幅增加以满足需求。波音公司预测，到 2030

① 印度产业政策和促进部. http://dipp.nic.in/English/default.aspx，此统计口径包含航空工业领域.

年后，印度民航将增加1740架新飞机，其中包括窄体客机1460架、宽体客机260架和支线客机20架，总价值约为2400亿美元；同期，印度低成本航空公司的数量与规模将拓展至国内民航市场30%的份额。

②俄罗斯：中俄客运航线+民用运输飞机制造市场

俄罗斯是世界上国土最辽阔的国家，横跨亚欧大陆，中俄两国长期政治互信，贸易关系稳定发展。2015年，俄罗斯航空客座率达74.5%；俄罗斯航空公司客运量达到2610万人次，同比增长10%，其中国内航线客运量增长34%；航空货运量为106.4万吨，同比增长2.7%，其中国际货运量占比80%。展望未来，中俄客运航线的拓展和民用运输飞机将成为投资重点。

第一，俄罗斯航空客运需求潜力可观。根据国际航空运输协会预计，2014—2034年，俄罗斯航空市场客运量每年将增长约2.7%，2018年前航空货运量每年将增长3.8%。2016年2月，俄罗斯航空公司旅客运输量与2015年同期相比增加0.2%，运送旅客512万人。

第二，中俄两国客运航线拓展前景广阔。受益于卢布贬值和俄罗斯旅游价格下降，2015年入境客流增长13%。[①] 中国游客成为俄入境客流主力之一，仅2015年上半年，中国赴俄旅游达到20万人次，同比增长51%，占赴俄游客总流量的10%，位列第一。2015年10月，中俄旅游业相关部门通过“中俄团体旅游互免签证协议”修订的提案，将旅游团在两国免签停留时间由15天延长至21天，团队最小人数由5人减至3人[②]，助力客流增长。此外，俄罗斯的深厚文化底蕴和莫斯科、圣彼得堡、索契和金环等特色城市（地区）将长期吸引中国游客。俄联邦旅游署预计，2016年中国客流或将增长50%～100%，为中俄两国客运航线的发展提供了需求动力。

但应注意，由于国际原油期货价格大跌和西方经济制裁，近年来俄罗斯经济走势疲软。2015年，俄罗斯GDP较上年减少7064.55亿美元，同比下降35.0%。因此，中国企业投资俄罗斯航空业应注意政治和宏观经济风险。

3. 美洲地区

美洲地域广袤，包含美国、加拿大等发达国家和巴西等潜力巨大的发展中国家，占世界人口总数约13.5%。航空运输业具有较好投资前景，其中美国拥有全球最大的国内航空市场，在全球航空业占有巨大份额，且未来前景稳健；拉美地区虽然由于政治、经济等原因，航空市场有待发展，但航空客座率和公务机市场均在持续上升。

---

① 俄罗斯联邦统计局（Rosstat）. http://www.gks.ru/wps/wcm/connect/rosstat_ main/rosstat/en/main/.

② 俄罗斯国际新闻通讯社（RIA）. https://en.ria.ru/.

（1）航空运输业增长潜力

①航空客运：增量持续上涨，领先全球均值

根据国际民航组织和国际航空运输协会公布的2015年全球民航业务量发展指标，2015年，全球国际定期航空旅客运输量区域份额北美地区占14%，拉丁美洲和加勒比海地区占2.8%；从国际定期航空旅客运输量增长情况来看，前者增长3.3%，后者增长7.9%，居全球区域排名第三位，高于全世界6.7%的平均水平。同年，全球航空旅客客座率增长达到80.4%，其中北美地区以84%最高，拉美地区79.9%位居第三。

在美元升值、油价下跌、加勒比海旅游业持续发展、中美签证政策的种种利好因素下，北美航空有望在2016年增速达到4.8%。2015年拉丁美洲地区内部地区航空客运量只达2.6亿人次，但是2016年增势明显，其航空客运量有望增加7.5%。

②航空货运：北美运量位居世界第三，南美货运国际化率高

北美地区为全球第三大航空货运市场，2015年，北美全球货运量占20.5%，其中国际航空货运占12.4%，国际化率60.5%。拉美地区虽然在航空货运量方面乏善可陈，占比只有2.8%，但其国际航空货运比重高，国际化率约为89.3%。①

③航空运力需求：未来20年新飞机需求大，客运市场将继续扩大

波音公司预计，北美航空公司到2030年左右需要市场总价达8200亿美元的7290架新飞机。若将退役飞机计算在内，北美机队规模将于2031年增至8830架左右。到2034年，北美地区年均增长率预计为3.3%，客运总量将达到14亿人次，每年将新增6.49亿人次。

2014年，拉美和加勒比海地区私人飞机数量已达5000多架，占有全球公务机机队的14.8%份额。根据波音公司测算，到2030年左右，拉丁美洲的航空需求预计以每年7.4%的速度增长，高于全世界5%的平均增长速度。拉美地区需订购2900架飞机以满足需求，价值在300亿美元左右。到2034年，拉丁美洲市场将增长4.7%，客运总量将达到6.05亿人次，每年将新增旅客3.63亿人次。

（2）外资准入政策

美洲各国对于外资进入本国航空运输业的准入标准不尽相同，下面重点选取美国、加拿大、巴西、墨西哥、古巴、秘鲁予以介绍。

① IATA 和 ICAO 公布的2015年全球民航业务量发展指标。

表 4-4 部分美洲国家对外资进入航空业的准入规定

国别	准入规定
美国	美国联邦政府在航空业对外国投资者设有一定的限制： a. 规定航空公司外资比例不能高于25%，且航空公司的运营商董事长、三分之二的董事成员以及其他管理人须为美国公民 b. 申请美国航线经营权的外国航空公司经营者和所有者，须在美国政府和国民的实际控制之下
加拿大	加拿大政府将航空业列入敏感的交通服务经济领域，并对外资进入该领域制定了限制措施，规定外商在加拿大航空运输业公司的持股总额不得超过25%
巴西	巴西民航领域外商投资政策相对开放： a. 从2001年起不再对国内航空运输业定价，引入市场竞争机制，允许各航空公司根据供求关系自主定价 b. 2016年3月，将外资在巴西航空中的资本占比由原先的20%上调至49%，在协议国互惠合作的情况下外资比重可达100%
墨西哥	a. 外资在国内航空运输业的参股不得超过25% b. 在航空、海运等部分领域的投资，对人员和资金予以限制
古巴	民航企业的外资股份不得超过20%
秘鲁	a. 对外商投资国内航空运输业有所限制 b. 鼓励私人外商投资机场的基础设施建设

资料来源：商务部．对外投资合作国别（地区）指南：美国、加拿大、巴西、墨西哥、古巴、秘鲁（2015）[EB/OL]．http：//fec. mofcom. gov. cn/article/gbdqzn/.

（3）重点投资目的国：美国+巴西

①美国：传统客运+高精尖科技货运市场

美国凭借强大的经济实力和较大的人口规模，拥有全球最大的国内航空市场。2015年，美国及外国航空公司通过美国机场运输的旅客总量超过8.95亿人次，创下新高；同年，美国航空客运量增长5%，创下自2009年经济衰退开始以来最大同比增幅。

中美客运和高精尖科技货物运输成为趋势。

第一，美国航空运输业发展潜力巨大。美国联邦航空局预测，2016—2035年，美国民航运力和需求将同时实现年均增长2.5%；到2035年，美国商用航空公司将运送乘客11.4亿人次，现有1.71万亿可用座公里（ASKs）的运力，实现1.44万亿总收入客公里（RPKs）①；同期，美国货运喷气机机队规模预测将年均增长1.8%，到2035年，将达到1082架，窄体货运喷气机将年均增加3架，宽体货运喷气机将年均增加13架。

① 美国联邦航空局．http：//www. faa. gov/.

第二，中美航空客运需求大。美国是中国留学生首选留学目的国。截至 2015 年 12 月，留美的中国学生为 30.4 万余人，同比增长 10.8%，在美国全体留学生中排名第一。[①] 另外，2014 年奥巴马访华，将中国游客赴美旅游多次往返签证的有效期提高至 10 年，这一新政直接刺激中国赴美游客数量的激增。中国赴美游客数量在 2015 年较前一年增加了 53%。2015 年，中美两国之间每周直达航班新增加了 75 班，比 2014 年增长了 3 成多。

第三，中美航空货运受中国国内制造业转型升级影响，预计未来需求增大。2015 年，美国至中国航空货运量达 163591 吨。目前中国正经历产业转型升级，高科技商品的空运出口需求大，从而增加了对中美货运航线的需求。例如，在医疗器械和智能手机领域，中美航空货运从 1995 年起，以年 10% 的增长速度，成为该领域最大规模市场。

然而，外资进入美国航空业面临诸多制约。美国的“开放天空”政策规定相互开放双边或多边航空市场，允许企业自由进入对方市场，但外资控股或参股的美国航空公司会受到政府的严格管制。同时，根据美国法律，外国航空公司不能经营美国国内航线，美国公民至少拥有 75% 的所有权，至少 2/3 的董事会成员和董事长为美国人。因此，持有大于 5% 美国航空公司股份的非美国公民甚为罕见，如在美国航空公司（American Airlines）和美国达美航空（Delta Air Lines）中持有 5% 以上股份的外国股东为 0，美国大陆航空（Continental Airlines）和西北航空公司（Northwest Airlines）也仅仅各有 1 位。

②巴西：公务机 + 机场建设投资

2014 年以后巴西航空运输业盈利能力上升。根据巴西民航局统计，2014 年，巴西航空公司实现营业收入折合人民币约 584 亿元，比 2013 年增长 6.3%，其中客运收入占 86.5%，货运收入占 7.7%；2015 年巴西民航业旅客运输量 1.04 亿人次，同比增长 1.17%。[②] 其中，巴西国内航线完成 9620 万人次，年增长率为 0.31%，增长幅度较小。投资巴西航空业，主要以公务机销售运营和机场基础设施建设投资为主。

2015 年，巴西拥有超过 1100 架喷气式公务机，已经成为继美国之后的全球第二大公务机市场。[③] 巴西未来 10 年的公务机需求数量将占全球总数的 5%，约 550 架，总价值 63 亿美元，具有较好的投资前景。同期，由于公务航空成长受限于其本

---

① 国际教育协会. http://www.iie.org/Research-and-Publications/Open-Doors/Data/Fact-Sheets-by-Country/2015#.WBb7O-wQg88.

② ANAC（Agência Nacional de Aviação Civil）. http://www.anac.gov.br/biblioteca/rbha.asp.

③ Flightglobal. http://forms.flightglobal.com/.

国国内机场和空域基础建设的落后，在巴西5600多个城市中，商业航线只覆盖了124个，因此，在巴西的机场基建上也存在较大投资空间。

然而，巴西当前经济衰退，缺乏增长活力，严重影响国内民航业发展。2015年，巴西GDP下降3.8%，10年平均增长率只为2.77%。另外，随着国际原油价格暴跌，巴币巨幅缩水，航空公司运营成本剧增。

二、海运物流业

中国国民经济行业分类将水上运输业分为水上旅客运输①、水上货物运输和水上运输辅助活动②。其中水上货物运输又分为远洋货物运输、沿海货物运输和内河货物运输③，下面以远洋货物运输为重点，研判其投资机会。

海运物流业作为一个全球性的竞争行业，需求主要为全球的干散货、油品、集装箱等的贸易量，供给主要是全球的船舶运力。

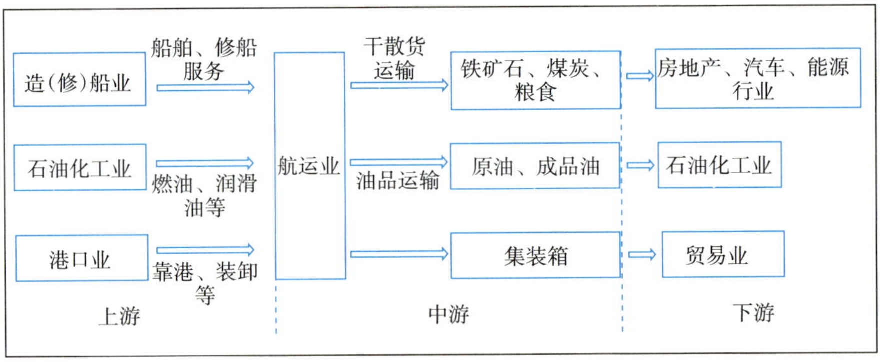

图4-20 海运物流产业链

资料来源：广发证券。

海上货运的上游是造船、港口码头等基础供应产业，下游服务是钢铁、房地产等国民经济基础行业（如图4-20）。海运业整条产业链的传导作用自下而上，即下游的运输需求会拉动海运的繁荣兴衰，上游造船业供应的较长周期会加大行业供需

---

① 水上旅客运输，包括海洋旅客运输、内河旅客运输（指江、河、湖泊、水库的水上旅客运输活动）和客运轮渡运输（指城市及其他水域旅客轮渡运输活动）。

② 水上运输辅助活动，包括客运港口、货运港口和其他水上运输辅助活动。

③ 内河货物运输是指江、河、湖泊、水库的水上货物运输活动。

错配的矛盾，引起周期性的较剧烈波动。需求与供给的博弈传导至价格，成为影响盈利变动的核心因素。

（一）全球海运物流业发展现状与趋势

1. 规模：2015 年全球海运增长 2.0%，未来增长具有不确定性

（1）2010—2015 年海运装货量连续增长达到 100.47 亿吨

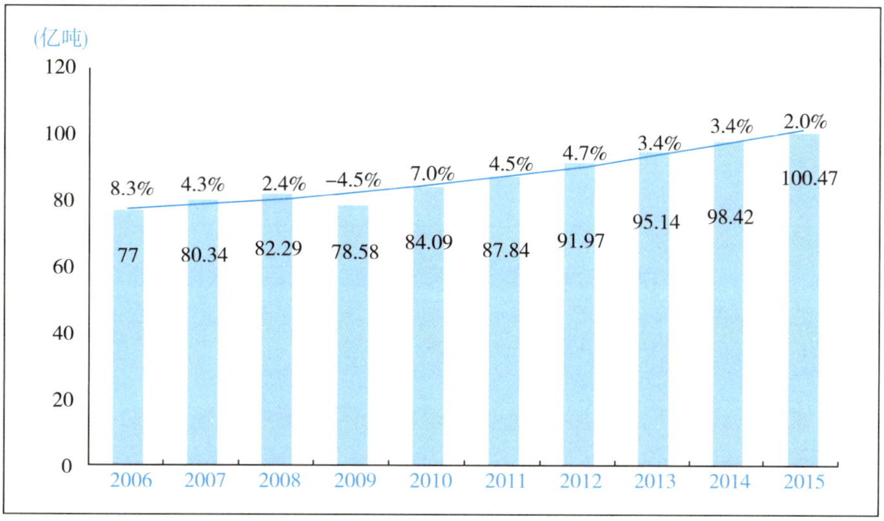

图 4－21　2006—2015 年全球海运装货量同比增长趋势

资料来源：UNCTAD. *Review of Maritime Transport*, 2016 [EB/OL]. http://unctad.org/en/pages/PublicationWebflyer.aspx? publicationid = 1650.

2015 年全球海运装货量增长 2.0%，比金融危机爆发的 2008 年的增速还低 0.4 个百分点；新增 2.05 亿吨，总装货量达 100.47 亿吨。

2006—2015 年十年间，以 2006 年海运装货量的增速最高，达 8.3%。之后，海运装货量增速随之减缓，至 2009 年，全球金融危机开始蔓延，全球海运装货量同比下降 4.5%；2010 年，世界经济有所好转，海运装货量的恢复较快，同比增长 7%。近年来，受发达国家之间经济增长不平衡、发展中国家经济增速下降与经济处于转型期的影响，世界经济复苏乏力，海运装货量的发展速度也难以恢复到经济危机前的水平（如图 4－21）。估测 2016 年海运增长会维持在一个较低水平。

（2）海运与航空货运相比增速波动更小、更稳定

由于全球化的推进，产品竞争激烈，价格不断下降，企业必须降低物流成本，许多企业鉴于产品特性，倾向于使用成本相对较低的海上运输方式；而保质期短的

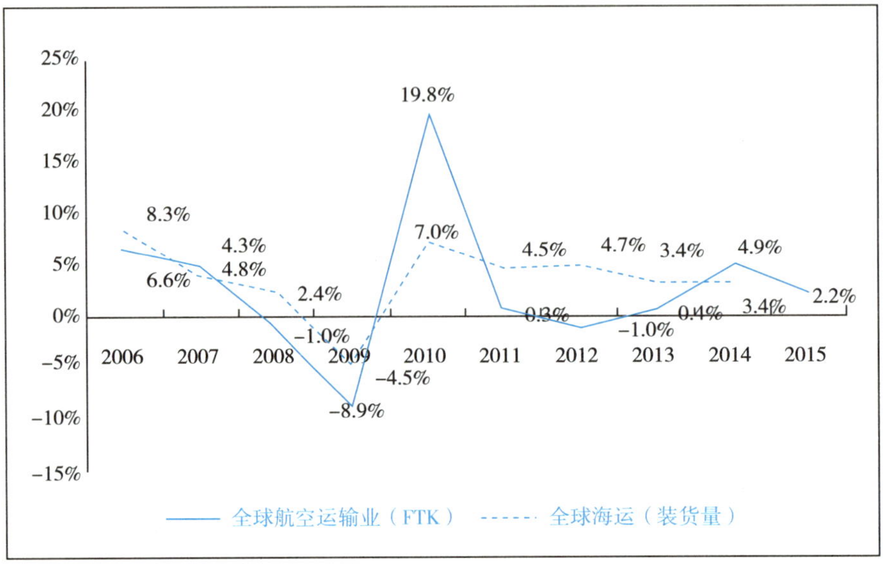

图 4－22　2006—2015 年全球海运与航空货运同比增长趋势

资料来源：UNCTAD. *Review of Maritime Transport*, 2016［EB/OL］. http://unctad. org/en/pages/PublicationWebflyer. aspx? publicationid = 1650.

货物、药品或精密设备等，则多选用航空运输。国际货物运输方面，海上运输与航空运输在 2000 年之前相差无几；2000 年之后，海上运输的发展情况优于航空运输。

从增速上看，近十年，航空运输和海上运输的涨幅趋势保持一致，但空运的增幅波动更大，海运的增幅波动比较平稳。除了 2006 年、2010 年、2014 年、2015 年空运的同比增速高于海运，其余年份均要低于后者。（如图 4－22）

（3）趋势展望：全球海运未来增长充满不确定性

受世界宏观经济影响，全球海运近年的前景不容乐观，有可能遭遇多种下行风险，包括：全球需求和商品贸易增长持续疲软，欧洲复苏乏力，发展中国家尤其是大型新兴经济体增速下降可能性加大等；加之中国经济增长放缓会给世界带来何种连锁反应，这点仍存不确定性。

2. 货物：石油和液化天然气增速停滞，主要散货增长较快

（1）原油、小宗散货、集装箱、铁矿石、煤炭占据 70% 以上份额

2015 年，全球主要海运货物是原油、小宗散货、集装箱、铁矿石、煤炭等，五种商品总计占全球海运货物的 73%，但不存在单一货物占有绝对比重——占比最高的原油和小宗散货皆占总份额的 17%，集装箱占 16%，铁矿石占 13%，煤炭占 10%。（如图 4－23）

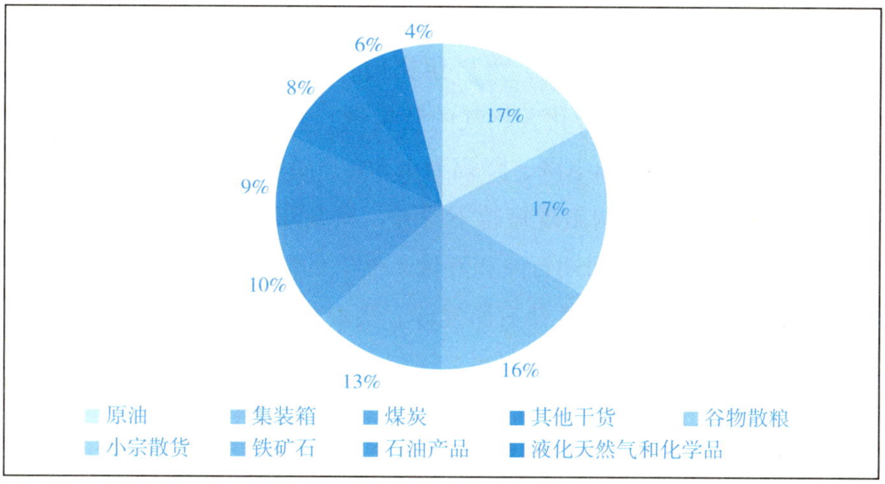

图 4－23　2015 年全球海运货物类型及占比

资料来源：UNCTAD. *Review of Maritime Transport*, 2016. ［EB/OL］. http：//unctad. org/en/pages/PublicationWebflyer. aspx？publicationid＝1650.

全球主要的五种海运货物所占比重都超过 10%；其他海运货物还包括石油产品、其他干货、液化天然气和化学品以及谷物散粮，所占比例在 4%～9% 之间。

（2）主要散货下降，集装箱、其他干货增长放缓

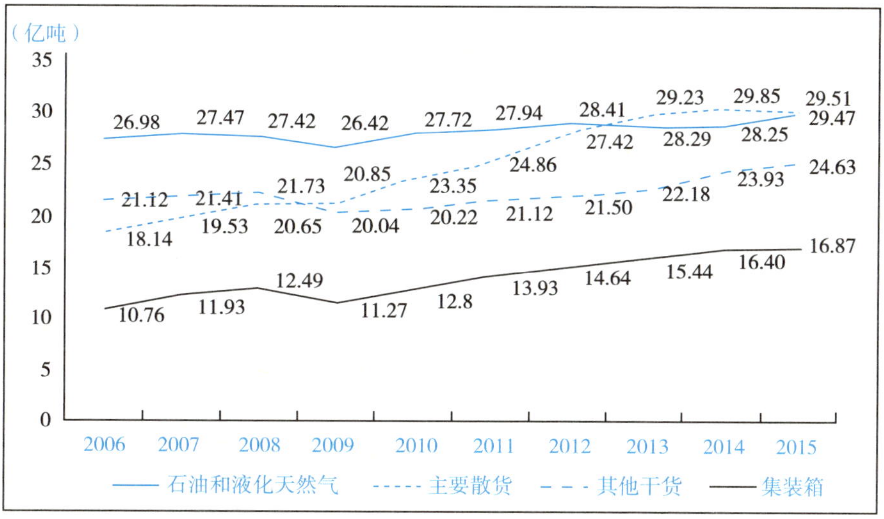

图 4－24　2006—2015 年全球主要海运货物类别的装货量增长趋势

资料来源：UNCTAD. *Review of Maritime Transport*, 2016. ［EB/OL］. http：//unctad. org/en/pages/PublicationWebflyer. aspx？publicationid＝1650.

注："主要散货"具体指铁矿石、粮食、煤炭、铝土矿/氧化铝、磷矿等五种大宗散货；"集装箱"在 UNCTAD 的统计口径中被归入"其他干货"类别，为显示 2006—2015 年集装箱海运的增长情况，故单列示。

2006—2015 年，全球主要海运货物中，主要散货的增长最快，2006 年的装货量在全球主要海运货物中排名第三，之后快速增长，2008 年超过其他干货，位居第二；2012 年再次超越石油和液化天然气的装货量。9 年间整体上每年都保持同比增长趋势，但 2015 年出现小幅下降，降幅为 1.3%；同期集装箱、其他干货装货量除 2009 年受全球经济危机影响出现短暂下滑外，其余年份皆呈增长态势，但 2015 年增幅较小，均为约 2.9%；同期石油和液化天然气的装货量则增长缓慢，趋于停滞，并于 2014 年出现下降，但 2015 年有所复苏，实现 4.3% 的增长。(如图 4－24)

(3) 趋势展望：原油装货量前景黯淡，干散货装货量萎靡不振

美国国内广泛使用替代能源，原油进口需求将继续呈下滑趋势；中国经济进入“新常态”，原油需求逐渐减少；欧洲、日本的需求也难有增长。因此预计全球原油需求将长期处于停滞状态。

2015 年，干散货运输量处于历史最低点；2016 年 1 月，全球航运业最重要的景气指数——波罗的海干散货指数（BDI）在经历长时期的萎靡之后，再次下跌 2.5%，至 345 点，成为自 1985 年有记录以来的最低水平。

法国的航运咨询机构 Alphaliner 的数据显示，2015 年下半年，集装箱运量不断下降，2015 年第三季度，全球 30 大港口集运码头的集装箱吞吐量下降 0.9%，为 2009 年以来首次出现季度性的减少。2016 年全球集装箱运输需求不振。

同时，Alphaliner 还指出，2015 年，集装箱船的交付数量达到 212 艘，创史上最高纪录；总运力为 1714860TEU，远远超过了 2008 年的 1527800TEU，也超过了 2014 年的 1466870TEU。

2016 年 9 月，世界贸易组织（WTO）将 2016 年的全球贸易增长预期从 2.8% 调低至 1.7%，这将是 2009 年金融危机以来的最低增速，也是近 15 年来国际商品贸易增速首次低于世界经济增速。该增速反映了中国、巴西等国贸易量下降和美国进口的减少。总体来说，世界贸易不振、全球货运量大幅度下降，对于航运公司和以吞吐海运货物为主要收入来源的港口经营，造成一定的负面影响。

3. 运力：2015 年初同比增长 3.5%，未来增速预计放缓

(1) 2015 年初全球商船 89464 艘，载重 17.5 亿吨位，同比增长 3.5%

2014 年，全球商船增长 3.5%，是近十年最低的同比增长率。

2015 年 1 月，全球商船为 89464 艘，总载重达 17.5 亿吨位，相比 2014 年同期增速明显放缓；2016 年 1 月，总载重达 18.1 亿吨位，同比增长 3.4%。

横向比较，2014—2015 年，全球商船吨位的增长速度超过同期世界经济增速

（2.5%）、商品出口（2014 年、2015 年分别为 2.3% 和 1.4%）、进口（2014 年、2015 年分别为 2.4% 和 1.6%）的增速。

（2）干散货船、集装箱船份额上升，油轮、杂货船份额下降

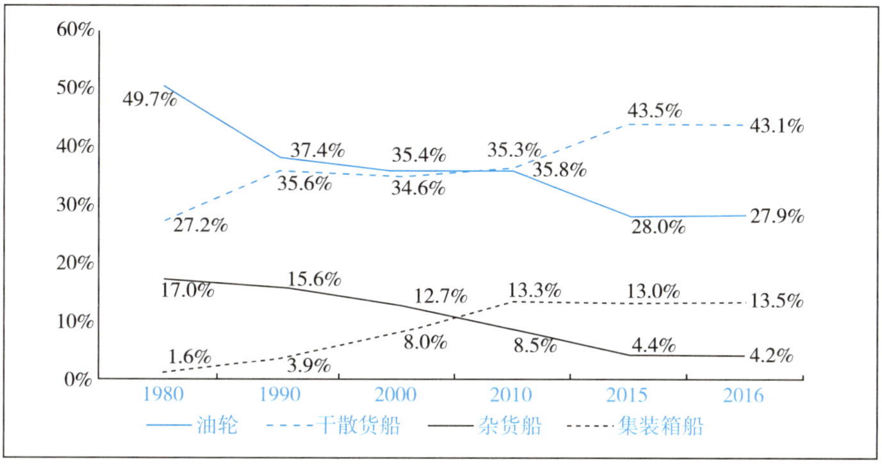

图 4－25　1980—2016 年全球船队的主要船只类型所占份额：以载重吨位计

资料来源：UNCTAD. *Review of Maritime Transport*, 2016 [EB/OL]. http://unctad.org/en/pages/PublicationWebflyer.aspx? publicationid = 1650.

注：截至每年 1 月份数据。

1980—2016 年，全球船队的船只类型发展状况显示，以载重吨位计，发展状况最好的是干散货船，占总份额的比重由 1980 年的 27.2% 增长至 2015 年 43.5%，2014 年和 2015 年的增长率均为 4.4%，遥遥领先于其他类型的船只，2016 年受全球干散货运输不景气影响，份额下降 0.4 个百分点。（如图 4－25）

此外，集装箱船的增长态势也不错。三十多年时间里，占总份额的比重由 1.6% 增长至 13.5%（如图 4－25）。即使在 2010—2013 年世界经济困难时期，仍保持 5.2% 的平均增速。近两年，因集装箱船装载吨位增长高于需求增长，致使集装箱船出现供过于求。

相对来说，同期油轮船和杂货船所占份额下降明显。

（3）希腊船队位居世界第一，前 20 位班轮公司占 80% 以上市场份额

表 4－5　2016 年全球船队拥有规模前 20 位国家（地区）排名

排名	国家（地区）	船只数量	载重吨位（DWT）	排名	国家（地区）	船只数量	载重吨位（DWT）
1	希腊	4 136	293 087 231	11	挪威	1 854	48 187 847
2	日本	3 969	228 980 209	12	中国台湾	898	46 141 345
3	中国	4 960	158 884 367	13	丹麦	960	38 314 525

续表

排名	国家（地区）	船只数量	载重吨位（DWT）	排名	国家（地区）	船只数量	载重吨位（DWT）
4	德国	3 361	119 181 405	14	摩纳哥	320	29 892 471
5	新加坡	2 553	95 312 373	15	土耳其	1 540	27 951 433
6	中国香港	1 448	87 375 262	16	意大利	802	22 739 369
7	韩国	1 634	78 834 194	17	比利时	249	22 097 752
8	美国	1 995	60 279 138	18	印度	947	21 677 723
9	英国	1 329	51 441 100	19	瑞士	367	20 480 131
10	百慕大	418	48 453 161	20	俄罗斯联邦	1 680	18 143 705

资料来源：UNCTAD. *Review of Maritime Transport*, 2016 [EB/OL]. http://unctad.org/en/pages/PublicationWebflyer.aspx? publicationid=1650.

注：2016 年 1 月数据，按载重吨位（DWT）计的排名。

2016 年 1 月，希腊拥有总船只数达 4136 艘，占全球总数的 15.1%，海运船队总运力达 2.93 亿载重吨，居全球第一；之后分别是日本、中国、德国、新加坡，五国占有世界船只吨位总数的 50%。(如表 4－5)

拥有船只规模前十位的国家和地区中，五个来自亚洲（日本、中国、新加坡、中国香港、韩国），四个来自欧洲（希腊、德国、英国、百慕大），还有一个来自美洲（美国）。2005—2015 十年间，中国、新加坡、中国香港、韩国分别闯入了前十名行列，挪威、美国则逐渐下滑。

在中东地区，土耳其、伊朗、阿联酋、沙特、科威特、阿曼、卡塔尔的海运船队运力规模较大；在南美洲，海运船队运力规模较大的国家分别是巴西、墨西哥、智利和阿根廷；在非洲，海运船队运力规模较大的国家分别为摩洛哥、安哥拉、尼日利亚和埃及等国。

表 4－6　2016 年全球前 20 位班轮公司

排名	公司	市场份额（TEU）	集装箱标准箱（TEU）数量	船只数量
1	马士基航运有限公司（Maersk）	15.1%	3 007 392	616
2	地中海航运公司（MSC）SA	13.4%	2 661 135	465
3	法国达飞海运集团公司（CMA CGM）	9.2%	1 829 951	435
4	中国远洋海运集团有限公司	7.8%	1 554 434	268
5	赫伯罗特股份有限公司（Hapag－Lloyd）	4.8%	956 194	174
6	长荣海运股份有限公司（中国台湾）	4.7%	937 957	189
7	汉堡南美航运有限公司（Hamburg Süd）	3.3%	651 549	132
8	韩进海运有限公司（Hanjin）	3.1%	617 665	101

续表

排名	公司	市场份额（TEU）	集装箱标准箱（TEU）数量	船只数量
9	东方海外货柜航运有限公司（OOCL）	3.0%	589 476	111
10	海皇—美国总统轮船有限公司（NOL – APL）	2.8%	564 028	89
11	三井航运有限公司（MOL）	2.7%	531 376	93
12	阳明海运公司（Yang Ming）	2.6%	520 580	97
13	阿拉伯联合国家轮船公司（S. A. G.）（UASC）	2.6%	510 296	54
14	日本邮船株式会社（NYK）	2.5%	500 165	100
15	现代商船有限公司（HMM）	2.0%	401 152	57
16	川崎汽船株式会社（‘K’ Line）	1.9%	380 851	68
17	以星综合航运服务有限公司（Zim Integrated）	1.7%	343 598	79
18	太平洋国际发展（私人）有限公司（PIL）	1.7%	332 403	129
19	万海航运股份有限公司（Wan Hai）	1.3%	255 124	98
20	X – Press Feeders	0.7%	131 686	82

资料来源：UNCTAD. *Review of Maritime Transport*, 2016［EB/OL］. http://unctad.org/en/pages/PublicationWebflyer.aspx? publicationid = 1650.

注：截至 2016 年 7 月底，按以集装箱标准箱（TEU）计的运载能力排名及所占市场份额。

以运载能力计，2015 年前 20 位海运公司运载能力合计占总市场份额 86.9%（如表 4 –6）。其中，运载能力最强的是马士基航运有限公司，约占全球班轮公司总份额的 15.1%，拥有 592 艘船只。中国远洋海运集团有限公司排名全球第四，拥有 268 艘船只，占市场份额的 7.8%。中国台湾的长荣海运、中国香港的东方海外货柜航运分别闯入全球前十位。

（4）趋势展望：2014—2016 年船舶（除油轮外）订单量下降，全球平均船龄增长，供给压力将缓解

2016 年初，全球船舶行业的世界订单量远低于 2008—2009 年峰值时期（如图 4 –26），干散货船、油轮、杂货船的手持订单量同比皆出现下降，其中干散货船受海运市场不景气影响较 2015 年降幅达到 26%，集装箱船则实现了 14% 的增长。整体上，从 2009 年开始全球船舶行业结束了高速增长，除 2013—2014 年因为全球能源日益枯竭，人们开始将目光转向海洋领域的新能源资源，使船舶行业的订单量同比上升外，其余年份的订单量均呈逐渐下降趋势，近两年表现得尤其明显。

2015 年 4 月，集装箱船的订单量为其实际运载量的 18%，是近十年来最低水平。2015 下半年闲置集装箱船总运力达到 130 万 TEU，为过去 5 年以来的最高水平。预计未来一两年内业内会很难出现新的超大型集装箱船订单。

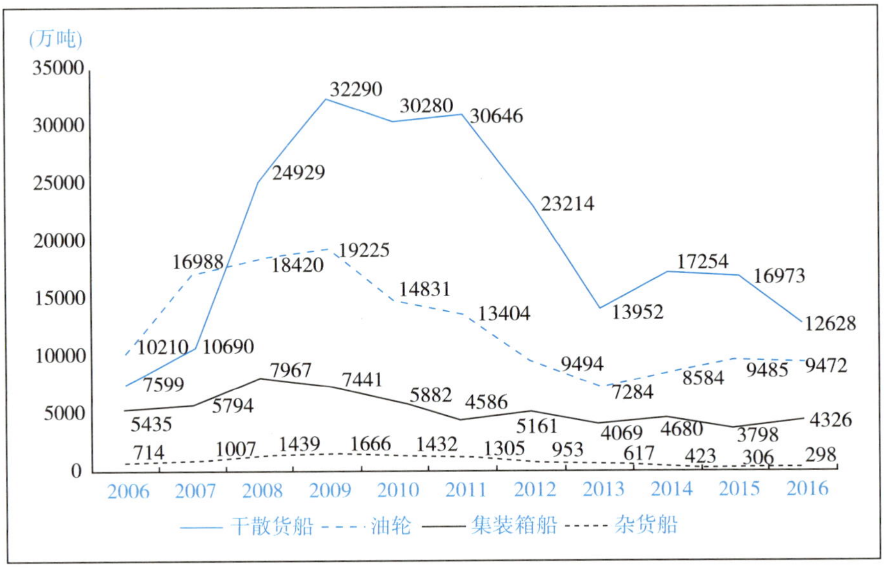

图 4 - 26　2006—2016 年全球船舶行业以载重吨计的订单量

资料来源：UNCTAD. *Review of Maritime Transport*, 2016 [EB/OL]. http://unctad.org/en/pages/PublicationWebflyer.aspx? publicationid = 1650.

注：每年 1 月份数据。

总体来说，当前全球船舶行业面临运力过剩及需求乏力的挑战，供求矛盾尖锐。课题组建议淘汰技术性能落后、能源消耗高和环境污染大的船舶企业，鼓励具有市场竞争力的船舶企业以收购、兼并等方式实现社会资源的整合，转变船舶行业的发展方式，成功实现转型。

4. 区域：亚洲的装、卸货量及其增速均居全球首位

(1) 欧亚美装货量、亚欧美卸货量分居前三位

2015 年，以装货量计，欧洲、亚洲、美洲三个地区分居全球海运的前三位，分别占世界总量的 40.4%、38.8% 和 13.2%（如图 4 - 27）；以卸货量计，亚洲、欧洲、美洲分别占世界总量的 51.3%、37.9% 和 5.9%。（如图 4 - 28）

由此可见，不管装货量还是卸货量，亚、美、欧三地区都分居前三位，综合来看，亚洲以绝对优势占据全球首位。非洲和大洋洲则远低于上述三个地区。

(2) 亚洲装、卸货量增长较快，非洲、美洲表现平稳

2006—2015 年间，亚洲地区的装货量除 2008—2010 年受金融危机影响出现短暂下滑外，其余年份都稳步快速增长；而在卸货量方面，亚洲地区始终处于高速增长状态。

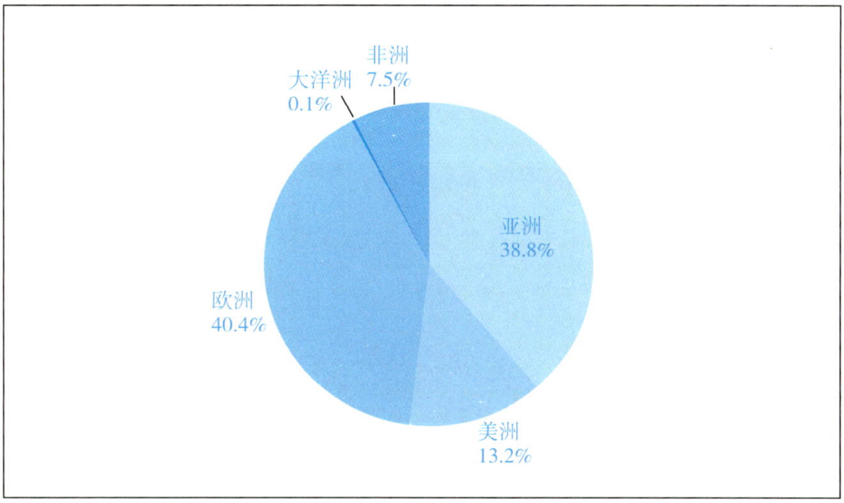

图 4 - 27　2015 年全球海运以装货量计的区域份额

资料来源：UNCTAD. *Review of Maritime Transport*, 2016［EB/OL］. http：//unctad. org/en/pages/PublicationWebflyer. aspx？ publicationid = 1650.

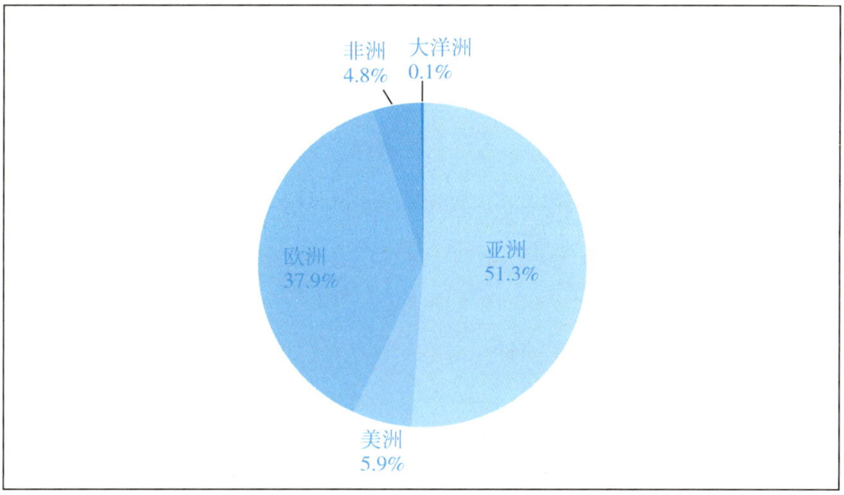

图 4 - 28　2015 年全球海运以卸货量计的区域份额

资料来源：UNCTAD. *Review of Maritime Transport*, 2016［EB/OL］. http：//unctad. org/en/pages/PublicationWebflyer. aspx？ publicationid = 1650.

美洲和非洲地区不管是在装货量还是在卸货量方面，十年间都处于平稳状态，未出现大的波动。(图 4 - 29、图 4 - 30)

(3) 趋势展望：国际航运资源重心将转移向亚洲

2015 年世界十大集装箱吞吐量港口排名，中国占有七席，包括上海、深圳、宁

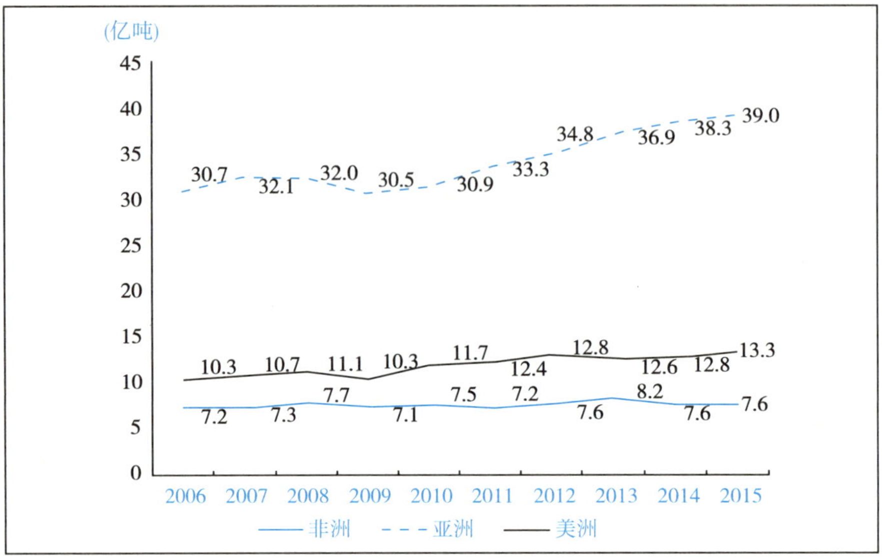

图 4－29　2006—2015 年亚、美、非洲海运以装货量计的区域增长趋势

资料来源：UNCTAD. *Review of Maritime Transport*, 2016［EB/OL］. http：//unctad. org/en/pages/PublicationWebflyer. aspx？ publicationid＝1650.

注：大洋洲因数量小未纳入；欧洲数据缺乏。

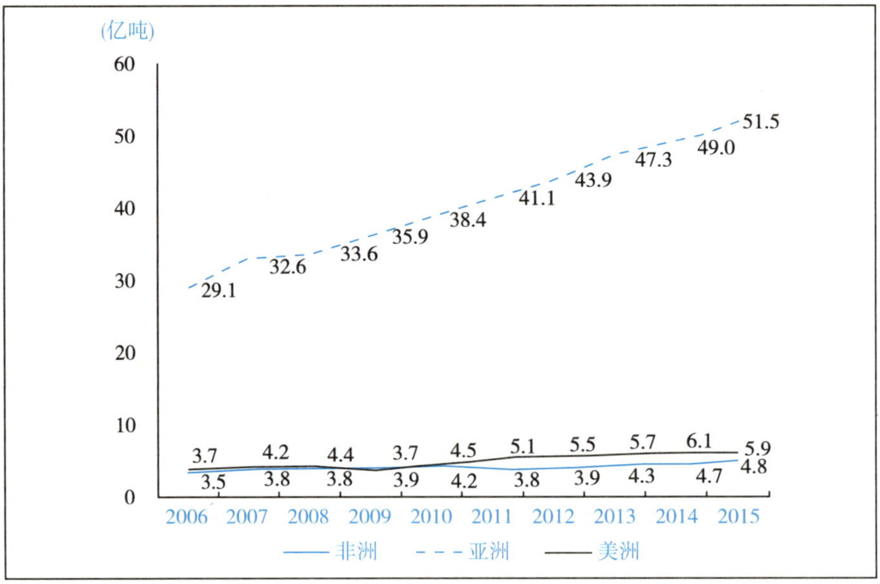

图 4－30　2006—2015 年亚、美、非洲海运以卸货量计的区域增长趋势

资料来源：UNCTAD. *Review of Maritime Transport*, 2016［EB/OL］. http：//unctad. org/en/pages/PublicationWebflyer. aspx？ publicationid＝1650.

注：大洋洲因数量小未纳入；欧洲数据缺乏。

波舟山、中国香港、广州、青岛和天津；其余三席是新加坡、韩国釜山，以及阿联酋的迪拜。[①]

（二）中国海运物流业对外投资情况[②]

1. 规模：2009—2015 年发生 29 起较大的海外投资，披露投资金额为 68.62 亿美元

根据收集的案例[③]，2009 年之前，中国海运物流业赴境外投资案例数极少，2009—2015 年间共实施境外投资并购 29 起（包括对航运公司、港口、码头的投资），披露交易额累计为 68.62 亿美元——因有多起境外投资未公布交易金额，该数据未必能反映真实的投资规模，但仍能从中获得一些趋势性观测。

从披露的交易金额看，2009—2015 年，海运物流业对外投资（航运公司类[④]）累计达到 28.35 亿美元，其中以 2013 年达成的交易金额最高，为 17.8 亿美元；2013 年中集集团以 12.49 亿美元收购了瑞典 BTAB 公司 90% 的股权，交易金额创历年航运业海外投资之最。2015 年发生的 4 起海外投资并购中有 2 起公布了交易金额，总计为 2.04 亿美元。（如图 4 - 31）

其中，2009—2015 年，中国海运物流业共发生 15 起较大额境外投资并购案例（航运公司类）[⑤]。2015 年发生了 4 起并购海外航运公司案例，为近年来最多；其次是 2010 年、2013 年、2014 年，皆发生 3 起投资案例；2009 年、2011 年各完成了 1 起投资事件。（如图 4 - 32）

2009 年 1 月，潍柴动力收购法国博杜安发动机公司，收购价格为 299 万欧元；2010 年 4 月，海航集团成功受让挪威 OHT 海洋重型运输公司，作价 1.5 亿美元；2011 年 4 月，海航集团并购荷兰 Fairstar 重型船运输公司，交易价格 4600 万美元；2013 年 12 月，中集集团收购瑞典海工企业 BTAB 公司 90% 的股权，收购价为 12.49 亿美元；2014 年 9 月，海丰国际受让中国香港 TVL International 船舶公司，交易价格为 209.67 万元；2015 年 7 月，富瑞特装收购了新加坡 SIXTEE 技术设计公司 39%

---

① UNCTAD. *Review of Maritime Transport*, 2016 [EB/OL]. http://unctad.org/en/pages/PublicationWebflyer.aspx? publicationid = 1650.

② 中国海运物流业对外投资，指中国企业（包括海运物流业企业主体和非海运物流业企业主体）在境外实施的海运物流业领域的投资并购情况。

③ 不完全统计，涵盖大部分投资案例，包括在港口、码头领域以及少量船舶工业领域的投资，不包括船舶租赁类投资。

④ 包括在船舶工业领域的投资。

⑤ 包括在船舶工业领域的投资。

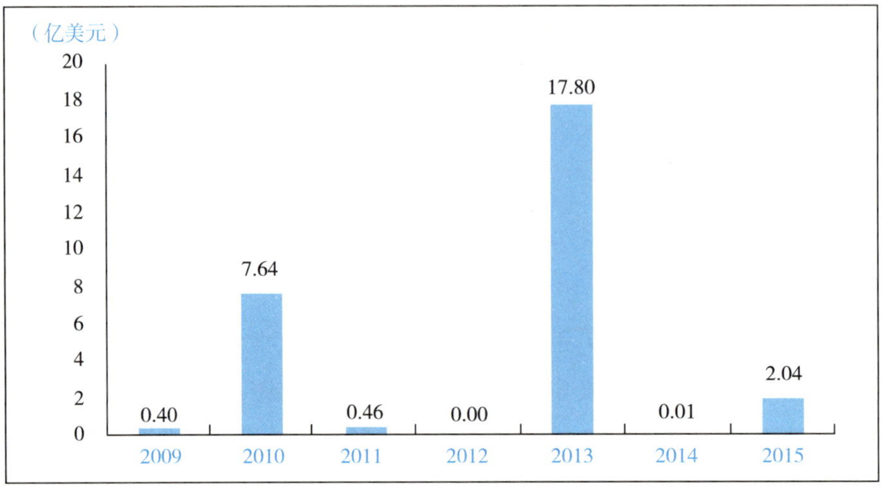

图 4－31　2009—2015 年中国海运物流业境外投资并购披露金额：航运公司类

资料来源：CCG 数据库。

注：包括航运公司类和船舶工业领域投资；不包括港口、码头、租赁类投资。

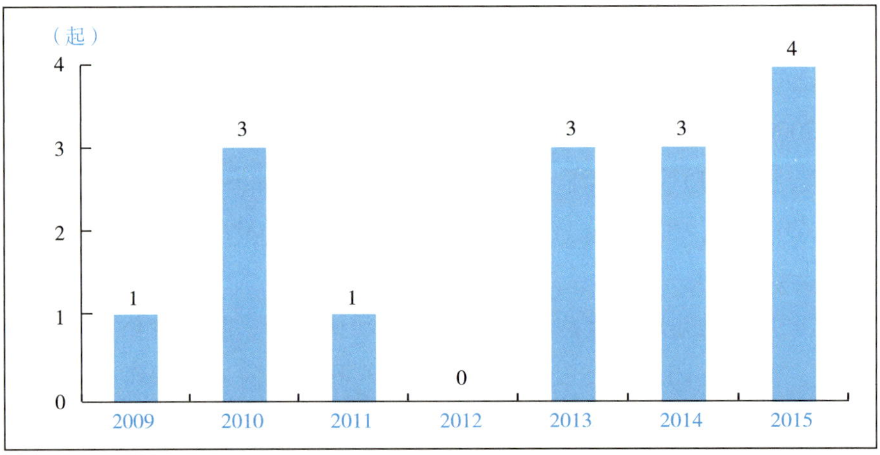

图 4－32　2009—2015 年中国海运物流业境外投资并购案例数：航运公司类

资料来源：CCG 数据库。

注：包括航运公司类和船舶工业领域投资；不包括港口、码头、租赁类。

的股权。

据不完全统计，2009—2015 年，中国企业投资海外港口、码头的披露交易金额合计达 40.27 亿美元。2012 年，投资比较活跃，完成了 7 起港口、码头并购事件，其中 6 起公布了交易金额，合计达 13.89 亿美元；2013 年，有 2 起投资案例，交易金额均比较高，合计达 10.1 亿美元；2014 年，中国海运收购泽布吕赫码头 20% 的股权，但并未公布交易金额；2015 年，发生 1 起投资事件，即中远太平洋公司以

9.4 亿美元收购伊斯坦布尔 Kumport 集装箱码头 65% 的股权，创历年单个港口、码头并购金额之最。（如图 4－33）

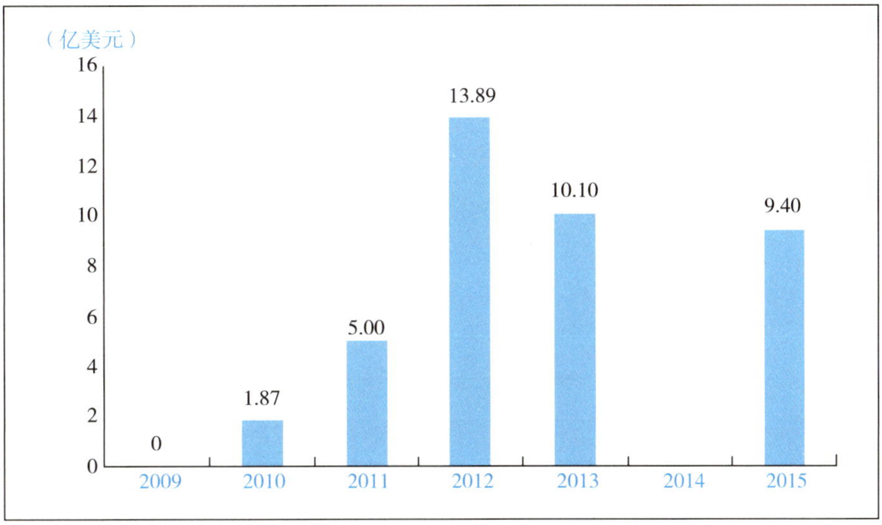

图 4－33　2009—2015 年中国海运物流业对外投资金额：港口、码头类

资料来源：CCG 数据库。

2016 年 1—7 月，已完成 2 起港口并购事件，其中山东岚桥集团以 9 亿美元收购巴拿马最大港口玛格丽特岛港口，成为近年中国民企海外港口并购交易金额最大的一笔。另外，中远集团对希腊比雷埃夫斯港的并购仍在进行中，协议收购金额为 4 亿多美元。

据不完全统计，2009—2015 年，中国企业对海外港口、码头的投资并购案例达到 14 起。其中 2012 年最多，达 7 起；其次是 2012 年、2013 年，各发生 2 起；除 2009 年无案例外，其余年份各发生 1 起投资事件。（如图 4－34）

2010 年前，海外港口、码头并购事件以中远集团为主力，自 20 世纪 90 年代起，在中国香港、新加坡等地以并购、新建码头港口的方式扩展海外业务。2003 年，中远集团和新加坡公司合资建立中远—新港码头有限公司，将经营业务扩展到东南亚；2004 年，中远集团旗下中远太平洋以 1.34 亿欧元收购比利时安特卫普港口合资公司 25% 的股权，并获得该港口的经营权；2005 年，中远再次拿下意大利那不勒斯最大集装箱码头的经营权，之后又分别收购了苏伊士运河码头 20% 的股权和鹿特丹 EUROMAX 集装箱码头 12.5% 的股权。在此阶段，中海集团也于 2006 年 8 月收购了埃及达米埃塔国际集装箱码头公司 20% 的股权等。

2010 年之后，随着中国企业“走出去”速度加快，中国企业对海外港口、码头的收购频率也增加，披露交易金额明显增长。

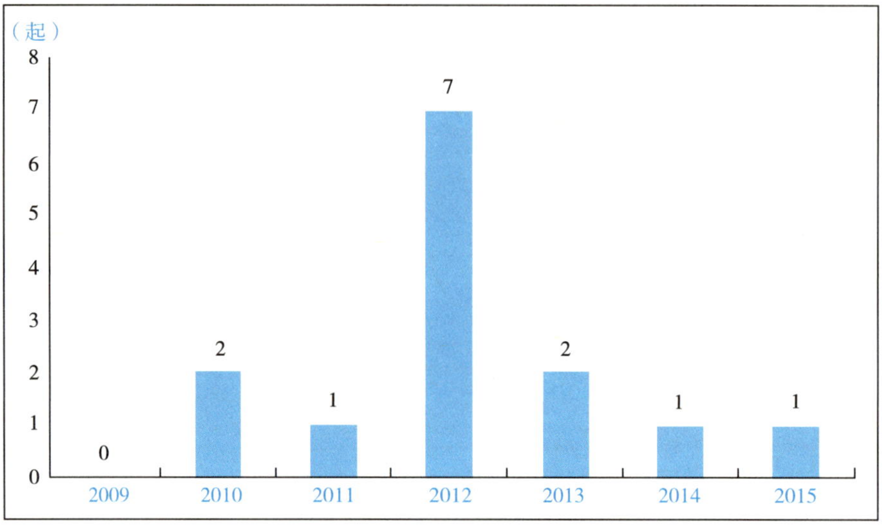

图 4-34　2009—2015 年中国海运物流业境外投资并购案例数：港口和码头类
资料来源：CCG 数据库。

2010—2012 年主要的投资事件都围绕着招商局国际展开，2010 年 11 月招商局国际以 1.54 亿美元收购尼日利亚港口码头 Tin Can Container Terminal；2011 年 8 月再次出击，以 5 亿美元受让了科伦坡南港集装箱码头；2012 年以 1.85 亿美元获得吉布提港港口 23.5% 的股权。

2. 区域：航运公司投资以欧洲为主，港口、码头投资亚洲占比最高

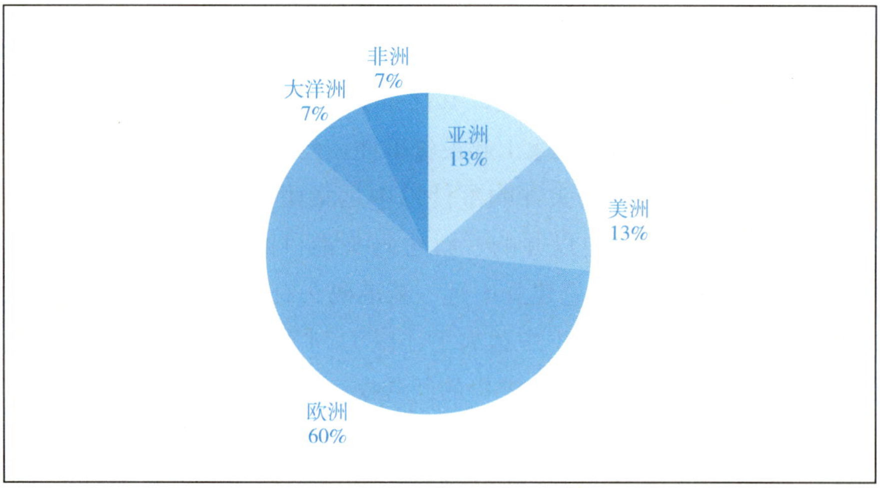

图 4-35　2009—2015 年中国海运物流业对外投资区域分布：航运公司类
资料来源：CCG 数据库。

从区域分布情况来看（如图 4 －35），2009—2015 年 15 起对境外航运公司的投资中，大部分集中在欧洲，合计实施 9 起投资，占比 60%。包括：2010 年 11 月，海航集团投资 4600 万美元购买荷兰 Fairstar 重型运输公司 29.99% 的股权；2015 年 12 月，海兰信并购德国 Rockson 公司 51% 的股权，交易金额为 2.3 亿美元。

其次是亚洲地区和美洲地区，皆发生了 2 起中企并购外企案例，包括：2015 年 7 月，福瑞特装受让新加坡 SIXTEE 公司；2014 年 3 月，中国海运在巴西建立南美控股有限公司。

非洲和大洋洲各发生 1 起投资案例：2013 年 4 月，中远集团在南非设立中远非洲控股有限公司；2010 年 7 月，招商局国际受让澳大利亚 Loscam 公司。

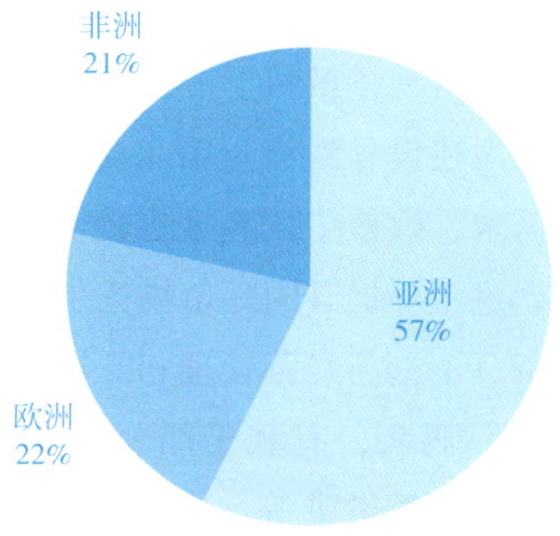

图 4 －36　2009—2015 年中国海运物流业对外投资区域分布：港口、码头类

资料来源：CCG 数据库。

在港口、码头投资方面（如图 4 －36），对外投资主要发生在亚洲、欧洲和非洲地区，其中亚洲发生了 8 起投资事件，规模比较大的是，2015 年 9 月中远太平洋收购土耳其 Kumport 码头，作价 9.4 亿美元；2013 年 9 月，广西北部湾国际港务集团以 1 亿美元获得马来西亚怡保工程旗下的关丹港口财团 40% 的股份。

欧洲和非洲各发生了 3 起投资事件。包括：2013 年 5 月，招商局集团以 5.3 亿美元收购法国飞海运旗下全资子公司 Terminal Link 49% 股权，后者管理众多港口；2012 年 12 月，招商局集团收购了非洲吉布提港口 23.5% 的股权，作价为 1.85 亿美元。

2016 年 1—9 月，2016 年发生的 3 起海运业投资（包含进行中的）都是港口并购案例，2 起发生在欧洲，即中远海运集团收购比雷埃夫斯港和中远太平洋收购荷兰鹿特丹 EUROMAX 集装箱码头；1 起发生在美洲，即中国岚桥收购巴拿马玛格丽特岛港口。

3. 特点：国有企业为投资主体，投资港口、码头活跃，潜在风险加大

（1）国有企业为投资主体，民营企业为辅

海运物流业对外投资主要以中远、中海、招商国际等大型国企为主力，特别是在港口、码头方面，基本上都是由这些国企完成投资。

2009—2015 年的 15 起海外航运类公司投资案例中，国企占 9 例、民营企业占 7 例——其中包括海航集团这种混合所有制企业，海航集团完成了其中的 3 起投资。

2010—2015 年实施的 14 起港口、码头投资中，仅 1 起是由民营企业发起（中国岚桥对玛格丽特岛港口的并购）。这与港口、码头所需巨额交易资金不无关系。

（2）投资海外港口、码头活跃

海运物流产业处于竞争激烈、开放的全球市场中。2015 年，国际市场不景气，世界贸易量深度下滑，中国货物贸易量虽然下滑，但进口和出口额仍稳居世界第一。"大进大出"加上"一带一路"建设导致海运需求量大，而海外一些港口、码头的设施已无法满足亚洲船舶的需求，致使中国企业在此方面加大投资，加强对产业链上游的控制，开拓盈利渠道，进一步提升国际市场竞争力。

港口投资有纯粹财务投资、不参与经营管理和既投资也参与日常经营管理两种。其中，海运企业如果控股港口、码头，有利于船公司实施"港航一体化"服务战略，有利于优先安排本公司所属船舶进港等。中国海运企业投资国外港口、码头多基于这方面考虑。

作为当今世界上船队规模最大的航运企业集团，中国远洋海运集团近年开始了全球港口码头的布局，2015—2016 年更是加码了在欧洲码头的布局。

表 4-7　2015—2016 年中远海运集团海外投资案例

时间	项目名称	项目情况
2015 年 9 月	中远海运港口联手中投海外和招商局，收购土耳其 Kumport 码头 65% 股权	Kumport 是土耳其第三大集装箱码头，占据欧亚大陆连接处的重要战略地理位置，是黑海地区的门户。码头可以接卸当今最大的集装箱班轮。目前其集装箱吞吐能力为 184 万标准箱，可进一步扩建至 350 万标准箱
2016 年 5 月	中远海运港口从李嘉诚旗下的和记港口手中，接盘收购了鹿特丹 Euromax 码头 35% 的股份	Euromax 位于欧洲最大的港口——荷兰鹿特丹港马斯莱可迪（Maasvlakte）一期港区，2010 年年中投产，采取自动化操作模式，总面积为 121 万平方米，最高处理能力可达 320 万 TEU。该港是中国远洋海运集团集装箱业务在西北欧的基本港之一，未来预计中国远洋海运集团还将继续在欧洲航线上投入超大型船舶，鹿特丹港将会是区内主要的挂靠枢纽港

续表

时间	项目名称	项目情况
2016 年 7 月	以约 7 亿欧元（约合人民币 51.9 亿元）收购希腊比雷埃夫斯港 67% 的股份	比雷埃夫斯港为希腊最大港口，也是全球 50 大集装箱港及地中海东部地区最大的集装箱港口之一，中远希望将它发展成为欧洲最大的集装箱港口及世界最大的邮轮母港之一

资料来源：根据公开资料搜集整理。

例如，中远海运收购比雷埃夫斯港主要是将其作为干线港、枢纽港使用，将使中远在地中海拥有自己经营的枢纽港，对于服务中转、保障船期、降低成本、开拓市场、扩大中远在全球集装箱码头业务十分必要。

然而，港口运营并不是中国海运企业的强项，而且港口行业属于周期性行业，受宏观经济影响较大，当前世界经济不景气、全球贸易不振等外部因素将对港口运营造成巨大挑战。

（三）中国海运物流业对外投资重点区域的商业机会

1. 欧洲地区

欧洲海岸线长达 15000 公里，90% 以上的国际贸易和近三分之一的区域内贸易通过海运实现，海运业雇员约 2500 万人，港口货物吞吐量占世界海运贸易的 40%，掌控着世界 40% 的运力，近海运输占世界总量的一半。

（1）海运物流业增长潜力

欧洲海运发展历史悠久，海洋强国众多，西部海岸线曲折，多优良港口，技术较为先进，有发展潜力。

①远洋货运：发展绿色运输，追求高附加值

在激烈竞争的形势下，欧洲一些国家依然保持扩张态势。以丹麦为例，其海运业开始关注节约能源，提出“发展绿色运输”的概念；此外，为应对来自发展中国家的竞争，还提出追求高附加值的“高级海运”概念，即将先进的技术，如自动识别系统、导航警告等，应用于北极船运网中，希望借此开发出新的航行线路，节约里程和燃料费。

②港口码头：欧洲在低迷环境中仍实现增长

2015 年，欧洲主要港口处理货物毛重同比增长 1.8%，且部分国家港口表现优异。欧洲最大的港口——荷兰鹿特丹港，2015 年货物吞吐量增加 3.6%，比利时的安德鲁港以及土耳其的博塔斯港货物吞吐量分别增加 5.3% 和 29.9%，英国的米尔福德港和土耳其的博塔斯港在液体散货吞吐量上分别实现了同比 34.6% 和 31.4% 的增长。[①]

（2）外资准入政策

欧洲大部分国家在外资投资海运业方面，没有特别的准入限制政策。其中，荷兰在海运业投资上有一定的保护政策，其他国家鼓励外国投资者投资，但没有特别的减免税政策。

表4－8　部分欧洲国家对外资进入海运物流业的准入规定

国别	准入规则
荷兰	船舶制造贷款担保计划，针对零售价在300万～1亿欧元的船舶，最高可承担船舶和游艇制造企业80%的贷款担保，最高金额达3亿欧元/年
比利时	a. 联邦政府和地方政府简化注册成立公司手续，为投资者提供全程服务和支持 b. 在比利时设立控股公司所能享受的税收优惠政策位居欧盟国家前列，并且没有关于受控外国公司/子公司的相关法规 c. 对外资投资海运物流业没有特别限制
挪威	a. 政府总体上对各种投资持欢迎态度，对外国投资者实行国民待遇，没有特别的减免税鼓励政策 b. 外国投资者可以获得挪威企业的股份或成为挪威企业的合作伙伴，并可以100%全资拥有挪威企业 c. 对外资投资海运物流业没有特别限制
希腊	a. 积极鼓励投资，颁布和制定了各种鼓励国内外投资的法律及政策 b. 希腊有3个保税区，在保税区的公司可享受一定的税收减免 c. 对效率低下的国营公共事业（包括港口）、铁路甚至赌场实施私有化政策

资料来源：商务部．对外投资合作国别（地区）指南：荷兰、比利时、挪威、希腊（2015）[EB/OL]．http：//fec. mofcom. gov. cn/article/gbdqzn/.

（3）重点投资目的国：希腊

希腊投资应关注港口、码头和小型航运公司。

希腊是世界航运大国，海运业是国家经济的重要支柱产业，在全球航运经济中独占鳌头。2014年，希腊船队的资产价值达到1010亿美元，占全球船队总资产的15%，为全球最大船东国。希腊商船总数达到3901艘，总运力达2.91亿载重吨，约占全球总运力的16%。以往中希航运合作主要包括修船、造船、租船、拆船等四方面，现在中希海运合作广泛并且升级，其中希腊的港口、码头存在良好的投资机遇，小型航运公司经营遇困有望被外资收购。

① Eurostat statistics explained. Maritime transport of goods – quarterly data [EB/OL]. http：//ec. europa. eu/eurostat/statistics – explained/index. php/Main_ Page.

第一，希腊战略地位重要，投资港口、码头辐射性佳。希腊东通印度洋，西通大西洋，背靠欧洲，南接通非洲，是中国走向地中海的门户。中国推进的“一带一路”建设将在希腊交汇，会建起由道路、管道、铁路和港口设施组成的交通网，促进中西方贸易发展。

第二，希腊政府推行私有化政策，为中资介入提供了良好的机会。希腊政府为偿还外债和重建经济，对效率低下的国营公共事业、铁路甚至赌场实施私有化政策。例如，比雷埃夫斯港口投资项目成为实践“私有化”政策的领头羊。2016 年，中远海运与比雷埃夫斯港口管理局（PPA）签署股权转让协议，收购其 67% 的股权，拟将其作为在地中海地区的重要枢纽港，连接遍布欧洲和非洲北部的消费者，并计划增资全面促进集团航运、码头、物流、修造船等业务的协同发展。

第三，希腊小型航运公司遭遇经营困境，船舶税可能调高，船东酝酿出走。希腊海运企业都是私营企业，在国际上具有相当高的地位。[①] 希腊引以为傲的航运业掌握在多为家族经营的 800 多家船公司手中，以希腊派瑞斯港为基地，掌控全球将近五分之一的船队。2015 年，希腊政府和该国债权人之间的僵局导致希腊银行关闭并退出欧元区，使希腊的航运业受到暴击。由于资本管制，希腊船东无法购买燃油，多达 20% 的货船滞留港口。资本管制使小型航运公司的业务变得非常困难，加之全球航运市场的低迷和竞争挤压，盈利困难。此外，希腊政府受国际债权人的压力，很可能大幅调高船舶税，使船东酝酿出走。在此时机下，中国企业可以收购一些资金紧张的小型航运公司以扩大航线和规模。

2. 亚太地区

亚洲海岸线长达 69900 千米，多优良港口，集装箱吞吐量大，竞争力较强。亚洲船东拥有和经营着全世界商船队总吨位的 40% 以上。

（1）海运物流业增长潜力

①远洋货运：“海上丝绸之路”增进沿线国家贸易往来

经济和贸易的迅速发展，将给亚洲海运业带来新的发展机会，增强其在全球的地位。其中“一带一路”尤其是“21 世纪海上丝绸之路”建设，能够连接更多的国家和地区，深化和增加经济合作，促使沿线国家贸易往来增多，进一步带动亚洲地区海运业的发展。

---

① 商务部．对外合作国别指南：希腊（2015 年）［EB/OL］. http：//www. fec. mofcom. gov. cn/article/gbdqzn/.

②港口码头：配合“一带一路”沿线货物流向布局

在“一带一路”建设带动下，未来有望产生新的货流，并在物联网和新的码头布局下流向更趋合理，有利于航运公司降低箱运成本、提高舱位利用率。

因此，“一带一路”沿线货物流向是海外码头布局重点考虑的因素。合理的码头布局将为客户创造新的价值，为码头产业与客户的共同成长创造有利条件。例如，华为在中远希腊码头启动了新的物流分发节点，从而把其中国总部与欧洲供应中心更有效地衔接起来，将产品更快地转运到欧洲、中东等地。

(2) 外资准入政策

亚太地区大部分国家对外资投资海运物流业没有特殊限制，投资政策和便利化程度相对较高。

表 4-9　部分亚洲国家对外资进入海运物流业的准入规定

国别	准入规则
巴基斯坦	a. 对外商投资实行鼓励和优惠政策，外国投资者与国内投资者享有同等的待遇 b. 与包括中国在内的 39 个国家和地区签署了避免双重征税协定 c. 在基础设施领域，巴基斯坦的政策是：外方在项目投资总额中最低不低于 30 万美元；外资可以拥有 100% 的股份并允许汇回
斯里兰卡	a. 对外国投资实行更优惠的政策，降低利率，放松外汇管制，降低和减免部分产品的关税 b. 给予外资企业（包括独资和合资）程度不等的关税和税收优惠
新加坡	a. 投资自由化程度最高，对投资领域限制少 b. 除了公共事业（公共交通、电力、煤气、供水）、新闻传播、武器制造等领域限制投资，金融、保险等一些领域需要预先取得营业准字外，其他经济领域基本放开
马来西亚	2009 年政府开放了八个服务业领域的 27 个分支行业，允许外商独资，不设股权限制，包括：计算机服务相关服务领域、保健与社会服务领域、旅游服务领域、运输服务领域、体育及休闲服务领域、商业服务领域、租赁服务领域、运输救援服务领域

资料来源：商务部．对外投资合作国别（地区）指南：巴基斯坦、斯里兰卡、新加坡、马来西亚（2015）[EB/OL]．http://fec.mofcom.gov.cn/article/gbdqzn/.

(3) 重点投资目的国：新加坡

新加坡投资应关注航运公司。

新加坡地处马来半岛南端，马六甲海峡的出海口，地理位置极其优越，航运历史悠久，政策和法律法规完善，经济发展水平高，投资环境好，人才聚集较多。在大宗商品市场持续低迷，全球经济增长疲软，航运业历经“寒冬”之时，投资新加坡的航运公司蕴藏着机遇。

第一，新加坡航运业发达，是众多国际航运企业的总部，并拥有一批本土优质的航运公司。2015 年全球船队拥有规模前 20 位国家（地区）排名中，新加坡名列第五，拥有船只 2356 只，载重吨位（DWT）为 95312373。2016 年，全球排名前十位的国际航运中心分别为新加坡、伦敦、香港、汉堡、鹿特丹、上海、纽约、迪拜、东京和雅典。[①] 本土较大航运公司有东方海皇集团（NOL）、太平船务（PIL）等。

第二，全球贸易和运费走低，使新加坡航运公司遇到困难，提供了收购良机。2016 年 6 月，法国达飞轮船收购东方海皇 91.28% 的股权。东方海皇成立于 1968 年，总部设在新加坡，是在新加坡证券交易所上市的最大航运企业，每周有 80 个班轮航次，挂靠全球 160 个港口，尖端的 IT 和电子商务服务支撑其综合运输服务，但近年陷入频频亏损及债台高筑的艰难局面。此外，一些相对小型航运公司如马可波罗海业（Marco Polo Marine），也预期全年亏损，无法生成足够现金来偿还债务。行业经营困难期恰为外资入主提供了机遇。

第三，新加坡通过收购波罗的海交易所，巩固其“航运金融中心”的地位。2016 年，新加坡交易所正式提出全面收购波罗的海交易所（The Baltic Exchange）。如果交易达成，新加坡交易所将拥有世界航运领域最权威的航运指数——波罗的海干散货运价指数（BDI），这大大增强衍生品业务，进一步推进新加坡成为全球航运金融中心。

第四，新加坡政府鼓励支持航运业的发展，致力于打造良好的外部环境。新加坡海事和港口管理局（MPA）向海事创新及科技基金新拨款 5000 万美元，鼓励行业研发，有效期至 2021 年。研究领域包括：环境和能源、操作和物流、安全和信息安全、信息和通信技术系统、海洋和海洋工程、数据分析、建模、仿真模拟、自主技术创新以及传感器的研发等。自 2003 年基金项目推出以来，有超过 290 个港口自动化、海洋环境和导航安全领域的研发项目得到了资助。此外，MPA 还计划在未来两年投资 1200 万美元培养当地海运业人才。

3. 非洲地区

非洲有 700 多个沿海及内河港口，港口吞吐量中，石油、矿石和煤炭为大宗出口货物，三者合计占总出口量的 85% 以上；机械设备、工业消费品和粮食为主要进口货物，绝大部分港口出口量大于进口量。

（1）海运物流业增长潜力

从发展趋势看，非洲港口吞吐量增长迅速，自 20 世纪 90 年代中期以来，非洲

① 中国经济信息社，波罗的海交易所. 2016 年新华·波罗的海国际航运中心发展指数，2016.

沿海港口货物吞吐量和集装箱吞吐量增长已超过3倍，潜力巨大。

①远洋货运：资源运输和贸易往来将带来大量海运需求

非洲是资源型地区，发展崛起与出口贸易的发展将有可能延长海运业的景气时间。中国对非洲的投资以及中非贸易往来必将带来大量海运需求，并有可能成为海运业最重要的支撑因素之一。

②港口码头：需求呈增长趋势，基建落后需要建设升级

首先，中国在非洲铁矿石、煤炭等资源项目的建成投产，用于运输大宗货物的专用港口建设将呈增长趋势。非洲已成为继中东和拉美之后的世界第三大产油区，未来5年内全球石油产量增幅的25%将来自非洲。中国从非洲获得的石油资源已占全部石油进口的30%，必然带来对油轮以及油轮码头的需求，并创造更大商机。

其次，非洲多战略性港口项目，争取项目经营权对各国具有重要意义。吉布提港扼守红海交通要道，是与欧洲、地中海及中东国家经贸往来的重要通道。马达加斯加是沟通大西洋和印度洋的要地，连接亚非欧的交汇点，其第一大港图阿马西纳港近期拟进行改扩建并规划综合性深水港和相关产业园区。

当前，非洲地区大部分港口基础设施陈旧、装卸设备落后、管理水平低、港口发展与城市发展的冲突日益严重，泊位利用率为80%。参与坦桑尼亚、肯尼亚和安哥拉等国重要港口的综合开发、改造升级，对中国企业走出去、深化中非务实合作具有重要意义。

（2）外资准入政策

非洲大部分国家对外资投资基本持开放的鼓励政策，部分国家还给予一定的优惠政策。

表4-10 部分非洲国家对外资进入海运物流业的准入规定

国别	准入规则
多哥	投资港口等基础设施管理的企业不在《投资法》规定的优惠资格之列
吉布提	a. 运输物流业等必须与当地人合作投资 b. 鼓励港口等业务，可享受优惠条件
尼日利亚	鼓励投资，造船、海洋船舶维修被列入先锋行业，可享受一定的优惠政策

资料来源：商务部．对外投资合作国别（地区）指南：多哥、吉布提、尼日利亚（2015）[EB/OL]．http：//fec. mofcom. gov. cn/article/gbdqzn/.

（3）重点投资目的国：多哥+吉布提

①多哥：港口、码头项目

多哥的主要港口洛美港是西非唯一深水港。洛美港有两个码头、四个泊位，能

同时停泊4艘2.5万吨级的货轮，年吞吐能力为800多万吨。2015年上半年，洛美自治港船舶靠港量达613艘，比2014年同期增长48.7%，集装箱装卸量和中转活动分别猛增161%和444%。尼日尔、马里、布基纳法索等内陆国家是港口的主要用户。

法国投资者获洛美港经营权。2011年初，经多哥政府批准，法国波洛莱环非物流集团获得洛美港35年特许经营权，并负责投资3000亿西非法郎兴建洛美港3号码头。2014年，洛美自治港的3号码头完工，该码头全长450米，港区水深15米，配备有两台龙门吊，码头上铺有铁轨，可以满足最新一代大型货轮对码头承载能力和技术设备的要求。

中资企业收购多哥码头项目。2012年8月，招商局国际有限公司以1.5亿美元收购塞浦路斯（TML）50%的股份。TML拥有多哥洛美集装箱码头项目（LCT）35年的发展权和经营权（还可延续10年）。根据多哥政府2011年12月签署的协议，LCT可以经营岸线长为1050米的四个泊位和面积为53公顷的堆场。

②吉布提：港口、码头项目

吉布提为自由港，1898年兴建，2000年起委托迪拜港经营管理。现有15个泊位，全长约3200米，港口航道水深9.5～12米。该港战略地位十分重要，港口、通讯和金融服务业较发达，吉政府借此努力将吉布提发展成东非和南部非洲共同市场的大门。外资对吉布提港投资较为活跃。

2003年6月，由阿联酋国家石油公司和迪拜港联合投资实施的吉布提多哈雷新港（Portde Doraleh）一期油码头项目，已于2005年9月建成并投入使用。油码头水深16～20米，可停靠12万吨级油船，拥有一条1.2公里长的油轮栈桥码头，一条连接多哈雷和国家1号公路（连接埃塞俄比亚）的道路和24万立方米的仓储能力。迪拜港务局还出资建设二期新港集装箱码头。码头长2000米，水深14～20米，可停靠最新一代的集装箱船，已于2008年12月底建成投入运营。该码头是东非地区规模最大的集装箱码头，年吞吐量可达到150万标箱。

中资多家企业投资吉布提港口。2014年，中国招商局国际投资吉布提港口的新多功能码头。通过业主招标，由中建和中土联合体承建，于2014年8月开工。计划2016年下半年实现部分运营，2017年上半年正式运营。在接近索马里边境的地区，另一个工程也在建设之中，得到阿拉伯和沙特基金财政支持的塔朱拉港口也已经开始建设，由中国湖北宝业集团负责施工。

三、旅游业

(一) 全球旅游业发展现状与趋势

《国家旅游及相关产业统计分类（2015）》① 将旅游业定义为“直接为游客提供出行、住宿、餐饮、游览、购物、娱乐等服务活动的集合”，旅游相关产业则是指“为游客出行提供旅游辅助服务和政府旅游管理服务等活动的集合”。世界旅游委员会（WTTC）采用的英文概念是“Travel & Tourism”，具体指旅游者离开常规居住环境一年以内的旅行活动，在研究中涵盖所有由此引发的经济活动。

旅游业是世界公认的资源消耗低、就业机会多、综合效益高的产业，是现代服务业的重要业态，也是许多国家产业结构调整的重要方向。旅游业自身的可持续发展及其对全球可持续发展的重要影响，正引起国际社会的高度关注，大力发展旅游业，正成为世界各国增强综合竞争力的战略决策。

1. 规模：2015 年全球入境旅游人数达到 11.84 亿人次，经济贡献占全球 GDP 的 9.8%

（1）全球入境旅游人数连续 6 年稳定增长，未来发展势头强劲

2015 年是全球入境旅游人数连续增长的第六年，国际入境游客（过夜游客）达到 11.84 亿人次，同比增长 4.4%，超过全球经济增长速度（如图 4 -37）。2015 年选择国际旅游的游客人数比 2014 年多 5000 多万人次，全球入境旅游对 2015 年世界 GDP 的经济贡献率达到 9.8%。

2006—2015 年十年中，除了 2009 年受金融危机的直接影响，全球入境旅游人数出现下降外，其他年份都在稳步增长。特别是 2010 年以来，在全球经济恢复乏力的情况下，全球入境旅游人数仍有增无减。

① 本分类是依据《中华人民共和国统计法》、《国务院关于促进旅游业改革发展的若干意见》（国发〔2014〕31 号），以《国民经济行业分类》（GB/T 4754 -2011）为基础制定。

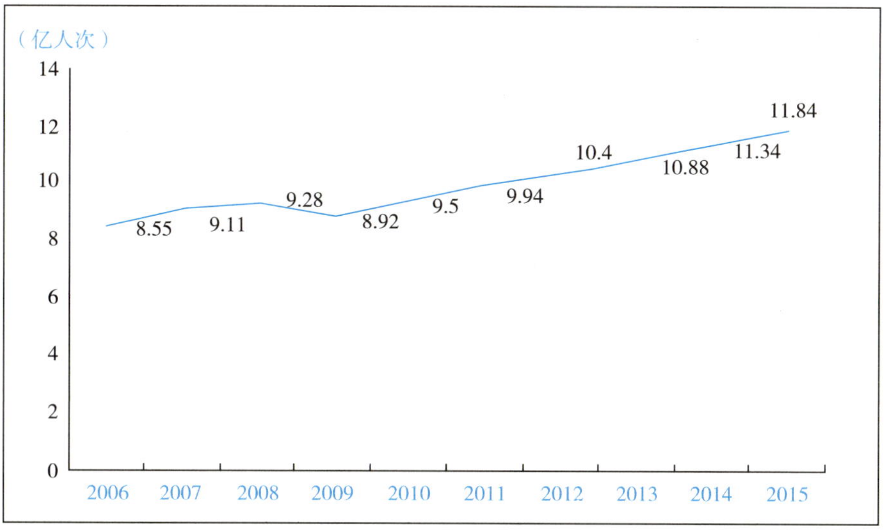

图 4－37 2006—2015 年全球入境旅游人数增长趋势

资料来源：UNWTO. *Annual Report* 2015［EB/OL］. http：//www2. unwto. org/annual－reports.

（2）全球旅游消费增长连续 4 年超过全球贸易增长，2015 年旅游业贡献占全球 GDP 的 9.8%

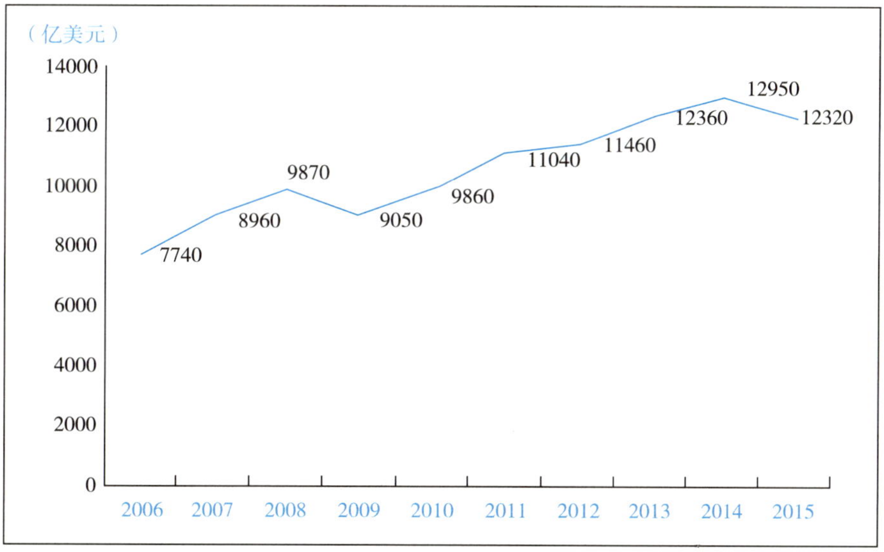

图 4－38 2006—2015 年全球入境旅游国际旅游收入增长趋势

资料来源：WTTC. *Economic Impact Report*，2016［EB/OL］. http：//sp. wttc. org/research/economic－research/economic－impact－analysis/.

在不考虑汇率和通胀因素的情况下，2015 年国际游客在住宿、餐饮、娱乐、购物和其他服务项目上带来的收入约为 12320 亿美元，较 2014 年出现小幅下降（如图

4－38）纳入汇率波动和通胀因素之后，较 2014 年增长了 3.6%，这与全球入境旅游人数上升 4.4% 正相关。2006—2015 年，除 2009 年受金融危机影响，全球入境旅游国际旅游收入出现下降外，其他年份一直保持持续增长势头。

全球旅游消费增长已经连续 4 年超过全球贸易增长。① 2015 年旅游在世界出口份额中占比已达到 7%，② 在世界出口名录中，旅游名列第三。③

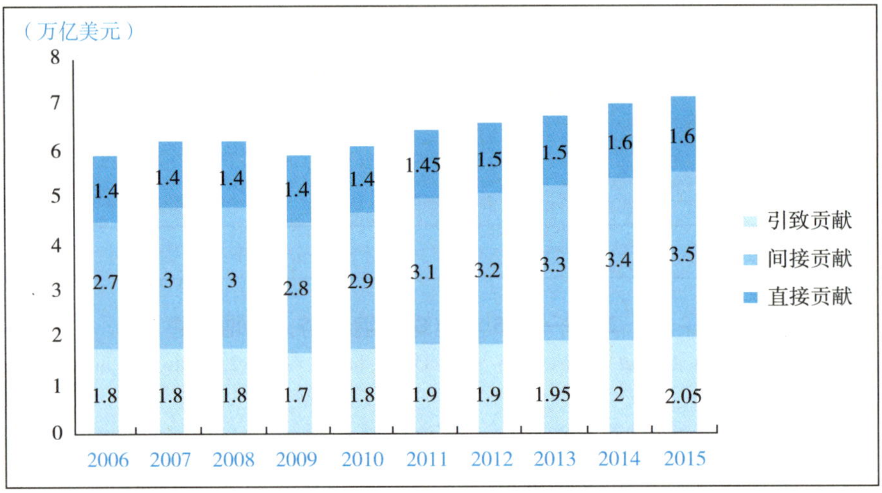

图 4－39　2006—2015 年旅游业对全球 GDP 的贡献

资料来源：WTTC. *Economic Impact Report* 2016 [EB/OL]. http://www.wttc.org/research/economic－research/economic－impact－analysis/.

2015 年旅游业对全球 GDP 的直接贡献为 1.6 万亿美元（占全球 GDP 的 3%），提供了 1.08 亿个就业岗位。考虑到旅游业更广范围的影响，将间接贡献和引致贡献计算在内，旅游业对 2015 年世界经济的总贡献为 7.2 万亿美元，占全球 GDP 的 9.8%，提供了 2.84 亿个就业岗位，相当于全球就业的 1/11。在 GDP 增长方面，旅游业在 2015 年的表现要优于制造业、零售业。④

（3）趋势展望：预计未来十年每年增长 4%，2026 年将占全球 GDP 的 10.8%

尽管目前全球经济复苏乏力，各种风险因素上升，但 2016 年旅游业市场发展仍很强劲。预计旅游业对全球 GDP 的贡献率将进一步加大，增速继续超越 GDP 的增长。

① 联合国世界旅游组织（UNWTO）2016 年 5 月发布的数据。
② UNWTO. *Exports from international tourism rise 4% in* 2015 [EB/OL]. http://cf.cdn.unwto.org/sites/all/files/pdf/unwto_ barom16_ 03_ may_ excerpt_ .pdf.
③ 在世界出口名录中，旅游排在燃料与化学品之后，食品和汽车产品之前。
④ 世界旅行和旅游业理事会（WTTC）. *Economic Impact Report*, 2016 [EB/OL]. http://www.wttc.org/research/economic－research/economic－impact－analysis/.

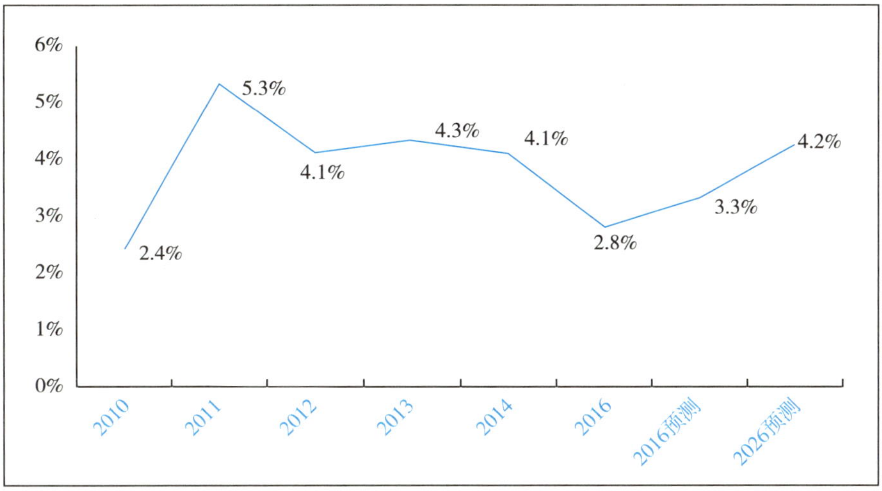

图 4 –40 旅游业对全球 GDP 的直接贡献占比预测

资料来源：WTTC. *Travel & TourismEconomic Impact* 2016 [EB/OL]. http://www.wttc.org/ –/media/files/reports/economic%20impact%20research/regions%202016/world2016.pdf.

石油价格和交通运费下降等利好信息，对旅游业的发展大有裨益。2016 年，旅游业估计增长 3.3 %，未来十年每年可能增长 4%，到 2026 年旅游业产值将达 10.99 万亿美元，占全球 GDP 的 10.8%。届时，旅游业将为全球提供 3.7 亿个就业岗位，相当于 9 个人中有一人从事旅游业。

2. 区域：欧亚美地区入境游客人数最多，收入最高

（1）2015 年欧亚美吸引入境游客人数和旅游收入均居前三

2015 年受欧元及其他主要货币贬值的影响，前往欧洲的国际游客为 6.08 亿人次，比 2014 年增加了 2900 万人次，增速 4.7%，旅游人数增长引领各大洲。其中赴中欧和东欧地区的旅游人次自 2014 年下降之后，2015 年回暖，增速达 6%；北欧增长 6%；南地中海欧洲区域增长 5%；西欧增长 4%。欧洲不同地区出现了不同程度的增速，这与众多成熟的旅游目的地息息相关。

与入境旅游人数保持一致，欧洲地区的入境旅游收入居各地区之首，2015 年的收入总额达 4480 亿美元，占全球份额的 36%。（如图 4 –42）

亚太地区 2015 年国际游客到访量达 2.78 亿人次，较 2014 年同比增加 1300 万人次，增幅为 5.4%。其中大洋洲国际游客到访量实现 7% 的增长，东南亚实现 5% 的增长，东北亚和南亚均实现 4% 的增长。2015 年亚太地区的入境旅游收入 4190 亿美元，占全球份额的 34%。亚太地区与欧洲地区的旅游收入远不像入境旅游人次那样相差悬殊。究其原因，可能在于欧洲地区旅游景点多，且消费场所的平均价格要

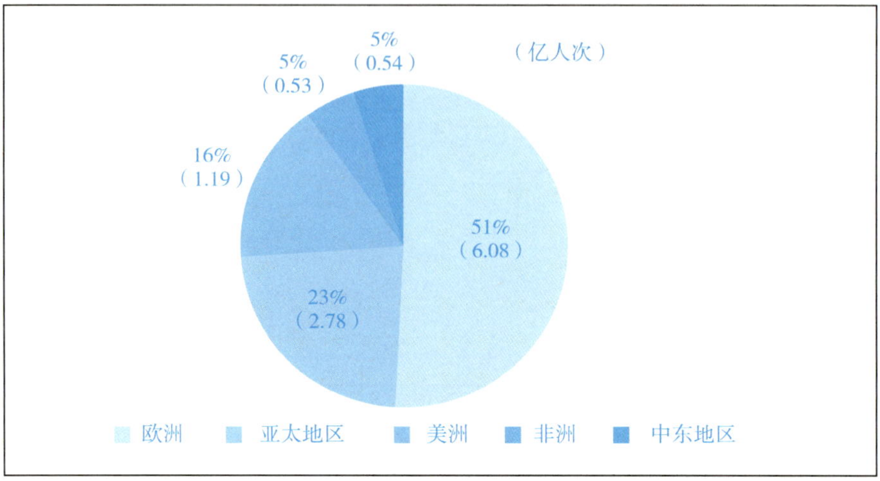

图 4－41　2015 年国际入境旅游人数区域占比

资料来源：UNWTO. *World Tourism Barometer*, May 2016［EB/OL］. http://www.e－unwto.org/loi/wtobarometereng.

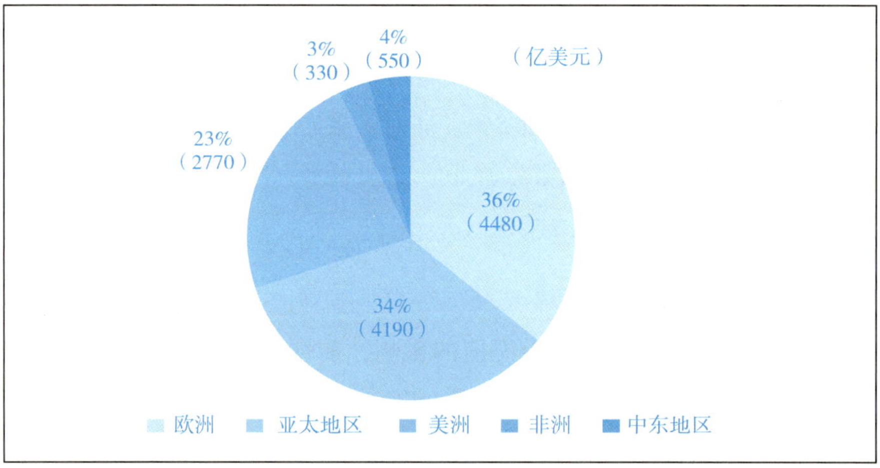

图 4－42　2015 年国际入境旅游收入区域占比

资料来源：UNWTO. *World Tourism Barometer*, May 2016［EB/OL］. http://www.e－unwto.org/loi/wtobarometereng.

远高于亚太地区，影响了该地区的旅游收入。

美洲的国际旅游人次相比 2014 年增加 900 万人次，达到 2015 年的 1.19 亿人次，增长速度为 5%。美元升值刺激了美国的出境游，加勒比海和中美洲均受益于此，实现了 7% 的增长。南美和北美洲接近平均水平，均实现了 4% 的增长。[①] 美洲

① UNWTO. *Annual Report* 2015［EB/OL］. http://www2.unwto.org/publication/unwto－annual－report－2015.

地区2015年的旅游收入达到2770亿美元，占世界入境旅游收入总额的23%。

中东地区的国际游客人次自2014年开始恢复增长，相比2014年增长1.6%，达到5400万人次，旅游收入达550亿美元。

受非洲数据统计的局限，估测2015年非洲国际游客人次下降2.9%，达到总体5300万人次；其中，北非①下降8%。尽管2015年下半年，撒哈拉以南非洲地区的旅游人数有所上升，但整体来看，相比2014年其国际到达旅游人次仍下降了1%。2015年全年非洲入境旅游收入330亿美元。

（2）2015年亚太地区、美洲的入境旅游人数、旅游收入增速均高于世界平均水平

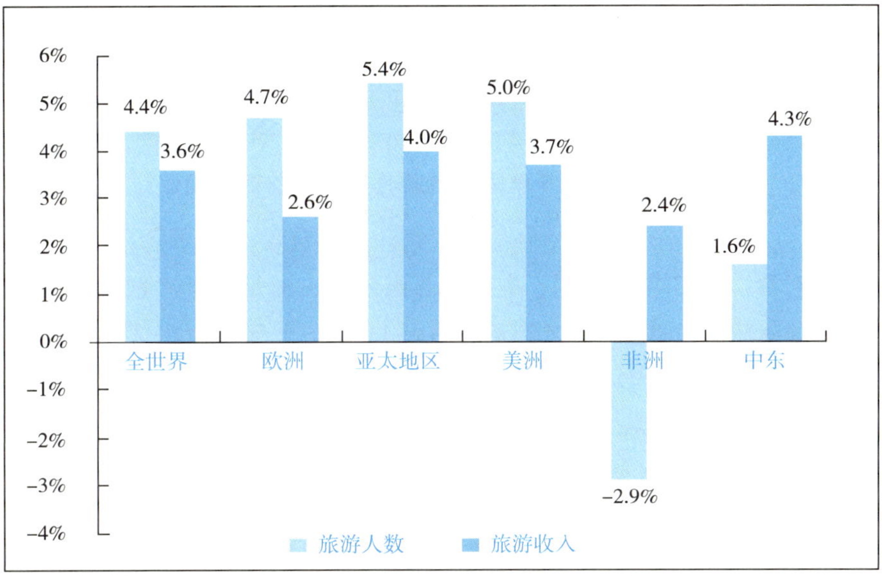

图4-43　2014—2015年国际入境旅游人数和收入的区域同比增长情况

资料来源：UNWTO. *World Tourism Barometer*, May 2016［EB/OL］. http://www.e-unwto.org/loi/wtobarometereng.

整体来说，2015年世界入境旅游人数及旅游收入较上一年均有所增长（如图4-43）。其中，亚太地区和美洲地区的旅游人数和收入皆高于世界平均水平，亚太地区的入境旅游人数同比增长最快，达5.4%；美洲、欧洲地区入境旅游人数增长都比较快；中东地区增长相对缓慢，较2014年增长1.6%；受西非埃博拉病毒影响，非洲全年旅游人数下降2.9%。

中东地区是全球入境旅游收入同比增长最快的地区，达4.3%；其次为亚太地

① 北非的游客人数占整个非洲地区总游客人数的三分之一。

区和美洲，分别同比增长 4.0% 和 3.7%；欧洲增长 2.6%；非洲地区在入境旅游人数出现下降的情况下，旅游收入仍能维持 2.4% 的增长，十分瞩目。

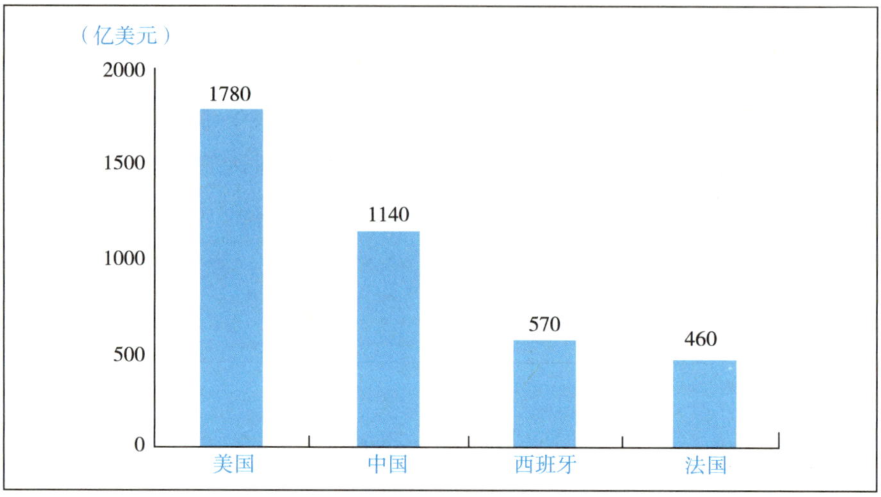

图 4－44　2015 年国际旅游收益排名前四位国家

资料来源：UNWTO. http：//unwto. org/.

从国别来看，2015 年，美国、中国、西班牙和法国是居世界领先地位的旅游目的国。美国国际旅游收益 1780 亿美元、中国 1140 亿美元、西班牙 570 亿美元和法国 460 亿美元，在国际旅游收益和游客到访量上均居于世界前列。（如图 4－44）

（3）趋势展望：发展中国家旅游业兴起，旅游业产值有望持续增长

据联合国世界旅游组织预测，未来几年，旅游业的产值发展仍较为乐观，亚太地区有望维持 4%～5% 的年均增长；美洲和欧洲保持 3.5%～4.5% 的增长速度；非洲维持 2%～5% 的增长。

世界旅游及旅行理事会估计，在 2026 年之前，南亚旅游业产值增长最快，年均增速超过 7.1%，印度可达 7.5%；东南亚地区增速预计能达 5.8%；再次为东北亚 5.8%、非洲南部地区 5.2%、中东 4.9%、北非 4.2%。拉美地区（3.7%）、北美（3.5%）、加勒比海地区（3.4%）、欧洲（2.8%）等地都将低于世界旅游业增长的平均水平（4%）。

到 2026 年，G20 成员国旅游业产值增长最快的是中国、印度、印尼、墨西哥、南非，其他一些新兴经济体如吉尔吉斯斯坦、缅甸、坦桑尼亚、越南和赞比亚等国家的旅游业 GDP 也将保持较快速度增长。

据预测，届时中国将取代美国成为旅游业投资主要目的地国，但美国仍是旅游业产值最高以及国内外游客消费最多的国家；印度将闯入旅游业产值最高的十个国家行列；缅甸、纳米比亚、坦桑尼亚、乌干达、越南、赞比亚等国家的旅游业产值

都将获得不错的成绩；泰国将超越中国、西班牙，成为海外旅游消费第二多的国家。

3. 旅游类型：普通游、国内游消费占比多，休闲游、度假游渐成主流

（1）全球普通旅行消费大于商务旅行消费，国内游客消费大于外国游客消费

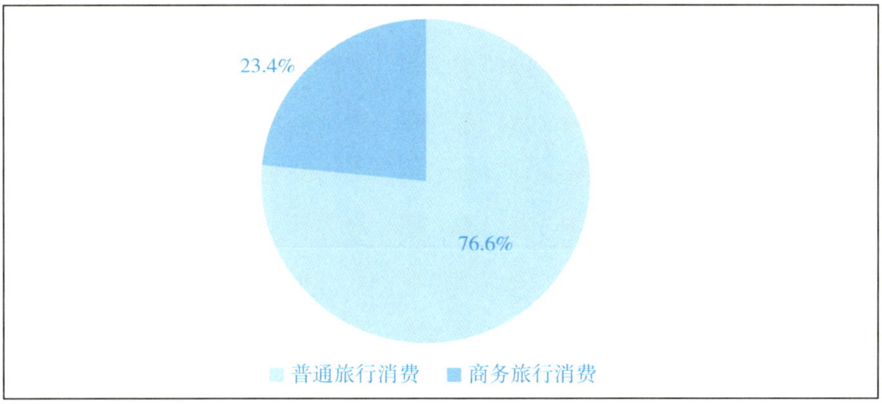

图 4－45　2015 年旅游业对世界 GDP 的贡献：普通旅行和商务旅行所占比例

资料来源：WTTC. *Travel & Tourism Economic Impact* 2016［EB/OL］. http://www.wttc.org/－/media/files/reports/economic%20impact%20research/regions%202016/world2016.pdf.

2015 年旅游业对世界 GDP 的贡献中，以旅游动机计，休闲旅游消费占 76.6%，消费总额达 36219 亿美元；商务旅游消费则占总份额的 23.4%，总消费额为 11069 亿美元。（如图 4－45）

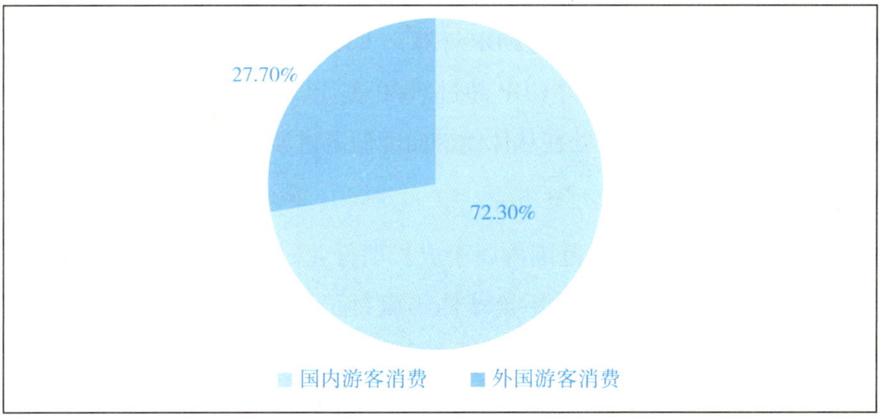

图 4－46　2015 年旅游业对世界 GDP 的贡献：外国游客消费与国内游客消费所占比例

资料来源：WTTC. *Travel & Tourism Economic Impact* 2016［EB/OL］. http://www.wttc.org/－/media/files/reports/economic%20impact%20research/regions%202016/world2016.pdf.

以消费主体计，国内游客消费额占旅游消费总额的 72.3%，外国游客消费占总消费额的 27.7%。（如图 4－46）

(2) 全球范围内休闲游、度假游逐渐成为主流

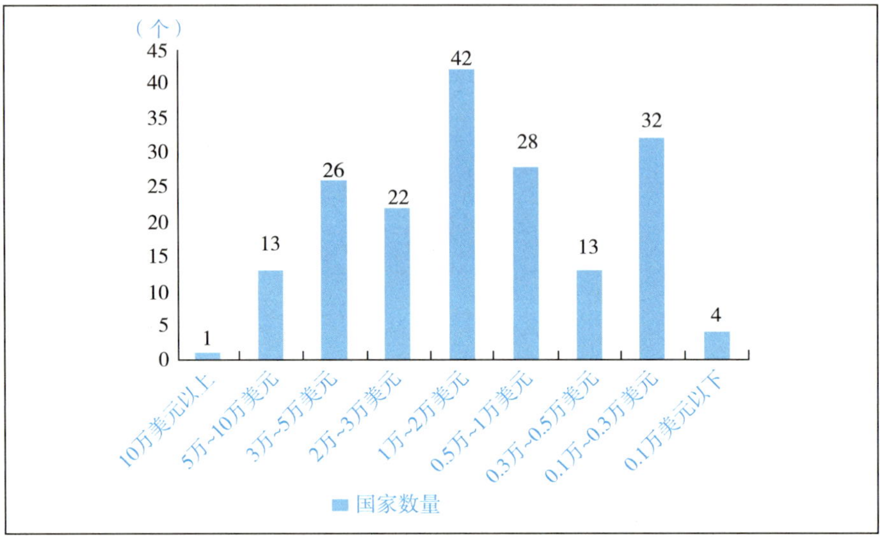

图 4-47　2015 年世界人均（购买力平价）GDP

资料来源：KNOEMA. http：//knoema. com/.

注：统计了 181 个国家和地区。

根据国际规律，当人均 GDP 达到 2000 美元时，旅游将获得快速发展；当人均 GDP 达到 3000 美元时，旅游需求出现爆发性增长，休闲需求增加；当人均 GDP 达到 5000 美元时，将逐步进入成熟的度假旅游经济，休闲需求和消费能力日益增强并出现多元化趋势。根据 2015 年世界人均 GDP 计算，人均 GDP 在 5000 美元以上的国家和地区有 132 个。中国在 2011 年人均 GDP 超过 5000 美元，2015 年人均 GDP 达到 8000 美元，理论上讲，中国旅游业正处在从休闲游向度假游过渡的阶段。(见图 4-47)

(3) 趋势展望：旅游业处于发展期，国际旅游区域中心向亚洲转移

综合来看，旅游业在全球范围内属于成长期行业。

世界旅游理事会预测，2016 年全球休闲旅行消费将增长 3.0%，达到 37323 亿美元，预计今后几年每年增长 4.2%，至 2026 年将达到 56458 亿美元。2016 年全球商务旅行消费将增长 3.9%，消费总额达 11499 美元，之后每年平均增长 3.7%，至 2026 年将达 16588 亿美元。

2016 年亚洲地区的国内游客消费预计将增长 3.3%，达 35339 亿美元；同时以每年 4.0% 的增长速度，至 2026 年消费额将达 52455 亿美元。预计 2016 年亚洲地区的国外游客消费将增长 3.0%，总额增至 13479 亿美元，并以 4.3% 的年均速度增长，至 2026 年游客消费额将达 20560 亿美元。

随着亚太地区旅游市场的快速发展，未来的国际旅游区域中心将向东转移。伴随着各国经济发展和生活水平的提高、中等收入人群的扩大，人们更加重视满足精神、个人情感上的需求，旅游方式也朝着多样化、个性化等方向发展。近年来，国内游及出境游中综合产品、特色主题公园、自驾游、城市周边休闲度假游等休闲方式的兴起正反映着这种转变。高收入人群对出境游、高档酒店、传统自然景点游的需求较高，随着其人群的壮大，必然促使高质量的休闲与度假等娱乐方式出现。

在互联网盛行的今天，未来的旅游业更趋向于促进在线旅游的发展。

（二）中国旅游业对外投资情况①

1. 规模：2010—2015 年中国旅游业共有 57 起海外投资，已披露金额达 203.31 亿美元

近年，随着中国企业海外投资的热潮以及中国公民海外旅游的兴起，国内资本加快了旅游业的国际化布局。海外投资的领域包括酒店、旅行社（公司）、度假村、邮轮游艇等。

根据数据库收集的案例②，2012 年之前中国旅游业对外投资额较小，2013 年之后呈明显增长趋势，特别是 2015 年投资金额达到 72.54 亿美元。（如图 4－48）

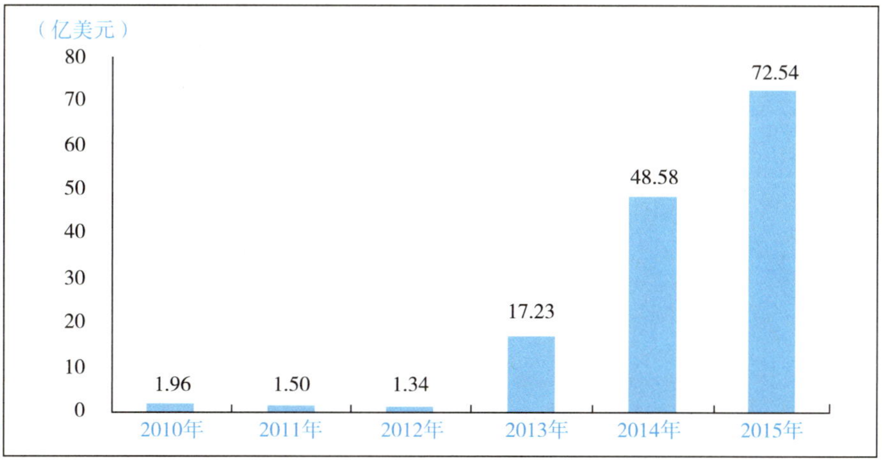

图 4－48　2010—2015 年中国旅游业对外投资流量规模

资料来源：CCG 数据库。

注：不完全统计，部分投资案例未披露交易金额。

① 中国旅游业对外投资情况是指中国企业（包括旅游业企业主体和非旅游业企业主体）在境外实施的旅游业领域的投资并购情况。

② 不完全统计，涵盖大部分投资案例。

2010—2012 年，中国企业海外旅游业投资披露的金额分别为 1.96 亿美元、1.5 亿美元、1.34 亿美元，但 2010 年 7 起投资事件中有 4 起未公布交易金额，2011 年和 2012 年皆有 1 起投资事件未公布交易金额，故这几年实际投资要高于统计值。

2013 年中国企业海外旅游业投资披露交易金额为 17.23 亿美元，2013 年上海中房置业公司收购新西兰卡林顿度假村案例未披露交易金额。

2014 年中国企业海外旅游业投资披露交易金额为 48.48 亿美元。2014 年规模最大的两起投资都是由万达集团完成，即 4 月于芝加哥建立万达酒店，投资金额达 9 亿美元；8 月以 9 亿美元收购了澳大利亚黄金海岸市珠宝三塔项目。

2015 年中国企业海外旅游业投资高达 72.54 亿美元。2015 年投资金额最高的是 9 月上海锦江国际酒店发展股份有限公司受让 Keystone 酒店集团 81% 股权，作价 16.95 亿美元。另外，2015 年度的投资案例中有数起未公布交易金额，所以实际交易金额要远高于统计金额。

2016 年 1—10 月，中国企业海外旅游业（包括进行中的）投资共有 12 起，有 7 起披露了交易金额，涉及投资金额达 138.06 亿美元，其中包括万达集团与法国欧尚集团于巴黎签订协议，投资 33 亿美元建设巴黎大型文化旅游商业综合项目，安邦 65 亿美元收购黑石旗下的 Strategic Hotels Resorts。

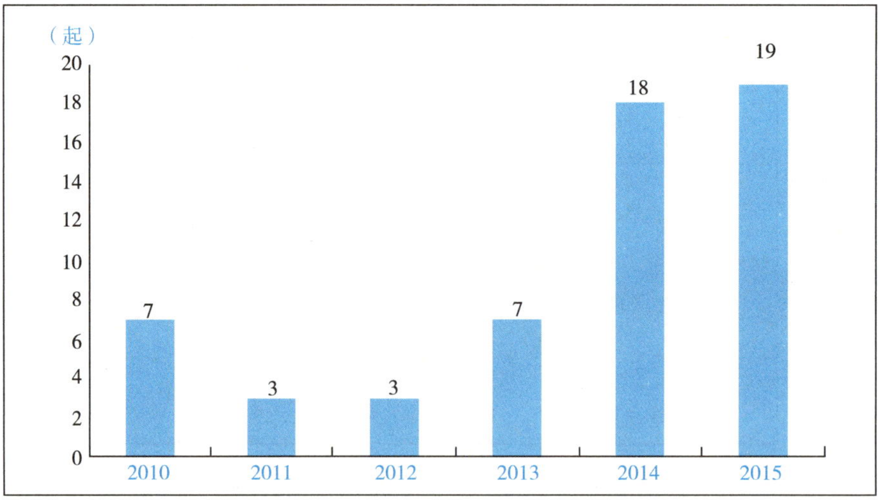

图 4-49　2010—2015 年中国旅游业对外投资案例数量

资料来源：CCG 数据库。

注：不完全统计。

据不完全统计，2010—2015 年，中国旅游业共发生 57 起海外投资事件，2010 年完成了 7 起投资，2011 年和 2012 年旅游业海外投资出现下滑，各有 3 起投资。

2013 年以后，中国企业海外旅游业投资案例数量增长较快（如图 4 －49），2013 年旅游业海外投资数达 7 起，2014 年升至 18 起，2015 年继续增长，达 19 起。

2. 区域：中国企业旅游业海外投资集中在美欧亚

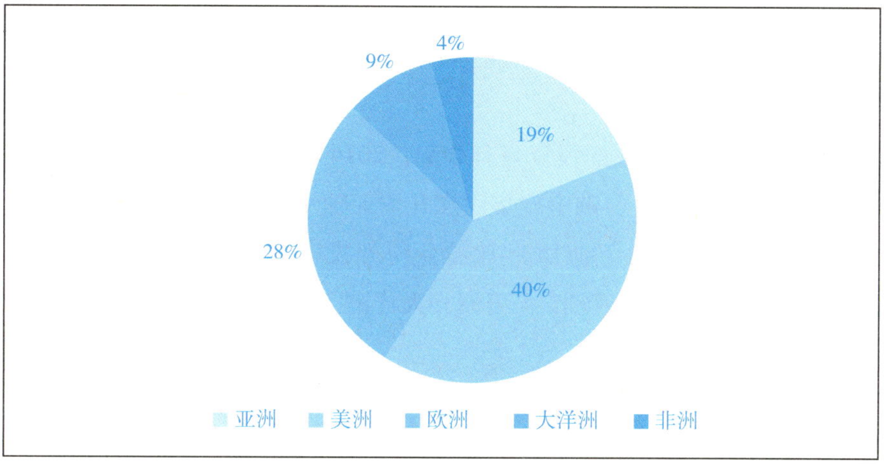

图 4 －50　2010—2015 年中国旅游业对外投资区域分布情况

资料来源：CCG 数据库。

注：不完全统计。

从中国旅游业对外投资发生的案例数量来看，2010—2015 年，投资并购主要发生在美洲地区，共 21 起，占比达 40%，其中有 21 起发生在美国境内。中国企业对美洲旅游业投资最大的一笔是，2015 年 3 月中建美国巴哈马公司等投资 26 亿美元参与兴建的巴哈·玛旅游度假村，该度假村也是加勒比海地区最大的旅游度假村。此外，2014 年 10 月，安邦保险集团受让希尔顿纽约华尔道夫酒店，作价也高达 19.5 亿美元。①

2010—2015 年，中国企业对欧洲旅游业的投资为 16 起，占中国旅游业海外投资的 28%，投资主要集中在西欧地区。规模较大的有：2015 年 2 月，上海锦江国际酒店成功受让卢浮集团全部股权，作价 15 亿欧元；2013 年 6 月，万达集团投资近 7 亿英镑在伦敦建设超五星级万达酒店，该酒店是中国企业在海外投资新建的第一家奢华酒店。

六年间，旅游业海外投资有 11 起发生在亚洲地区，占总份额的 19%（如图 4 －50）。投资集中在日本、新加坡、中国香港和韩国。规模比较大的投资有：2015 年 11 月，上海豫园旅游商城公司以 1.63 亿美元受让日本 Resort Tomamu 度假区 100%

① 2015 年 2 月正式获得美国外国投资委员会的批准。

股权；同月，中弘控股公司认购亚洲旅游控股集团新发行的股份50000万股，认购金额约7317万美元。

中国企业对大洋洲旅游业的投资约占总投资的9%（5起），所占比重不大。主要投资有：2014年8月，万达集团以9亿美元完成对澳大利亚黄金海岸市珠宝三塔项目的并购；2014年12月，阳光保险集团受让澳大利亚悉尼喜来登公园酒店，作价3.33亿澳元等。

中国对非洲地区旅游业的投资只有2起：2014年3月，海航旅游集团并购南非Tsogo Sun酒店；是年8月，港中旅集团在几内亚建立了一家五星级标准酒店。

2016年1—9月，中国企业15起旅游业海外投资（包括仍在进行中的）中有6起发生在欧洲，3起发生在亚洲，4美洲和大洋洲2起投资。

3. 特点：出境游促进海外投资，投资集中在酒店行业，线上旅游兴起

（1）中国游客海外旅行的不断升温促进旅游业对外投资

2015年，各国为吸引中国游客，不断推出签证新政使申办效率大幅提升；针对中国游客展开的旅游推广活动趋于多样化，除常规旅游外，还有医疗旅游、游学旅游等新项目，诸多因素促进中国游客海外旅行不断升温。其中，2015年，中国到日本旅游人数达499万人次，较2014年同期增长107%，中国成为日本最大客源国；中国赴韩旅游达611万人次，占赴韩外国游客40%以上；中国赴美游客达到300万人次，同比增长16%；中国赴澳游客达到100万人次，仅用五年时间就实现了澳大利亚旅游部门拟定的10年计划。①

中国企业投资海外旅游业出现了许多经典案例，例如：海航、复星、万达、港中旅、锦江、众信等在全球范围内进行多起投资并购，携程、途牛等在线旅游企业也加快在全球目的地的布局。又如：海航集团完成凯撒旅游、西班牙NH酒店等股权收购；复星国际收购Club Med部分股权；港中旅收购英国布莱顿酒店集团；锦江国际集团收购美国洲际集团和卢浮酒店集团；万达集团在英国、西班牙、美国、澳大利亚等地完成一系列并购活动。

（2）旅游业海外投资集中在酒店业

2010—2015年中国企业57起旅游业海外投资，加上2016年1—9月的15起投资（包括进行中的投资），72起中国企业旅游业海外投资中有54%（39起）集中在酒店投资；其次是各种服务型旅游公司，占总份额的15%（11起）；对旅行社、旅游

---

① 中国社科院.2015－2016年中国旅游发展分析与预测［M］.北京：社会科学文献出版社，2016.

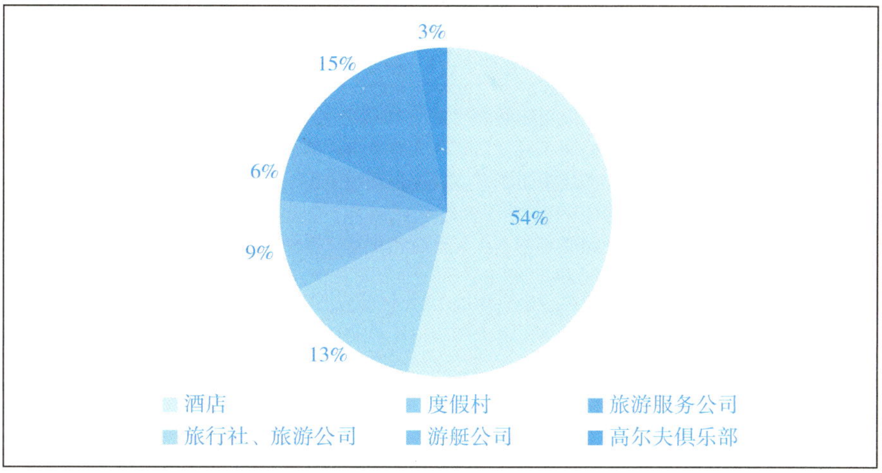

图 4－51　2010—2016 年旅游业对外投资类型

资料来源：CCG 数据库。

注：在线旅游归入旅行社、旅游公司类别中。

公司的投资占 13%（9 起）；剩下的是对度假村、游艇公司和高尔夫俱乐部的投资，各占总份额的 9%（7 起）、6%（4 起）和 3%（2 起）。（如图 4－51）

中国旅游业海外投资主要集中在酒店上。随着中国经济实力不断增强、出境游持续升温，中国游客、商务出国等对高级星级酒店的需求增加，使游客对中高端酒店的需求热度持续升温①，中国企业海外大量并购酒店成为必然。

公开数据显示，2016 年海外酒店并购交易额达到创纪录的 405 亿美元②，相当于 2015 年的两倍。事实上，中国企业早在 2013 年就开始大规模地投资海外酒店。

表 4－11　2013—2016 年中国企业酒店业海外并购案例

时间	项目名称	项目情况
2013 年 4 月	开元旅业集团收购德国法兰克福金郁金香饭店	开元旅业集团以 1050 万欧元成功收购德国法兰克福的金郁金香饭店原金郁金香酒店是一家四星级的商务酒店，楼高 17 层，有 248 个客房及配套餐饮会议设施，地理位置优越，距欧洲第三大空港法兰克福机场和市中心、会展中心仅二十余分钟车程
2013 年	万达集团投资英国在泰晤士河畔修建万达文华酒店	万达集团投资 7 亿英镑在泰晤士河畔修建万达文华酒店，计划 2018 年 9 月开业

① 根据携程网数据显示，2016 年春节国内游客对于高星级（4 星至 5 星）酒店的需求远超预期，境外高星级酒店占比超过六成，境内高星级酒店占比也达到 53%；2015 年春节期间，境外高星级酒店占比为 51%，境内高星级酒店占比仅 35%。

② 安邦出价约 140 亿美元收购美国喜达屋酒店及度假村国际集团，但由于多方压力被迫退出该项目。

续表

时间	项目名称	项目情况
2014 年	海航集团并购西班牙 NH 酒店	海航集团并购西班牙 NH 酒店，10 月与西班牙 NH 酒店集团成立合资公司，新公司暂名为海航 NH 酒店管理有限公司，其 51% 股份由海航酒店集团所有，目标客户锁定中、高端商务消费者 NH 酒店集团创建于 1976 年，是欧洲第三大酒店管理集团，目前在全球共有近 400 家酒店和 6 万间客房
2014 年 10 月	安邦保险集团收购纽约华尔道夫酒店	安邦保险集团以 19.5 亿美元收购原希尔顿集团旗下纽约华尔道夫酒店 纽约华尔道夫酒店位于曼哈顿公园大道 49 街和 50 街之间，是纽约地标性建筑之一，1893 年开始营业，是世界上最豪华、最著名的五星级酒店之一
2015 年 1 月	锦江国际集团收购卢浮酒店集团	锦江国际集团以近十亿欧元收购欧洲第二大酒店集团——卢浮酒店集团 100% 股权 卢浮酒店集团麾下拥有和管理 7 大品牌，在 41 个国家和地区拥有 1000 家酒店，超过 8.1 万间客房
2015 年 3 月	复星国际收购法国度假村运营商 Club Med	复星国际收购法国度假村运营商 Club Med 98.29% 的股权 Club Med 于 1950 年创立，旗下度假村逾 70 个，遍及全球五大洲
2015 年 6 月	海航集团收购红狮酒店公司	海航集团收购红狮酒店公司 15% 的股份，以扩张其在北美地区的酒店品牌与产业 红狮酒店总部位于华盛顿州斯波坎，在 31 个州拥有 130 家中等规模全方位服务的酒店。2015 年资产规模 2.8 亿美元，营收 1.4 亿美元，实现利润 270 万美元
2015 年 8 月	港中旅集团收购布莱顿集团（Kew Green Hotels）	港中旅集团 4 亿英镑收购英国大型酒店集团布莱顿集团，成为唯一股东 布莱顿集团创立于 2001 年，旗下品牌包括假日、假日快捷、皇冠、万怡，主要分布在英国的中部、南部和东部地区，覆盖伦敦、利兹、伯明翰、朴次茅斯、布莱顿等重要的商务、旅游和休闲观光城市
2016 年 3 月	安邦集团收购私人股本集团黑石旗下 15 家高档的美国豪华酒店地产	安邦集团以 65 亿美元收购私人股本集团黑石旗下 Strategic Hotels & Resorts Strategic Hotels & Resorts 在美国拥有 16 家豪华酒店，包括位于圣地亚哥海滨的科罗拉多大酒店以及坐落于纽约中央公园南侧的艾塞克斯豪斯 JW 万豪酒店

资料来源：根据公开资料整理。

（3）在线旅游加快海外布局

2015 年，全球互联网在线旅游市场中出境游占比高达 51.4%，占据半壁江山，成为发展最快的市场。[①] 相比 2015 年 40 亿人次的国内游，仅有 1.2 亿人次的出境游

① 百度旅游，百度大数据，易观智库.2015 中国自由行市场报告.

呈现出巨大的潜在市场。

自 2009 年以来，中国在线旅游市场交易规模年均增速超过 30%，2015 年达到 4326.3 亿元，同比增长 39.9%，预计 2016—2018 年平均增速达 20% 以上，分别达到 5420.9 亿元、6544.9 亿元、7720.5 亿元。①

因此，随着“旅游＋互联网”进程加快，中国在线旅游企业纷纷加快海外投资的战略布局。

表 4－12 2015—2016 年中国在线旅游业海外投资案例

时间	项目名称	项目情况
2015 年 1 月	携程控股总部位于英国的低成本航空整合分销平台及对接技术提供商 Travelfusion	Travelfusion 成立于 2000 年，通过对接和整合廉价航空公司技术接口，为 OTA、元搜索、分销商等 B 端合作伙伴提供国际机票搜索和预订服务 Travelfusion 大部分业务在欧美等国际市场，中国只占其一小部分，但成长空间大
2015 年	建立境外目的地服务中心	途牛在出境游战略上先后与法属留尼汪大区和以色列旅游局、北马经济走廊执行机构（NCIA）合作，完成马尔代夫、巴厘岛、普吉岛、中国香港等地境外目的地服务中心的建立
2016 年 1 月	携程旅行网与印度在线旅游公司 MakeMyTrip 建立战略合作	携程通过可转债方式向 MakeMyTrip 投资 1.8 亿美元 MakeMyTrip 成立于 2000 年，从一家以海外印度侨民为主要客户的旅游网站起家，2005 年回归印度市场，2010 年 8 月登陆美国纳斯达克市场 目前，MakeMyTrip 在印度市场份额最高，其国内机票领域占 5%，酒店业务近年保持 50% 的增长势头
2016 年 1 月	途牛与迪拜旅游局达成 5 年独家战略合作	途牛预计 2016 年将为迪拜带来 2 万人次游客，并实现每年客流量增长 2 万人，争取在 2020 年达到全年 10 万人次的游客总量
2016 年	阿里海外战略合作	阿里旅行与新加坡旅游局启动“阿里旅行 · 畅游新加坡”战略合作，开启全球布局的第一站 新加坡当地航空、酒店、景区、主题乐园等旅游资源商陆续在阿里旅行开设直营店铺 大韩航空、荷兰皇家航空、万豪酒店集团、软银与 JTB 合资的汐留旅行社等与阿里旅行达成海外战略合作

资料来源：根据公开资料整理。

由此可见，随着中国游客出境游人数不断攀升，在线旅游的海外投资也随之加快步伐。无论战略合作还是产业链上的并购整合，都为中国游客出境游、外国游客入境游提供了便利的服务。

---

① 艾瑞咨询. 2015 年中国在线旅游度假市场交易规模达 700.7 亿元［EB/OL］［2016－04－29］http：//www.iresearch.com.cn/view/260607.html.

(三) 旅游业对外投资重点区域的商业机会

1. 欧洲地区

欧洲是近年来中国游客出境游的首选地，其吸引力不仅远超东南亚地区，甚至已超美国、加拿大、澳大利亚等国。

(1) 旅游业增长潜力

2015 年受欧元及其他主要货币贬值影响，前往欧洲的国际游客为 6.08 亿人次，比 2014 年增加 2900 万人次，增速 4.7%。

在欧洲内部，不同地区出现不同程度的增速,① 这与其众多成熟旅游目的地息息相关。其中，西班牙和法国在 2014 年和 2015 年的国际旅游外汇收入排名中，均位于前四位，2015 年，两国的国际旅游收益分别达到 570 亿美元和 460 亿美元。

与入境旅游人数保持一致，欧洲地区的入境旅游收入居各地区之首，2015 年入境旅游的收入总额达 4480 亿美元，占全球份额的 36%。

展望未来，欧洲虽受恐怖主义袭击和难民涌入带来的负面影响，但旅游业的吸引力依然强劲，将保持热门旅游目的地的地位。

(2) 外资准入政策

欧洲国家对外资投资旅游业一般持开放、鼓励的态度。相对其他行业来说，对外资的准入规定更为宽松。

表 4－13　部分欧洲国家对外资进入旅游业的准入规定

国别	准入规则
西班牙	a. 各级政府有一套鼓励与扶持投资的机制 b. 对包括旅游业在内的一些能带动整个国家经济发展的特殊行业进行投资，政府在财政和税收上将提供一定帮助
法国	a. 从政策上大力推进旅游业发展 b. 制定了包括改进旅游接待工作、旅行签证便利化、完善退税手续等各项措施及 2020 年前的旅游业发展战略 c. 法国政府拟制定旅游业投资战略，建立总额数亿元的专门旅游投资基金，以吸引外国游客赴法旅游
德国	a. 对外资的市场准入条件基本与德国内资企业一样，允许德国投资者进入的领域一般对外国投资者也不设限制 b. 出卖含酒精饮料的餐饮业需要审批

① 其中，赴中欧和东欧地区的旅游人次自 2014 年下降之后，2015 年回暖，增速达 6%；北欧增长 6%；南地中海欧洲区域增长 5%；西欧增长 4%。

续表

国别	准入规则
英国	外商或外资控股公司从法律意义上与英资公司享有同等待遇，在英国可从事多种形式的投资经营活动

资料来源：商务部．对外投资合作国别（地区）指南：西班牙、法国、德国、英国（2015）[EB/OL].http：//fec. mofcom. gov. cn/article/gbdqzn/.

（3）重点投资目的国：西班牙 + 法国

①西班牙：酒店投资增长迅猛

西班牙旅游业发达，贡献了 11% 的 GDP，创造了 16% 的就业岗位。2015 年，西班牙接待国际游客 6810 万人次，同比增加 4.9%，其中来自英国的游客数量最多（1570 万人次），其次是法国人（1150 万）和德国人（1030 万人次）；① 旅游收入达到 570 亿美元，仅次于美国和中国。② 对外资来说，西班牙旅游业具有巨大的投资潜力，尤其是酒店业。

第一，外资投资西班牙旅游业较为便利。外资对西班牙投资大部分集中在马德里和加泰卢尼亚两个自治区。在这两个自治区都有投资服务部门向投资者提供政策辅导和援助资金申请服务。③ 加泰卢尼亚是吸引外国游客最多的自治区，著名旅游胜地有马德里、巴塞罗那、塞维利亚、托莱多等。值得一提的是，联合国世界旅游组织总部设在西班牙首都马德里。西班牙之所以能够成为世界旅游强国，很大程度是因为其拥有强大的国家营销机构、有效的公私合营模式以及连续的国家旅游品牌策略。

第二，外资投资西班牙酒店业增长迅猛。2014 年，西班牙酒店投资量增长了 63.4%，达到 110 亿欧元。2015 年第一季度较 2014 年同期上升了 283%，达到 7.03 亿欧元。2015 年，投资者购买西班牙城市区域酒店占 57%，其中有 36% 是休闲度假型酒店。国际投资者不仅在马德里、巴塞罗那和其他度假城市中寻找综合型酒店，还在一些中型城市寻找合适的酒店投资。④

① 中国驻西班牙大使馆：《2015 年西班牙接待国际游客创历史新高达到 6810 万人次》，2016 年 2 月 5 日。

② 世界旅游组织中国代表谈西班牙旅游发展的成功经验［EB/OL］［2016－05－10］http：//news. xinhuanet. com/world/2016－05/10/c_ 1118841676. htm.

③ 马德里的部门有马德里投资促进公司、马德里金融担保公司、马德里风险资本公司。加泰卢尼亚的部门有加泰卢尼亚投资促进局。

④ 江苏省政府．南京市境外投资同比增幅超三成［EB/OL］［2014－12－11］http：//www. jiangsu. gov. cn/gzdt/201412/t20141211_ 356917. html.

表 4 – 14　部分中国企业投资西班牙酒店业案例（2013—2014 年）

日期	投资方	交易方	金额
2013 年 4 月	海航集团	NH 酒店	2.34 亿欧元
2013 年 7 月	绿地集团	美利亚酒店集团	股权置换方式
2014 年 2 月	重庆康德集团	圣地亚哥酒店	6600 万美元
2014 年 3 月	中国南京金浦集团	VALPARAISO 酒店	5200 万欧元
2014 年 6 月	大连万达集团	西班牙大厦	2.65 亿欧元

资料来源：根据公开资料整理。

②法国：酒店业 + 机场

法国是世界上第一大旅游目的地国家①，也是接待游客最多的国家，2015 年外国游客达到 8470 万人次，旅游收入占 GDP 的 7%，创造 2000 万个就业岗位。投资法国旅游业的相关产业，如酒店业、旅行社、机场等机会较佳。

第一，法国政府对中国游客实施签证优惠措施，预计 2020 年，中国赴法游客将达到 1 亿人次。2014 年法国宣布对中国游客在 48 小时内发放法国签证，此举取得巨大成功，当年中国游客申请签证数量增幅为 61%。中国银联的统计数据显示，法国是中国游客在欧洲国家中持卡消费最多的国家。2015 年，200 多万中国人到访法国，累积消费 10 亿多欧元。法国旅游发展署预计，到 2020 年，中国赴法游客将达到 1 亿人次。② 因此，如何改善中国境外的旅游服务业，将给中国投资者带来巨大的潜在市场。

第二，法国酒店业吸金力强。2015 年中国对法国投资实现飞速发展，达到 32 亿欧元的峰值，这一增长主要来自酒店业的收购，如中国复星收购地中海俱乐部以及锦江收购卢浮宫酒店集团等。

表 4 – 15　部分中国企业投资法国酒店业案例（2014—2016 年）

日期	投资方	交易方	项目情况
2014 年 10 月	铂涛酒店集团	法国巴黎酒店集团（Paris Inn Group）	铂涛酒店集团与法国巴黎酒店集团共同创立高端精品酒店——安珀（ALBAR）酒店 安珀酒店以法国 Paris Inn Group 旗下现有高端精品酒店为基础，面向全球市场发展的品牌

① 根据世界旅游组织的统计，2013 年法国接待的外国游客人数达到 8300 万人次，成为世界第一大旅游目的地国。

② 费加罗报（Le Figaro）［N］. 2015 – 01 – 29.

续表

日期	投资方	交易方	项目情况
2015 年 3 月	复星集团	地中海俱乐部（Club Med）	复星集团收购后保留地中海俱乐部纯正的法国血统，致力于将其打造成全球最佳精致一价全包式旅游度假品牌 地中海俱乐部未来也将成为复星的国际化业务扩张平台，通过与旗下旅游度假、生活方式、休闲娱乐等领域相关产业整合，进一步发挥协同效应，以满足中国经济增长带来的快乐时尚消费需求
2015 年 3 月	上海锦江国际酒店	法国卢浮宫集团（Groupe du Louvre）	锦江集团收购欧洲第二大的酒店集团卢浮酒店集团 100% 股权 卢浮宫酒店创立于 1976 年，被收购后将重点发展中国市场及对 Golden Tulip 和 Campanile 两大品牌的重新定位
2015 年 11 月	海航旅游集团	法国皮埃尔度假及中心公园集团（Pierre et Vacances – Center Parcss Group，PVCP）	海航旅游集团与 PVCP 集团建立合资公司，在华开发旅游度假村模式的旅游项目 海航旅游集团将向 PVCP 集团旗下的皮埃尔度假股份有限公司注入股权资本
2016 年 3 月	万达集团	法国欧尚集团	万达与法国欧尚集团合作，投资建设巴黎欧洲城，总投资超过 30 亿欧元，将成为欧洲文化旅游商业的新地标

资料来源：根据公开资料整理。

第三，法国推出机场私有化政策，投资机场便利，提供优质旅游服务。2015 年 12 月，中国空港产业投资收购法国图卢兹布拉尼亚克机场 49.99% 股权项目获颁“全球机场发展大会‘年度最佳交易’”，这是法国首个机场私有化项目，也是中资财团首次完成海外机场并购。图卢兹布拉尼亚克机场是法国西南部最大的机场，2014 年的载客量处理超过 750 万人次。中国空港产业投资计划增加图卢兹布拉尼亚克机场的飞机航线以提高其载客量、优化基础设施的质素、提供优质的零售店铺以提升旅客的购物体验，善用自身对中国市场的认知介绍更多中国旅客到图卢兹旅游，并发展机场周边的房地产项目。

2. 亚太地区

2015 年亚太地区国际游客到访量达 2.77 亿人次，同比增加 1300 万人次，增幅为 5.4%，全球最快。其中大洋洲国际游客到访量实现 7% 的增长，东南亚实现 5% 的增长，东北亚和南亚国际游客到访量均实现 4% 的增长。2015 年入境旅游收入 4190 亿美元，占全球份额的 34%。

（1）旅游业增长潜力

世界经济论坛（WEF）报告显示，到 2030 年，亚太地区的中产阶级人口将达到32.2亿，占全球总数的2/3。巨大的客源市场是亚洲旅游发展的基石，目前亚洲旅游发展总量高，但旅游业整体发展水平有待提高，发展潜力巨大。

(2) 外资准入政策

亚太地区各国对外资投资旅游业的规定相对宽松，基本持鼓励政策。下面选取澳大利亚、新加坡、缅甸、印度尼西亚四国予以介绍。

表4-16 部分亚太地区国家对外资进入旅游业的准入规定

国别	准入政策
澳大利亚	a. 政府积极支持旅游业，并采取了一系列措施，如澳大利亚旅游局与澳大利亚贸易委员会在旅游业投资领域，共同成立了旅游业方面的招商项目，制定了“旅游2020”计划 b. 2015年中澳两国正式签署自贸协定，澳方宣布为中国公民提供10年多次往返签证计划
新加坡	a. 政府制定多项计划以鼓励外资进入，如特许国际贸易计划、区域总部奖励、跨国营业总部奖励、金融与资金管理中心奖励等 b. 对涉及特殊的产业和服务、大型跨国公司、区域总部等给予一定期限的减免税优惠或资金扶持等
缅甸	a. 鼓励旅游业方面的投资 b. 对影响民族传统及习俗等11个领域对外商投资进行限制或禁止
印度尼西亚	外国投资者可投资绝大部分营业部门，可以设立独资企业，但须参照《禁止类、限制类投资产业目录》规定

资料来源：商务部．对外投资合作国别（地区）指南：澳大利亚、新加坡、缅甸、印度尼西亚（2015）[EB/OL]．http：//fec. mofcom. gov. cn/article/gbdqzn/.

(3) 重点投资目的国：澳大利亚+新加坡

①澳大利亚：航空业+酒店业

2015年，澳大利亚的旅游及观光竞争力世界排行第七。近年，赴澳大利亚旅游人数不断增长，2015年达到780万人，预计2016年增长8.3%，达到830万人。

强劲的营业增长、不断增加的旅游者数量和消费，以及具有战略性的航路和旅游目的地市场宣传支撑了澳大利亚旅游业环境。

旅游业已经成为澳大利亚经济的超速增长点，这必然会带动下一波对酒店及相关旅游服务业的投资热潮，如航空客运等方面。

第一，澳大利亚航空运输力亟待提升。澳大利亚是全球第8大航空市场，拥有50多条国际航线。随着赴澳游客数量的不断攀升，航空运力预计到2020年将增加50%。对中国投资者而言，澳大利亚航空业具有潜在商机。

2016年5月，海航投资1.59亿澳元，控股维珍澳大利亚航空13%的股份。2016年9月中旬，海航开通了西安—悉尼、长沙—悉尼航线两条中澳直飞航线。与此同时，通过控股维珍澳大利亚航空公司，海航将于2016年11月初开通西安—墨尔本航线与长沙—墨尔本航线。海航系下的首都航空公司也正在计划开通青岛—墨尔本航班。中国企业通过对航空及航线的投资，满足日益增长的中国游客赴澳旅游的需求。

第二，澳大利亚酒店业投资空间较大。根据澳大利亚旅游委员会（TFC）的预测，到2020年，澳大利亚国内游客住宿每年将增长0.3%，国际入境旅游人数每年将增长3.2%，且旅游消费将以每年1.1%的速度逐年增长。随着游客人数的增长，澳大利亚出现住宿供不应求，预计住宿需求将以每年1.5%的增长率持续到2020年。为了满足这一需求，到2020年，澳大利亚将需要增加40000间客房。近年中国企业对澳大利亚酒店业投资十分活跃。

表4-17 部分中国企业投资澳大利亚旅游业案例（2014—2016年）

日期	投资方	交易方	项目情况
2014年8月	万达集团联合珠海日东集团	投资共建珠宝三塔（Jewel）公寓与酒店综合开发项目	项目包括住宅公寓、商业空间、酒店套房与停车场，万达澳大利亚分支也同时成立 珠宝三塔成为澳大利亚海岸线上最大的住宅酒店综合建筑，也是黄金海岸未来30年最有影响力的海滩地标
2015年1月	万达集团	黑石集团	万达以约4.2亿澳元拿下悉尼黄金地段Circular Quay街区的Gold Fields House大楼 万达对这块3602公顷的土地进行综合性再开发，引入高级酒店、住宅和奢侈商铺，旨在打造悉尼新地标
2015年12月	绿地控股	悉尼绿地铂瑞酒店	绿地控股旗下首家落户海外的自有品牌、自主运营高端商务酒店——悉尼绿地铂瑞酒店开业，绿地国际酒店管理集团也由此成为首家进驻悉尼的中国酒店管理集团
2016年8月	中金投资集团	昆士兰附近圣灵群岛的中心岛屿、南摩尔岛	南摩尔岛可开发建造面积约为27万平方米，未来发展规划将以商业地产、住宅酒店、文化旅游相结合，打造成为一座独具特色的度假村海岛

资料来源：根据公开资料整理。

②新加坡：在线旅游+邮轮旅游

新加坡旅游局的数据显示，2015年，新加坡入境外国旅客人数出现小幅增长，从2014年的1510万人次增至1520万人次，其中入境新加坡的中国旅客约210.6万人次，比2014年增加22%。

2016—2020年新加坡政府拟投入7亿新元支持旅游业发展，重点投向三大方面：旅游产品的更新、高新技术应用及创新、从业人员培训。外资在新加坡投资在线旅游和邮轮业的存在较大机会。

第一，投资新加坡的在线旅游潜力巨大。2016年初，携程在新加坡设立东南亚区域总部，旨在为中国游客提供更便捷、优质的出境游产品及服务。2016 年 5 月，携程网与新加坡旅游局签署战略合作协议，依托携程立体化旅游产业发展优势，不断推广新加坡，让游客领略新加坡的独特魅力。新加坡旅游局携手“携程旅游”共同发布专为中国高端客户量身定制的全新路线，行程涵盖当地顶级奢华酒店与餐厅，并搭配贵宾专享服务。2016 年 9 月，携程旅行网与新加坡樟宜机场签署合作协议，推出海岛 + 新加坡“双味”混搭之旅。携程网在新加坡的一系列动作，为中国企业投资新加坡旅游业提供了实践参考。

第二，新加坡邮轮业发展兴旺，投资机会大。新加坡是亚洲最受欢迎的邮轮港之一，2014 年接待邮轮多达 335 趟次。① 2015 年，皇家加勒比邮轮公司与新加坡旅游局和樟宜机场签订协议，以促进新加坡出港的邮轮量。预计 2016 年会有超过 17 万来自亚洲、欧洲和北美的国际游客开启新加坡的加勒比之行，与此同时，中国大量的中产阶级也将开启邮轮之旅。所以，新加坡作为客源市场和区域邮轮中心具有巨大的投资潜力。2014—2015 年，新加坡邮轮旅客吞吐量增长迅速，带动了外资对燃料供应、船舶维修以及地勤服务的产业链上的投资机会。

四、房地产业

我国国民经济行业分类将房地产业分为房地产开发经营、物业管理②、房地产中介服务③、自有房地产经营活动和其他房地产业。

其中，房地产开发经营具体指房地产开发企业进行的房屋、基础设施建设等开发，以及转让房地产开发项目或者销售、出租房屋等活动；自有房地产经营活动具体指除房地产开发商、房地产中介、物业公司以外的单位和居民住户对自有房地产（土地、住房、生产经营用房和办公用房）的买卖和以营利为目的的租赁活动，以及房地产管理部门和企事业、机关提供的非营利租赁服务，还包括居民居住自有住房所形成的住房服务。下面以房地产开发经营和自有房地产经营活动为重点，研判其投资机会。

---

① 国际邮轮协会（CLIA）. 2014 年亚洲邮轮趋势报告 .

② 物业管理是指物业服务企业按照合同约定，对房屋及配套的设施设备和相关场地进行维修、养护、管理，维护环境卫生和相关秩序的活动。

③ 房地产中介服务是指房地产咨询、房地产价格评估、房地产经纪等活动。

（一）全球房地产业发展现状与趋势

1. 规模：2015 年流入全球房地产的资本量达 8770 亿美元

（1）2015 年全球已开发房地产总值接近 217 万亿美元，可投资商业与住宅物业约占三分之一

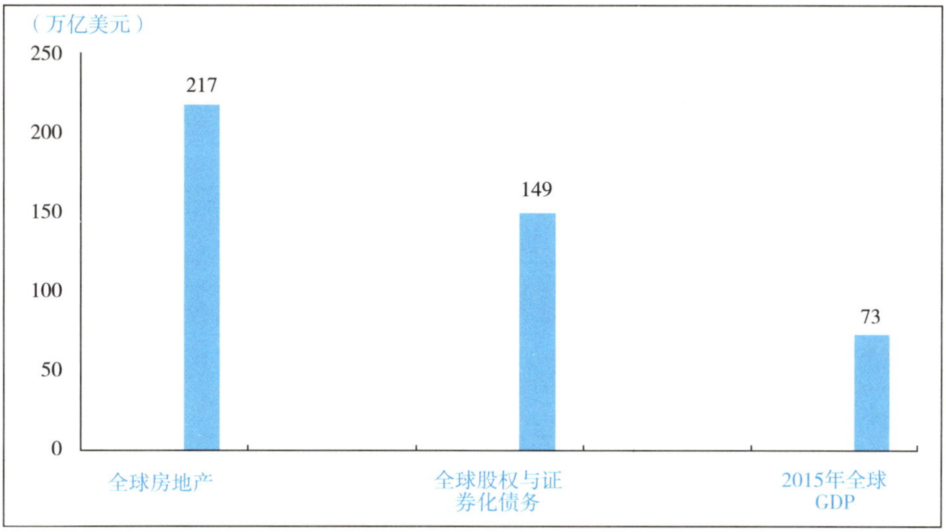

图 4－52　2015 年全球房地产已开发总值与全球股权与证券化债务、全球 GDP 规模比较

资料来源：第一太平戴维斯研究部、国际结算银行、道琼斯全市场指数、牛津经济研究院。

2015 年，全球已开发房地产总值接近 217 万亿美元①，约占全球主流资产②（372 万亿美元）的 58%，比全球股权及证券化债务的交易总值（149 万亿美元）高出 45.6%，大约相当于全球生产总值（73 万亿美元）的 3 倍（如图 4－52），是国家、企业与个人财富的重要储藏方式。③

2015 年，全球房地产中住宅所占比重最大，约占全球房地产总值的 75%；全球高端商业物业和农业用地分别占 13% 和 12%。在全球房地产资产中约三分之一强（约 81 亿美元）属于可投资资产，其余部分则未参与任何有目的的公开交易。其中在商业和住宅物业方面可投资的资产有 73 亿美元，农业用地的可投资额为 8 亿美元。（如图 4－53）

---

① 统计口径不包括工作室、操作间、小铺与小型商用物业等地方性商业物业，因难以在全球层面对这部分物业进行估价。

② 主流资产包括房地产、股权、未偿还的证券化债务和黄金开采。

③ 国际结算银行、道琼斯全市场指数、牛津经济研究院、第一太平戴维斯研究部估测。

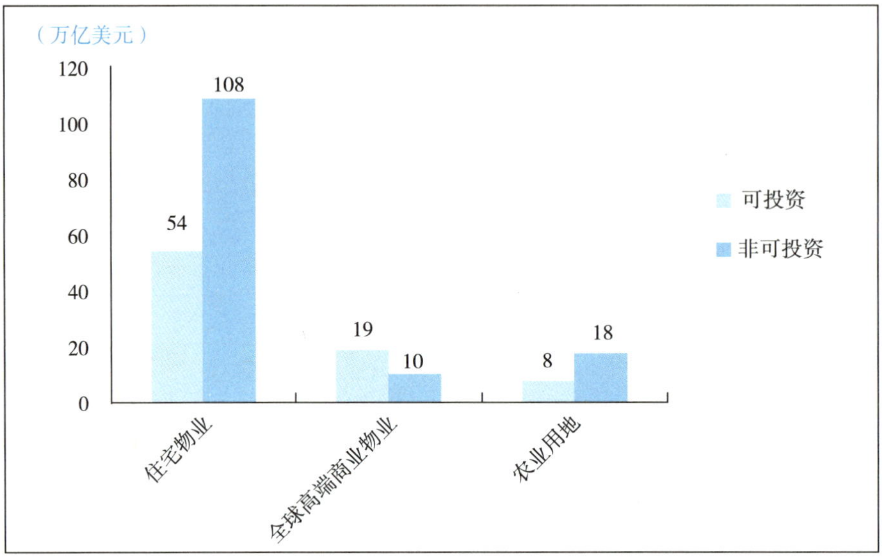

图 4－53　2015 年全球房地产主要资产中可投资与非可投资状况

资料来源：第一太平戴维斯研究部、国际结算银行、道琼斯全市场指数、牛津经济研究院。

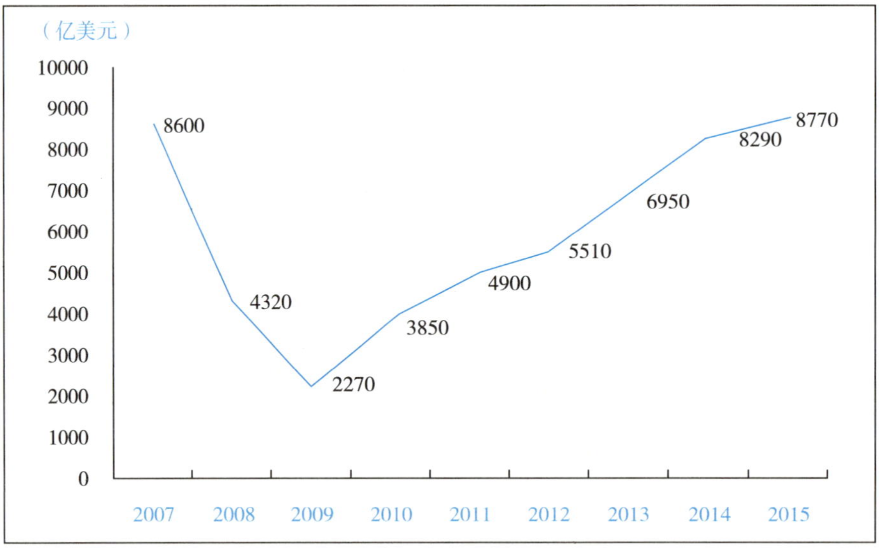

图 4－54　2007—2015 年流入全球房地产的资本

资料来源：CBRE Research. Real Capital Analytics，2016；*Global Investor Intentions Survey* 2016［EB/OL］. http：//www. cbre. com/research－and－reports/global－investor－intentions－surve y－2016.

（2）2015 年全球房地产资本流动恢复至2007 年水平，达到后危机时代的新峰值

美国的次贷危机引起的连锁反应，对全球房地产行业是一个重创。从 2009 年下半年起，房地产行业进入新的调整发展阶段。2009 年流入全球房地产行业的资本跌至 2270 亿美元，之后开始复苏，资本流动逐年稳步回升，到 2015 年才恢复至 2007 年的状态，达到后危机时代的新峰值（如图 4－54）。以美元计，2015 年流入房地产行业的资本同比上涨 5.7%；以本国货币计，全球房地产行业的资本流动额上涨 12%。

（3）趋势展望：全球房地产市场将延续上行态势，未来仍有上涨空间

近年，全球房地产市场总体呈升温之势，投资开发和成交渐趋活跃。未来几年，随着宏观经济形势好转及宽松货币政策的持续实施，全球房地产市场将延续上行态势，成交和投资开发有望进一步走高。

2015 年亚太地区的房地产投资表现活跃，2016 年的投资额有望增加，尤其是商业用地将稳步上升。随着印度、越南、菲律宾等地市场的兴起，未来几年有望保持发展势头。中国内地尽管经济增速放缓，但 2015—2016 年房地产市场（尤其是一二线城市）表现抢眼，全年商品房和住宅销售仍稳步攀升。

2015 年，欧洲和北美地区房地产仍保持繁荣，上半年房价涨幅前五位中有三个国家位于欧洲（爱尔兰、爱沙尼亚、冰岛）。

2015 年房价年跌幅最大的是阿联酋、俄罗斯、乌克兰以及中国台湾等国家和地区，预计今后几年国别（地区）分化将进一步凸显。

2. 区域：美洲、欧洲等发达地区房地产价值高、投资热

（1）2015 年人均住宅价值和高端商业物业价值北美第一、欧洲第二

2015 年从全球住宅物业总值区域占比来看，中国内地及中国香港、欧洲、北美、亚太地区都超过 20%，鉴于欧洲和北美地区人口占世界总人口比例小（分别为 11% 和 5%），两地区民众人均住宅物业占有率要远高于亚太地区与中国，而北美又要高于欧洲。中东及非洲和拉美占全球住宅物业总值合计占 11%，与北美地区在人均占有率上差距较大。（如图 4－55）

2015 年从全球商业物业总值区域占比来看，美国和欧洲分别占 45% 和 28%，远东地区（包括东亚、南亚、东南亚）合计占 22%，南美、中东与非洲合计占 5%。这说明商业物业地产多数位于欧美发达地区。

2015 年从价值分布的区域均衡状况来看，住宅物业略优于商业物业，与富足人

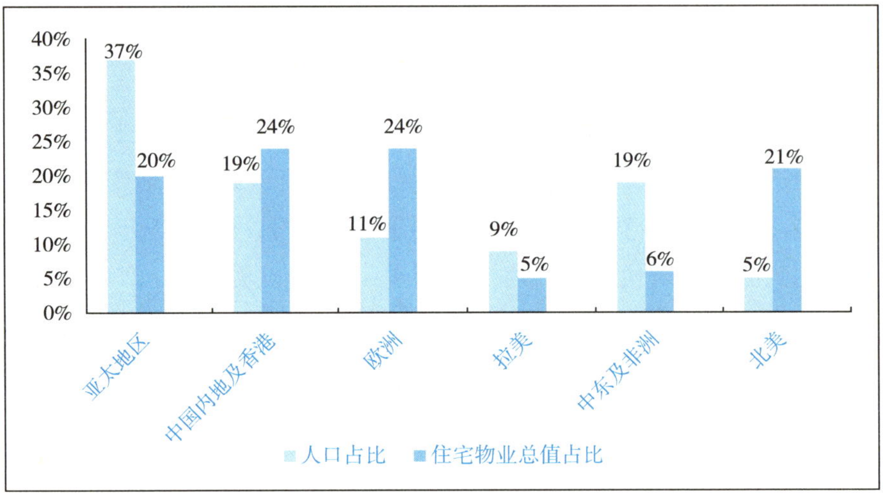

图 4-55　2015 年全球人口与住宅物业总值分布图

资料来源：第一太平戴维斯研究部、牛津经济研究院。

注：亚太地区的数据不包括中国内地及中国香港。

口的分布大致相当。中国拥有近五分之一的世界人口，住宅物业总值约为全球的四分之一。然而，住宅价值依然集中在欧美发达国家：全球住宅总值的 21% 位于北美，而北美人口只占世界总人口的 5%；欧洲拥有 11% 的世界人口，但住宅价值所占比例高达 24%。（如图 4-56）

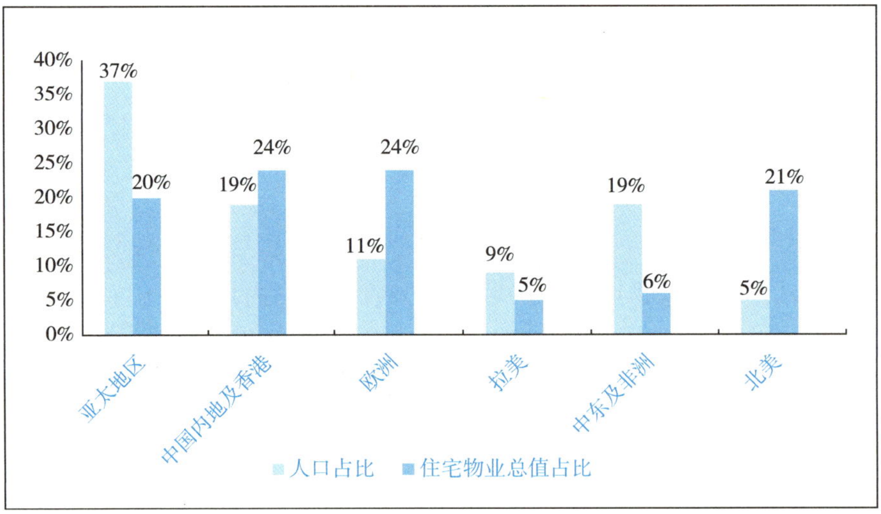

图 4-56　2015 年全球人口与高端商业物业总值分布图

资料来源：第一太平戴维斯研究部、牛津经济研究院。

注：亚太地区的数据不包括中国内地及中国香港。

（2）2009—2015 年美洲吸引房地产投资第一，欧洲、中东、非洲地区第二，亚太地区第三

2007—2015 年全球房地产资本流动变化比较大。2009 年之前，世界各地区的房地产资本流动均处于下降趋势，美洲和欧洲、中东和非洲地区资本流动下降明显，亚太地区的下降幅度相对较小；2009 年之后，受经济危机影响，各国投资商为规避风险将目光锁定在欧美等发达地区，促进房地产资本流动的快速增长，亚太地区受限于经济实力和城市化状况，房地产吸引的投资资金远不如欧美地区。

2015 年，美洲、欧洲、中东和非洲地区的房地产资本流动皆呈上升趋势。2015 年，美洲房地产资本流动额为 4840 亿美元，欧洲、中东和非洲地区的资本流动额达 2940 亿美元，亚太地区由于经济放缓房地产资本流动略有下降，2015 年仅为 990 亿美元。[①]（如图 4－57）

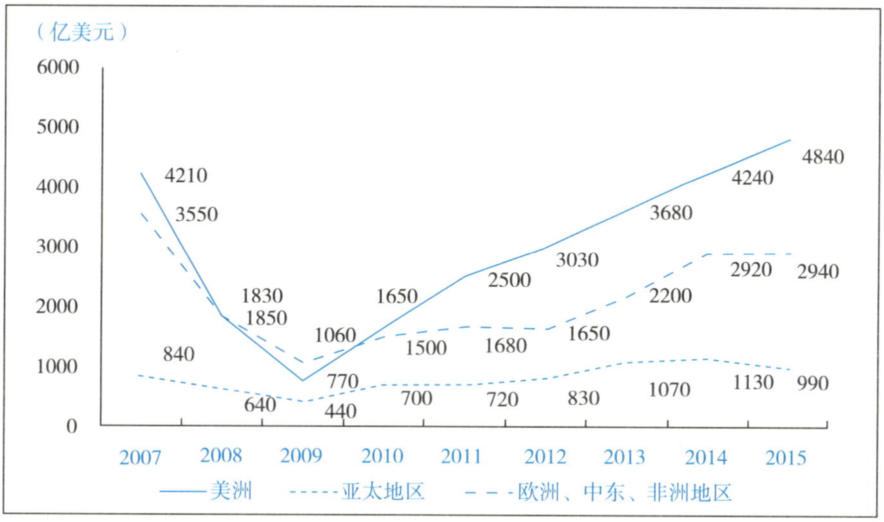

图 4－57 2007—2015 年全球房地产资本流动区域增长趋势

资料来源：CBRE Research. Real Capital Analytics，2016；*Global Investor Intentions Survey* 2016 [EB/OL] http：//www.cbre.com/research－and－reports/global－investor－intentions－survey－2016.

（3）2015 年北美、亚太投资者是全球房地产市场第一、第二买家

2015 年，750 亿美元资本从北美流入欧洲房地产市场，比北美投资者在北美本土投资额（320 亿美元）的两倍还要多，也高于欧洲投资者在欧洲本土的投资额（680 亿美元）。

---

① CBRE. Global Investor Intentions Survey 2016.

整体而言，2015 年北美投资者是全球房地产市场的主要买家，共完成价值 1210 亿美元的交易，其中 74%（890 亿美元）属于境外投资。亚太买家以 1120 亿美元的交易额位居第二，其中 47%（530 亿美元）为境外投资，且主要集中在亚洲区域市场。

2015 年，欧洲房地产市场共完成价值 1830 亿美元的投资交易，其中境外资本占比 63%。[①] 境外资本流入对于欧洲房地产市场的重要性胜过亚、美两洲。

金融危机爆发前，亚洲是境外房地产投资资本的主要流入地，平均每三笔交易中就有一笔为境外投资者完成。如今，亚洲市场投资行情与美洲更为接近，平均每十笔交易中有一笔由境外买家完成。[②]

（4）趋势展望：欧美发达地区将继续保持投资优势，新兴市场城市化带动房地产增长

欧美发达国家仍是全球房地产价值最高的地区。鉴于近年来全球房地产投资主要流向欧美发达地区，预计今后几年这些地区将继续成为全球房地产投资的主要目的地。

亚太、中东、非洲地区经济发展程度相对低，房地产市场表现一直无法与发达地区相媲美。但随着一些新兴市场国家的快速发展和城市化建设，其住宅物业和商业物业价值有望快速增长。假设中东、非洲与亚洲国家的住宅价值达到 2015 年全球人均水平，那么全球住宅物业总值将实现 32%（52 万亿美元）的增长。

3. 物业类型：写字楼、零售物业、仓储与配送物业需求增长较快

（1）2015 年写字楼、零售物业和公寓合计占全球房地产总投资的 74%

2015 年全球房地产投资中，主要用于写字楼、零售物业和公寓，三者合计占总投资的 74%，其中：写字楼的投资占比最大（36%）；其他投资还包括工业地产（10%）、酒店（8%）和开发地块（7%）等。（如图 4－58）

（2）写字楼：在房地产投资中仍占有优势，升值速度高于租金增速

2015 年写字楼在房地产的投资中占 36%，是主要的投资类别，但相较于 2008 年的 42% 下降了 6 个百分点，说明其投资关注度已有所减弱，不过在房地产投资中仍占有优势。（如图 4－59）

写字楼的交易节奏放缓，以及长期投资组合中的甲级写字楼资产得不到释放，

---

① 第一太平戴维斯．http：//www. sawills. com.

② 第一太平戴维斯．http：//www. sawills. com.

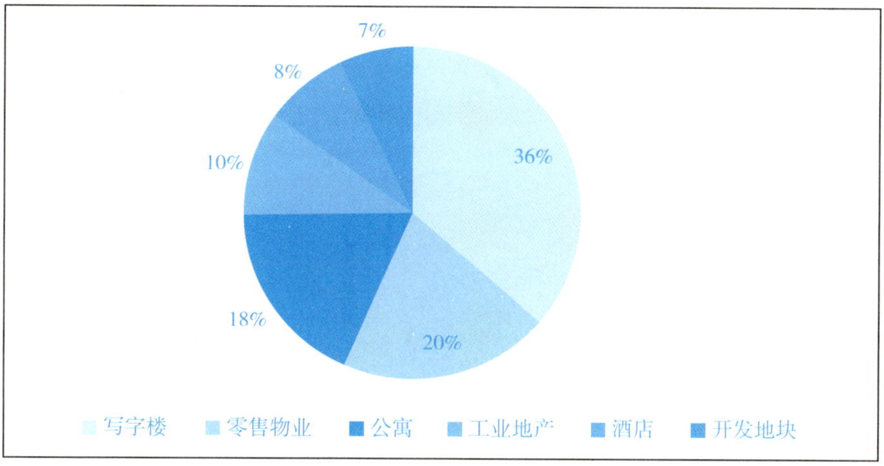

图 4－58　2015 年全球房地产投资类别所占市场份额

资料来源：RCA、第一太平戴维斯研究部。

注：由于四舍五入原因导致总份额为 99%。

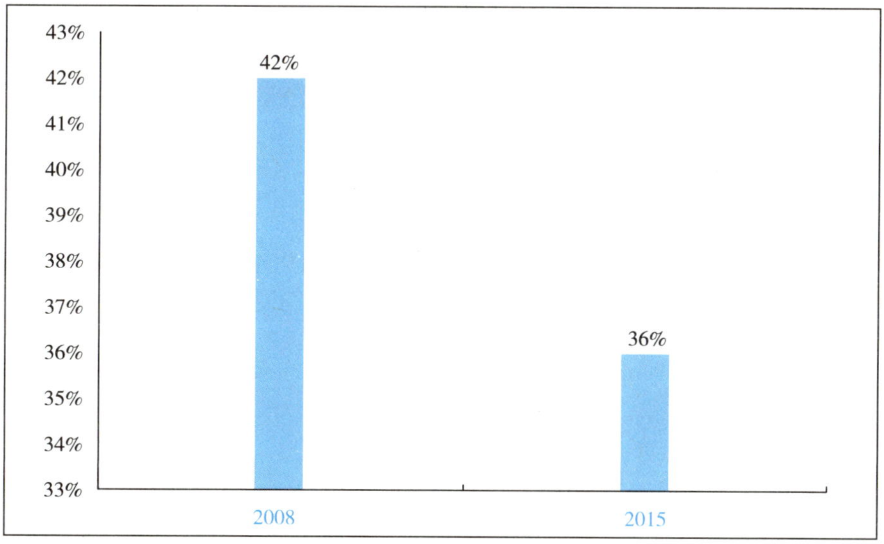

图 4－59　全球写字楼投资所占市场份额：2015 年和 2008 年比较

资料来源：RCA、第一太平戴维斯研究部。

导致可售资产减少，是造成所占比例下降的原因之一。其他原因还包括投资机构对写字楼的兴趣降低，以及办公习惯发生变化。后者直接导致写字楼用户行为的变化，进而影响到特定地段与类型的写字楼的投资表现。

2015 年，全球高端写字楼资产同比升值最快的是欧洲、中东、非洲地区，达 11.7%；其次是美洲地区为 10.0%；亚太地区表现最差，为 4.1%。（如图 4－60）

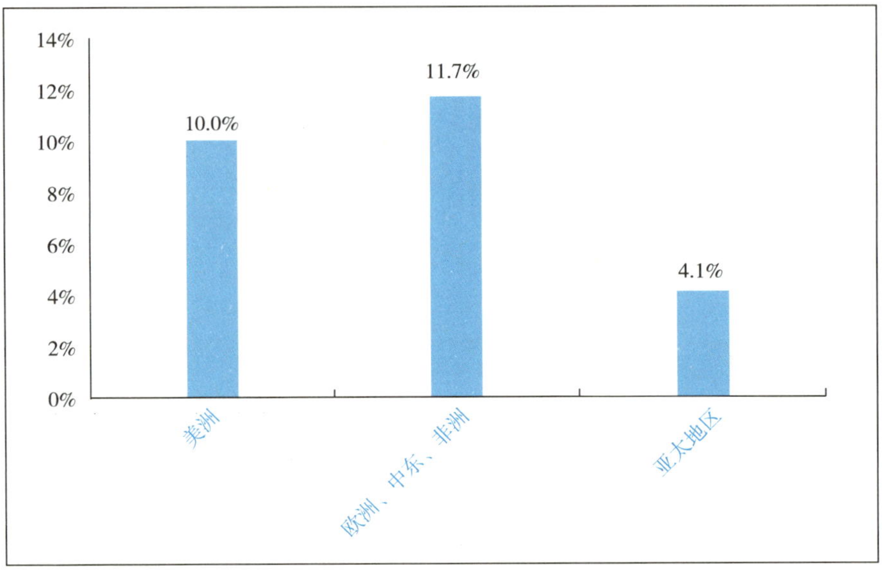

图 4-60　2015 年全球高端写字楼资产同比升值情况

资料来源：CBRE Research，美国房地产投资信托，2016；全球投资者意愿调查 2016。

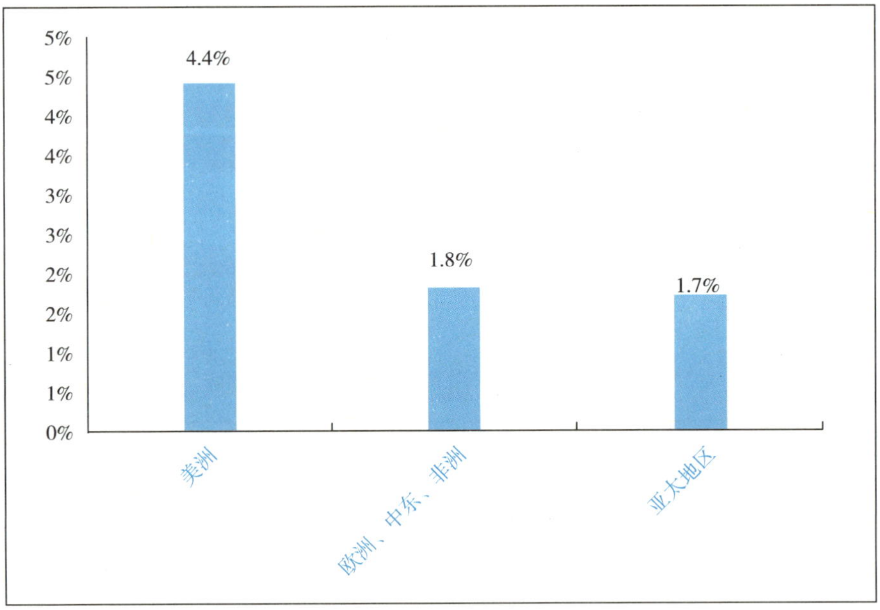

图 4-61　2015 年全球高端写字楼租金同比增长情况

资料来源：CBRE Research，美国房地产投资信托，2016；全球投资者意愿调查 2016。

在租金同比增长方面，美洲地区最高（4.4%）；欧洲、中东、非洲和亚太地区相差无几，前者增长 1.8%，后者增长 1.7%。（如图 4-61）

在资本流入的强力助推下，高端写字楼资产同比增长大幅超越租金增长。不过美洲地区（主要是美国）能明显感受到来自租金增长的压力。

（3）公寓：2015 年在全球房地产投资中占 18%，较 2008 年上升 8%

2015 年，全球房地产投资中公寓占比 18%，较 2008 年上涨了 8 个百分点，近乎翻番，显示出私人投资者与房地产投资基金对住宅投资的浓厚兴趣（如图 4－62）。写字楼与住宅投资表现呈逆相关，说明投资资本在两个物业类型间发生较多转移。

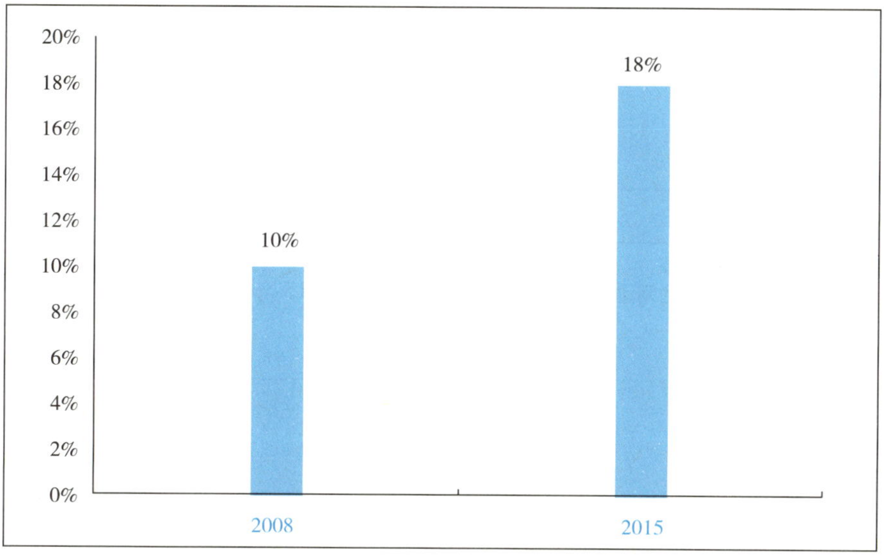

图 4－62 全球公寓投资所占市场份额：2015 年和 2008 年比较

资料来源：RCA、第一太平戴维斯研究部。

（4）酒店：2015 年全球酒店交易金额达 848 亿美元，美洲、亚太地区在建客房增速最快

2015 年，酒店占全球房地产投资总额的 8%，比 2008 年的 11% 减少了 3 个百分点（如图 4－63），但全球酒店交易金额达 848 亿美元，是历史上酒店交易量第二高的年度，同比实现 50% 的大幅增长，远超其他类型房地产的表现。其中，美洲地区全年以 464 亿美元交易额占全球酒店交易市场鳌头；欧洲、中东、非洲地区的交易额也高达 292 亿美元；亚太地区仅实现 92 亿美元。（如图 4－64）

在主要经济体中，美国酒店的每间可供出租客房收入（RevPAR）增长势头最强劲，推动力主要是团体和休闲旅游者的增加，以及少量的新供给。很多欧洲国家的入住率已达到上限，因此 RevPAR 的增长来自于平均房价提升，其中英国、德国、西班牙、意大利的酒店表现较突出。

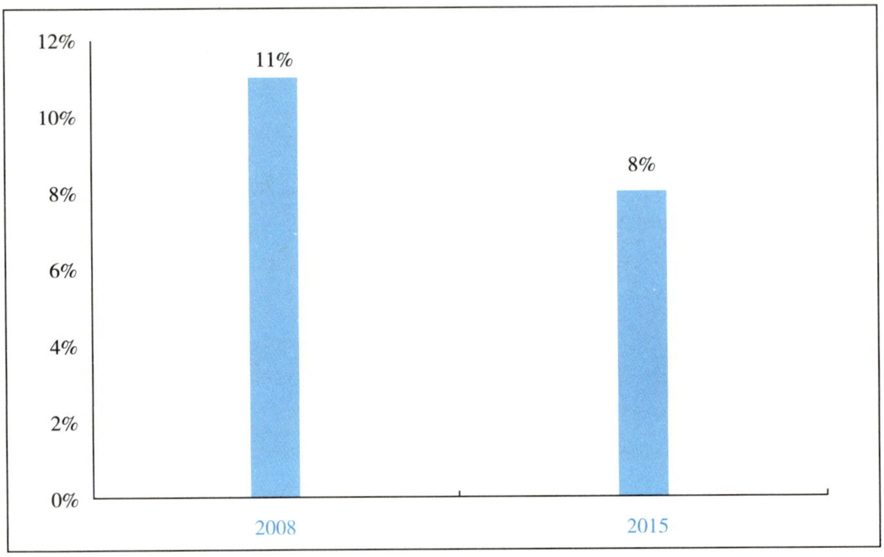

图 4－63　全球酒店投资所占市场份额：2015 年和 2008 年比较

资料来源：RCA、第一太平戴维斯研究部。

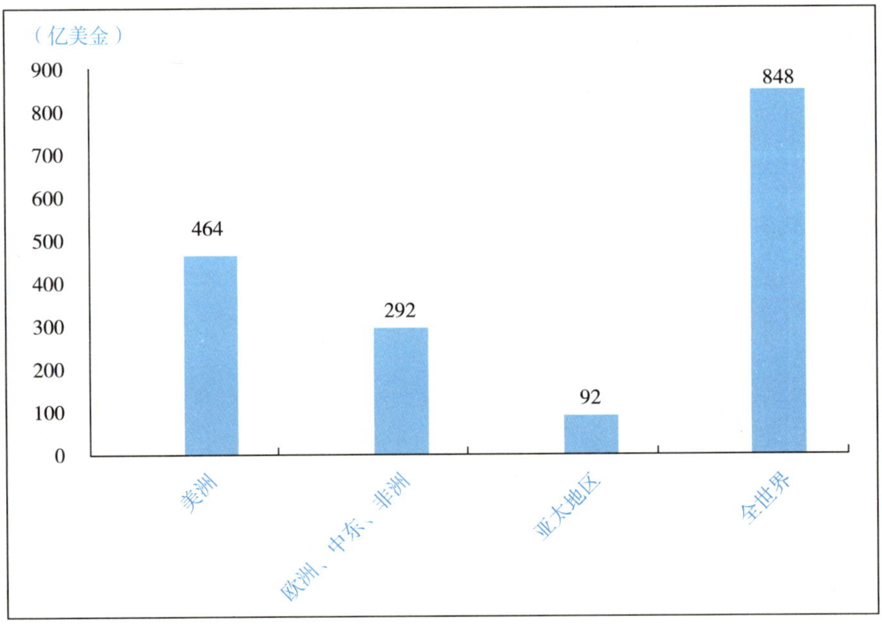

图 4－64　2015 年全球酒店交易规模

资料来源：JLL，2016 年酒店投资展望。

2015 年，全球在建客房同比增长最快的是美洲和亚太地区，分别达 4.5% 和 4.2%，欧洲、中东、非洲地区增长稍慢（2.8%）。（如图 4－65）

美洲和亚太地区的酒店地产发展速度领先于欧洲、中东和非洲地区。

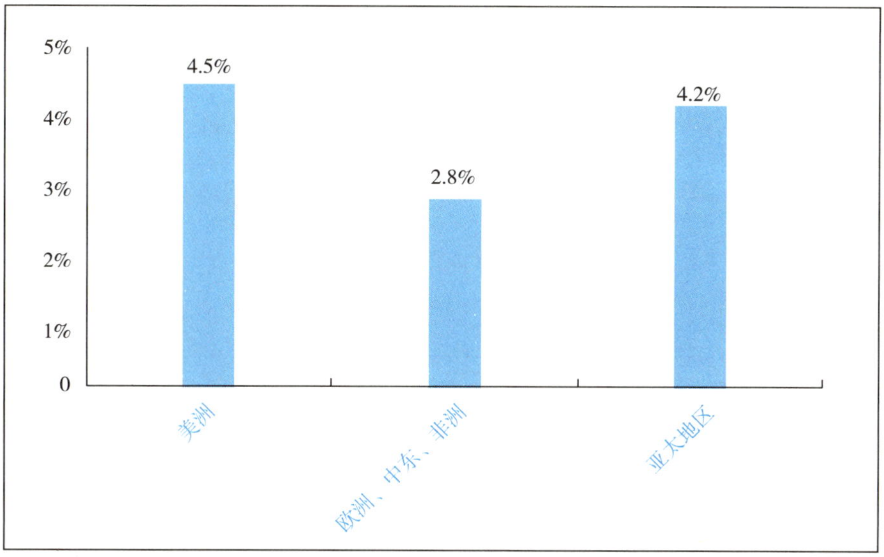

图 4-65 2015 年区域平均在建客房供给占比

资料来源：JLL，*Hotel Investment Outlook* 2016.

（5）零售物业：欧洲、中东、非洲零售物业升值、租金增长最快，美洲次之，亚太升值最慢、租金负增长

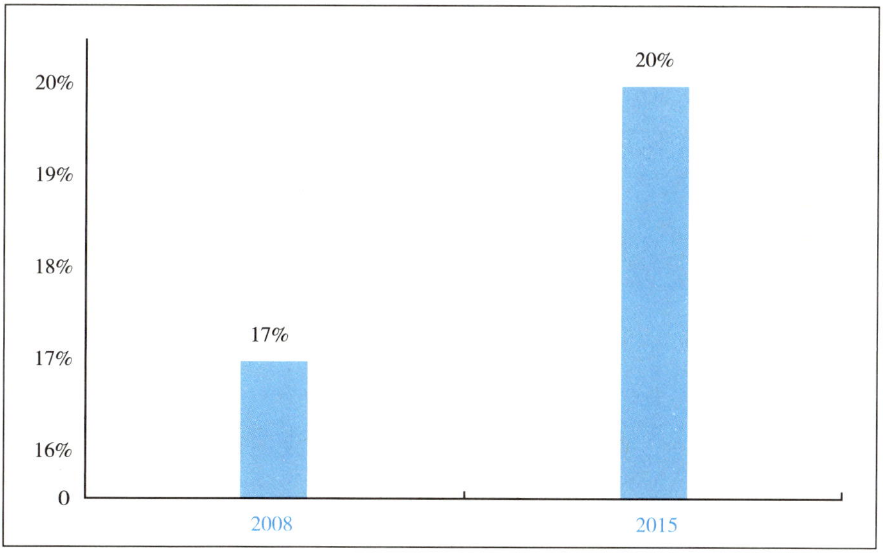

图 4-66 全球零售物业投资所占市场份额：2015 年和 2008 年比较

资料来源：RCA、第一太平戴维斯研究部.

2015 年，全球零售物业吸引的投资占全球房地产投资总额的 20%，比 2008 年上升了 3 个百分点，仅次于写字楼所占比重。（如图 4-66）

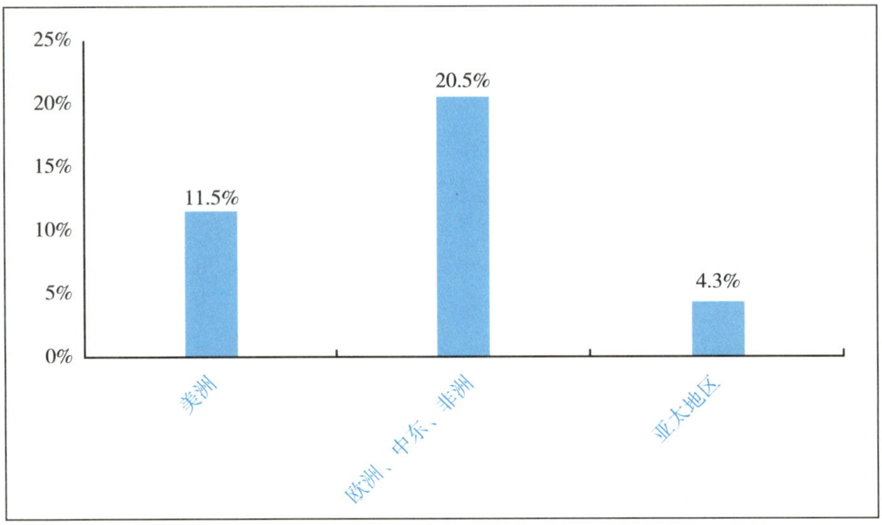

图 4-67　2015 年全球高端零售物业资产同比升值情况

资料来源：CBRE Research. NCREIF，2016；*Global Investor Intentions Survey* 2016 [EB/OL]. http：//www. cbre. com/research - and - reports/global - investor - intentions - survey - 2016.

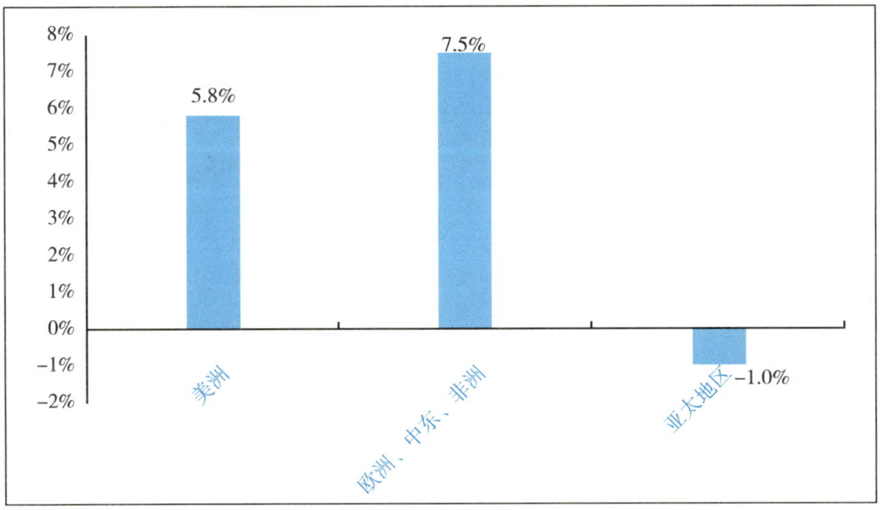

图 4-68　2015 年全球高端零售物业租金同比增长情况

资料来源：CBRE Research. NCREIF，2016；*Global Investor Intentions Survey* 2016 [EB/OL]. http：//www. cbre. com/research - and - reports/global - investor - intentions - survey - 2016.

零售物业资产增值方面，2015 年美洲地区增长 11.5%，欧洲、中东和非洲增长 20.5%，亚太地区增长 4.3%（如图 4-67）。这种增长也反映在地区零售物业租金上，2015 年欧洲、中东和非洲地区租金上涨 7.5%，美洲地区（5.8%）、亚洲地区（1.0%）居于其后。（如图 4-68）

（6）工业物业：零售相关的物流仓储明显增长，制造业厂房占比下降

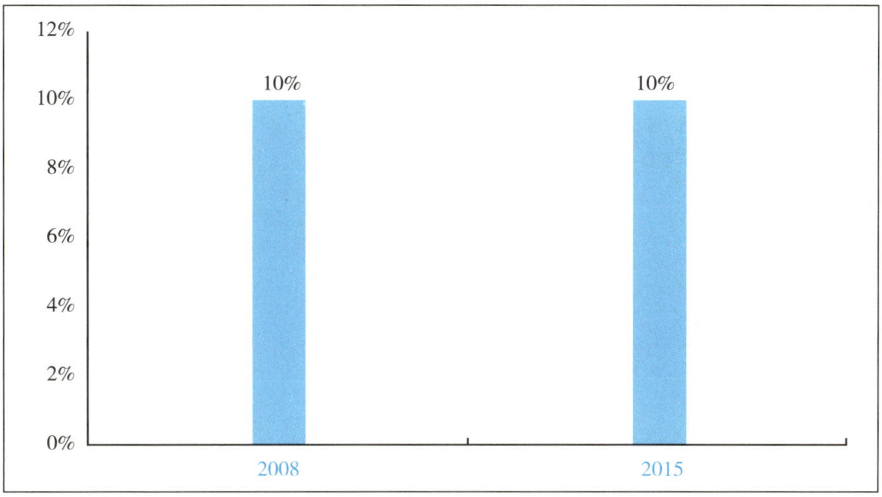

图 4－69 全球工业物业投资所占市场份额：2015 年和 2008 年比较

资料来源：RCA、第一太平戴维斯研究部.

2015 年，全球工业物业吸引的投资占全球房地产投资总额的 10%，与 2008 年占比持平（如图 4－69）。其中，与零售相关的物流仓储有明显增长，制造业厂房则下降，此消彼长致使总体所占份额没有明显变化。

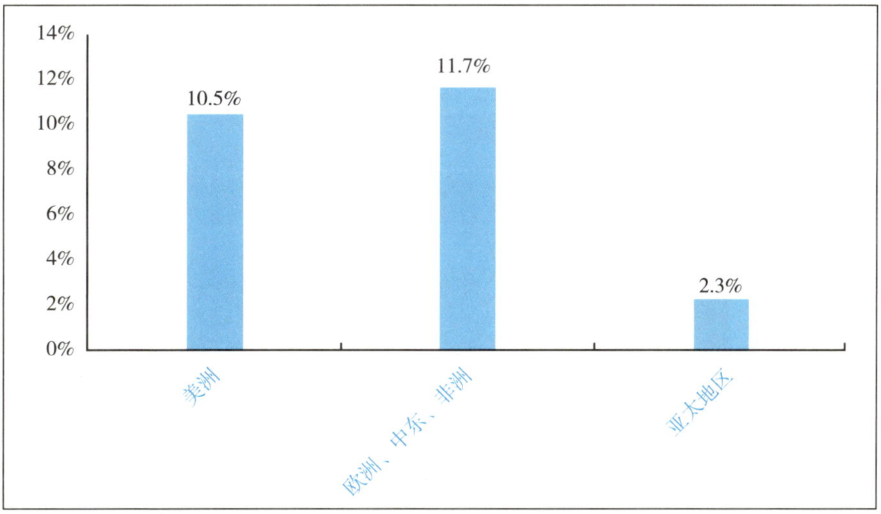

图 4－70 2015 年全球主要工业物业资产同比升值情况

资料来源：CBRE Research. NCREIF，2016；*Global Investor Intentions Survey* 2016［EB/OL］. http：//www. cbre. com/research－and－reports/global－investor－intentions－survey－2016.

全球主要工业地产资产增值方面，2015 年美洲地区增长 10.5%，欧洲、中东和非洲地区增长 11.7%，亚太地区增长 2.3%（如图 4-70）。亚太地区租金保持平稳，美洲地区表现最佳（3.7%），欧洲、中东和非洲地区次之（2.6%）。（如图 4-71）

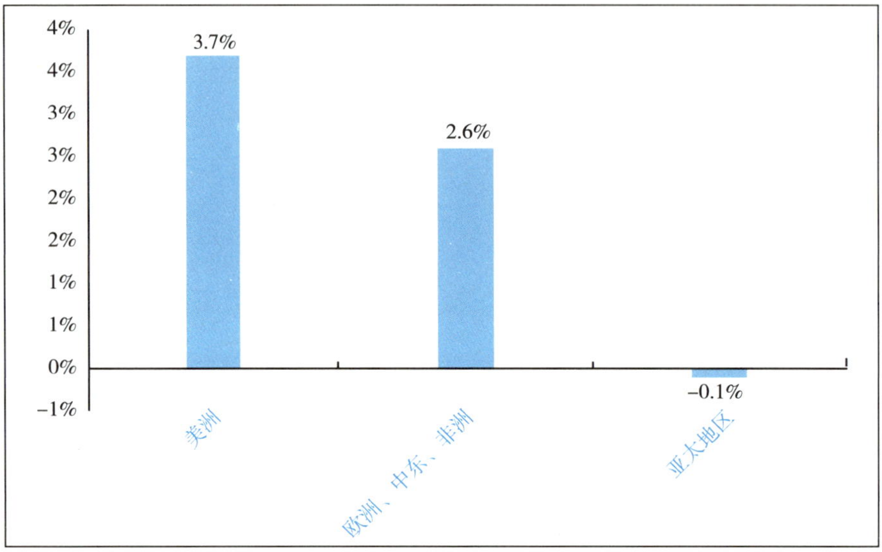

图 4-71　2015 年全球主要工业物业租金同比增长情况

资料来源：CBRE Research. NCREIF，2016；*Global Investor Intentions Survey* 2016 [EB/OL]. http：//www.cbre.com/research-and-reports/global-investor-intentions-survey-2016.

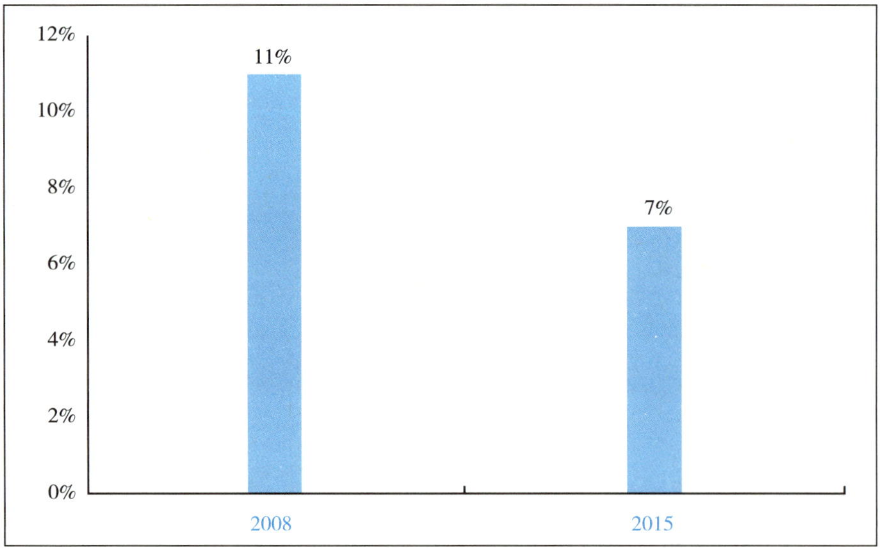

图 4-72　全球开发地块投资所占市场份额：2015 年和 2008 年比较

资料来源：RCA、第一太平戴维斯研究部。

（7）开发地块：在全球房地产投资中占比最小，现有投资多在存量房地产上

开发地块吸引的投资占全球房地产投资总额比例由2008年的11%下降至2015年的7%，是房地产投资中份额最少的领域，表明现有投资多在存量房地产上进行。（如图4－72）

（8）趋势展望：写字楼、零售物业、仓储与配送物业投资潜力大

①写字楼：需求增加，供应相对紧张

2015年全球写字楼的供应相对紧张，写字楼的闲置率在第二季度下降了10个基点，闲置率为12.1%；美国和欧洲地区的闲置率分别为14.6%和8.6%，同比呈下降趋势；亚太地区的闲置率自2014年以来一直在10.7%～10.9%之间波动。[①]

目前，美国写字楼的闲置率是近十来年的最低点，2016年第二季度欧洲地区写字楼闲置率保持在8.6%，是2009年第一季度以来的最低点；英国写字楼的空置率受“脱欧”影响，上升了0.3%，仍只有3.7%。[②]

2016年，全球写字楼租金仍会上涨，原因在于主要国家的就业趋势在上升，对与就业相关的写字楼的需求也在增加。[③]

②零售物业：优势明显，前景看好

随着城镇化的推进、财富的创造以及中产阶级消费群体的壮大，消费支出也会相应增加，助推零售物业的投资需求，也为全球零售市场的增长前景提供支撑。

新兴市场的经济低迷以及电子商务的迅猛发展对零售物业的租金有一定的消极影响。但零售物业有明显的优势，即可以实现用户体验，这是电子商务所无法比拟的。另外，新住宅项目的开发催生了周边零售服务的需求。随着中产阶级消费群体的壮大，消费支出也相应增加，这些因素均会助推零售物业的投资需求，因此对全球零售市场增长前景应持乐观态度。

③工业地产：科技助推仓储与配送物业需求增加

工业物业属于供应链的核心环节，如今已上升为核心投资对象，拥有所有资产领域中最为强势的基本面支撑。

科技和电子商务的高速发展推动着对仓储与配送物业的租赁需求的增加，因此

① CBRE. 2016 *Global Real Estate Market Outlook* ［EB/OL］. http：//www. cbre. com/research – and – reports/2016 – Global – RE – Market – Outlook.

② CBRE. 2016 *Global Real Estate Market Outlook* ［EB/OL］. http：//www. cbre. com/research – and – reports/2016 – Global – RE – Market – Outlook.

③ CBRE. 2016 *Global Real Estate Market Outlook* ［EB/OL］. http：//www. cbre. com/research – and – reports/2016 – Global – RE – Market – Outlook.

对仓储配送领域的供应需求是显而易见且呈上升趋势。2016 年工业地产租金增长的趋势仍将持续，电子商务变革性的发展对全球工业地产租金影响不小。①

(二) 中国房地产业对外投资情况②

1. 规模：2015 年中国海外房地产投资达 213.7 亿美元，同比增长 41.5%

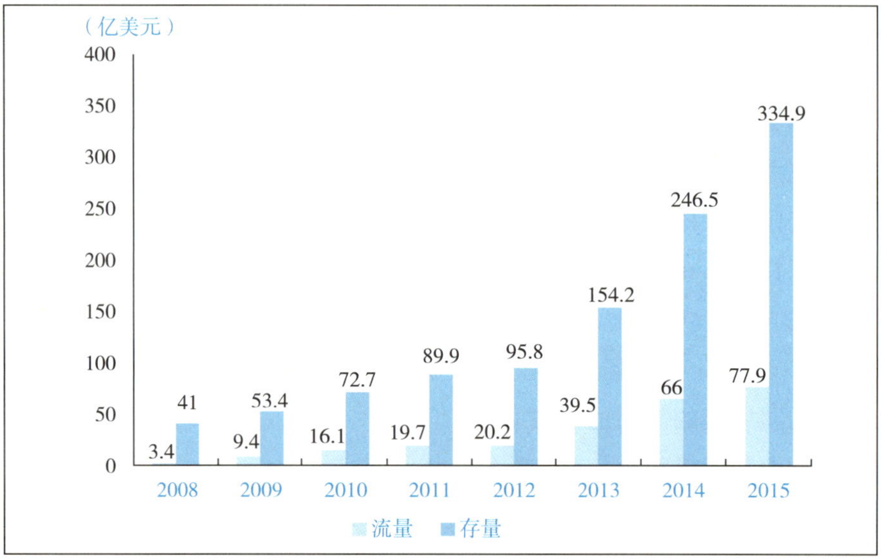

图 4－73　2008—2015 年中国房地产业对外直接投资流量和存量

资料来源：中国商务部，统计局，外汇管理局．中国对外直接投资统计公报［M］．北京：中国统计出版社，2016.

商务部数据显示（如图 4－73），2008—2015 年，中国海外房地产业投资流量和存量一直保持增长趋势。2008 年流量只有 3.4 亿美元，至 2009 年达到 9.4 亿美元，增幅明显；同期，存量由 41 亿美元增长到 53.4 亿美元。

2010—2012 年增长平缓。2013 年流量猛增到 39.5 亿美元，同比增长 95.5%，同期房地产投资也是海外投资中增速最快的领域；2014 年流量为 66 亿美元，同比增长 67.1%；2015 年房地产业对外直接投资流量为 77.9 亿美元，同比增长 17.9%，存量则达到 334.9 亿美元，占当年对外投资存量总额的 3.1%。

商务部统计的数据与戴德梁行数据有较大差异，根据后者的统计，2015 年中国

---

① CBRE. 2016 *Global Real Estate Market Outlook* [EB/OL]. http://www.cbre.com/research－and－reports/2016－Global－RE－Market－Outlook.

② 中国房地产对外投资情况是指中国企业（包括房地产业企业主体和非房地产业企业主体）在境外实施的房地产业领域的投资并购情况。

海外房地产投资创历史新高，达213.7亿美元，同比增长41.5%，是2010年总投资额的6倍。[①] 造成这一差异的原因是二者统计口径不同。

根据数据库收集的案例[②]，2008—2015年中国企业共实施境外房地产业投资并购149起，该数据为不完全统计，但仍能从中获得一些趋势性观测。

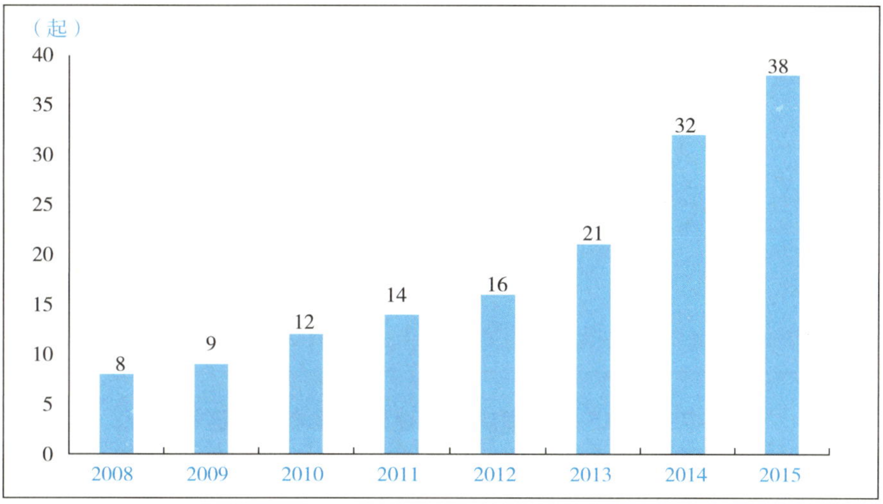

图4-74　2008—2015年房地产业对外投资案例数

资料来源：CCG数据库。

中国房地产业对外投资规模不断扩大，2008年因受全球经济危机影响出现短暂下滑；2009年开始保持快速增长。尤其是2013年以来，海外投资案例数目增长迅猛：2012年投资案例突破10起，2013年达到21起，2014年达到32起，2015年达到38起。（如图4-74）

2016年1—8月，中国海外地产投资（大宗交易）总额再创新高，达到235亿美元，已接近2015年257亿美元的投资额。[③]

随着国内基金和海外资本的不断增长，加之人民币贬值预期，流入海外房地产市场的中国资本有望继续增加。戴德梁行预计，2016年中国对外大宗交易将比上年同期增长37%，投资额有望创新高至350亿美元。

---

① 戴德梁行：《中国对外投资市场报告（2015）》，第3页。该数据来源于RCA，包含所有从中国内地到海外地区（包含中国香港）的投资额为250万美元或者更高金额的交易数据（2008年1月至2015年12月31日）。房产类型包括公寓（多户出租物业并不少于10个单位）、土地开发、酒店、工业、写字楼和商业。交易包括散售、整卖、小于50%的股权和已签订合同的交易。

② 不完全统计，涵盖大部分投资案例，包括在航空工业领域的投资，不包括在航空租赁领域的投资。

③ 戴德梁行．中国对外投资市场报告Q3 2016［EB/OL］．http：//www.dtzcushwake.com/site-search.html?keyword=中国对外投资市场报告&type=all.

2. 区域：分布集中，北美、欧洲、大洋洲吸引61.8%的投资

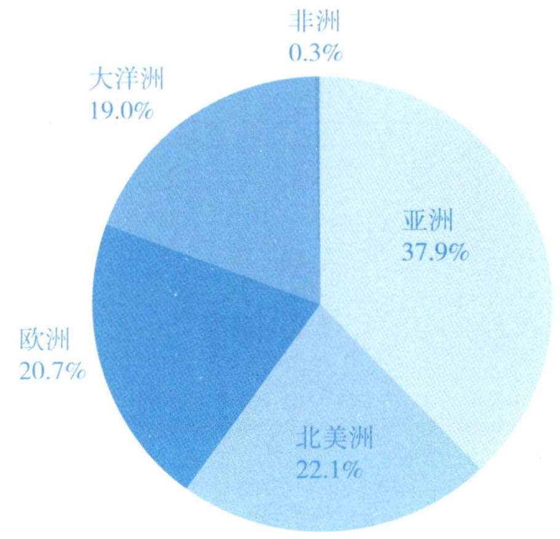

图4－75　2015年中国房地产业对外投资总额区域占比

资料来源：RCA，戴德梁行．中国对外投资市场报告（2015）［EB/OL］．http：//www.dtzcushwake.com/site－search.html？keyword＝中国对外投资市场报告&type＝all.

2015年中国境外房地产投资总额区域分布为：亚洲占37.9%，是房地产海外投资的主要地区；其次是北美洲（22.1%）、欧洲（20.7%）、大洋洲（19.0%），四大洲合计占到99.7%。非洲仅占0.3%。（如图4－75）

（1）亚洲：中国香港、马来西亚、新加坡、日本为主要目的地

2015年中国企业对中国香港、马来西亚、新加坡、日本的房地产投资额分别为41.1亿美元、39.9亿美元、25亿美元、4亿美元。①

2015年中国企业对中国香港的房地产投资为41.1亿美元，规模比较大的投资是：2015年11月，上海基汇资本受让尖沙咀区的香港洲际酒店，受让价为9.38亿美元；11月12日，国寿旗下中国人寿保险斥资58.5亿元，购买会德丰地产的红磡One HarbourGate西座作为公司总部。

2015年中国企业对马来西亚房地产投资达39.9亿美元，同时吸引了中国最多的土地投资开发资金，总金额达25.2亿美元。马来西亚房价全球排第99位，但租金回报全球排名第六。主要的投资事件是2015年12月31日，中铁公司与马来西亚国家投资基金签署协议，收购大马城项目60%股权，协议价值约17.2亿美元。其他年份的主要投资事件为2013年，广州富力地产公司13.7亿美元收购马来西亚柔

① 戴德梁行．http：//www.dtzcushwake.com/.

佛州新山地区一块116英亩土地等。

（2）美洲：美国为主要投资目的地

中国房地产海外投资在美洲地区主要集中在美国。

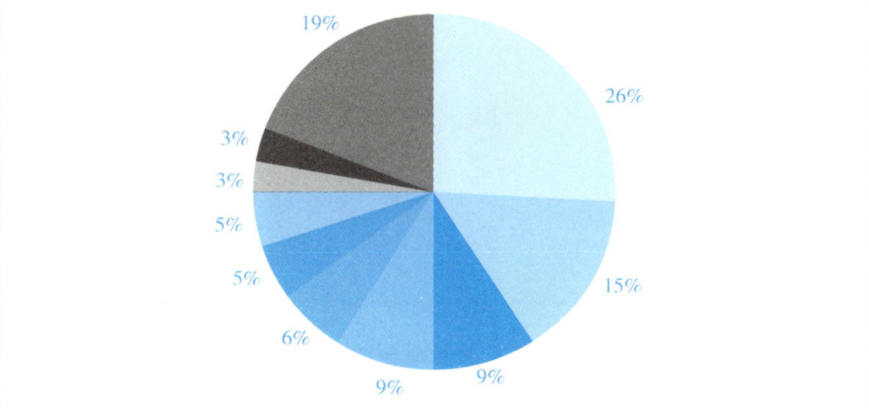

图4－76 2015年美国商业地产购买金额及占比：按买家来源国统计

资料来源：Asia Society. Real Capital Analytics, Rosen Consulting Group, *Breaking Ground*: *Chinese Investment in U. S. Real Estate*, [EB/OL]. http://asiasociety. org/files/uploads/66files/Asia%20Society%20Breaking%20Ground%20Complete%20Final. pdf.

2015年美国商业地产的买家主要来自加拿大、中国、阿联酋等国家，其中中国投资了85亿美元（如图4－76），而2010年仅有5.85亿美元，复合年均增长率达到70%。2010—2015年，中国对美国商业地产的投资总额达171亿美元。

2010—2015年，中国对美国商业地产的投资主要集中在写字楼、开发地块、酒店和工业物业领域。（如图4－77）

六年间，中国企业在美国投资开发地块共68起，交易金额达39.5亿美元，占期间对美商业地产投资总额的23%；写字楼投资43起，金额为57.4亿美元，占比34%；酒店类投资共完成32起，金额合计37亿美元，占比22%；公寓地产投资23起，金额合计14亿美元，占比8%；零售物业投资21起，多为中小型投资，金额合计2.15亿美元，占比1%；工业物业投资虽然仅有7起，但单笔金额大，金额合计达20.6亿美元，占比12%，高于对公寓和零售物业类地产的投资。（如图4－78）

2010—2015年，中国对美国商业地产投资的56%集中在纽约都会区，金额合计

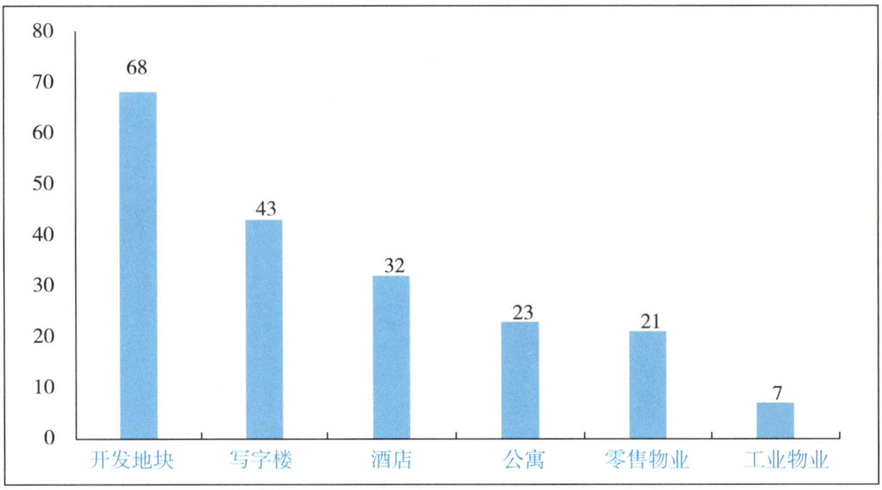

图 4－77　2010—2015 年中国在美国购买商业地产案例数：按物业类型统计

资料来源：Asia Society. Rosen Consulting Group, *Breaking Ground*: *Chinese Investment in U. S. Real Estate* [EB/OL]. http://asiasociety.org/files/uploads/66files/Asia%20Society%20Breaking%20Ground%20Complete%20Final.pdf.

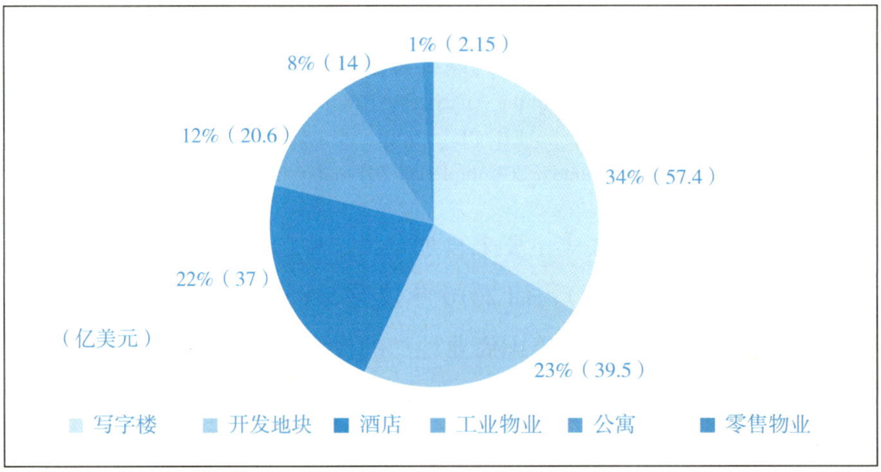

图 4－78　2010—2015 年中国在美国购买商业地产金额及占比：按物业类型统计

资料来源：Asia Society. Rosen Consulting Group, *Breaking Ground*: *Chinese Investment in U. S. Real Estate* [EB/OL]. http://asiasociety.org/files/uploads/66files/Asia%20Society%20Breaking%20Ground%20Complete%20Final.pdf.

95.6 亿美元；洛杉矶投资占比 10%，金额合计 16.8 亿美元；旧金山投资占比 5%、休斯敦投资占比 3% 和芝加哥投资占比 3%。（图 4－79）

2015 年中国企业在美国主要房地产投资项目：3 月，安邦保险集团以 69 亿美元购买 17 幢物业；8 月，泛海控股成功受让美国纽约南街 80 号项目和旧金山

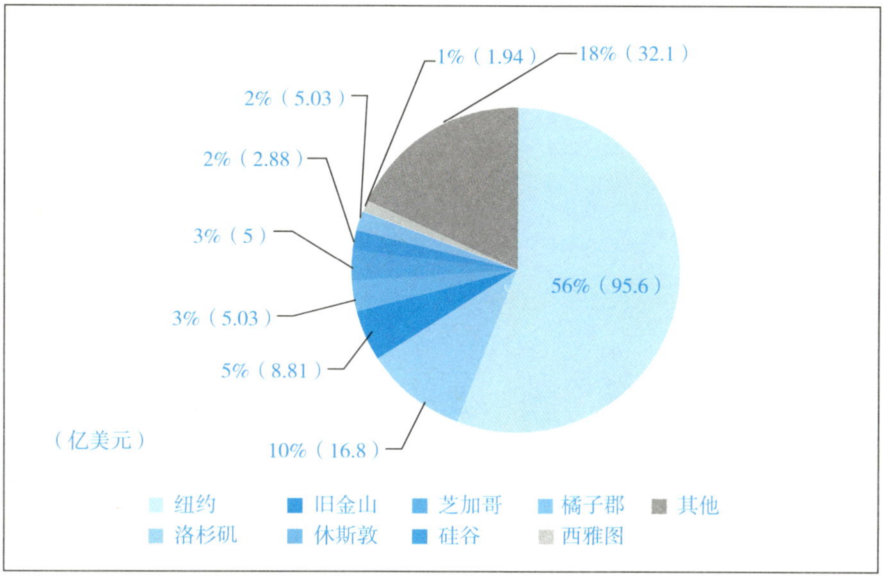

图 4－79 2010—2015 年中国在美国购买商业地产金额及占比：按都会区统计

资料来源：Asia Society. Rosen Consulting Group, *Breaking Ground*: *Chinese Investment in U. S. Real Estate* [EB/OL]. http://asiasociety.org/files/uploads/66files/Asia%20Society%20 Breaking%20Ground%20Complete%20Final.pdf.

First&Mission 项目，分别作价 3.90 亿美元和 2.96 亿美元。其他年份大额投资包括：2013 年 12 月，绿地集团受让布鲁克林大西洋广场地产项目 70% 股权，作价 50 亿美元；2014 年 2 月，中国银行收购曼哈顿 7 Bryant Park 办公大楼，交易金额 6 亿美元等。

此外，中国企业在加拿大和巴哈马也进行了若干房地产投资。

（3）欧洲：英国、法国、比利时、意大利为主要投资目的地

2015 年中国对欧洲房地产投资前四位国家是：在法国的投资约为 20.4 亿美元、在英国的投资约为 11.8 亿美元、在比利时的投资约为 5 亿美元、在意大利的投资约为 4 亿美元。这些国家是欧洲房地产市场投资最热的地区。

从最吸引房地产投资的欧洲城市来看，伦敦、柏林、巴黎居前三位。（如图 4－80）

2015 年以来，中国对欧洲房地产的大额投资主要包括：中投有限公司以 13 亿欧元收购法国和比利时 10 个购物中心；复星国际以 10.6 亿美元收购法国“地中海俱乐部”酒店集团；泰康人寿竞购伦敦金融城 Milton Gate 办公楼，交易金额达 1.98 亿英镑等。

（4）大洋洲：澳大利亚为主要投资目的地

中国企业对大洋洲的房地产投资集中在澳大利亚和新西兰。

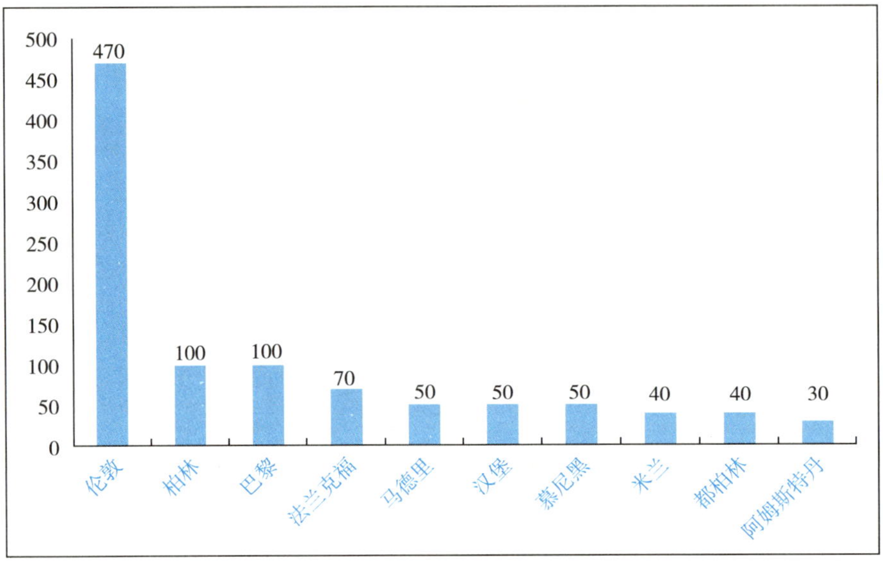

图 4－80　2010—2015 年中国在美国购买商业地产金额及占比：按都会区统计

资料来源：Asia Society. Real Capital Analytics，*Emerging Trends in Real Estate Europe* 2016 [EB/OL]. http://uli.org/research/centers－initiatives/center－for－capital－markets/emerging－trends－in－real－estate/.

注：数据采集期为 2014 年第 4 季度至 2015 年第 3 季度。

澳大利亚是 2015 年中国海外地产投资第三大目的国，全年交易金额达 39.9 亿美元，占同期对澳直接投资总额的 46%①，主要集中在悉尼和墨尔本两大城市。

悉尼所在的新南威尔士州吸引了中国对澳房地产投资的 94%。在长期人口与经济增长预期的推动下，澳大利亚与美国、欧盟一并成为追求更高海外投资收益及资产多元化的中国房地产投资者的战略投资目的地。

中国地产企业在澳的投资种类多元化，项目涉及住宅开发、写字楼、零售物业和酒店等。2015 年，中国投资有限责任公司以 2.45 亿澳元收购了 Investa 旗下的写字楼资产；大连集团以 3.27 亿美元的价格收购了悉尼 Gold Fields House 写字楼，以及收购澳大利亚 1 Alfred 地块和 19－31Pitt Street 地块，交易金额为 4.88 亿澳元。

（5）非洲：投资流向安哥拉、坦桑尼亚等国

中国对非洲的房地产投资较少，非洲城市的投资环境、发展程度相对落后，投资吸引力较小。

较早的投资项目有 2008 年中国国际信托投资公司以 35.4 亿美元投资安哥拉的

① KPMG. http://home.kpmg.com/xx/en/home.html.

房地产业。2013 年 5 月，中铁建工与坦桑尼亚国家房地产公司签署了“联合投资开发达累斯萨拉姆金融广场项目的协议”和“联合投资开发 SALAMA 卫星城项目的协议”，投资金额为 5 亿美元等。

整体来说，中国企业对非洲的投资以国企为主，投资项目不多，但单笔涉及金额较大。随着“一带一路”建设推进，中国选取非洲投资环境好的重点国家拟建设产业园，有望带动工业地产的投资。

3. 特点：写字楼、酒店占比大，保险企业亮眼，投资更具战略性

（1）投资物业类型多元化，写字楼、酒店占比大

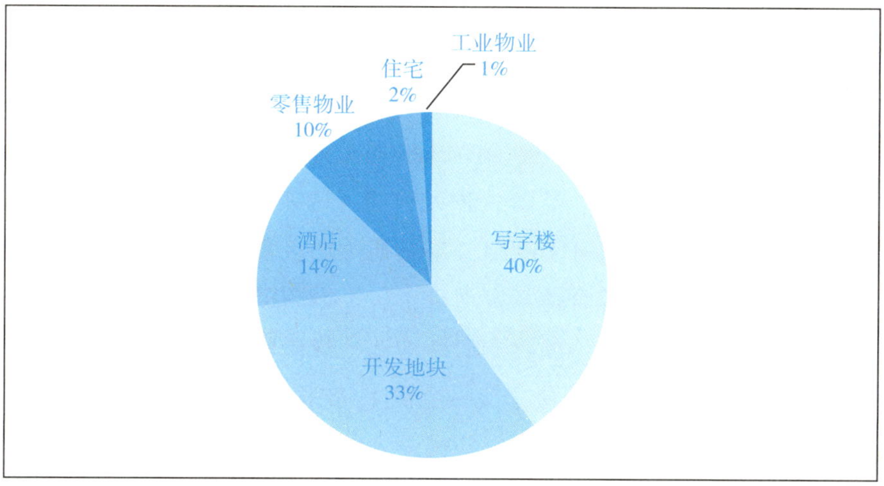

图 4－81　2015 年中国房地产业对外投资金额：按物业类型分布

资料来源：RCA，戴德梁行．中国对外投资市场报告 2015［EB/OL］．http：//www. dtz-cushwake. com/site－search. html？keyword＝中国对外投资市场报告&type＝all.

2015 年，中国在全球房地产业投资的类别为写字楼（40%）、土地开发（33%）、酒店（14%）、零售地产（10%）、住宅（2%）、工业地产（1%）。（如图 4－81）

写字楼和酒店的收益率相对稳定，中国企业对其关注度持续上升。以美国为例，大部分中国资本流入纽约曼哈顿的酒店和写字楼物业，占中国资本在美国投资总额的五成以上。2015 年，中国内地的投资者在全球购买酒店地产的金额超过 50 亿美元。[①] 中国投资者偏向收购现楼，也是由于海外复杂的法律法规及税务制度，令收购现有优质资产更具有吸引力。2016 年前五个月，酒店投资吸纳中国 71 亿美元的跨境资本，占到所有物业投资类别中的 42%。[②]

① 仲量联行．2016 酒店投资展望．

② 仲量联行．http：//www. jll. com/.

(2) 民企投资数量超过国企，国企投资额大，保险企业脱颖而出

当前，中国的房地产业对外投资主体由房地产开发商、金融和投资企业、主权财富基金和个体投资者构成。

自2008年以来，民营企业投资海外房地产的热情稳步攀升。民企和个人交易数量近年来均超过国有企业。万科、万达、复星国际、鑫苑置业及碧桂园将大量资金投入海外资产。例如，2015年4月，复星获取纽约曼哈顿中城的麦迪逊大道项目土地，将与美国地产开发商J. D. Carlisle共同开发建造逾200米高的47层豪华住宅楼。

国有企业一直是海外房地产投资的主要力量之一，在2015年海外投资额中占对外投资总额的58.8%，交易数量仅占比30.8%，显示出单笔投资额较大[①]。2015年，中投公司收购法国和比利时的零售资产组合与购物中心总交易额超过13亿欧元，10月又收购位于澳大利亚悉尼、墨尔本和布里斯班的9处办公物业；上海国资委控股的绿地集团先后在美国、英国、澳大利亚、马来西亚等国家斥巨资投资多个重大项目，包括悉尼的公寓再开发项目、洛杉矶中心区的综合体项目、多伦多的住宅开发项目以及布鲁克林的综合体开发项目。

保险公司及其他金融机构不断收购海外地标性优质资产。2015年初，泰康人寿竞购伦敦金融城Milton Gate办公楼，交易金额1.98亿英镑；安邦保险以19.5亿美元收购美国华尔道夫酒店，成为当年度规模最大的中国对外房地产投资交易。

表4-18 2015年中国保险公司、机构和开发商完成的前十大交易

排名	日期	投资方	国家	物业名称	资产类型	交易额（亿美元）
1	2015年2月	安邦保险	美国	华尔道夫—阿斯托里亚酒店	酒店	19.5
2	2015年1月	中投公司（与领盛投资管理合资）	日本	目黑雅叙园	写字楼	11.7
3	2015年7月	太平保险	美国	莫雷大街111号	开发项目	8.2
4	2015年1月	绿地集团	马来西亚	地不佬湾海滨城	开发项目	6.83
5	2015年5月	中国银行	美国	布莱恩特公园7号	写字楼	6
6	2015年1月	平安保险	英国	塔楼大厦	写字楼	5.06
7	2015年10月	中国人寿（与卡塔尔投资局合资）	英国	99 Bishopsgate	写字楼	4.2

① 戴德梁行. 中国对外投资市场报告2015.

续表

排名	日期	投资方	国家	物业名称	资产类型	交易额（亿美元）
8	2015 年 5 月	安邦保险	美国	美林金融中心（5F－26F）	写字楼	4.14
9	2015 年 7 月	复星国际	意大利	布罗基广场	写字楼	3.84
10	2015 年 6 月	皓源投资	新加坡	邓迪路	开发项目	3.58

资料来源：根据公开资料整理。
注：不包括在中国香港的交易。

(3) 并购、绿地和综合投资等投资方式并举，投资领域更具战略性

中国企业海外房地产投资多以并购方式为主，2015 年绿地投资和综合投资表现较为亮眼，投资领域也更具有战略性。

例如，2015 年 3 月，中国民生投资股份有限公司宣布将携数十家龙头民企投资 50 亿美元共建印尼产业园，这不仅是企业国际化的重要步骤，也是积极响应国家“一带一路”建设。同年，合众人寿与美国 Summit Healthcare REIT 合资收购美国南科罗拉多州、俄勒冈州和弗吉尼亚州的 6 处养老社区项目，投资总额为 4211.20 万美元，中方投资额为 1053.18 万美元，实现寿险资金与养老产业相匹配——人口老龄化已经成为严重的社会问题，保险企业投资养老地产具有重要意义，这也为房地产投资开辟了新领域。

(三) 房地产业对外投资重点区域的商业机会

1. 美洲地区

美洲除少数地区外，对外资进入房地产业的准入政策均比较开放。中国投资美洲房地产业目标国主要为美国和加拿大。2016 年，加拿大因对大温哥华地区的外国投资者额外征收 15% 房产税，使房价骤跌，许多外国买家处于观望状态。因此，美洲地区房地产投资以投资美国为主。

(1) 房地产业增长潜力

美洲地区房地产潜力主要以写字楼和工业物业、酒店以及住宅市场见长。其中写字楼和工业物业租金增长率世界第一；酒店交易额占世界酒店物业成交额数量的 50%；中国资产成为美洲地区住宅物业成交的最大来源动力。

①写字楼和工业物业：增长率全球领先，产值居首

2015 年，美洲地区写字楼、零售物业和工业物业年化产值分别为 8.4%、8.2% 和 6.1%，其租金增长率分别为 4.4%、0.8% 和 4.7%。其中，高端写字楼租金增长

居全球之首；高端零售物业资产升值率达 11.5%，租金同比增长 5.8%；工业物业资产同比增长 10.5%，租金同比增长 3.7%，亦居世界首位。

②酒店：2015 年交易额占全球五成，在建客房供给增长率居世界之首

2015 年美洲地区以 464 亿美元的交易额占全球酒店交易 848 亿美元总额的一半；同年，全球在建客房供给增长率中，美洲地区以 4.5% 居世界之首，高出欧洲、中东和非洲地区增长率近 1.7%。

③住宅：2015 年中国投资者为最大买家，交易金额达 286 亿美元

2015 年，中国买家在美国购买了约 3.5 万套房产，总价值约 286 亿美元，居于加拿大（112 亿美元）和印度买家（79 亿美元）之前，同比增加 30%。

（2）外资准入政策

美洲地区对外资进入房地产业的准入政策均比较开放，给予外资法人与本土法人和自然人同等待遇，但不排除少数部分地区对于外资流入有所限制。下面主要选取美国、加拿大、墨西哥、智利、巴西、古巴和阿根廷予以介绍。

表 4－19　部分美洲国家对外资进入房地产业的准入规定

国别	准入规定
美国	a. 在房地产行业保护长期投资者的利益 b. 对于外国人或企业购买私人土地不设限制，与当地投资者一视同仁 c. 对于美国联邦政府土地管理局所持有的土地不出售给外国企业或者外国人 d. 美国半数以上的州的土地法都限制外国人拥有美国政府和农业土地，但限制程度不同
加拿大	a. 外国居民或企业可以购买、拥有以及出售土地以及房地产 b. 一些省区限制非加拿大公民拥有某些形式的土地 c. 安大略省给予外国人购买、拥有以及出售房产的权利，但是外国公司必须在获得许可证之后才可进行买卖 d. 魁北克省规定未经本省农用土地保护委员会批准，外国人一级企业不得购买农用土地 e. 2016 年 8 月 2 日起，政府对在大温哥华地区买房的海外买家收取额外的 15% 的房产交易税
墨西哥	a. 外资购买墨西哥私有土地，对于土地种类和购买用途均没有限制 b. 对外资购买管制区内的土地，应首先向墨西哥外交部提出申请，承诺出现纠纷时放弃母国保护，取得墨西哥外交部同意后方可购买 c. 对外资购买管制区内的非居住地，不得直接以外国自然人的身份购买，需以在墨西哥当地注册成立的公司名义购买
智利	a. 对外资高度开放，外资企业享受本国企业同等待遇，没有特殊限制，没有年限限制 b. 治理边境线 10 公里以内和智利海岸线 5 公里以内的土地只能为智利自然人或者法人所有，经国防部海洋副秘书处许可后为例外，国有滩涂除外

续表

国别	准入规定
巴西	a. 外资企业在巴西购买土地将与外国法人或者自然人实行同等限制，但在涉及国家发展关键领域时，只有巴西国内资产企业（巴资企业）才有权购买 b. 合资企业 51% 以上的表决权资本为外资的，在购买土地时有限制 c. 外国人、外国企业或者外资控股的巴西企业不得购买或租赁 250～5000 公顷的土地，所购买的土地不得超过所在市面积的 25%，同一国际购买者售卖面积不得超过所在市面积的 10%
古巴	a. 土地国有，房屋仅在古巴公民（包括持有长期居留身份的外国人）之间自由买卖 b. 涉及不动产开发的外国投资，需要部长会议批准并签署批准书；部长会议可根据外国投资的不同方式和行业领域，授权相关国家中央行政管理机构的负责人审批所负责领域的外国投资；不动产可投资于私人居住或旅游目标地的住房以及其他建筑物，外国法人的住宅以及办公场所，以旅游业开发为目的的住房以及其他建筑物
阿根廷	a. 除渔业、通讯媒体、军事领域，外国投资者可在各个领域进行活动，外国公司也可以广泛地不受歧视地参与阿根廷私有化项目 b. 外国机构和个人购买的耕地不能超过该国农业土地面积的 15%，且每个国家购买的土地不能超过允许外国人购买土地数量的 30% c. 拥有大量水资源的土地不予出售

资料来源：商务部．对外投资合作国别（地区）指南，美国、加拿大、墨西哥、智利、巴西、古巴、阿根廷（2015）［EB/OL］. http：//fec. mofcom. gov. cn/article/gbdqzn.

（3）重点投资目标国：美国

中国企业在美国投资的重点地产类型是中小城市写字楼、机场郊区酒店、工业物流地产。

美国是世界上最具竞争力和创新能力、最开放的经济体之一，房地产市场发展稳健，投资环境稳定，全球单位价值最高的房地产主要位于美国。2015 年美国商业地产的交易量在第三季度达到 3700 亿美元，2015 年商业地产的整体增速较 2014 年增长了 16%，相关直接外商投资、股权投资、REITs 投资并购已经达到 2009 年危机前的水平。中国投资者投资中小城市写字楼、机场郊区酒店和工业物流地产前景明朗。

第一，美国商业写字楼市场发展稳定。截至 2015 年第三季度，美国办公楼交易总量达到 1455 亿美元，同比增加 16. 2%。按区域看，东部占全国交易量的 36. 5%、西部 32. 3%、南部 20. 1%、中部 11. 2%。① 其中办公楼交易量前五强为曼哈顿、芝加哥、旧金山、洛杉矶和波士顿。2015 年，安邦保险集团以 4. 15 亿美元买入第五大道 717 号的办公大楼；中国银行以 6 亿美元购进布莱恩公园 7 号大厦的 40% 股份。

① Integra Realty Resources. 2016 *commercial real estate trands report*. ［EB/OL］. https：//research. irr. com/index. html？ page = 1.

2016 年，上海城投联合纽约地产开发商 Ceruzzi，以 2.75 亿美元买下中城第五大道 520 号的开发地块。

第二，美国市郊、中等和较小城市的写字楼市场开始发力。特别是在拥有 2.8%～4.5% 就业增长率和 5.0%～7.25% 资本化率的中等城市（如丹佛和夏洛特等），写字楼还处于复苏阶段，二手楼价格不高，升值空间大，从长远看回报潜力颇丰。此外，随着美国经济的复苏，就业增长推动相应办公面积增长，科技、媒体、广告和资讯类公司保证了美国未来写字楼市场需求还将持续上升。

第三，位于美国机场与郊区的酒店具有投资潜力。2015 年美国酒店入住率与 1995 年的最高峰 64.7% 持平，预计未来三年平均客房牌价年增速将达到 5.7%。截至 2015 年第三季度，酒店行业的交易量已达到 448 亿美元，同比增长 34.9%。按区域来看，东部年交易量增长率最大为 68.4%，占全国的 25.3%，南部为 48%、中部为 43% 和西部为 2.6%。2015 年，安邦保险以 19.5 亿美元购得纽约曼哈顿的华尔道夫酒店。同时，强势美元有利于增加赴美国的出境游，位于机场和郊区的酒店预计将有强劲涨幅。

第四，美国工业物流地产表现抢眼。房产交易追踪机构 Real Capital Analytics 的数据显示[①]，2015 年前三季度，美国工业地产交易总量达到 660 亿美元，同比增长 41.5%。其中洛杉矶为美国最活跃的工业地产市场，达到 85.4% 的增长和 53 亿美元的交易量，之后为芝加哥、达拉斯。物流地产（包括仓库和配送中心）板块由于电子商务的发展而投资潜力巨大，尤其是在大城市周边的仓储地产，可为网络电商实现包裹快捷配送。工业厂房由于美国本土制造业不景气而表现疲弱，投资前景黯淡。

2. 欧洲地区

欧洲地区人口约 7.28 亿，约占世界总人口的 12.5%，是世界人口密度最大的一个洲，这奠定了欧洲地区房地产业供不应求的基本发展态势。2015 年欧洲商业地产（写字楼、开发地产、零售地产、酒店、公寓等）投资以 2460 亿欧元创历史新高，与 2014 年的 2000 亿欧元相比增长了 23%。2016 年欧洲商业地产投资增长率为 5%～10%，投资总额有望达到 2600 亿欧元。[②] 欧洲国家中，外资投资房地产业主要以英国、法国、德国为热点，其中英国住宅房产和写字楼市场前景最为看好。

（1）房地产业增长潜力

2015 年欧洲地区房地产潜力主要集中在写字楼和酒店市场。其中，写字楼租金

---

① Real Capital Analytics. https://www.rcanalytics.com/Default.aspx? SessionState = -1.

② 高纬环球（Cushman & Wakefield）. http://www.cushmanwakefield.com/.

上升势头强劲，具有高度的回报率预期；同时酒店物业呈现供不应求的态势，欧洲地区酒店收入增长可观。

①写字楼：租务开支上升，回报率可预期

欧洲地区写字楼地产市场发力。2015 年，伦敦（西区）继续名列全球写字楼市场租务开支榜首，比第二位的纽约地区租金多出近 30%。[①] 受爱尔兰经济复苏影响，都柏林成为欧洲市场中租务开支涨幅最大的地区，同比增长 13%。[②] 高额的租务开支，给予欧洲写字楼市场可观的回报预期。伦敦市区的写字楼回报率预计超过 4%，巴黎的写字楼市场回报率近 5%。

②酒店：客房需求量猛增，供应量不足，收入增长率达两位数

2015 年欧洲酒店房间供不应求。史密斯旅游研究机构（STR Global）数据显示，2015 年，欧洲地区酒店房间的需求量增长 3.1%，供应量仅为 0.8%；第四季度欧洲规划建设酒店的客房和项目数量大幅上升，达到三年来新高。得益于 2015 年世博会，米兰当地酒店业每间可售房收入增长率为 30%，名列欧洲客房盈利增量榜首；都柏林每间可售房收入涨幅为 23%，排名第二；第三名为波尔多地区，增长 20%；紧随其后的是马德里、布拉格、阿姆斯特丹、里斯本、巴塞罗那、法兰克福和柏林，均为两位数增量。强大的客房需求量和可观的收益带动欧洲酒店迎来新的繁荣期。截至 2016 年 1 月，欧洲酒店房间同比增长 15.8%，实际建造房间同比增长 6.3%。

（2）外资准入政策

欧洲各国政府对房地产投资多持开放性政策，欧洲土地多为私有，给予外资投资者国民待遇，除部分特殊性土地。下面选取房地产业吸引外国投资较多的英国、法国、德国、西班牙、葡萄牙、荷兰、瑞士进行介绍。

表 4-20 部分欧洲国家对外资进入房地产业的准入规定

国别	准入规定
英国	a. 房地产业不在限制投资行业列表中 b. 外商或外资控股公司享受国民待遇，原则上与英资公司同等待遇，一般可以通过产权公司购买、合作投资或者以合作形式获得，购买者需要交纳印花税

① 戴德梁行. 全球写字楼租务开支年度报告（*Global Office Thermometer*）[EB/OL]. http://dtz.cassidyturley.com/news/press-releases/entry/topic/dtz_global_office_thermometer_u_s_cost_increases_buck_global_decline_in_workstation_occupancy_costs.

② 戴德梁行. 全球写字楼租务开支年度报告（*Global Office Thermometer*）[EB/OL]. http://dtz.cassidyturley.com/news/press-releases/entry/topic/dtz_global_office_thermometer_u_s_cost_increases_buck_global_decline_in_workstation_occupancy_costs.

续表

国别	准入规定
法国	a. 原则上没有设定禁止外资投资的行业，也没有对投资方式的特别限定 b. 外资企业可以通过短期租赁合同获得有关建筑使用权，但短期租赁合同期限一般不超过 24 个月 c. 外资企业也可通过签订长期租赁合同的方式获得使用权，期限 9 年 d. 外资企业通过签署产权融资租赁合同的方式购买工业和商业不动产，合同期限为 9～15 年 e. 外资企业可以通过房地产合伙公司购置房产，或者投资购买土地建设工业和商业建筑
德国	对于外资获得土地所有权和使用权没有特殊的规定和方式，也没有特别适用年限方面的限制，外资企业与德国人享受同等待遇
西班牙	a. 外资准入开放，且为投资购置不动产者提供优惠贷款 b. 购买不动产根据买房是否为专门从事不动产买卖的公司而征收增值税或者财产转让税（为不相容的税种，只能征收其中一种），当投资金额超过 3005060.52 欧元时，应向经济和竞争力部进行事后申报
葡萄牙	a. 土地大部分为私有，可以自由交易 b. 外资和本国资本享有同等待遇 c. 对外资进入没有市场准入的限制，法律框架禁止歧视外资
荷兰	外资企业在荷兰享受国民待遇，对外资企业获得土地没有专门规定
瑞士	a. 外国人在没有经商许可证或者主要住所的情况下也可购置房产，限制条件极少 b. 国外个人和企业购买房产用于居住和生产经营必须得到有关部门授权，任何纯粹的金融投资、房地产买卖均为禁止 c. 外资企业和个人出于商业或使用目的收购土地均需获得瑞士州许可证 d. 外资企业可以不受限制购买商业房产，但是购买住宅受到限制，商业地产没有使用年限的限制 e. 房地产买卖由瑞士各州负责，各州指定的机构有权决定某项交易是否需要许可证，以及何时应发放许可证

商务部．对外投资合作国别（地区）指南：英国、法国、德国、西班牙、葡萄牙、荷兰、瑞士（2015）［EB/OL］．http：//fec. mofcom. gov. cn/article/gbdqzn/.

（3）重点投资目标国：英国

英国房地产的住宅物业和商业写字楼具有投资前景。

2015 年，英国经济全面复苏，实现 2007 年以来最强劲增长，2016 年 GDP 增速估测在 2.5% 左右。英国是海外机构和人士投资房地产的避风港，尤其是商业房地产领域投资潜力较大。截至 2015 年，万达集团、中国平安保险、绿地集团等中资企业累计投资欧洲地产金额超出 30 亿美元。[①] 近期受人口增长、就业增长和抵押贷款利率下调等众多利好因素影响，英国房地产业的住宅物业和写字楼领域具有投资前景。

① 商务部．对外投资合作国别（地区）指南：英国（2015）［EB/OL］．http：//fec. mofcom. gov. cn/article/gbdqzn/.

第一，近年英国国内人口增长导致住宅物业供不应求，房价上涨。伦敦近十年人口增长达百万，未来几年有望实现人口持续增长。[①] 仲量联行英国住宅研究部统计，若与相应人口增长幅度对应，英国至少还需新建 5 万多套住房。[②] 由此，住宅的供不应求导致房价上涨。自 2013 年初以来，英国住宅市场一直保持强劲上升趋势。从全国来看，名义房价较 2008 年底上升 35%，伦敦房价平均上升 80%。[③] 此外，英国住宅租赁供应趋紧。仲量联行数据显示，十年间，英国租户数量从 230 万套增至约 440 万套，占所有住宅数量比例从 11% 增至 19.4%。[④] 综合看来，目前伦敦住宅物业市场的供小于求情况使卖方处于优势地位，投资前景可观。

第二，英国地产价格预期上涨，英政府颁布协助买房政策。巴黎银行房地产公司（BNP Paribas Real Estate）预测，2016 年和 2017 年英国房价涨幅将分别高达 6.7% 和 11.5%。2016—2020 年英国东南和西南地区的房价可能领涨，同时，英政府发布了《地方基础实施基金》《促进英国建造投资基金》《协助买房计划》和“借贷基金”等房产刺激方案。2008 年初，英国政府实施“印花税假期”政策，对价格在 17.5 万英镑以下的住房交易停征印花税 1 年；2010 年，英政府又对成交价在 25 万英镑以下的首次购房者停征为期两年的印花税，此举刺激了一大批外资注入英国住宅产业[⑤]。

第三，英国商业写字楼市场具有投资潜力，北方城市开始“吸睛”。英国商业写字楼一直以来是中国企业的投资热点。2013 年，复星集团以 6450 万英镑买下伦敦金融城内的 Lloyds Chambers 大厦；2016 年 1 月，保利房地产以约 1.45 亿英镑的总价购入伦敦办公楼项目 5 Fleet Place；4 月，复星国际以人民币 27 亿元购下伦敦金融城东侧的 Thomas More Square 综合大厦区；6 月，海航国际以 1.31 亿英镑收购伦敦金丝雀码头商业楼；7 月，国锐地产有限公司以 2778 万英镑购买 Picton（GP）伦敦办公大楼。[⑥] 此外，英国政府 2014 年实施的“北方经济引擎”政策，重点发展北方城市商业，刺激了对英国北部写字楼的需求。许多律师事务所和 IT 公司及民事服务机构采用北徙方式降低成本，同时商业发展促进城市人才数量不断壮大，奠定了

---

① 仲量联行 . http：//www. joneslanglasalle. com. cn/china/zh - cn.

② 仲量联行 . http：//www. joneslanglasalle. com. cn/china/zh - cn.

③ 瑞信银行报告 . ［EB/OL］ https：//www. credit - suisse. com/us/en/articles/articles/news - and - expertise/2016/08/sc/tougher - times - for - the - british - real - estate - market. html.

④ 仲量联行 . http：//www. joneslanglasalle. com. cn/china/zh - cn/news/626/steady - uk - house - price - growth.

⑤ 商务部 . 对外投资合作国别（地区）指南：英国（2015）［EB/OL］. http：//fec. mofcom. gov. cn/article/gbdqzn/.

⑥ 商务部 . 对外投资合作国别（地区）指南：英国（2015）［EB/OL］. http：//fec. mofcom. gov. cn/article/gbdqzn/.

这类城市未来写字楼市场的明朗前景。

第四，虽然随着英国“脱欧”的政治动向，英国房产业可能会面临一定的风险。但“脱欧”并不会直接扭转英国房地产长期供不应求的局面，同时带来的法律与监管层面上的影响也微乎其微。以伦敦地区为例，一是由于可建设土地少、规划审批烦琐、建设成本高、技工短缺等原因，房产供给不足的基本面不会改变。二是受市中心房价过高因素影响，伦敦中心居民购房的趋势向外扩展，购买力保持坚挺。三是即使英国“脱欧”会带来英镑下跌，但国际资本逢低抄底，国际投资对伦敦资产的追捧仍会刺激其房价的上行。四是英国商业政策稳定，“脱欧”不会直接导致英国投资规章制度和对外贸易关系的条款的重大震荡或重新制定。

此外，第一太平戴维斯报告认为，“脱欧”可能会导致英国本土及跨国企业的投资力度将有所减弱，长期投资意愿趋于低迷，但到 2017 年底市场走势将显明朗。因而总体上，投资英国地产业前景仍旧可观。

3. 亚太地区

2015 年，亚洲吸收中国海外房地产投资资金总计约 81 亿美元，相比 2014 年增长近三倍，成为中资投资的重点区域。在商业地产方面亚太地区潜力可观，特别是商业酒店在建客房供给增长率居世界第二；同时得益于城市化的发展，住宅投资也成为热点。其中，新加坡、澳大利亚是投资前景较好的国家。

（1）房地产业增长潜力

2015 年，亚太地区房地产潜力主要集中在酒店和住宅市场。其中，亚太地区酒店行业在建客房共计增长率仅次于美洲市场；住宅需求量大，前景看好。

①酒店：在建客房供给增长率居世界第二

2015 年亚太地区虽然在全球酒店交易规模上占比落后——全球酒店交易金额 848 亿美元中亚太地区仅占 92 亿美元，但在建客房同比增长率为 4.2%，领先欧洲、中东和非洲地区。

②住宅：城市化浪潮推动住宅房产热

伴随亚洲城市化浪潮的进行，亚洲住宅投资的前景逐渐明朗。其中，新加坡是富裕人士喜欢设立第二个住宅的城市；澳大利亚居民住宅的供需市场始终保持平衡，目前空置率在 5% 以下——在黄金海岸区域，更达到 1% 的超低纪录；日本的住宅市场已渡过了最糟糕时期，潜在需求强劲。

（2）外资准入政策

在具体外资准入法规上，亚太各国对投资者的态度不一。总体上，亚洲国家对于外资进入房地产业持开放态度。下面重点选取新加坡、日本、马来西亚、澳大利亚、印度、韩国、印度尼西亚进行介绍。

表 4－21 部分亚太国家对外资进入房地产业的准入规定

国别	准入规定
新加坡	a. 对外资准入政策比较宽松，除国防及个别特殊行业外，对外资运作基本没有限制 b. 外资企业可以在新加坡参与土地交易，自由购买工商业区的土地和建筑物，但购买居住区的土地须经政府批准
日本	在制度上对外国投资者实行投资自由化政策；日本公民或者日本法人在土地所有权方面被禁止取得或者有条件、有限制取得的规定同样适用于外国自然人、法人
马来西亚	a. 将“房地产开发”视为外商投资限制行业，规定外资持股比例不能超过 50% 或 30% b. 禁止外资购置的产业：价值 50 万马币以下的产业；州政府划分的中、低成本住宅；“马来人保留地”上的产业；州政府分给土著企业开发项目的产业
澳大利亚	a. 针对某些房地产投资的类型颁布《购买房地产政策的详细说明》，指出禁止类的投资、外国投资人可能购买的房产类型，以及是否需要经过政府审批 b. 在澳大利亚购买房地产，应在购买契约上注明以外资审查批准为前提
印度	a. 允许 100% 海外直接投资进入建筑业和房地产开发领域，以刺激对重要基础设施的投资 b. 允许外资进入的范围包括基础设施和房地产开发项目——住宅、写字楼、酒店、度假村、医院、娱乐场所及教育设施
韩国	a. 房地产业不在韩国外商限制投资类别，同时把民间投资房地产领域中的公租房列为开放投资领域 b. 企业获得军事设施保护区、文化遗产保护区、生态系统保护区以及军事目的所需部分岛屿地区时，需要许可
印度尼西亚	a. 实行土地私有，外国人或者外国公司在印尼都不能拥有土地，但外商直接投资企业可以拥有建筑权（允许在土地上建筑并拥有该建筑物 30 年）、使用权（允许为特定目的使用土地 25 年）和开发权（允许为多种目的开发土地，使用权为 35 年） b. 印尼政府在建筑公共工程行业，外资股权比例最高限制由 55% 提高到 67% c. 2010 年《绿色建筑法令》规定大城市的酒店、办公楼和公寓等排放量大的对象，需要符合 9 项绿色建筑标准

资料来源：商务部．对外投资合作国别（地区）指南：新加坡、日本、马来西亚、澳大利亚、印度、韩国、印度尼西亚（2015）［EB/OL］．http：//fec. mofcom. gov. cn/article/gbdqzn/.

（3）重点投资目标国：新加坡＋澳大利亚

①新加坡：公寓住宅＋商业酒店

新加坡是国际大洋航线枢纽、著名的花园城市国家，还是经济最具活力的经济体之一。由于面积狭小，人口稠密，住房需求大，再加上成熟的旅游业市场带动，成为亚洲房地产最佳投资目的地之一，投资方向主要集中在公寓住宅和商业酒店。

第一，新加坡房地产业对外资准入政策比较宽松，为中国房地产投资提供便利。新加坡政府规定，外资企业可以在新加坡参与土地交易，自由购买工商业区的土地和建筑物，但购买居住区的土地须经政府批准。

第二，中国投资新加坡公寓住宅潜力较大。新加坡国内良好的经济、政治、社会环境，对海外移民具有较强吸引力。根据2016年汇丰银行的“外派雇员调查”，新加坡已成为移居外国者居住、工作和养育孩子的最佳目的地。[①] 同时，2016年新加坡住宅市场呈现繁荣趋势。新加坡国土规划部门发布的数据显示[②]，2016年第二季度，新加坡售出新房2256套，比上一季度增加59%，比2015年同期增加6.6%。另一方面，2016年第二季度房屋供应量也有所增加，比2015年同期增加13%。近年，中国企业相继将视角转向新加坡房地产业。2013年，万科出资约6.78亿元人民币，收购新加坡吉宝置业的高端共管公寓项目30%股权；2016年，青建集团股份公司以6.38亿新元收购Shunfu Ville住宅发展项目，还以1.01亿新元有条件收购新加坡承建及金融投资公司New Chic International Limited。

第三，新加坡的酒店服务业近年持续繁荣。新加坡旅游局的数据显示：2015年，新加坡国际游客数量增加0.9%；2016年，新加坡年入境旅游人数将达到1700万人次，酒店入住率再次高涨，客房供不应求状况还将持续，酒店客房平均收费额度将再刷纪录。此外，新加坡政府还将投资20亿新元推广旅游业，未来几年客房供应有望持续紧张，外资投资新加坡酒店潜力可观。2008年，中国冶金科工集团斥资5.2亿美元投资新加坡Singapore Resorts度假村；日本大昭株式会社以4.68亿新元收购黑石集团位于滨海湾区的威斯汀酒店，创下平均售价150万新币/间房的新加坡酒店投资纪录。

②澳大利亚：学生公寓住宅+多元化商业物业

澳大利亚是世界上政治稳定、经济弹性较好、风险较低的国家之一。近年，中国投资澳大利亚房地产业潜力可观，发力明显。

2010—2015年，中国对澳大利亚房地产业直接投资存量由2.57亿美元增至28.28亿美元；直接投资流量由0.93亿美元增至9.42亿美元。[③] 在长期人口与经济增长预期的推动下，澳大利亚成为中国房地产投资者的投资热点区域。其中，公寓

---

① 汇丰银行HSBC. http://www.hsbc.com.cn/1/2/.

② 新加坡国土规划部，http://www.propertyguru.com.sg/property-management-news/2016/9/135901/singapore-home-prices-remain-depressed.

③ 商务部，统计局，外汇管理局.2015年度中国对外直接投资统计公报［M］.北京：中国统计出版社，2016.

住宅和多元化商业地产有投资潜力，回报率高。

第一，持续升值的地产和健全的商业环境，给予澳大利亚房地产市场可观的投资优势。地产研究机构 SQM 预测[①]，澳大利亚房产将继续稳健升值：2016 年墨尔本会是澳大利亚房价涨幅最高的首府城市，最高涨幅为 13%；悉尼房地产市场依旧处于良好的增长态势，预计房价最高上涨 9%。此外，透明的商业运作、完备的金融市场和专业化公共设施等优势，促使澳大利亚房地产成为投资热点

第二，澳大利亚庞大的留学生数量意味着相应的学生公寓、民宅具有投资潜力，回报率高。《澳大利亚金融评论报》统计，2015 年，澳大利亚国际学生数量达到 64.5 万人，其中 30% 为中国留学生。[②] 2016 年第一季度中国留学生总数达 4.64 万人，同比增长 23%，占澳留学生总数的 29.4%。赴澳留学生，尤其是中国留学生人数仍会持续增长，相关学生公寓住宅房产市场投资前景明朗。

中国企业投资澳大利亚房地产市场种类更加多元化，涉及住宅开发、写字楼、零售物业和酒店等商业物业。[③] 2015 年 1 月，复星地产与 Propertylink 联合收购澳大利亚北悉尼办公楼“米勒街 73 号”；万达分别以 3.31 亿美元和 0.58 亿美元收购澳大利亚悉尼湾周边的 1Alfred 地块和 19－31Pitt Street 地块；海外集团以 8000 万澳元买下大悉尼北部麦考瑞公园面积达 5022 平方米的住宅开发地皮。2015 年，商业及开发地产行业占到中国对澳大利亚投资总额的 46%，而且持续聚焦于新州与维州，其中新州吸引中国企业对澳大利亚房地产投资的 94%，包括中国投资有限责任公司以 2.45 亿澳元收购 Investa 旗下的写字楼资产。

然而，由于近几年澳大利亚 GDP 增长缓慢，澳大利亚房地产市场成熟饱和，房地产热增势趋缓，加上房地产业在澳大利亚属于敏感行业，澳政府对外资进入本国房地产业有严格的核准，收紧了外资在房地产业的商业投资，因此外国投资者当需谨慎对待。

---

① SQM. 2016 澳大利亚房地产繁荣与衰退报告 . http：//www. sqmrealestate. com. au/.

② http：//www. aismcenter. cn/xwdt/xwdt/1335. html.

③ KPMG. https：//home. kpmg. com/xx/en/home. html.

五、金融业

我国国民经济行业分类将金融业分为货币金融服务①、资本市场服务②、保险业③和其他金融业④。

在我国对外投资统计上，常将金融类投资与非金融类投资分开核算，前者是指境内投资者直接向境外金融企业的投资，后者是指境内投资者向境外非金融类企业的投资；其中金融类投资包括货币金融服务业（原银行业）、保险业、资本市场服务（证券业）和其他金融类四个项目。下面重点对银行业金融机构和保险公司等非银行金融机构的海外投资机会予以研判。

（一）全球金融业发展现状与趋势

1. 银行业：2015 年全球利润下降，未来有望增长

（1）规模：2015 年全球银行业利润为 11330 亿美元，同比下降 2.5%

2005—2015 年银行业税后利润总额波动较大：2008—2010 年受金融危机影响，利润下降明显，2009 年是近 11 年的最低谷；2012 年开始恢复到危机前的水平，2013 年超过危机前的最高值，2014 年进一步上升，至 2015 年出现回落。（如图 4 – 82）

2015 年欧元区和日本受经济增速低迷、大宗商品价格大幅波动、负利率政策的推行等因素影响，银行业经营不佳，导致全球银行业的税后利润较 2014 年减少了 290 亿美元，但仍然是近 11 年第二高年份。

---

① 货币金融服务主要包括中央银行服务、货币银行服务（指央行以外的各类银行所从事存款、贷款和信用卡等货币媒介活动）、非货币银行服务（包括金融租赁服务、财务公司、典当和其他非货币银行服务）和银行监管服务。

② 资本市场服务主要包括证券市场服务（证券市场管理服务、证券经济交易服务、基金管理服务）、期货市场服务（期货市场管理服务、其他期货市场服务）、证券期货监管服务、资本投资服务以及其他资本市场服务（指投资咨询服务、财务咨询服务、资信评级服务，以及其他未列明的资本市场的服务）。

③ 保险业包括人身保险（人寿保险、健康和意外保险）、财产保险、再保险、养老金、保险经纪与代理服务、保险监管服务和其他保险活动（风险和损失评估、其他未列明保险活动）。

④ 其他金融服务包括金融信托与管理服务、控股公司服务、非金融机构支付服务、金融信息服务以及其他未列明金融业服务。

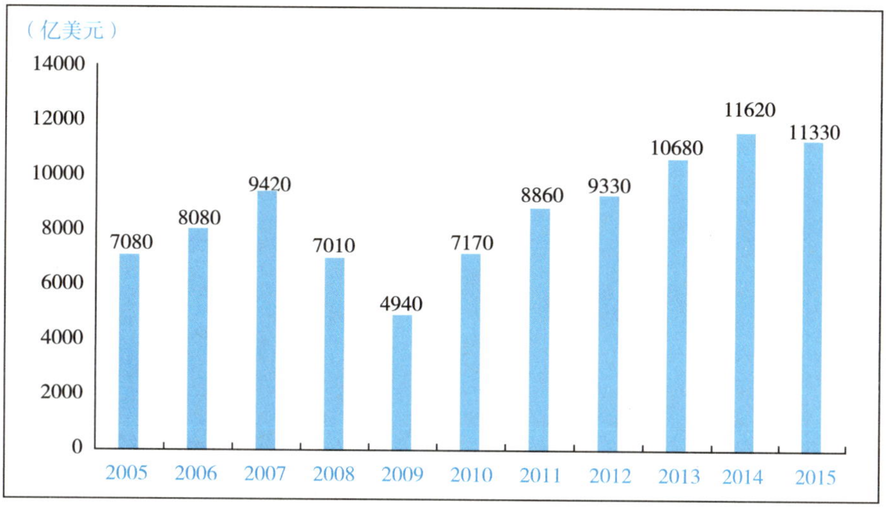

图 4－82　2005—2015 年全球银行业税后利润

资料来源：McKinsey. *Weathering the storm*：*Asia－Pacific Banking Review* 2016［EB/OL］. http：//www. mckinsey. com/industries/financial － services/our － insights/weathering － the － storm － asia － pacific－banking－review－2016.

注：税后利润统计包括所有服务客户的银行活动，涵盖零售业务和资产管理业务。

考虑到目前全球银行业的经营普遍面临较大压力和世界经济增长乏力，2016 年银行业利润估测会进一步下滑。

（2）区域：税后利润亚太地区占比最大，北美、西欧份额呈减少趋势

从地区间的横向比较来看（如图 4－83），亚太地区、北美地区和西欧在全球银行业利润总额中所占的份额较高，其中北美地区 2009 年受金融危机影响，利润占比降至 8%；西欧 2012 年受欧债危机的影响，利润占比降至 6%，此后缓慢复苏。

2015 年，亚太地区的银行业所占利润份额最高（46%），其次为北美地区（29%）、西欧地区（16%），三地合计占全球银行业税后利润的 91%。其余不足 10% 为拉美、中东和非洲等地区所占有，显示出银行业利润地区间差异明显。

2005—2015 年，亚太地区银行业税后利润占全球份额的比例由 2005 年的 28% 增长至 2015 年的 46%，2012 年占比增至 51%。显示出近年亚太地区的银行业发展明显优于欧美地区。

2005—2015 年，全球重点区域银行业税后利润复合年均增长率以亚太地区表现最优，达 10.0%；拉美地区（8.2%）、中东地区和非洲居次（6.0%）；东欧达 5.4%；上述地区也是近年银行业发展较快的区域。北美地区税后利润年均复合增长率较低，只有 2.1%；西欧地区则以年均 0.3% 的速度下降。（如图 4－84）

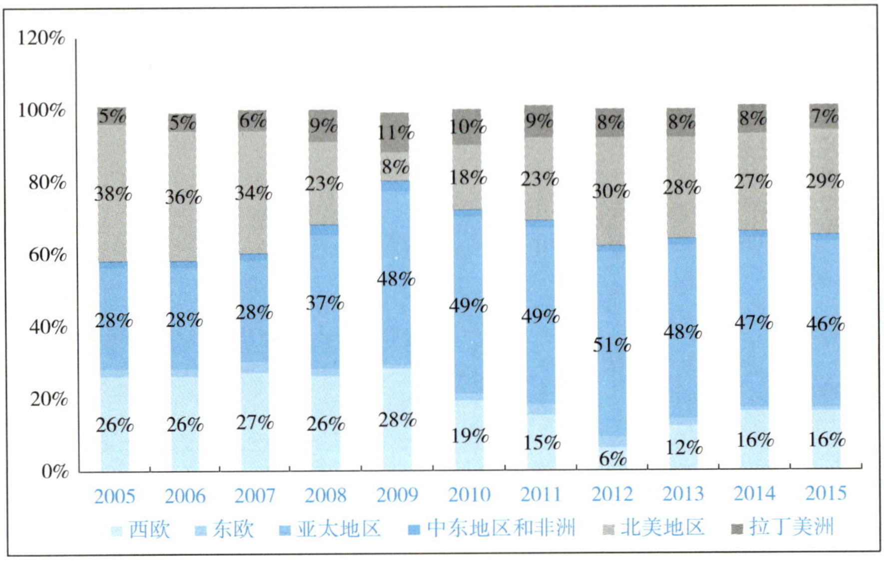

图 4-83 2005—2015 年重点区域银行业税后利润占全球总额的比例

资料来源：McKinsey. *Weathering the storm*: *Asia-Pacific Banking Review* 2016 [EB/OL]. http://www.mckinsey.com/industries/financial-services/our-insights/weathering-the-storm-asia-pacific-banking-review-2016.

注：①税后利润统计包括所有服务客户的银行活动，涵盖零售业务和资产管理业务；②由于四舍五入原因，导致年度份额加总小于或大于100%。

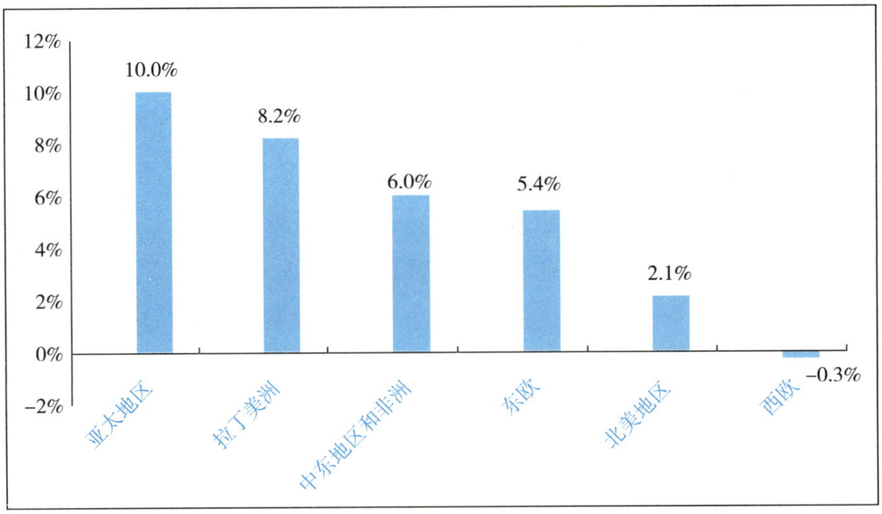

图 4-84 2005—2015 年全球重点区域银行业税后利润复合年均增长率（CAGR）

资料来源：McKinsey. *Weathering the storm*: *Asia-Pacific Banking Review* 2016 [EB/OL]. http://www.mckinsey.com/industries/financial-services/our-insights/weathering-the-storm-asia-pacific-banking-review-2016.

注：税后利润统计包括所有服务客户的银行活动，涵盖零售业务和资产管理业务。

(3) 业务类型：亚太地区中国批发银行业务收入占比最高，澳、印、日零售银行业务收入占比最高

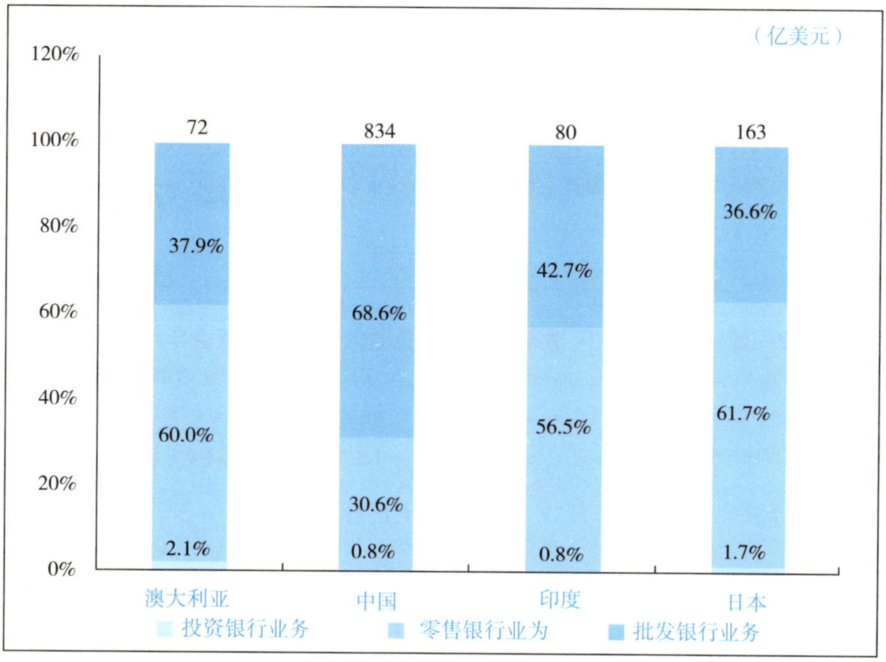

图 4-85 2015 年亚太地区重点国家银行业收入细分占比

资料来源：McKinsey. *Weathering the storm: Asia-Pacific Banking Review* 2016 [EB/OL]. http://www.mckinsey.com/industries/financial-services/our-insights/weathering-the-storm-asia-pacific-banking-review-2016.

2015 年亚太地区主要国家银行业收入中，投资银行业务、零售银行业务和批发银行业务的贡献表现不同。其中，澳大利亚、印度和日本皆以零售银行业务为主要收入来源，占比均超过一半；其次是批发银行业务，占比为三分之一强。中国的情况刚好相反，批发银行业务占银行业收入的 68.6%，远高于零售银行业务的 30.6%（如图 4-85）。四个国家在投资银行业务方面的收入占比较小，均低于三个百分点。

从三大业务类型的增长情况看，2009—2015 年澳大利亚投资银行业务下降 2%，日本的零售银行业务和批发银行业务分别下降 8% 和 6%；澳大利亚的其他业务类型收入的复合增长率实现 4% 的增长，日本的投资银行业务实现 3% 的增长。（如图 4-86）

中国和印度这两个新兴经济体在投资银行业务、零售银行业务和批发银行业务的收入有不同程度的增长。中国在这三个领域分别增长了 8%、28% 和 18%；印度的增速稍慢，但也分别实现了 3%、6% 和 8% 的复合增长率。中国和印度在银行业

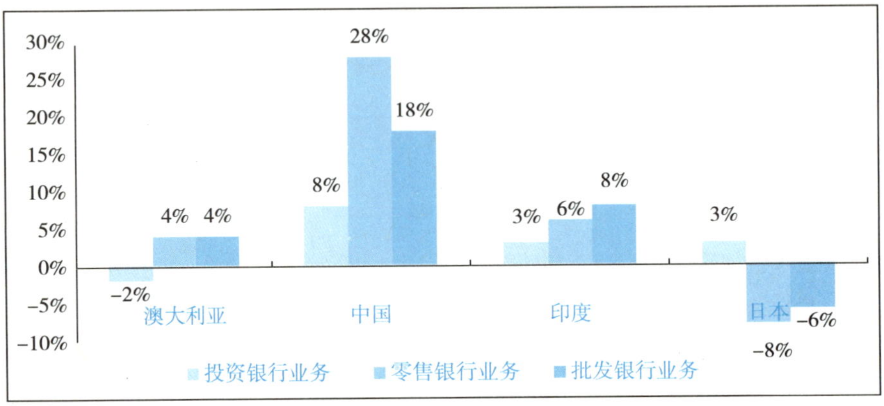

图 4-86 2009—2015 年亚太地区重点国家银行业收入细分领域复合年均增长率（CAGR）

资料来源：McKinsey. *Weathering the storm: Asia-Pacific Banking Review* 2016 [EB/OL]. http://www.mckinsey.com/industries/financial-services/our-insights/weathering-the-storm-asia-pacific-banking-review-2016.

不同类型业务上的收入增速与其收入所占比呈正相关。

（4）趋势展望：发达经济体银行业市场收益增长缓慢

①净资产收益率：2020 年净资产收益率欧元区、美国较高

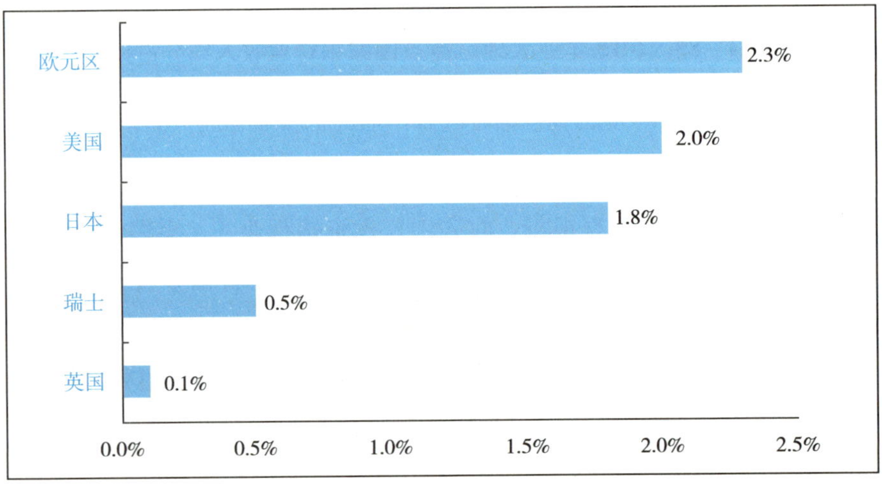

图 4-87 2020 年银行业净资产收益率（ROE）展望

资料来源：EIU；IHS Global Insight；McKinsey Panorama - Global Banking Pools；*The Fight for the Customer: McKinsey Global Banking Annual Review* 2015 [EB/OL]. http://www.mckinsey.com/industries/financial-services/our-insights/the-fight-for-the-customer-mckinsey-global-banking-annual-review-2015.

根据麦肯锡等公司的预测，到 2020 年，一些主要发达国家的银行业净资产收益率增长情况为：欧元区将增长 2.3%，美国将增长 2 个百分点，日本将增长 1.8%，

瑞士和英国银行业净资产收益将分别上涨0.5%和0.1%。英国和瑞士银行业的净资产收益率明显低于其他几个发达国家。(如图4－87)

②手机银行：全球手机银行用户逐年增长，2019年将达18亿

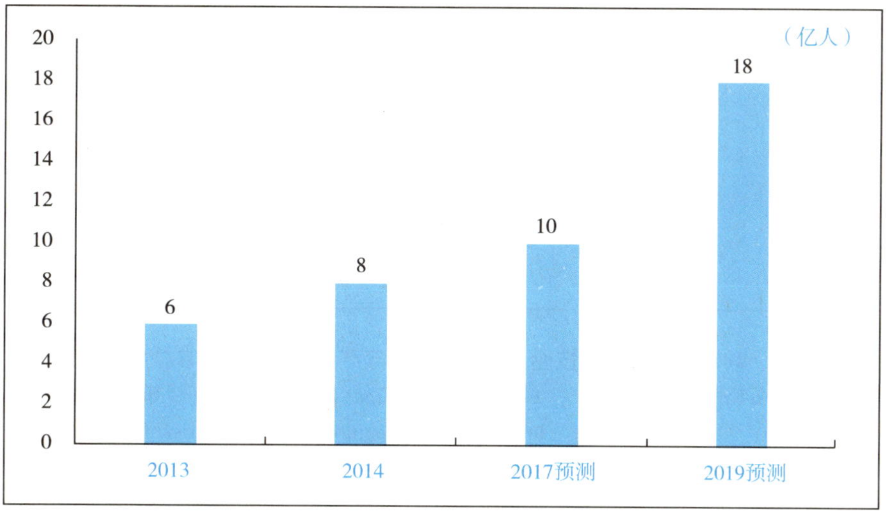

图4－88　全球手机银行用户增长趋势

资料来源：Juniper Research；KPMG analysis；*Mobile Banking* 2015［EB/OL］. https：//www. kpmg. com/UK/en/IssuesAndInsights/ArticlesPublications/Documents/PDF/mobile－banking－report－2015. pdf.

瞻博网络数据显示，2014年有8亿用户使用手机银行，同比增长33%；据预测，到2017年全球手机银行用户将达10亿；随着一些发展中国家如印度、印尼等人口大国经济的快速增长，使用手机的用户日益增多以及金融业的进一步发展，都将促进全球手机银行用户快速增长，预计2019年使用手机银行用户可达18亿。①(如图4－88)

③金融科技企业：零售客户使用的业务最多，支付业务产出最高

金融科技主要产品服务包括账户管理、贷款与融资、支付、金融资产与资本市场。其中，支付产品产生的收入是主要来源，占总收入的43%，同时支付类服务因交易便捷最受各类型客户的青睐；贷款与融资类服务收入占24%，备受零售客户和一般商业客户喜欢；金融资产与资本市场类收入占19%；账户管理类服务占15%。(图4－89)

金融科技企业主要服务于零售客户和一般商业客户，它们分别贡献了62%、

① Juniper Research. https：//www. juniperresearch. com/home，KPMG. https：//home. kpmg. com/xx/en/home. html.

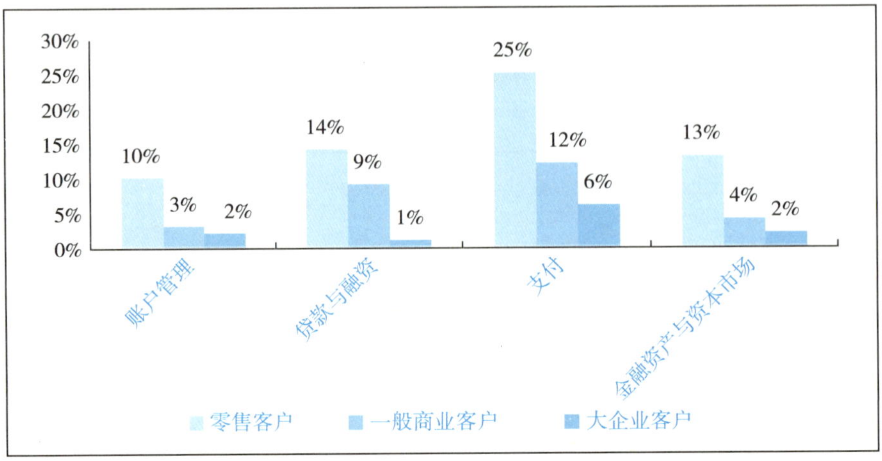

图 4－89　2015 年金融科技企业客户细分与产品份额占全球总收入的比例

资料来源：McKinsey Panorama － FinTech；*The Fight for the Customer*：*McKinsey Global Banking Annual Review* 2015 [EB/OL]. http：//www. mckinsey. com/industries/financial － services/our－insights/the－fight－for－the－customer－mckinsey－global－banking－annual－review－2015.

注：在麦肯锡 Panorama 数据库中注册了 350 个知名案例，但无法涵盖所有企业；由于四舍五入原因，合计大于 100%；"一般商业客户"包括中小型企业；"大企业客户"包括大企业、公共实体和非银行类金融机构；"账户管理"包括销售和交易、证券服务、零售投资、非经常账户存款和资产管理等；"金融资产与资本市场"包括活期/支票账户存款收益等。

28% 的收入；大企业客户仅贡献了 11% 的收入。①

近年，更多资本流入金融科技领域。2013 和 2014 年，金融科技企业的创业投资由 40 亿美元增至 122 亿美元。中国的支付宝和英国的 Nutmeg 发展较为瞩目。

金融科技的发展有望迫使银行业改变金融政策，例如取消银行卡年费、网上转账费等，或者未来以收费为目的的产品有可能消失。

2. 保险业：非寿险市场增速放缓，发达经济体市场增速变化小，新兴市场增速下降明显

（1）非寿险：2015 年全球非寿险增速放缓，新兴市场增速下降明显

2015 年全球非寿险市场直接承保保费实际增长速度明显下降，发达经济体市场同比增长 1.7%，增速下降 30 个基点；新兴经济体市场同比增长 5.6%；增速下降 70 个基点；全球非寿险市场直接承保保费实际增长 2.5%，与 2014 年 2.8% 的增长速度相比，下降 30 个基点（如图 4－90）。事实上，全球非寿险市场直接承保保费实际增长率已经连续三年增速放缓，但在新兴市场发展速度仍很可观，而发达经济

① 由于四舍五入原因，合计大于 100%。

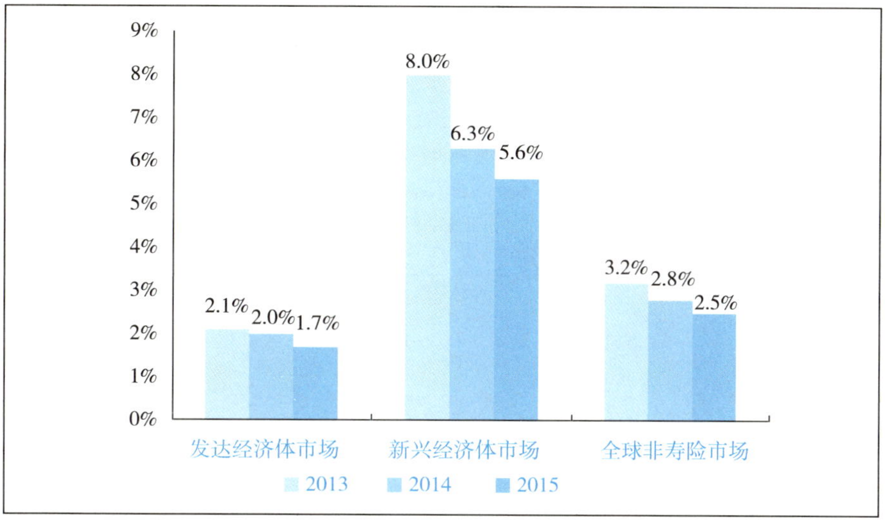

图 4－90　2013—2015 年全球非寿险市场直接承保保费实际增长率

资料来源：Swiss Re, *Global insurance review* 2015 *and outlook* 2016/17,［EB/OL］. http://www.swissre.com/library/Global_ insurance_ review_ 2015_ and_ outlook_ 201617. html.

注：2015 年为估测值。

体市场的增速三年中一直维持在一个比较低的发展速度。

全球非寿险市场直接承保保费实际增长率下降的一个很重要的原因是拉美和中东欧经济增速放缓；横向比较，亚洲新兴国家却增长 12%，中东和北非增长 6%。由于 2015 年各国货币兑美元汇率下降明显，以美元计，新兴经济体市场非寿险保费整年下降 1%。

①保费实际增长率：美、加、德增速稳定，意大利连续负增长

2015 年欧美及日本等主要发达国家非寿险保费差距明显，西欧国家中德国、英国、法国非寿险保费都略微增长，但意大利由于受汽车保险费下降影响，降幅明显。澳大利亚也有略微下降，美国、加拿大、日本等则有明显增长。

2013—2015 年，非寿险保费变化差异大的国家（如图 4－91）：美国、加拿大、德国、法国、日本一直保持增长势头。其中：美国、加拿大、德国维持一个相对稳定的高增速，法国三年间的增速一直比较缓慢；日本三年间的增速变化大，最高 7.7%，最低则只有 0.3%。意大利非寿险保费三年一直处于下降趋势；澳大利亚三年间的增速一直在下降，至 2015 年出现负增长；英国则刚好相反，2013 年非寿险保费增速负增长，之后两年开始增长，2015 年达到 2.3%。

②盈利率：非寿险市场投资收益盈利率下降

2015 年主要非寿险市场的投资收益占净保费的比例估计为 10.9%，相比于 2014 年的 11.4% 下降 0.5 个百分点，也低于 1999—2007 年的平均水平（13.8%）。（如图 4－92）

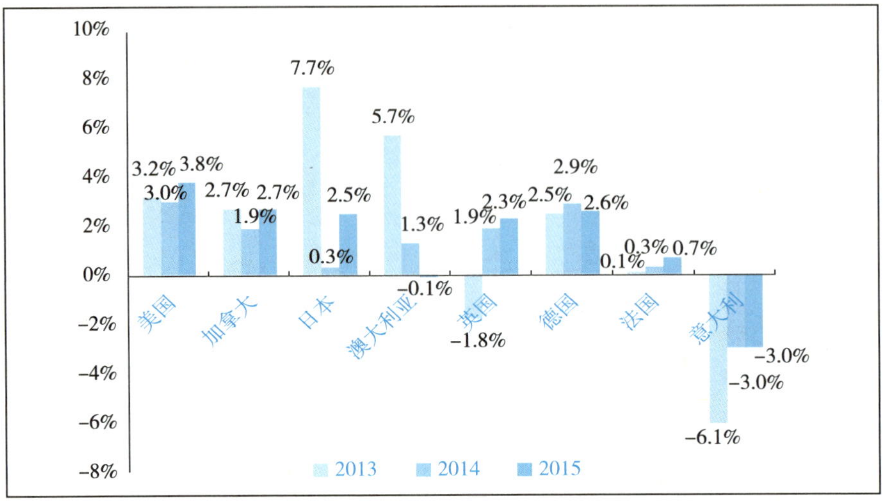

图 4－91　2013—2015 年主要国家非寿险市场直接承保保费实际增长率

资料来源：Swiss Re，*Global insurance review* 2015 *and outlook* 2016/17 [EB/OL]．http://www.swissre.com/library/Global_ insurance_ review_ 2015_ and_ outlook_ 201617.html.

注：2015 年为估测值。

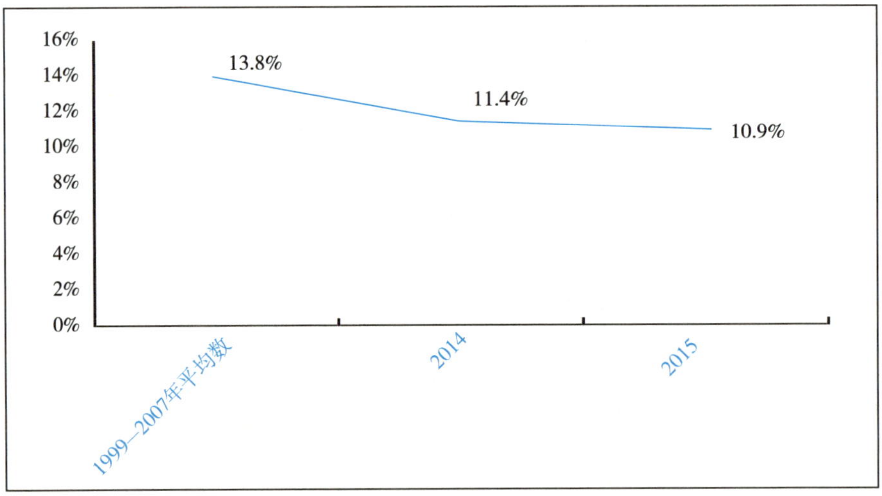

图 4－92　非寿险投资收益占净保费的比例

资料来源：Swiss Re，*Global insurance review* 2015 *and outlook* 2016/17 [EB/OL]．http://www.swissre.com/library/Global_ insurance_ review_ 2015_ and_ outlook_ 201617.html.

注：2015 年为估测值。

2015 年非寿险行业股东权益回报率估测为 7%，低于 2013 年和 2014 年回报率（9%）。（图 4－93）

③再保险市场：分保费实际增长率低

2015 年非人寿再保险市场分保费实际增长以新兴经济体市场较为乐观，同比增长

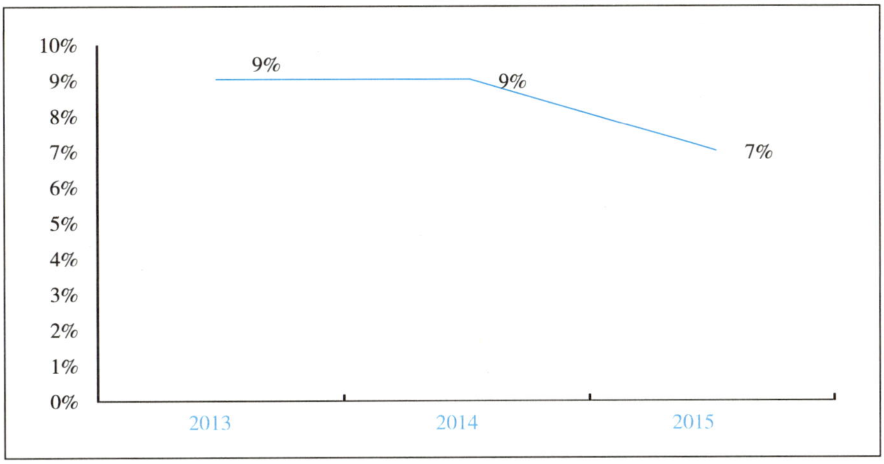

图 4 -93 2013—2015 年非寿险市场股东权益回报率（RoE）

资料来源：Swiss Re, *Global insurance review* 2015 *and outlook* 2016/17［EB/OL］. http://www.swissre.com/library/Global_ insurance_ review_ 2015_ and_ outlook_ 201617. html.

注：根据澳大利亚、加拿大、法国、德国、意大利、日本、英国和美国等重点非寿险市场的数据计算行业平均盈利能力；2015 年为估测值。

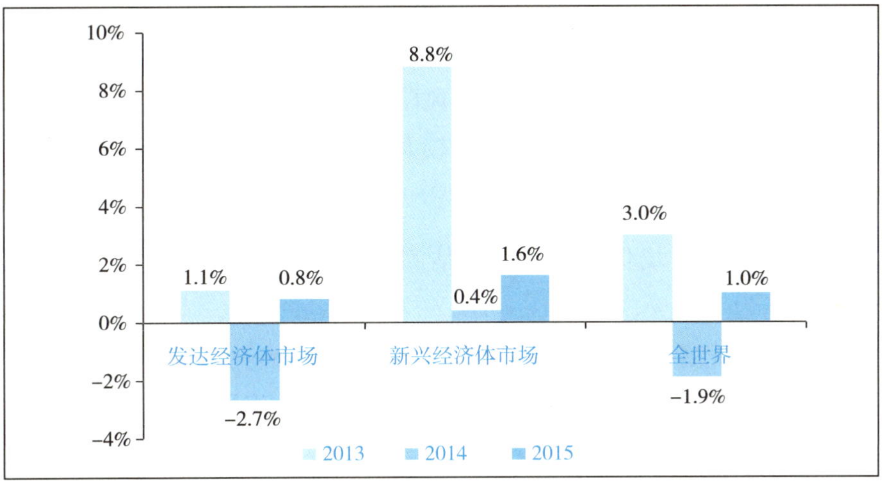

图 4 -94 2013—2015 年非人寿再保险市场分保费（再保险费）实际增长率

Swiss Re, *Global insurance review* 2015 *and outlook* 2016/17［EB/OL］. http://www.swissre.com/library/Global_ insurance_ review_ 2015_ and_ outlook_ 201617. html.

注：2015 年为估测值。

1.6%；发达经济体市场增速只有 0.8%。2013—2015 年分保费实际增长率以 2014 年最差，全球同比下降 1.9%，发达市场下降明显，达 2.7%；新兴经济体市场尽管维持增长，但仅有 0.4% 的增速；2013 年是三年里增长最好的一年，新兴经济体市场增速达 8.8%，发达经济体市场也有 1.1%，助推全年 3.0% 的增速。（如图 4 -94）

④发展趋势：非寿险市场保费收入有望继续增长，非人寿再保险市场保费收入预计会下降

非寿险市场：新兴经济体表现优于发达经济体。

预计未来几年，非寿险市场直接承保保费有望继续增长，2016—2017 年亚洲新兴经济体市场有望维持 8%～9% 的保费增长率，全球将保持 3.0%～3.2% 的增速①。然而，受当前市场利率、宏观经济以及金融市场整体环境影响，非寿险行业的投资回报率较低，近年盈利水平可能持续低迷。

考虑到未来几年世界经济形势可能逐渐好转，非寿险市场的潜在客户仍然很多，特别是在新兴经济体市场，如中国和拉美一些国家，非寿险保费收入表现强劲；亚洲发达国家、美国以及西欧国家非寿险市场未来几年保费有望稳步增长；中东、中亚和非洲地区以及中东欧部分国家受本国经济状况影响，非寿险保费收入增长迟缓甚至有所收缩。

非人寿再保险市场：市场收益整体处于下降趋势。

预计 2016—2017 年非人寿再保险市场保费增速会继续下降。发达国家受当前汇率影响，保费增长缓慢。拉美等新兴经济体宏观经济有望逐渐改善，非人寿再保险市场保费预计将进一步增加。

2015 年中国再保险市场实施“风险导向的第二代偿付能力监管体系”，加强对高风险公司的识别，进一步规范保险行业风险管理体系，2016 年再保险需求可能受此影响出现下降，但中国再保险市场潜力较大，之后几年有望逐渐恢复并持续增长。

（2）寿险：2015 年世界寿险市场保费同比增长 3.3%，但前景仍不容乐观

2015 年全球寿险市场保费同比增长估测为 3.3%：发达经济体市场为 1.9%，新兴经济体市场为 10.6%。

比较近三年的发展状况，新兴经济体寿险市场保费一直维持稳定的快速增长。发达经济体市场波动大：2013 年同比下降 2.5%，2014 年同比增长 4.2%；2015 年下降到 1.9%。（如图 4－95）

①保费实际增长率：主要国家保费收入增长缓慢甚至出现下降情况

2015 年发达经济体寿险市场的保费收入实际增长率估测为 1.9%。主要欧洲国家寿险市场保费或处于增长缓慢，或处于负增长状态，前者包括德、法、意，后者主要是西班牙和荷兰。此外，加、日等发达国家保费收入也增长缓慢。

2014 年澳大利亚寿险市场增速高达 26.5%，受投资类产品市场表现差影响，2015 年保费预计会同比下降 5.8%。美、英两国 2015 年预计会扭转近几年保费下降

---

① Swiss Re. *Global insurance review* 2015 *and outlook* 2016/17, page 13.

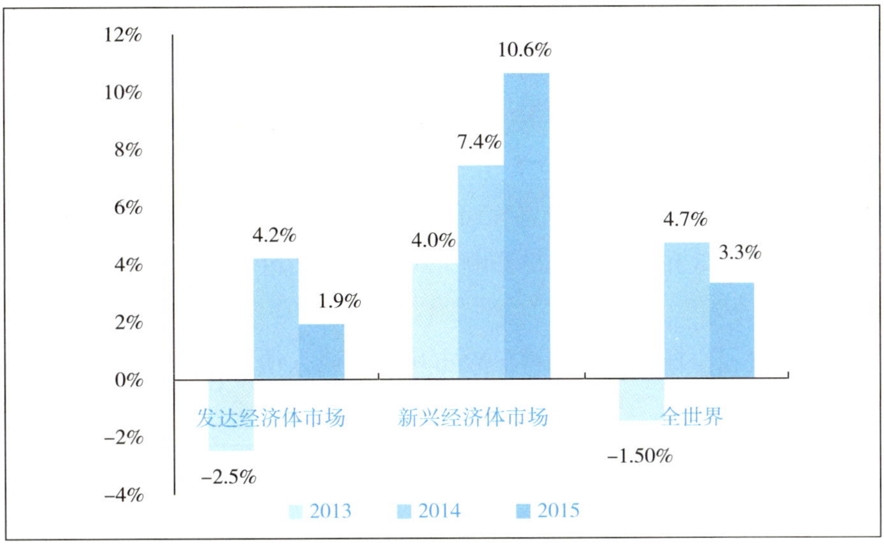

图 4－95　2013—2015 年全球寿险市场已经生效的保费收入实际增长率

资料来源：Swiss Re, *Global insurance review* 2015 *and outlook* 2016/17［EB/OL］. http://www.swissre.com/library/Global_ insurance_ review_ 2015_ and_ outlook_ 201617. html.

注：2015 年为估测值。

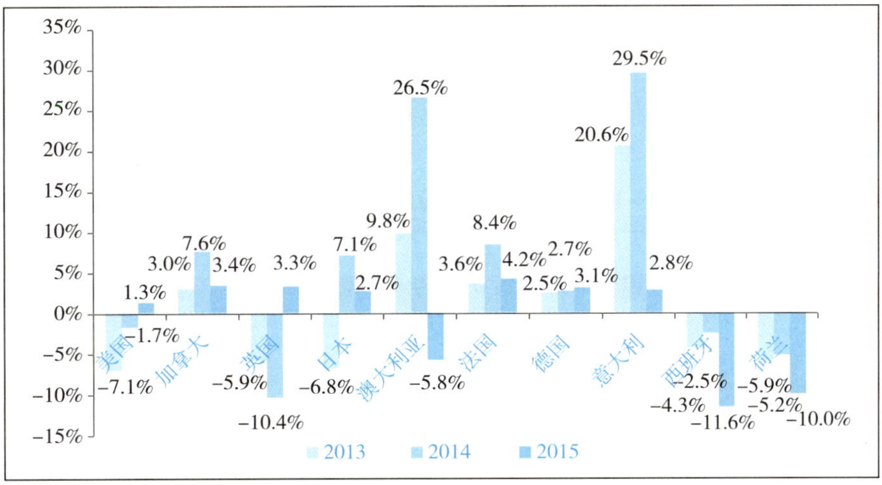

图 4－96　2013—2015 年主要国家寿险市场已经生效的保费收入实际增长率

资料来源：Swiss Re, *Global insurance review* 2015 *and outlook* 2016/17［EB/OL］. http://www.swissre.com/library/Global_ insurance_ review_ 2015_ and_ outlook_ 201617. html.

注：2015 年为估测值。

的趋势，出现不同程度的增长。

②盈利率：寿险市场面临诸多挑战，但保费仍将继续增长

根据穆迪机构的评估，银行持续低息政策以及更高的资产波动率，对寿险市场

的负面影响将加大，但受市场不断更新的产品组合以及资产价格上升产生更高的费用影响，寿险市场仍可能实现一定的收益增长。

瑞士再保险公司预测，2016 年、2017 年发达经济体市场保费收入将增长 2.5%，较 2015 年 2% 的增速上涨 0.5 个百分点；新兴经济体市场的保费收入增速将达到 10.7%，亚洲新兴国家的增速甚至可以达到 13%；撒哈拉以南非洲受地区经济增速下降、商品价格低和资本净流出影响，2016 年、2017 年寿险市场保费收入增速预计只有 3% 和 2.8%。

③再保险市场：全球传统人寿再保险市场保费收入增长缓慢，但新兴经济体市场发展较快

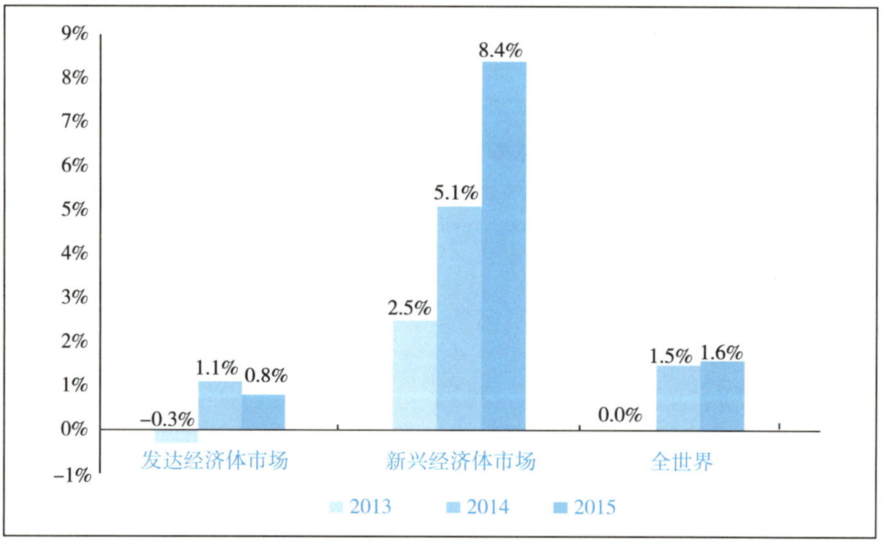

图 4 -97　2013—2015 年全球传统人寿再保险市场实际保费收入增长率

资料来源：Swiss Re, *Global insurance review* 2015 *and outlook* 2016/17 [EB/OL]. http://www.swissre.com/library/Global_ insurance_ review_ 2015_ and_ outlook_ 201617.html.

注：2015 年为估测值。

2015 年全球传统人寿再保险实际保费收入估测增长 1.6%。发达经济体市场中，受欧洲主要国家保费增长拉动，2015 年人寿再保险市场保费估计增长 0.8%。受亚洲（尤其是中国）和拉美国家市场的强力推动，新兴经济体市场保费预计增长 8.4%。（如图 4 -97）

④发展趋势：新兴经济体市场表现值得期待，发达经济体市场发展趋于平缓

寿险市场：新兴经济体表现优于发达经济体。

瑞士再保险公司预测 2016—2017 年全球人寿保险市场保费增长为 4.0% 和 4.2%。在新兴经济体市场，增速估计为 10.7%；发达经济体市场增速估计为 2.4%、2.6%。

人寿保险行业仍面临众多风险。近年为应对行业内的风险，各国纷纷采用新的监管制度。例如，欧盟2012年推行新的偿付能力监管标准Solvency II，中国2015年实行“偿二代”监管体系，这些将带来保险行业的产业重组与公司合并，使部分高风险公司面临极大挑战。

新兴经济体市场过往经济增速相对较快、人口日益增多、城市化步伐加快、中产阶级壮大，均为寿险市场营造了良好的环境。未来，这些国家经济增长趋势放缓，寿险行业将无法持续高速增长，但仍能维持可观的增速。

受技术进步影响，寿险行业正经历变革。利用大数据分析技术和互联网技术对客户交易及行为数据进行分析，洞察客户需求，制定相应方案，创新产品与服务，实现产品定价、客户响应、中后台支持方面的技术升级，将极大地促进整个行业的发展。

人寿再保险市场：新兴经济体市场预计将保持增长，发达经济体市场渐趋饱和。

瑞士再保险公司预测全球传统人寿再保险行业保费未来几年将缓慢增长，其中新兴经济体市场将持续增长，发达经济体市场可能会出现下降。

发达经济体中，美国加强对专属再保险公司的监管，给人寿再保险行业造成压力；其他非英美发达经济体市场，再保险行业近年一直低速增长，未来几年该趋势不会发生大的变化。

新兴经济体市场中，人寿再保险市场保费预计将以7.5%的增速发展。目前这些市场仍聚焦于产品研发、推销和索赔管理等领域，同时也逐步展开对其他非传统领域的开发。

（二）中国金融业对外投资情况①

1. 规模：金融业对外投资流量和存量整体保持增长趋势

从中国金融业对外直接投资流量来看，2012年前，以2008年最高，达140.5亿美元，同比增长741%；2007年对外直接投资流量最低，只有16.7亿美元；2009—2011年，金融业对外直接投资流量呈下降趋势，2012年开始回升至100.7亿美元，同比增长65.9%。2012—2015年金融业对外直接投资流量增长明显，2013年超过2008年的历史最高水平，达151亿美元；2014年进一步上升到159.2亿美元，2015年达到创纪录的244亿美元。（如图4-98）

2007—2015年中国金融业对外直接投资存量一直呈增长趋势，2007年为167.2

① 中国金融业对外投资情况是指中国企业（包括金融业企业主体和非金融业企业主体）在境外实施的金融业领域的投资并购情况。

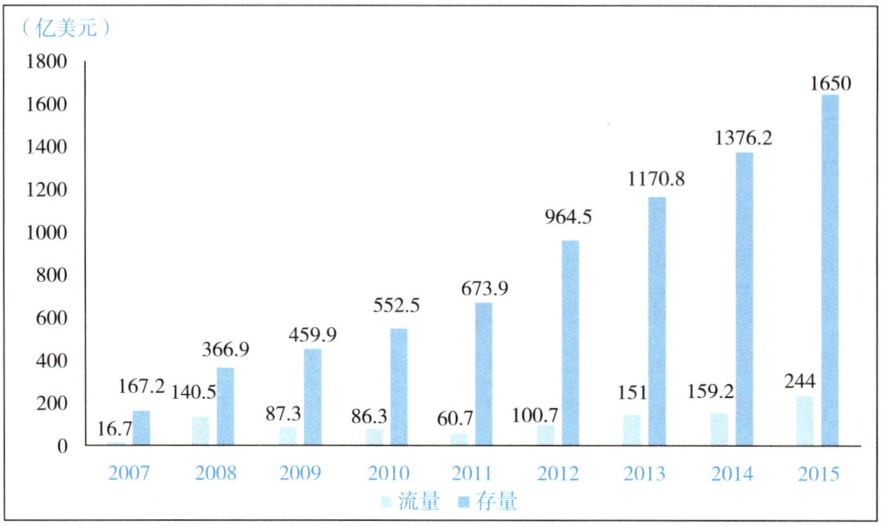

图4-98 2007—2015年中国金融业对外直接投资流量和存量

资料来源：中国商务部，统计局，外汇管理局．中国对外直接投资统计公报（2007—2015）［M］．北京：中国统计出版社，2008—2016.

亿美元，2015年增长至1650亿美元，九年间增长了890%。

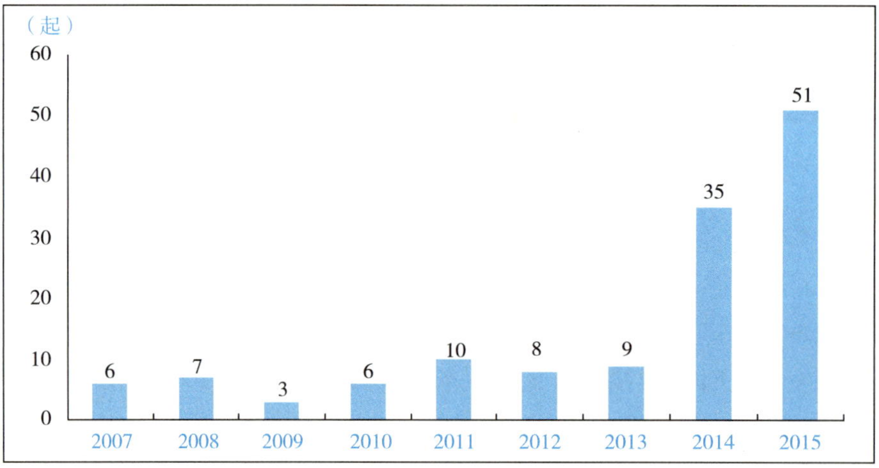

图4-99 2007—2015年中国金融业对外投资情况

资料来源：CCG数据库。

根据数据库收集的案例①，2007—2015年中国金融业对外投资发生135起，2014年和2015年表现较为瞩目，分别发生35起和51起。2007—2013年每年案例数不超过10起。(如图4-99)

① 不完全统计，涵盖大部分投资案例。

2. 区域：金融业投资集中在欧美亚地区

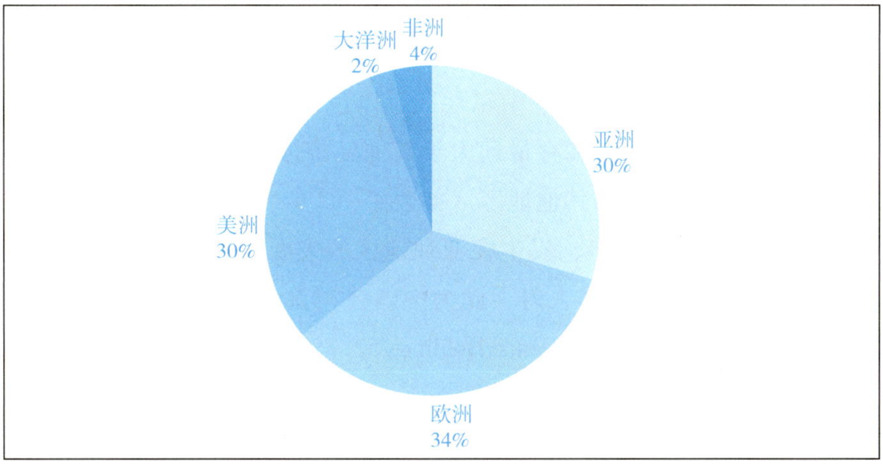

图 4-100 2007—2015 年中国金融业对外投资占比区域分布

资料来源：CCG 数据库。

中国金融业实施的对外投资主要发生在欧美亚三大洲，其中欧洲地区占 34%，其次是美洲和亚洲地区，各占 30%；非洲和大洋洲地区仅分别占 4% 和 2%。（如图 4-100）

表 4-22 2013—2015 年中国对主要经济体金融业投资情况 单位：亿美元

国家和地区	2013		2014		2015	
	流量	存量	流量	存量	流量	存量
中国香港	126.77	764.14	97.06	674.83	164.48	898.61
欧盟	14.47	86.31	8.48	127.57	21.55	150.21
东盟	5.42	28.10	6.73	58.79	9.12	43.56
美国	-1.37	66.30	6.54	147.47	-4.47	103.15
澳大利亚	0.88	11.11	0.61	17.35	4.01	24.51
俄罗斯联邦	1.45	2.68	0.15	7.62	7.68	2.31

资料来源：中国商务部，统计局，外汇管理局．中国对外直接投资统计公报（2013—2015）[M]．北京：中国统计出版社，2014—2016.

欧洲以欧盟为中心，是中国金融业对外投资的主要区域，重点目的国包括英国、卢森堡、德国、法国等。2007 年 7 月，国家开发银行以 30 亿美元入股英国巴克莱银行，获得后者 3% 的股权；同年 11 月，中国平安斥资 27 亿美元，成为比利时—荷兰银行保险集团富通银行（Fortis）的主要股东。近年投资事件包括：2014 年 8 月，复星国际以约 10.38 亿欧元收购葡萄牙最大保险集团旗下的 Fidelidade、Multicare 及 Cares 各 80% 股本及投票权；2015 年 9 月，海通证券股份有限公司以 4.24 亿美元收购葡萄牙圣灵投资银行等。

在亚洲，中国金融业投资主要集中在中国香港、日本、韩国等；对东盟的投资集中在新加坡、泰国和印尼等；在中东地区，以色列是重点投资对象。2013—2015 年，中国香港地区吸引的流量和存量远大于其他经济体，然而香港只是金融业海外投资的中间站，最终投资流向其他地区（如表 4 -22）。因此，欧洲地区接受的实际投资要大于亚洲地区。2015 年，发生在亚洲地区的主要投资案例：2 月，安邦保险集团以 10 亿美元收购韩国东洋人寿，此为中国公司首次进入韩国保险市场；6 月，复星国际收购以色列保险公司 Phoenix Holdings 52.3% 的股权，交易价格达 4.6 亿美元；9 月，中国建设银行完成对印尼 Windu Kentjana International 银行的部分股权收购，成为控股股东；10 月，中国工商银行以 5.3 亿美元完成对泰国 ACL 银行的自愿要约收购等。

在美洲，中国金融业投资主要集中在美国。2007 年，中国投资有限公司间接收购摩根士丹利 10% 的股权，交易金额为 50 亿美元；2008 年，以 32 亿美元收购美国 JC Flowers 基金 80% 的股份。近年的大额投资案例有中国民生投资公司以 22.4 亿美元收购白山保险集团旗下的保险商 Sirius International 等。中国金融业对拉美地区的主要投资案例：2014 年 8 月，中国建设银行收购巴西 BIC 银行 72% 股本，交易金额为 16 亿雷亚尔；2012 年 2 月，中国工商银行收购阿根廷标准银行及其关联公司 80% 的股份，交易金额为 6 亿美元。

大洋洲和非洲地区的金融投资相对较少，大洋洲集中在澳大利亚。2015 年，中国金融业在大洋洲和非洲的主要投资案例：2008 年，中国外汇管理局旗下的香港公司购买澳大利亚两家银行股份；2007 年，中国工商银行以 56 亿美元收购南非标准银行；2015 年，宁波建工以现金收购方式受让南非安兰证券 100% 股份，交易对价总额为 598.31 万美元。

中国金融业在对外证券投资资产方面，2015 年末资产（不含储备资产）为 2808 亿美元，其中股权类投资 1687 亿美元，债券类投资 1121 亿美元。投资前五位的国家（地区）是美国、中国香港、开曼群岛、英属维尔京群岛和英国，投资金额分别为 1111 亿美元、585 亿美元、167 亿美元、127 亿美元和 125 亿美元。[①] 可见，中国金融业对外证券投资资产多分布在著名的离岸金融中心。

---

① 国家外汇管理局 . http://www.safe.gov.cn/.

3. 特点：银行业总资产大，非银行金融机构海外投资活跃

（1）其他金融业投资占比大，跨行业投资中信息技术类公司金融投资表现抢眼

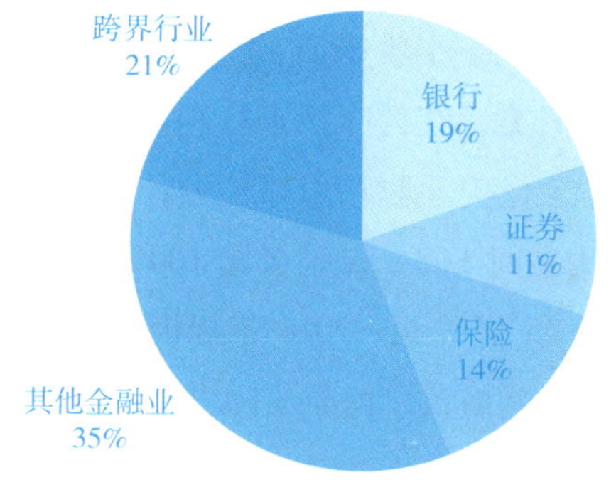

图 4－101 2007—2016 年中国金融业对外投资主体占比

资料来源：CCG 数据库。

从投资主体类型上看，CCG 数据库收录了 2007—2015 年的 135 起案例，加上 2016 年 1—9 月的 35 起案例，合计 170 起。其中，银行业投资主体占 19%（33 起），证券业占 11%（18 起）；保险业占 14%（23 起）；其他金融业投资案例占 35%（60 起）；跨行业投资案例占 21%（35 起）。（如图 4－101）

上海复星国际表现较为亮眼，2014—2016 年共完成 12 起海外金融业投资，主要项目有：2014 年 5 月，以 10.38 亿欧元收购葡萄牙储蓄总行保险业务 80% 股权；2014 年 12 月 31 日，全面收购美国保险公司 Meadowbrook，涉及资金 4.33 亿美元；2015 年 2 月，收购美国保险公司 Ironshore 20% 股份，买入价格为 4.64 亿美元，成为第一大股东；2016 年 4 月，收购美国保险公司 Lexon Surety 80% 的股权，预计年底完成交割。

35 起跨行业海外金融业投资中，投资主体以信息技术类公司为主，共完成了 14 起。例如，2014 年互联网搜索引擎百度对以色列风险投资公司 Carmel 进行注资，并获得奇虎 360 科技 1000 万美元的投资；同年，以色列另一家风险投资基金 Canaan Partners Israel 获得联想 1000 万美元的投资。值得注意的是，这两家以色列风投公司主要为以色列的高科技公司提供资金。

2016 年盛大集团完成对美国 P2P 公司 Lending Club 股权 11.7% 的收购，交易金额达 1.6 亿美元，盛大集团表示进行这项投资是因为看中了美国互联网金融中网贷市场的潜力，同年还收购了美国资金管理公司美盛集团 9% 的股权。

(2) 银行业投资总资产庞大，非银行金融机构海外收购日趋活跃

截至2013年底，18家中资银行业金融机构共在海外51个国家和地区设立1127家分支机构，总资产超过1.2万亿美元①。仅2013年，就有包括中国银行、中国工商银行和上海浦东发展银行在内的多家银行在海外开设分支机构。

近年，非银行业金融机构的海外收购日趋活跃，多项大型交易达成，包括：2007年，中国投资公司以50亿美元获得摩根士丹利（Morgan Stanley）10%的股权；2013年，中信证券以总额12.5亿美元收购里昂证券，开中国券商海外大型并购之先河；2014年，安邦保险收购比利时Fidea保险公司100%股权；2015年，中民国际并购思诺国际保险集团，金额达25亿美元。2016年规模较大的投资事件是海航集团与英国外币兑换运营商ICE达成收购协议，海航集团支付的收购金额达15亿美元。

(3) 银行业对外投资方式：并购和开设分支机构并重

银行业金融机构走出去的服务对象为当地主流客户、海外华人、“走出去”企业高管、中资机构和使领馆人员、留学生等。

中资企业对金融服务需求旺盛，要求中资金融机构为其“走出去”提供企业及个人进行跨国、跨地区、多币种的各种金融服务。随着跨境贸易人民币结算业务开展和试点范围扩大，未来海外市场人民币存量和业务需求也稳步增长，金融机构的服务将进一步支持人民币的跨境使用。

银行业金融机构海外投资时，往往并购和开设分支机构同时进行，即收购海外公司形成自己的分支机构和投资设立新分支机构。

例如，中国工商银行（以下简称“工行”）把几次收购的目的地都选在新兴市场，如印尼、南非等。其经济增长率高和发展潜力巨大，相对于欧美市场很难实现高增长来说，新兴市场有较多的机会。中国银行是目前中国银行业金融机构国际化程度最高的，在目标市场上，以亚太市场为重点、同时拓展欧美发达市场；主要服务“走出去”的中国跨国公司和华侨华人，以及与中国有业务往来的企业客户和中高端个人客户。中国建设银行也把海外业务作为发展战略重点之一，适机并购，在国际主要市场建立发展平台，并且在实施并购中优先考虑商业银行而非投行。

(4) 投资海外金融科技公司正在兴起

海外的金融科技公司，尤其是美国的公司比较发达，其中，Social Finance（从学生贷款起家的网贷平台）、Fundrise（房地产众筹平台）、Lending Home（专注房

① 中国人民银行. http://www.pbc.gov.cn/，银监会统计数据. http://cbrc.gov.cn/.

贷业务的网贷平台），以及 Motif Investing（社交投资平台）均为目前美国各细分领域规模排名最靠前的金融科技公司。中国在金融科技行业有许多革新，领跑者们积累了经验选择海外扩张在情理之中。

早在 2012 年，便有中国投资者投资美国金融科技公司。之后，除京东金融投资 Zest Finance 在中国成立了合资公司进行大数据风险控制合作外，中美两地金融科技公司互动较少。

2015—2016 年，情况有所改观。2016 年 2 月，宜信成立总规模为人民币 60 亿元的“新金融产业投资基金”，投资国内外金融产业与互联网、大数据、云计算、社交网络等领域相结合产生的新机会；6 月，披露了投资美国全球采购和供应商互联平台公司 Tradeshift、区块链技术应用公司 Circle，以及互联网保险初创公司 World Cover。与早几年以财务投资为主要目的或以 VC 主导投资不同，当前“美国技术 + 中国市场”成为不少中国企业瞄准的机会。

在世界其他区域，国际化的典型代表是蚂蚁金服，2014 年 11 月，蚂蚁金服联合盈富泰克向新加坡移动安全和加密技术公司 V – Key 投了 1200 万美元，意在加强自身产品的安全性，为开拓国际市场打下基础；2015 年 2 月和 9 月，先后投资印度领先的支付平台 Paytm，以进一步抢占印度市场电商和普惠金融之先机；2015 年 11 月，以技术入股方式参与韩国第一家互联网银行 K – Bank 的筹建并获得韩国政府批准。此外，蚂蚁金服旗下的开路先锋支付宝还在全球广泛展开合作，通过与境外支付机构（如法国 Ingenico）、商家（如 Uber）等合作，为中国出境游客提供海外移动支付和退税服务，打开海外市场。

（三）金融业对外投资重点区域的商业机会

1. 欧洲地区

2010 年以来，欧洲地区金融业开始逐渐回温，银行货币政策逐渐稳定和放宽，保险业逐渐升温。根据国际货币基金组织（IMF）预测，得益于低能源价格、宽松的货币政策和欧元贬值，欧元区经济增速将从 2015 年的 1.5% 上升至 2016 年的 1.7%。宏观经济向好为金融业的发展营造了外部环境。

（1）金融业增长潜力

①银行业：英格兰银行货币政策稳定，欧央行进一步放宽

2016 年 7 月，英国银行英格兰银行公布利率决议，维持现行货币政策，保持 0.5% 的基准率以及 3750 亿英镑的资产购买规模；2015 年开始，欧洲央行实行宽松

的货币政策，进一步拓展资产购买规模至600亿欧元，同时进一步扩充净资产购买范围，包括欧元区政府、机构和欧洲企业发行的债券。

②非银行金融业：保险业新兴市场保费稳健，证券业市场继续扩张

2015年，除意大利由于受汽车保险费下降影响，降幅明显外，西欧国家中德国、英国、法国的非寿险保费额度都有小幅增长。2013—2015年，英国增长幅度达2.3%，德国、法国一直保持增长势头，其中德国维持高速增长率，法国维持小幅增长趋势；欧洲新兴经济体保险业市场持续增长。

欧洲证券业市场进一步扩张。2016年，伦敦证券交易所与德意志交易所将合并成为欧洲最大的证券市场运营商，市值预计将达270亿欧元，以强劲的竞争力开始分割亚洲和美国证券在全球的业务。

(2) 外资准入政策

欧洲地区对于外资进入金融市场多没有明确限制，但部分国家（如法国、德国）除外。下面重点选取英国、法国、德国、卢森堡、瑞士、葡萄牙、西班牙、荷兰进行介绍。

表4－23　部分欧洲国家对外资进入金融业的准入规定

国别	准入规定
英国	对外资投资金融业没有明确限制 在收购上市公司方面，中国投资者可对上市公司进行较小规模的投资（其股份权益不超过总额29.9%） 外资企业在伦敦参与证券交易除了遵守英国证券交易相关法规外，还有其他规定；外国公司在伦敦上市主要通过股票、存股证、债券三条途径；外国公司可在伦敦证交所的主板市场直接上市发股；无论公司申请哪一类上市，英国上市管理署都有相关要求；对在伦敦上市债券的发行者的要求也有明确规定
法国	对外国企业经营金融业务设置了保护门槛 非欧盟国家的外国企业投资法国银行业，需要特别许可和法国银行的介入① 外国企业投资法国保险业，要根据《法国保险通则》（第R322－11－1条）办理特别许可手续 区别对待资产规模不同的外资银行：对世界500强的外资银行可获准设立分行或附属机构，其他的只能设立有法资银行参股的附属行，且法资银行参股比例不低于34%；此外，在监管指标上，把对子行的要求运用到分行上，对分行考核资本充足率、贷款集中度、单一客户比例等，并与分行营运资金挂钩，从而限制分行的业务发展 外国证券在法国市场自由发行的基本要求是：①经合组织成员国发行的证券；②欧盟机构及法国已入盟的国际机构发行的证券；③得到法国政府担保的证券；④能够与巴黎交易所上市的证券交易的股票；范围外的证券发行，需要首先获得法国有关当局的许可

① 法律措施参见1984年1月24日颁布的《第84－46银行法》，银行规则委员会第84－07号规定、第89－938号法规。

续表

国别	准入规定
德国	外资进入银行、保险业需要向有关部门（一般为当地的工商管理部门）提出申请，以获得经营许可或者生产许可 限制外国公司对于银行、金融服务和保险等重要行业的并购投资 德国《信贷法》和《保险法》规定收购银行或金融服务公司（或10%以上的投资参股）以及保险公司时需发出通告，并报联邦金融服务监管局审批 证券交易方面，外资公司享受与本土公司一样的国民待遇
卢森堡	对在卢森堡注册的外国公司参与证券交易（包括股权并购）与当地公司享受同等待遇，自由入市 购买同一家公司股票超过一定比例按照有关收购规定执行
瑞士	外资涉及银行、保险等并购，需提交相关主管部门进行审批 股票投资方面，控股股票（对企业资产和经营有所有权和决策权）只能在瑞士人之间交易，商业股票（普通市场交易股票）不受购买者国籍的限制 外国公司作为证券商在瑞士证券交易时为其客户买卖证券，则必须具有至少1000万瑞士法郎的注册资本并获得瑞士联邦金融市场监管委员会所颁发的外国商许可，并成为瑞士证券交易市场成员
葡萄牙	法律框架禁止歧视外资，在葡萄牙注册的外国公司参与证券交易与本土公司享受同等待遇 2010年以来实施国有企业私有化，出售国有企业股权，行业内外国公司购买的股权不能超过公司全部股权的5%，跨行业收购后的股权限额可放宽到10%
西班牙	绝大多数行业均对外资开放，金融业不在限制投资的行业内 对外国公司从事证券交易无单独规定
荷兰	中资企业不能直接通过荷兰本地银行使用人民币在荷兰开展跨境贸易和投资合作，但可以通过中国工商银行阿姆斯特丹分行和中国银行鹿特丹分行或者和荷兰国际集团、荷兰银行、荷兰合作银行等在中国香港、新加坡等地的分支机构开展人民币跨境贸易和投资合作

资料来源：商务部．对外投资合作国别（地区）指南：英国、法国、德国、卢森堡、瑞士、葡萄牙、西班牙、荷兰（2015）［EB/OL］. http://fec. mofcom. gov. cn/article/gbdqzn/.

（3）重点投资目的国：英国＋卢森堡

①英国：银行业＋保险服务业＋证券基金交易

金融业是英国最大的特色产业之一。得益于国际银行业和金融创新发展的悠久历史以及强有力的监管法律环境，英国成为全球著名的金融中心；同时，英国时区的便利性允许其能够在美国和亚洲市场同时开展金融交易。2013年，金融业成为英国国际贸易收支顺差的最大单向来源，净出口量达到592亿英镑。其中，伦敦国际金融交易占全球日交易量30%，金属交易占全球总量的90%，为全球之首。[①] 2014年，英国金融业GDP贡献率达到11.8%，年人均产出为8.5万英镑。投资英国的金融业主要市场集中在银行、保险服务和证券基金交易行业。

第一，英国传统银行业投资是最大热点。伦敦共有486家外资银行，居世界之

① 新华社、道琼斯指数公司. 2013年新华—道琼斯国际金融中心发展指数.

首，运作管理超过36万亿英镑，超出英国银行业总数的1/2。近五年，英国银行大幅度提高资本比率，2015年Basel III总加权平均普通股一级资本比率同2011年的7.2%相比增长超过12%。2007年以来，中国银行在英国成立子行开始运营；中国工商银行、中国建设银行、中国交通银行、中国农业银行先后在伦敦成立分行；招商银行在伦敦设立办事处；浦发银行和中信银行也相继在伦敦设立代表处。

第二，金融保险服务业是英国的支柱产业，具备竞争优势。伦敦是全球最大的保险市场和全球最大的再保险市场之一，同时其航空与航海保险市场全球领先。截至2016年，英国经批准的保险公司有800多家，保险业发展居于欧洲首位，全球名列第三，净保费收入达1500多亿英镑。

第三，英国证券市场国际化水平高，上市证券种类繁多。英国股票交易量和市值国际化率高，外国公司证券交易超过英国国内证券交易规模。此外，英国证券交易类别丰富，种类覆盖股票、政府债券、国有化工业债券，英联邦以及其他外国政府债券，同时还有地方政府、工商企业发行的债券等。

第四，应当注意，“脱欧”对英国金融业产生了一定的消极预期。随着“脱欧”公投结果的宣布，全球金融市场震荡，英镑兑美元汇率创下1985年以来新低。与此同时，整个欧洲证券业受到辐射，根据《证券时报》统计，英国富时100指数下跌3.15%，德国DAX指数降为6.82%，法国CAC40指数下滑至8.04%。[①] 整体上，英国以及整个欧洲的证券市场，对“脱欧”事件产生了颇大反应，但近期对此过度反应有修正趋势。

2016年中资企业对英国金融业重点投资的案例：江苏微科天成集团旗下投资公司苏州微宝收购英国上市金融服务公司World Trade System PLC；中国邮政收购苏格兰皇家银行（RBS）的交易所交易基金（ETF）业务；中邮创业国际资产管理有限公司收购英国苏格兰皇家银行（RBS. L）的交易所交易基金（ETF）业务；中国民生投资股份有限公司旗下的中民国际以25亿美元完成对思诺国际保险集团的收购；英国养老保险公司（Pension Insurance Corporation）完成2.5亿英镑的融资计划，其中1.1亿英镑来自中国的联想控股等。

②卢森堡：私人银行业+金融证券投资

卢森堡是欧洲重要金融中心，是仅次于美国的全球第二大投资基金中心，其银行保密法严格，私营银行业高度发达，资金出入不设限。同时得益于RQFII（人民币合格境外投资者）的额度，已经成为推进全球人民币投资的领先金融中心。2015

---

① 证券时报. http://epaper. stcn. com/paper/zqsb/html/epaper/index/content_ 842771. htm? fin.

年，卢森堡金融业上缴税收占国家财政收入的40%，产值占GDP的25%。外资投资多集中于银行业和金融证券投资。

第一，卢森堡是欧元区最大私人银行业务中心。“欧洲通行证”是卢森堡成为欧洲银行业金融中心的重要因素之一。作为欧盟一员，卢森堡的银行业监管符合欧盟监管标准，因此银行在卢森堡获得经营牌照，就可以在欧盟范围内设立分行并提供银行服务。这些优势极大地吸引中国的银行在卢森堡开展业务。截至2015年，中国银行、工商银行、建设银行、农业银行、招商银行及交通银行都选择卢森堡作为其欧盟总部。

第二，卢森堡证券市场发达。1928年，卢森堡首家证券交易所成立；1962年，卢森堡第一只投资基金批准设立；7年后，世界第一笔外汇债券在卢森堡发行。由此，卢森堡证券交易被视作欧洲债券市场的“晴雨表”。到2014年底，总计有29个国家和地区的企业在卢森堡上市发行264只股票、26251只债券。

第三，中国投资卢森堡金融业融资条件便利。世界银行“2015年全球营商环境报告”显示：卢森堡的缴税便利度高、欧盟内税率低，总税率为20.2%，全球排名第20位；税务处理全球最短用时排名第五。[①] 此外，卢森堡与中国的经济合作愈加广泛。2014年，中国与卢森堡签署了人民币清算协议，截至目前RQFII额度已达1300亿元人民币。获得卢森堡RQFII资质的公司（如，中国银行卢森堡有限公司和中国工商银行欧洲有限公司）可以使用RQFII牌照及额度，发行投资中国资本市场的基金产品，并依托卢森堡成熟先进的金融市场与服务体系，逐步建设吸引全球投资者与资本的资产管理平台。

2. 亚太地区

近年来，亚太地区大多数国家货币政策逐渐放宽，银行业发展迅猛；各国竞相开展保险业个性化业务，总体表现为多元化、专业化发展趋势。政策方面，亚太地区国家金融业市场准入比较开放，在限制方面，偏好保护本国央行。

（1）金融业增长潜力

①银行业：融资平台发展迅猛，货币政策放宽

2015年，亚太地区在银行业税后利润占有量上，全球份额增长至46%，同十年前相比，上升18%；2005—2015年全球重点区域银行业税后利润复合年均增长率达10.0%，世界第一。

亚洲国家进一步优化融资平台，银行业发展迅猛：东盟地区的互通建设项目提

① 世界银行. http：//www. worldbank. org. cn.

供了多样化的融资平台，包括多边开发银行如亚洲开发银行、世界银行和伊斯兰开发银行；日本央行秉承“量化和质化宽松货币政策”；俄罗斯、韩国、匈牙利、印度尼西亚、印度、乌克兰等相继放宽了货币政策，其中韩国和匈牙利基准利率已达到历史新低。①

②非银行金融业：保险业趋向专业化、多元化发展，证券业发力明显

2015 年多个亚太地区国家（地区）保险业各具特色：有的涉足新兴医疗保险市场，如推动保险业利用数字技术提供新产品和服务；在财务类险种和航空保险方面，亚洲地区航空保险市场承保能力充裕；随着“自保”理念的发展，亚洲市场增势强劲，在“亚洲自保中心”新加坡，自保公司的数量从 2014 年的 64 家增加至 2015 年的 68 家，② 中国在利用自保方面也处于领先地位。

亚太地区证券交易发力明显，区域一体化趋势明晰。2008 年经济危机后，东京证券交易所，中国上海、深圳和香港的证券交易所，澳大利亚以及韩国交易所在内的亚太交易所的交易金额已超欧洲；中国 A 股两大交易所超过东京证交所成为仅次于美国的最大股票市场。此外，亚太证券业，特别是东盟国家证券市场一体化趋势明显。2012 年，新加坡、马来西亚、泰国、越南、印度尼西亚、菲律宾六国正式启动证券交易平台对接项目，着手建立东盟各国家交易所。

（2）外资准入政策

亚太地区鼓励外资投资金融业，但部分国家对于本国央行的外资流入有所限制。以下选取新西兰、印度尼西亚、新加坡、日本、澳大利亚、韩国进行介绍。

表 4-24　部分亚洲国家对外资进入金融业的准入规定

国别	准入规定
新西兰	欢迎外国资本投资金融业，对外国资本限制较少 限制行业：重要商业资产的投资。重要商业资产指针对超过 1 亿新元的新西兰资产投资达 25% 或以上；或者海外投资项目总额超过 1 亿新元；或者海外投资新西兰证券超过 1 亿新元 鼓励行业：银行、保险公司等的呼叫中心及后台支持等 外资投资设立金融机构，特别是希望在名称中使用“银行”或“银行业务”的，会面临更多监管，但对可能开展的业务没有限制 外国投资者参与当地证券交易时，以下行为需要得到海外投资办公室的批准：①得到或者控制新西兰公司 25% 或者以上的股份，或者在已有 25%（或者以上）新西兰公司股权的基础上增持股份，或者控制新西兰公司的利益；②收购要约提供的有价证券或者对价，或者目标公司的资产超过 1 亿新元

① 中国人民银行．中国金融稳定报告 2016［EB/OL］. http：//max. book118. com/html/2016/0106/32794445. shtm.
② 达信 . 2016 年度亚洲保险市场报告［EB/OL］. http：//www. 199it. com/archives/520889. html.

续表

国别	准入规定
印度尼西亚	财政部负责管理包括银行和保险部门在内的金融服务投资活动 印尼 2007 年第 25 号《投资法》规定，国外投资者可以自由投资任何营业部门，除非已有法令限制与禁止；对于有关金融业的外资准入，印尼政府没有提出特别的限制与禁止要求 在印尼注册的外国公司参与证券交易（包括股权并购）与本国公司享有相同待遇
新加坡	有专门政策“金融和财务中心奖励”：鼓励跨国企业在新加坡设立金融和财务中心，从事财务、金融和其他金融服务业务 外资进入金融、保险、证券等特殊领域时需向主管部门报备，在投资方式、股权比例上有限制 承诺对中国开放金融行业，在银行、外资等部门做出超过 WTO 出价的承诺，如在外资银行准入方面，取消对国内银行的外资参股比在 40% 以内的限制
日本	对外资进入金融业没有特别限制 《外汇法》规定，外资企业进行股权并购涉及证券交易所等公共基础行业时，有股权限制，须报批经济产业大臣许可
澳大利亚	投资金融、保险等敏感行业的外资项目需要进行申报和审批，有限制措施
韩国	禁止外商在金融市场管理业与其他金融支援服务业投资 外资准入仅开放商业银行及地方银行，特殊银行，农水畜协未开放

资料来源：商务部．对外投资合作国别（地区）指南：新西兰、印度尼西亚、新加坡、日本、澳大利亚、韩国（2015）［EB/OL］．http：//fec. mofcom. gov. cn/article/gbdqzn/.

（3）重点投资目的国：新加坡 + 韩国

①新加坡：互联网金融服务 + 汽车保险业

新加坡是东南亚的金融中心，亚洲最主要的离岸财富管理中心，在金融服务业方面具备深厚基础。2009 年以来，新加坡经济持续增长，2015 年 GDP 增长 2.1%，人均 GDP 达到 5.27 万美元。截至 2015 年 2 月末，新加坡共有商业银行 127 家，其中本地银行 5 家，外资银行 122 家。总体而言，新加坡的互联网金融与汽车保险业具有较大的投资潜力。

第一，新加坡政府鼓励互联网金融发展。2015 年，新加坡金融管理局创建了智能金融中心，并拨款 2.25 亿美元支持金融科技产品的创造。在运营过程中，智能金融中心扮演“沙盒”的角色，任何金融科技公司在“沙盒”中注册，在事先报备的前提下，可允许从事和目前法律法规有所冲突的业务，即使相关业务之后受到官方终止，可获得法律层面的豁免。

第二，新加坡国内对网络金融服务需求大。新加坡国内中小企业已经超过 60 万个，由于其发展资金需求相当旺盛，但由于规模局限，很难从银行获得较大数量的贷款。由此，形式灵活、针对中小企业和个人的互联网金融专项服务市场前景可观。

第三，新加坡的金融保险业发达，特别是汽车保险业增长较快。截至 2015 年底，新加坡有保险公司 181 家[①]。2014 年，新加坡金融保险业产值已达到 460.3 亿新元，占 GDP 的 11.8%。[②] 其中，总保费为 270 亿美元，与 2013 年的 179.62 亿美元相比，增加了近 50.31%，增幅明显，发展趋势乐观[③]。特别是，新加坡汽车保险盈利大幅增加 153%，连续第四年盈利丰厚，在保险行业表现最为突出。[④] 此外，由于医疗成本上涨及劳动人口老龄化导致医疗服务需求旺盛，员工福利保险（健康险）费率 2016 年预计将继续上涨，幅度达到 10%～20%。[⑤]

值得注意的是，新加坡传统银行业发展不容乐观，投资前景黯淡。根据摩根大通估测，2016 年度，新加坡三大银行第一季度净利润将比 2015 年第四季度下跌 11%。

②韩国：网络金融服务 + 保险业

韩国近几年经济持续增长，2015 年 GDP 约为 1.38 万亿美元，居世界第 11 位。[⑥] 韩国金融体系主要包括央行、储蓄银行、非银行金融机构三部分。韩国凭借其成熟的电子科技产品和保险业市场，数字化金融业潜力可观，尤其是互联网金融服务业和保险业投资前景较好。

第一，为促进国内银行业进一步发展，韩国开始转向银行金融科技支持。目前韩国银行主要为传统商业银行，为改变发展疲软现状，传统银行业开始转向产品的拓展与创新。得益于韩国成熟的电子产品市场，金融科技的发展方向主要支持移动支付、网络贷款、云银行服务等网络金融服务。2015 年，中国蚂蚁金服就联手韩国电信等，在韩设立互联网银行 K Bank，为韩国民众提供创新的互联网金融服务。

第二，韩国传统保险业发展势头良好，2015 年保险业利润额为银行业的近两倍，全行业全球排名第 8 位。2016 年上半年，韩国保险业保费规模为 94.6957 万亿韩元，较 2015 年同期增加 3.6771 万亿韩元，增长约 4 个百分点；2016 上半年，韩国原保费收入 44.9277 万亿韩元，比 2015 年同期增加 2.1068 万亿韩元，增加近 4.7%。截至 2016 年 6 月末，韩国保险业自有资本 105.8013 万亿韩元。[⑦]

第三，从投资机会考虑，投资韩国保险业宜创新销售方式，避开饱和市场。建议投资者迎合市场需要进行产品设计，突出产品特色，特别是“互联网 +”保险销

① 新加坡统计局 . http://www.singstat.gov.sg/.

② 中国商务部 . 对外投资合作国别（地区）指南：新加坡（2015）[EB/OL]. http://fec.mofcom.gov.cn/article/gbdqzn/.

③ http://www.iii.org/publications/international-insurance-fact-book-2016/country-profiles/singapore.

④ http://insurance.cngold.org/c/2015-03-20/c3166759.html.

⑤ 达信 . 2016 年度亚洲保险市场报告 [EB/OL]. http://www.199it.com/archives/520889.html.

⑥ 世界银行 . http://www.worldbank.org/.

⑦ http://chinese.yonhapnews.co.kr/domestic/2016/02/18/0403000000ack20160218003500881.html.

售模式，从而相对提高投保率。例如，针对韩国国内校园欺凌、性侵犯、家庭暴力、食物掺假这四大社会问题，保险商分别推出欺凌保险、性侵保险、家暴保险等服务。

中国企业投资时应当注意，与新加坡相似，目前韩国传统银行业发展乏力，2016 年盈利状况比 2015 年同期有所恶化，利润收益指标持续走低。

六、信息技术产业

我国国民经济行业分类中对应信息技术产业（Information Technology，IT）的是"信息传输、软件和信息技术服务业"，包括电信、广播电视和卫星传输服务，互联网和相关服务，软件和信息技术服务业三个大类。随着其与电信服务之间的边界消失，国际上逐渐用 ICT 来代表该产业并进行相关统计，涵盖电信服务（固话语音与数据、移动语音与数据服务）、IT 服务、终端设备（手机、个人电脑、平板与打印机等）、软件（应用程序与软件基础架构）和数据中心系统（服务器、网络设备、存储于通信类应用）等五大领域。

（一）全球信息技术产业发展现状与趋势

1. 规模：2011—2015 年全球 IT 支出小幅波动，未来支出整体稳定增长

（1）2015 年全球信息技术产业支出 35090 亿美元，降低 5.4%

全球 IT 行业 2011—2015 年支出呈波动状态，其中 2012 年和 2015 年处于波谷，2014 年支出 37110 亿美元达到波峰。（如图 4 – 102）

2012 年受全球经济增长速度缓慢、欧元区危机以及泰国洪灾对硬盘生产的影响等，全球 IT 支出小幅下降。

2015 年 IT 支出改变连续两年的增长态势，出现下滑。一是受国际货币波动尤其是美元强势的影响，供应商提高价格来保护成本和利润。二是全球个人电脑、手机、平板电脑和打印机等设备市场基本处于饱和状态，除了数据中心系统同比增长 1.8%，其他包括软件、设备、IT 服务和通信服务支出都出现下滑，特别是通信服务同比下降 8.3%①。三是欧盟和北美部分地区取消漫游费，也影响了全球电信通信

---

① Gartmer. 全球 IT 支出展望.

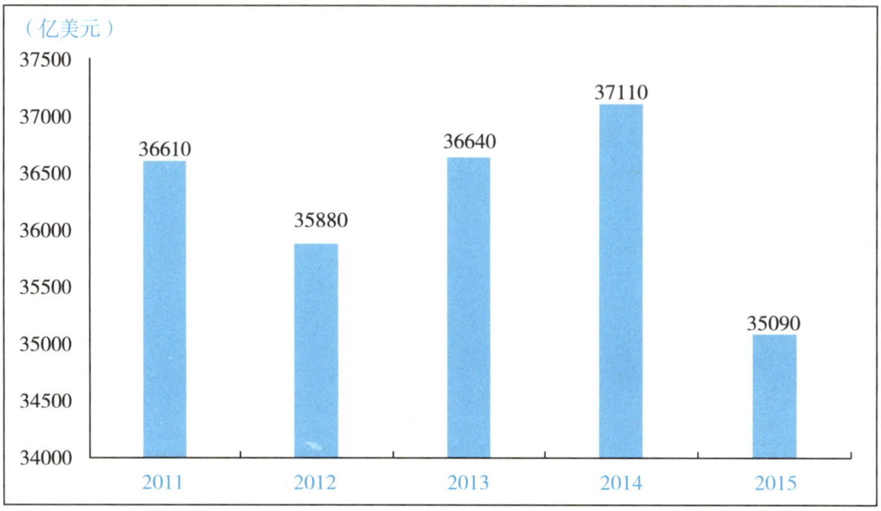

图 4－102　2011—2015 年全球信息技术（IT）支出

资料来源：Gartner. http：//www. gartner. com/technology/research. jsp.

行业的支出。四是外部因素即世界经济发展的脆弱性也导致企业“勒紧裤腰带”。

从 IT 支出中不同细分行业所占金额来看，2012—2015 年电信行业和 IT 服务所占份额最大，其次是终端设备和软件行业，数据中心系统的支出最少。（如图 4－103）

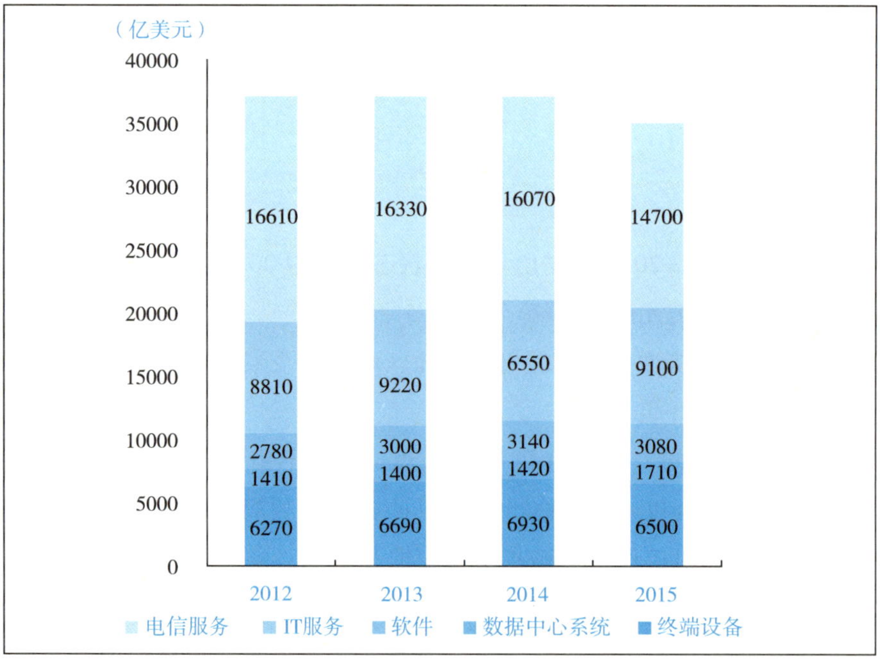

图 4－103　2012—2015 年信息技术（IT）支出中不同行业所占金额

资料来源：Gartner. http：//www. gartner. com/technology/research. jsp.

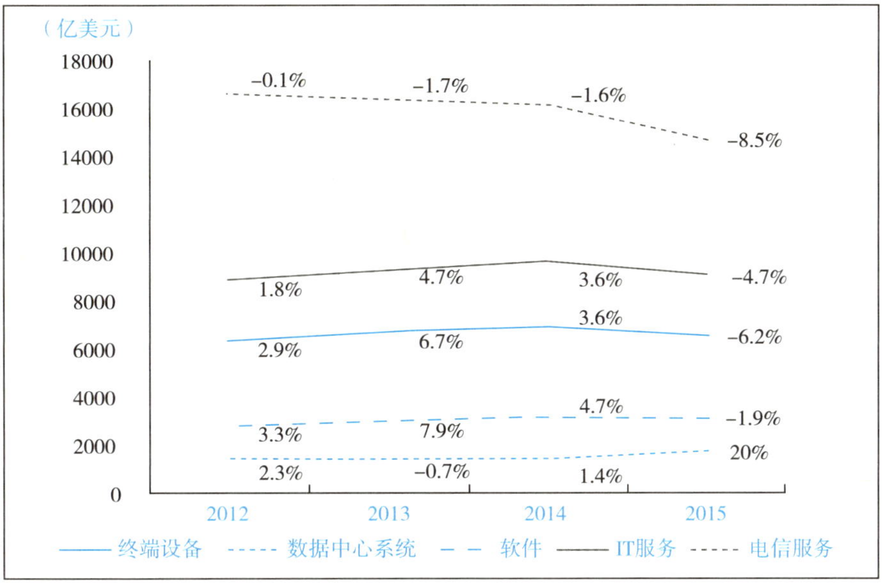

图 4－104　2012—2015 年信息技术（IT）支出中不同行业同比增长趋势

资料来源：Gartner. http：//www. gartner. com/technology/research. jsp.

从细分行业 2012—2015 年支出的增长趋势来看，电信服务行业一直处于下滑态势；终端设备、软件、IT 服务 2011—2014 年呈增长趋势，2015 年出现不同程度的下滑；数据中心系统则整体呈上升趋势，2015 年甚至实现 20% 的增速。（如图 4－104）

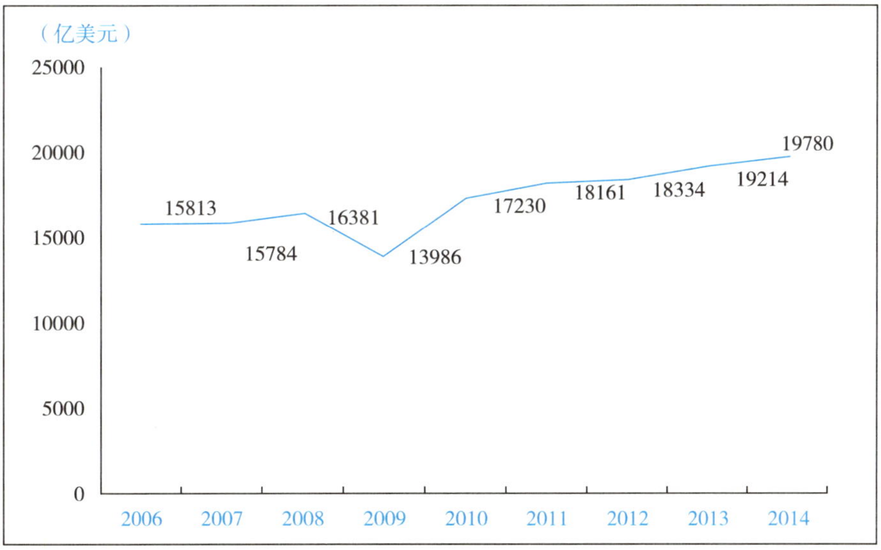

图 4－105　2006—2014 年全球 ICT 产品出口规模

资料来源：UNCTAD. *Trade and Development Report*，2001—2015［EB/OL］. http：//unctad. org/en/Pages/Publications/TradeandDevelopmentReport. aspx.

（2）全球 ICT 产品出口规模保持稳定增长

2014 年，发展中经济体的 ICT 产品出口规模流量为 1.44 万亿美元，比发达国家的 0.53 万亿美元高出 2.7 倍。亚洲 ICT 产品出口规模占到全球的 95%，自 2010 年以来以年均 5.9% 的速度稳定增长，其中中国 ICT 产品的出口规模占发展中经济体的 44%。

（3）趋势展望：2016—2020 年新科技革命处于爆发初期，到 2020 年全球 IT 支出预计将达 3.9 万亿美元

①2016—2020 年新科技革命处于爆发初期

移动互联、智能制造、物联网、云计算、机器人、自动汽车、下一代基因组、储能、3D 打印、新材料、先进油气勘探开采、太阳能与风能已陆续进入产业实践，其中大部分属于信息技术领域，普遍受到各国的重视，其发展将进一步发挥基础和支撑作用，并带动其他产业强劲增长，创造出新的商业模式。

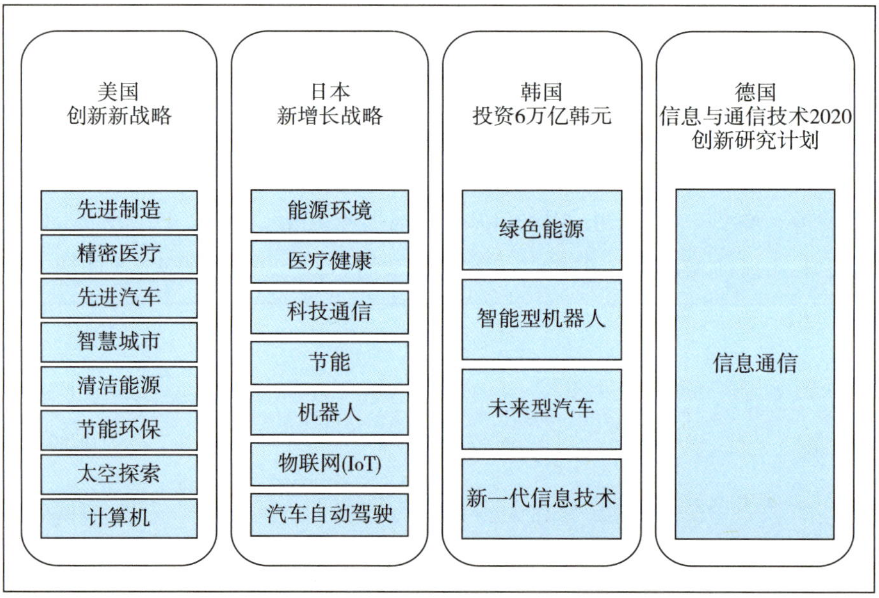

图 4－106　全球主要国家信息技术发展战略及主要应用领域

资料来源：根据公开资料整理。

此外，信息技术发展还在促进分工、优化组织结构等方面有更深层次的意义，即通过促进新技术、新专业化、新产业发展，提高生产率和经济增长。

鉴于信息技术产业处于完全竞争状态，未来将不断有新进入者，后起之秀不断兴起。同时，全球信息技术将进入一个转折期，可能出现重大的技术变革，从而推动产业迅猛发展。未来几年，新型信息功能材料、器件和工艺将不断涌现，推动集成电路技术和产业的持续进步。

展望未来，以美、中、日、韩及欧洲引领的信息技术浪潮正在勃兴，其中智能硬件、物联网、移动互联大数据以及云计算是大势所趋。(图 4－106)

在全球大力发展信息技术产业的大背景下，IT 支出短期内可能受宏观不确定性因素而短暂下滑，但整体将呈稳定增长态势。

②到 2020 年全球 IT 支出预计将达 3.9 万亿美元

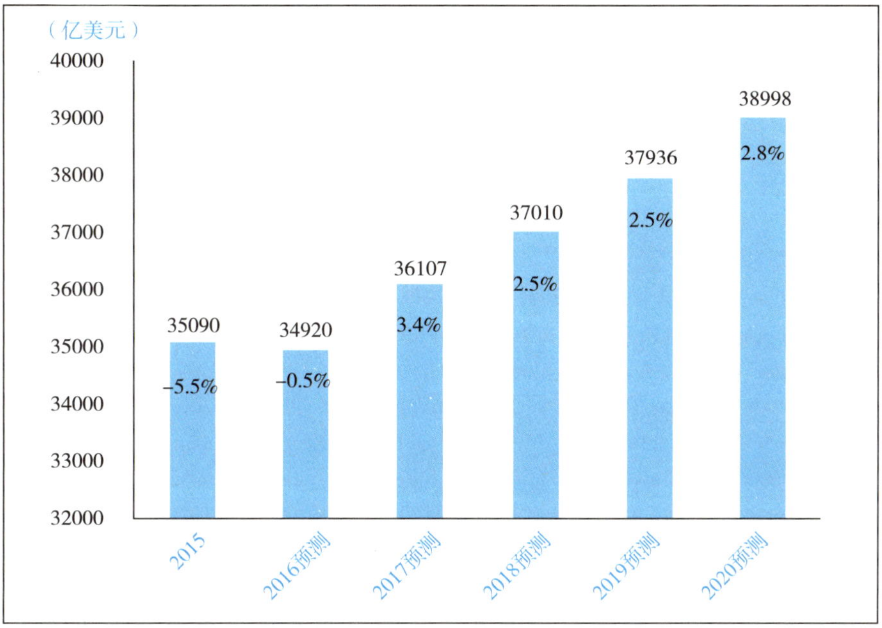

图 4－107　2015—2020 年全球信息技术（IT）支出预测

资料来源：Garrtmer. http：//www. garener. com/technology/research. jsp.

预计 2016 年，英国“脱欧”将降低企业的信心与产品价格上扬的空间，冲击英国、西欧乃至全球 IT 的支出，估测 2016 年可能微降 0.5%，全球支出金额约 3.49 万亿美元。[①]

2017 年之后可能开始回暖，增速达到 3.4%，此后维持 2.5%～2.8% 的正常增长，至 2020 年全球 IT 支出总额约 3.9 万亿美元。(如图 4－107)

2. 行业细分：电信行业支出继续下滑，终端设备预计增长，电子商务发展迅速

(1) 电信：欧美地区电信市场份额最大，东欧与中东非洲市场份额最小

①2015 年全球电信市场规模为 15780 亿美元

---

① Gartner. http：//www. gartner. com.

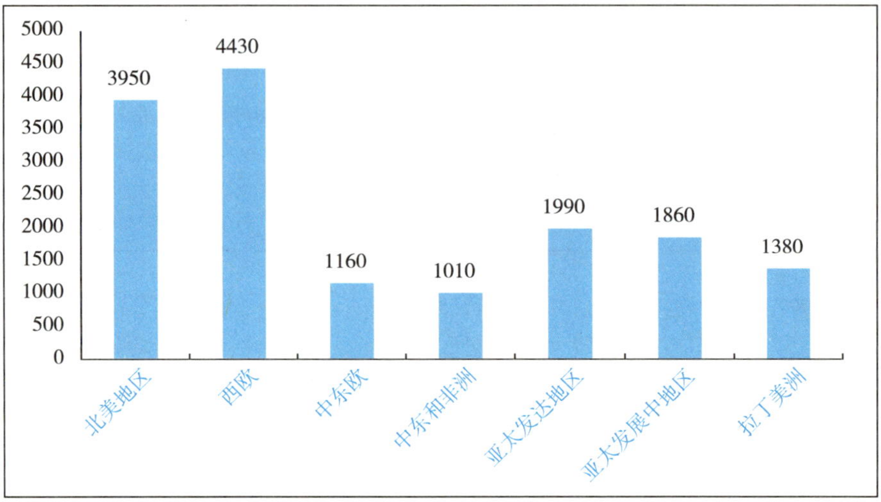

图 4－108　2015 年全球电信市场的区域规模

资料来源：Analysis Mason；McKinsey analysis，*Middle East and Africa Telecommunications industry at cliff's edge*：*Time for bold decisions* [EB/OL]．http：//www.mckinsey.com/～/media/mckinsey/industries/telecommunications/our% 20insights/winning% 20the% 20rush% 20for% 20data% 20services% 20in% 20the% 20middle% 20east% 20and% 20africa/telecommunications% 20industry% 20at% 20cliffs% 20edge% 20time% 20for% 20bold% 20decisions_ june2016.ashx.

注：麦肯锡测算的 2015 年全球电信市场规模为 15780 亿美元，与 Gartner 的全球电信支出 14700 亿美元相差 1080 亿美元。

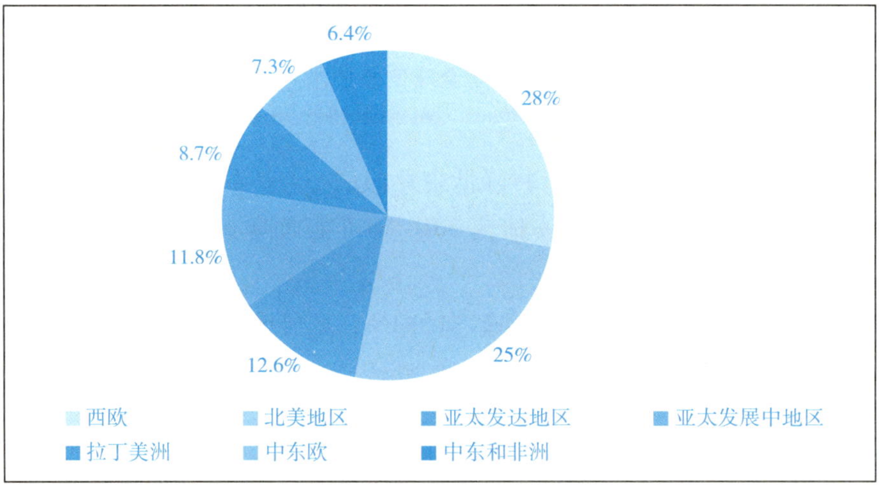

图 4－109　2015 年全球电信市场规模区域占比

资料来源：Analysis Mason；McKinsey analysis，*Middle East and Africa Telecommunications industry at cliff's edge*：*Time for bold decisions* [EB/OL]．http：//www.mckinsey.com/～/media/mckinsey/industries/telecommunications/our% 20insights/winning% 20the% 20rush% 20for% 20data% 20services% 20in% 20the% 20middle% 20east% 20and% 20africa/telecommunications% 20industry% 20at% 20cliffs% 20edge% 20time% 20for% 20bold% 20decisions_ june2016.ashx.

2015 年全球电信市场以西欧和北美地区所占份额最高：在全球市场 1.578 万亿美元的总份额中，西欧地区达 4430 亿美元，北美地区为 3950 亿美元，两地区合计占电信市场总份额的 53%。（如图 4 – 108 和图 4 – 109）

其次是亚太地区，日本、韩国、新加坡等少数发达国家占全球电信市场份额的 12.6%，亚太发展中地区众多国家所占份额仅为 11.8%。其他地区如拉美、中东欧、中东和非洲所占市场份额分别为 8.7%、7.3% 和 6.4%。（如图 4 – 109）

由此可见，全球电信市场仍以欧美等少数发达国家为中心。

②趋势展望：欧美地区处于饱和状态，增长缓慢甚至负增长；亚太发展中地区、中东和非洲增长快

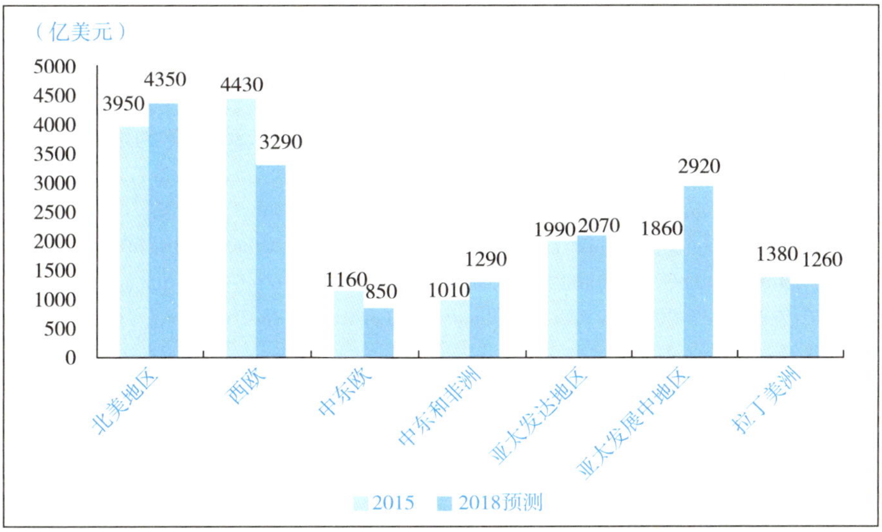

图 4 – 110 全球电信市场区域规模：2015 和 2018 年预测

资料来源：Analysis Mason；McKinsey analysis，*Middle East and Africa Telecommunications industry at cliff's edge：Time for bold decisions*［EB/OL］. http：//www. mckinsey. com/ ~ /media/mckinsey/industries/telecommunications/our% 20insights/winning% 20the% 20rush% 20for% 20data% 20services% 20in% 20the% 20middle% 20east% 20and% 20africa/telecommunications% 20industry% 20at% 20cliffs% 20edge% 20time% 20for% 20bold% 20decisions_ june2016. ashx.

麦肯锡等机构预测，2018 年西欧、中东欧和拉美地区电信市场将较 2015 年出现下滑趋势，北美和亚太发达地区仅增长 1%，中东和非洲以及亚太发展中地区则保持高速增长。（如图 4 – 110、4 – 111）

因为未来几年亚太发展中地区、中东和非洲能保持人口高速增长，推动电信市场扩张。1990 年以后，非洲人口增长 63%，中东人口增长 50%。人口增长促使对手机及电信业务需求保持较高速的增长。2013 年，非洲的移动宽带业务增长超过

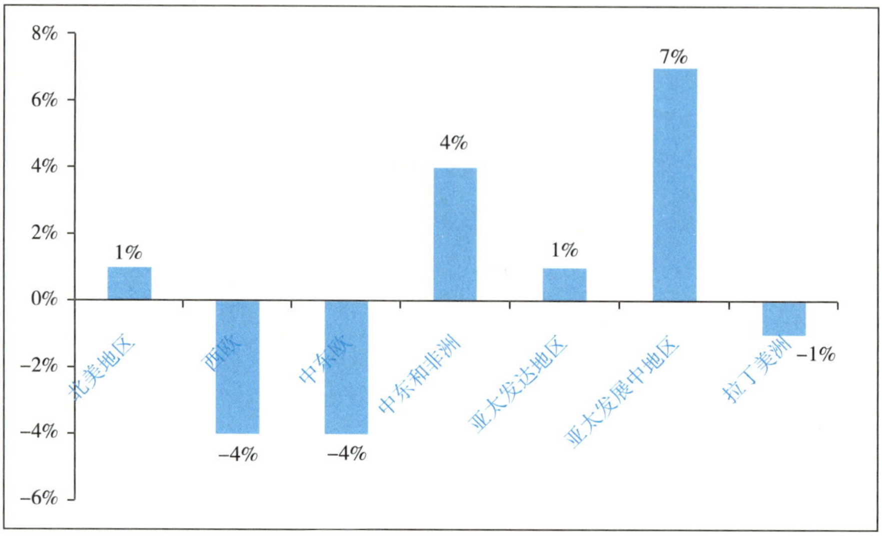

图 4-111　全球电信市场区域规模：2013 年较 2015 年的增长率

资料来源：Analysis Mason；McKinsey analysis，*Middle East and Africa Telecommunications industry at cliff's edge*：*Time for bold decisions* [EB/OL]．http：//www.mckinsey.com/~/media/mckinsey/industries/telecommunications/our% 20insights/winning% 20the% 20rush% 20for% 20data% 20services% 20in% 20the% 20middle% 20east% 20and% 20africa/telecommunications% 20industry% 20at% 20cliffs% 20edge% 20time% 20for% 20bold% 20decisions_ june2016.ashx.

50%，是世界平均增速的 3 倍；中东地区，社交媒体如 Facebook 和 YouTube 用户越来越多，智能手机用户超过 23%；同年，中东和北非地区智能手机发货量排全球第二，仅次于亚洲地区。

此外，中东和非洲地区网络覆盖率越来越高，海合会国家已实现完全覆盖。

在亚太新兴经济体中，中东亚地区市场成为主要增长引擎，地区增速达 3.5%，远高于世界平均水平。①

（2）终端设备：全球出货量连续 3 年增长，设备间市场差异大

①2013—2015 年全球终端设备出货量呈小幅波动

终端设备包括传统 PC（笔记本和台式电脑）、高端机型、平板电脑和翻盖式机、手机。

2013—2015 年全球终端设备出货量分别为 23.55 亿台、24.19 亿台、24.01 亿台，呈小幅波动态势（如图 4-112）。其中传统 PC 市场出货量累计约 8.17 亿台，逐年呈下滑状态；高端机型②的出货量累计约 1.04 亿台，连续三年保持高速稳定增

① McKinsey & Company. *Telecommunications industry at cliff's edge*，page 6-7.

② 高端机型主要包括微软的 Win10、IntelX86 和苹果的 macbook air 等产品。

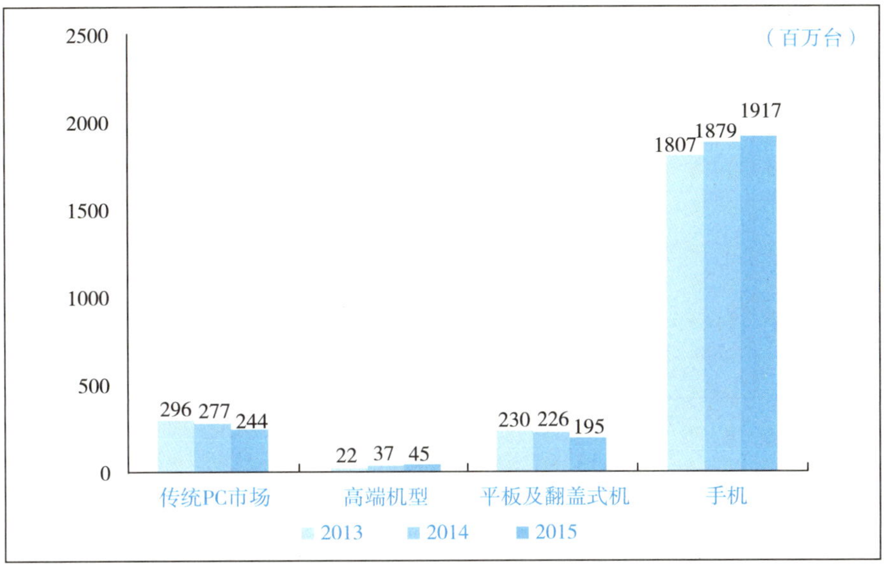

图 4－112　2013—2015 年全球终端设备出厂量

资料来源：根据 Gartner 数据整理。

长；平板及翻盖式机[①]的出货量累计约 6.51 亿台，2014 年小幅下滑，2015 年降幅较大；手机出货量累计约 56.03 亿台，在终端设备中出货量最多，连续三年保持增长态势。

②趋势展望：全球终端设备市场整体将实现增长，高端机型增速最快

2016 年全球终端设备市场出货量估测为 24.16 亿台，同比微增；2017—2018 年将继续保持微增趋势。[②] 2016—2018 年传统 PC 市场将持续下滑，但高端机型出货量将持续高速增长，2018 年有望比 2015 年翻番增至 9000 万台。平板和翻盖式机市场处于饱和状态，预计难以有进一步发展，预计 2016—2018 年出货量稳定，基本与 2015 年持平或小幅波动。随着中东、非洲和亚洲的一些新兴国家人口的持续增长，预计未来对手机和网络的需求将不断增加，手机的出货量将继续保持低速稳定增长趋势。（如图 4－113）

（3）电子商务：全球电子商务市场处于快速增长阶段

电子商务是指利用信息技术，如计算机技术、远程通信技术等，实现整个商务过程的电子化、数字化和网络化，有 B2B、B2C、C2C 等业务模式。

电子商务正在影响全世界的经济结构，电子商务的兴起与互联网、手机网络、

① 平板及翻盖式机主要包括 iPad、iPad mini、三星 Galaxy Tab S 10.5、Nexus 7 和宏基 Iconia Tab 8。

② Gartner.

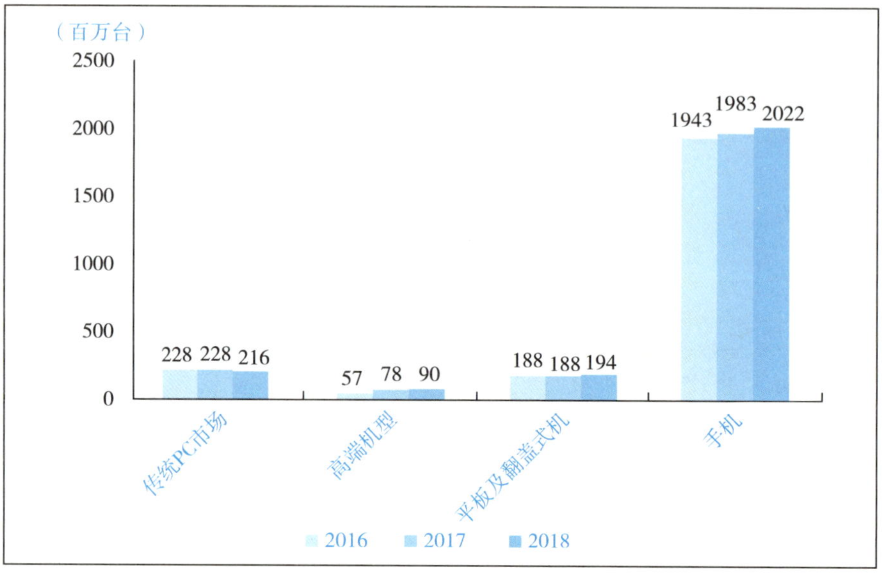

图 4－113　2016—2018 年全球终端设备出厂量预测

资料来源：根据 Gartner 的预测和整理。

3G 网络的普及有密切关系。网络越发达的地区，电子商务的应用也越广泛。

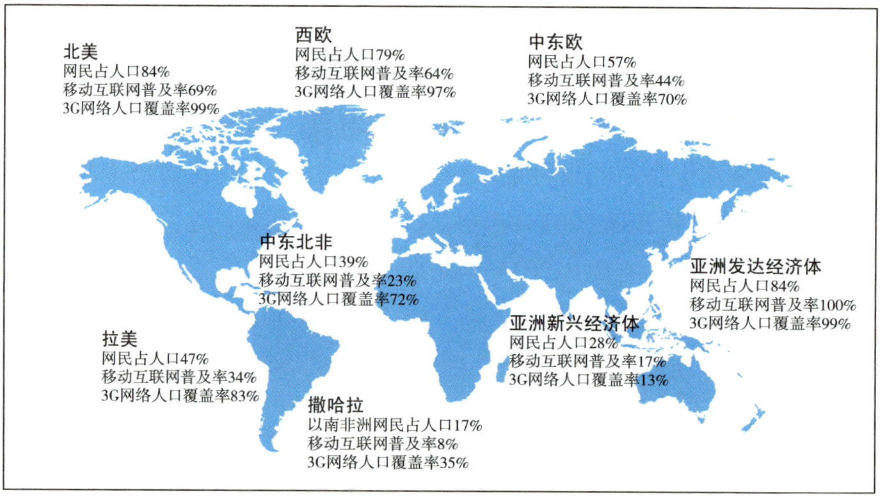

图 4－114　全球信息网络发展概况：按区域细分

资料来源：Internet Society. *Global Internet Report* 2015 [EB/OL]. http://www.internetsociety.org/globalinternetreport/.

注：互联网用户数据为 2014 年度。

①2015 年全球零售电子商务销售额逼近万亿美元

2014 年全球 B2C 电商市场的规模达 1.6 万亿美元，消费群体规模为 13 亿人；跨境 B2C 市场规模为 2300 亿美元，消费群体规模为 3.09 亿人。2013—2015 年全球零售电子商务销售额呈稳步快速增长趋势，年均增速接近20%，2015年达到9945亿美元，逼近万亿美元大关。

②欧美电商发展程度高，非洲电商发展程度低

从电子商务的地区发展情况来看，欧美地区电子商务发展程度明显高于世界其他地区，非洲地区电子商务发展相对较低。（如图4-114）

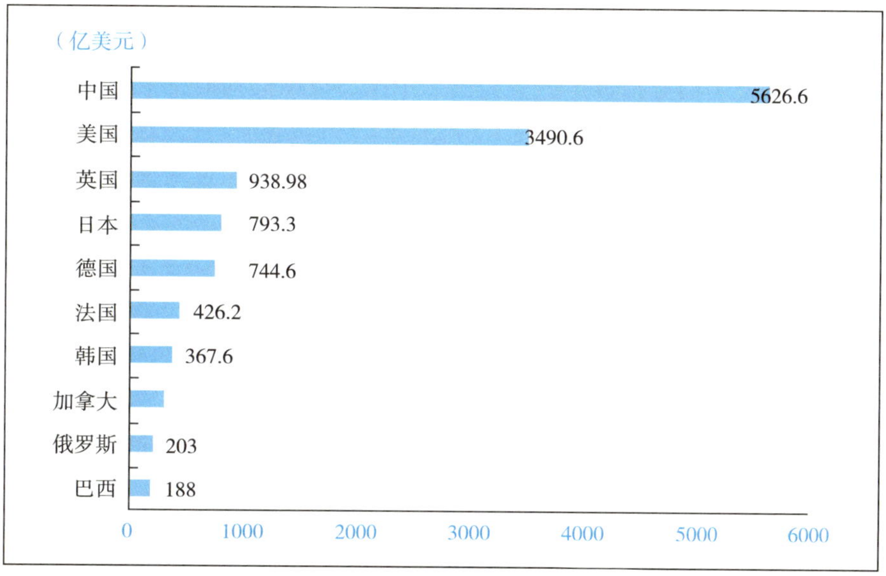

图4-115 2015年全球十大电商市场

资料来源：Remarkety. http://www. remarkety. com/.

2015年按交易规模观察，全球十大电商市场中，北美占2席（美国、加拿大），欧洲占4席（英国、德国、法国、俄罗斯），亚洲占3席（中国、日本、韩国），南美占1席（巴西）。（如图4-115）

表4-25 2015年全球零售电子商务指数排名

国家/地区	排名	相对2013年的排名变化
美国	1	+2
中国	2	-1
英国	3	+1
日本	4	-2
德国	5	+1
法国	6	+1
韩国	7	-2
俄罗斯	8	+5

续表

国家/地区	排名	相对2013年的排名变化
比利时	9	+15
澳大利亚	10	-1

资料来源：科尔尼管理咨询公司.2015年全球零售电子商务指数［EB/OL］.http://www.docin.com/p-1140874336.html.

按宏观经济要素、消费者技术应用、购物行为、基础设施等9个指标判断，2015年全球零售电子商务指数排名中美国、中国、英国位列前三甲。亚洲地区受本国内经济形势影响，名次均出现下跌。（见表4-25）

③趋势预测：全球B2C市场持续稳定快速增长，亚洲新兴经济体潜力优于欧美地区

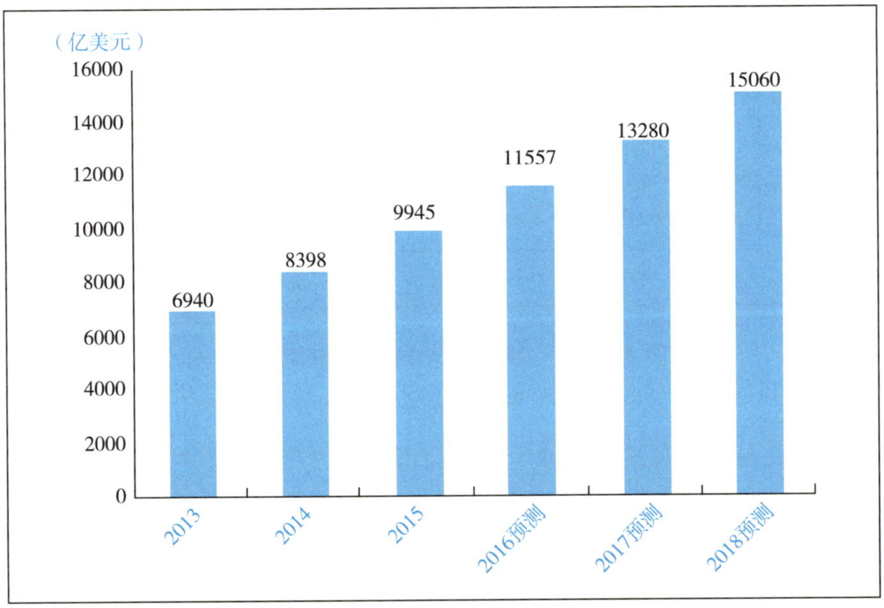

图4-116　2013—2018年全球零售电子商务销售额预测

资料来源：J. P. Morgan. www. jpmorganam. com.

2013—2018年，全球零售电子商务销售额将呈稳定快速增长态势，2016年有望突破万亿美元大关，达到1.156万亿美元；如果这种增长趋势得到维持，2018年将突破1.5万亿美元。[①]（如图4-116）

世界银行、埃森哲等机构预计，全球B2C市场若以年均15%的增速发展，到2020年将达到3.4万亿美元，消费群体将增至21.12亿人；跨境B2C市场2020年

① J. P. Morgan, www. jpmorganam. com.

将接近 1 万亿美元，占全球 B2C 电商消费人数的 44.6%。

从区域来看，亚洲新兴经济体尽管电商交易体量较小，但发展势头和潜力要优于欧美地区。

(4) 物联网：物联网的市场价值难以估计，近几年将迎来高速发展期

物联网（Internet of Things，IOT）是指通过无线数据通信技术等，借助计算机互联网来实现各种物品间的识别和存储，使物质世界更加智能化。它被认为是新的信息化产业潮、新的技术创新点，有望成为世界经济增长的新引擎。

①2015 年全球物联网支出近 7000 亿美元，亚太、北美、西欧占比高

近年，全球物联网市场支出一直保持快速增速趋势。2014 年，全球物联网市场支出为 5917 亿美元，2015 年增至 6986 亿美元，其中亚太地区支出占比超过 40%，北美和西欧居第二、三位，两地区支出合计超过 2500 亿美元。①

②趋势预测：2019 年全球物联网支出将达到 1.3 万亿美元，亚洲领先

预计 2019 年全球物联网市场支出将达到 1.3 万亿美元，复合年增长率达 17%，届时亚洲仍将保持领先地位。②

到 2025 年，全球物联网的利用价值将达到 3.9 万亿～11.1 万亿美元。（如表 4－26）③

表 4－26　2025 年物联网的利用规模估计值　　单位：亿美元

应用领域	市场产值	主要应用
个人	1700～15900	监督和调控疾病、提高身体素质
家庭	2000～3500	能源管理、安保系统、自动化操纵、具有记忆存储功能的装置
零售环境	4100～11600	自动结账、最优化分配、智能化客户关系管理、库存短缺自动预警
办公室	700～1500	管理的新设计和员工的智能化监视、增强培训的现实感、安保体系
工厂	12100～37000	操作的最优化、预警性维修、库存的最优化、健康和安全
工作场所	1600～9300	最优化运营，设备维修、健康和安全、研发智能化
交通工具	2100～7400	视情维修、自动化驾驶
城市	9300～16600	公共安全和健康、交通管制、资源管理
外部应用	5600～8500	物流和导航

资料来源：McKinsey. The Internet of Things：Mapping the Value Beyond the Hype，June，2015 [EB/OL]．https：//www.mckinsey.de/files/unlocking_ the_ potential_ of_ the_ internet_ of_ things_ full_ report.pdf.

① Garnter. http：//www.gartner.com.
② IDC. http：//www.idc.com/.
③ 麦肯锡．http：//www.mckinsey.com.cn/.

（二）中国信息技术产业对外投资情况[①]

1. 规模：流量和存量规模小，但进入快速扩张期

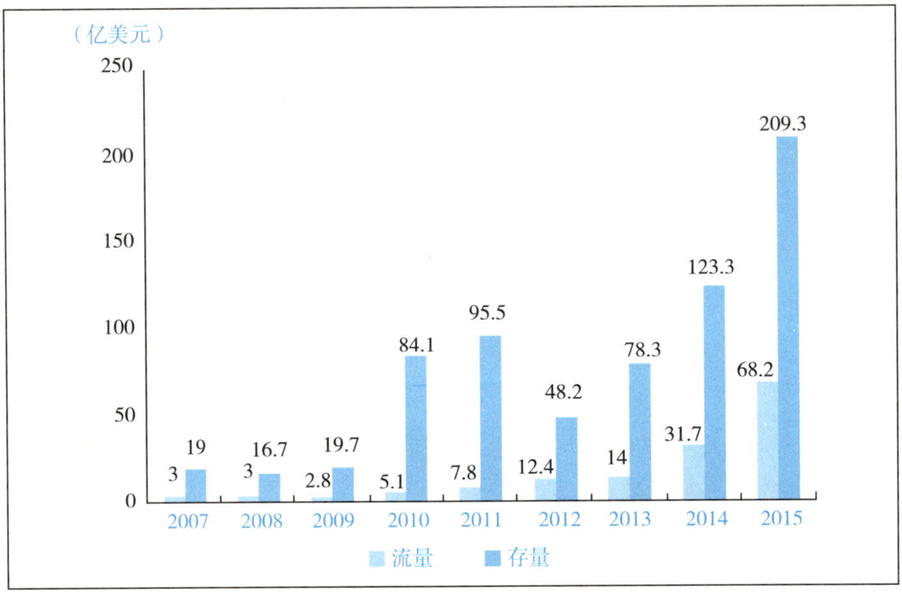

图 4－117　2007—2015 中国信息技术产业对外投资流量与存量

资料来源：商务部，统计局，外汇管理局．中国对外直接投资统计公报（2007—2015）［M］．北京：中国统计出版社，2008—2016.

注：《公报》上的分类名称为“信息传输/软件和信息技术服务业”。

从流量上看，2007—2015 年中国 IT 产业对外投资流量不断增长，2010 年之后海外扩张步伐加快，同比增长 82%；2014 年同比增长 126.4%，增速远超其他行业。2015 年达到 68.2 亿美元，同比增长 115.1%，是增长最快的十大行业之一。（如图 4－117）

从存量上来看，2014 年突破百亿美元，达到 123.3 亿美元。2015 年则上升至 209.3 亿美元，占当年海外直接投资存量总额的 1.9%。

总体而言，中国信息技术产业对外直接投资流量和存量占中国对外投资总流量和总存量的比例较小，规模不大，但发展潜力巨大。

根据数据库收集的案例[②]，2010 年以前，中国信息技术产业的海外投资规模极

① 中国信息技术产业对外投资情况是指中国企业（包括信息技术企业主体和非信息技术企业主体）在境外实施的信息技术产业领域的投资并购情况。

② 不完全统计，涵盖大部分投资案例。

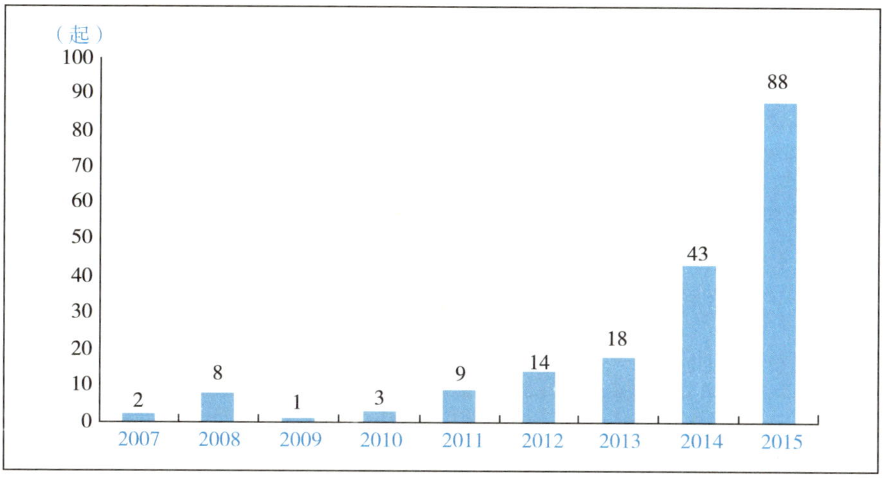

图 4－118 2007—2015 年中国信息技术产业海外投资案例数

资料来源：CCG 数据库。

小，案例数不多，主要以腾讯、中国移动等电信和互联网巨头为主力。例如，2008 年腾讯对美国游戏发行商 Outspark 和韩国七家游戏开发公司进行投资。

2011—2013 年是中国信息技术产业对外投资的稳步快速上升期。2014—2015 年则为对外投资的井喷期。2014 年发生海外投资案例 43 起，包括腾讯以 86 亿美元收购芬兰移动游戏公司 Supercell，百度与 Uber 达成战略合作，向 Uber 注资 6 亿美元等。2015 年中国信息技术行业对外投资案例达到 88 起，实现翻番。总体而言，两年的投资案例数量超过之前的总和。（如图 4－118）

2. 区域：美亚欧为主要投资目的地

表 4－27 2012—2015 年中国信息技术产业对外投资流量与存量分布

单位：亿美元

国家和地区	2012 年		2013 年		2014 年		2015 年	
	流量	存量	流量	存量	流量	存量	流量	存量
中国香港	10. 17	31. 73	12. 85	50. 26	27. 64	91. 70	27. 50	115. 96
欧盟	0. 23	0. 84	0. 07	0. 84	0. 15	1. 52	0. 10	0. 29
东盟	0. 06	1. 2	0. 15	1. 34	－0. 85	1. 7	0. 63	2. 46
美国	0. 37	1. 08	0. 26	1. 36	0. 93	2. 39	3. 10	5. 4
俄罗斯	0. 01	0. 2	0. 0086	0. 15	0. 01	0. 16	0. 0003	0. 18

资料来源：商务部，统计局，外汇管理局．中国对外直接投资统计公报（2012—2015）[M]．北京：中国统计出版社，2013—2016.

2015年，中国对各洲直接投资存量的行业分布显示，信息技术行业没有进入五大洲的前五名。

中国信息技术领域对外投资主要集中在中国香港，2015年投资流量为27.50亿美元，是2012年投资流量的2.7倍；对美国的投资流量为3.1亿美元，是2012年投资流量的近10倍，占当年对美直接投资流量的3.9%。除了在中国香港和美国的投资流量增长较快，在欧盟、东盟等区域均有小幅波动。(如表4-27)

从存量看，中国香港也吸收了绝大部分资金，主要是因为香港是资金中转地，最终将流向投资目的地。

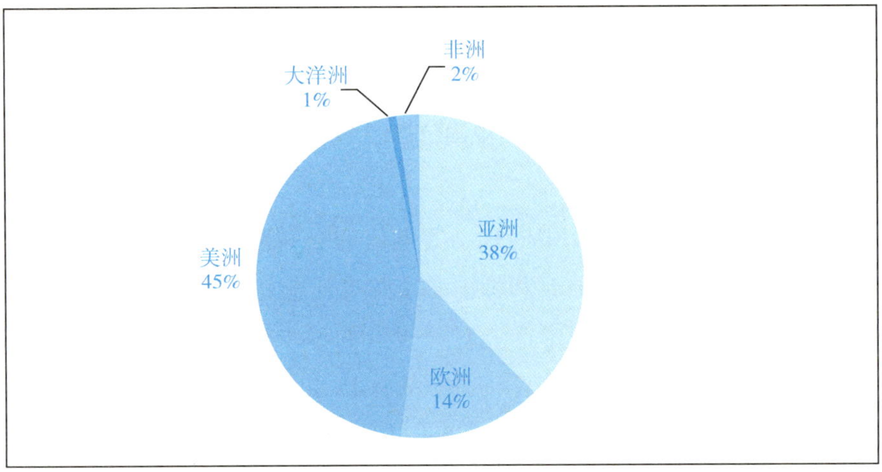

图4-119　2007—2015年中国信息技术乡业海外投资案例区域分布

资料来源：CCG数据库。

数据库案例显示[①]，2007—2015年中国信息技术海外投资主要发生在美洲和亚洲（如图4-119），两地区合计占比83%；在美洲地区发生的案例数占比45%，投资主要集中于美国。

2003年四川托普集团以20万美元获得Quixitinc公司88%的股权，实现借壳上市目标，开启了北美扩张之路。2011年之后，中国信息技术企业对美投资明显增加，例如，2012—2013年，腾讯在美国完成9项投资，先后并购Sonalight、ZAM等软件服务商。

2014—2015年，中国信息技术企业海外投资浪潮兴起，对北美投资明显增多，两年共完成49项投资，其中：2014年3月，阿里巴巴向美国即时通讯应用Tango投资2.15亿美元，获得董事会席位，扩展北美业务；2015年11月，利亚德光电股份

① 不完全统计。

有限公司以 1.57 亿美元获得 Planar Systems INC 公司 100% 股权，后者拥有全球领先的显示和数字标牌技术；2016 年，阿里巴巴对美国团购巨头 Groupon Inc、知名 AR 创业公司 Magic Leap 进行投资等。

中国信息技术企业在亚洲地区的投资案例数占比 38%，主要集中在韩国、日本和中国香港等地，投资领域为游戏开发等；对印度、印尼等通信技术相对落后的地区，则以电信、电商投资为主。

2002 年 10 月，浙江金义集团以 664 万美元收购新加坡电子体育世界 31.54% 股权，开启了对亚洲的投资；2008 年，腾讯以 184 亿韩元投资韩国七家游戏开发公司；2010 年，上海盛大网络斥资 1 亿美元收购韩国游戏公司 Eyedentity Games 100% 股权。

2014—2015 年中国信息技术企业对亚洲地区的投资达 35 起，规模较大的投资案例：2014 年 11 月，腾讯以 1.1 亿美元对韩国游戏工作室 4：33 Creative Lab 进行战略投资；2015 年 2 月，阿里巴巴旗下蚂蚁金服以 5.75 亿美元收购印尼支付服务商 One97 25% 股权；2015 年 8 月，无锡长电科技以 7.8 亿美元要约收购星科金鹏，后者在半导体行业全球排名第四；2016 年已完成的投资有阿里系对香港亚博科技的认购、上海巨人网络等对以色列社交移动游戏公司 44 亿美元的收购等。

中国信息技术企业在欧洲地区的投资案例 26 起，占比 14%，主要集中在德国、英国、法国、荷兰、芬兰等。

2004 年，TCL 集团与法国阿尔卡特成立合资公司生产手机，为最早的投资事件。近年比较大型的投资案例有：2014 年，华为以 2500 万美元收购英国物联网公司 Neul，作为扩展海外市场的重要步骤；2015 年，金利科技以 3.9 亿美元收购德国 MMOGA，后者是欧洲最大的游戏垂直电商平台之一等；2016 年的主要投资有宏达矿业对英国 Jagex 有限公司股权跨行业并购，昆仑万维和奇虎 360 共同对挪威 Opera 投资 12 亿美元等。

整体上，中国信息技术行业对欧洲市场的投资既涉及游戏开发，亦有手机生产，还包括电商平台，涵盖多个细分领域。

中国信息技术企业对大洋洲和非洲地区的投资案例较少，仅占比 2% 和 1%，未进入中国对这些地区直接投资行业的前十位。主要投资案例：2011 年 2 月，福星晓程投资 608 万美元入股加纳 CB 公司，获得 65% 股权；2014 年 2 月，华为收购澳大利亚 IT 公司 Fastwire 等。

3. 特点：民营企业为绝对主力，电信巨头表现抢眼，互联网企业加速“出海”

（1）民营企业为绝对主力，电信巨头表现抢眼

数据库显示①，中国信息技术行业海外投资案例中，国有企业占比21%，民营企业占79%——显然是绝对主力。

国有企业的海外并购以电信巨头中国移动和中国联通表现抢眼。中国移动于2007年以4.6亿美元收购巴基斯坦的巴克泰尔通信公司，成立新公司CMPak；2014年之后，为扭转国内收入增长放缓趋势，积极寻求海外投资机会，同年与泰国True Corporation PCL签订8.82亿美元股份认购协议，收购后者18%的股权。中国联通则主攻西班牙市场，在2011年收购西班牙Telefonica，并于2015年与西班牙电信成立合资公司。

民营企业方面，华为自1997年在俄罗斯、巴西设立合资企业后，国际化步伐一直迅猛；2015年，宣布将在印度投资1.7亿美元建立一个研发中心，以响应印度总理莫迪“印度制造”的倡导。

（2）互联网企业加速“出海”

中国信息技术企业海外投资的互联网企业以民营企业为主体，BAT② 三巨头纷纷抢滩海外。

例如，阿里巴巴等互联网公司纷纷布局海外。阿里巴巴曾先后并购美国Auctiva电子商务公司、新创公司SingleFeed、1stdibs以及印度的One97通讯公司等，2014—2015两年间完成约20起海外投资。截至2015年底，阿里巴巴的海外投资达到120亿美元，投入数百亿元打造的阿里云也加速占领海外公共云计算市场。

百度亦大力出击海外，先后收购日本移动安全公司TrustGo、芬兰内导航技术公司IndoorAtlas Ltd等。2014年，百度在巴西推出葡萄牙语版网址导航站点，之后打造葡语搜索引擎，并在埃及推出“阿语开发者平台”，在亚太地区11个热门国家上线海外地图服务。截至2015年，百度移动端产品已覆盖全球超过200个国家及地区，累计用户达8.5亿。

腾讯公司发布微信英文版本，随后迅速占领东南亚市场，截至2015年已覆盖200多个国家和地区，拥有6.97亿用户，版本超过20种语言。

猎豹移动、APUS等中小互联网公司也纷纷走向海外。其中猎豹移动2015年第

---

① 不完全统计。

② BAT分别为百度公司、阿里巴巴、腾讯。

四季度的海外收入占比达50%，移动端的月度活跃用户规模6.35亿，其中78.6%的用户来自海外市场。

2016年，中国信息技术行业进一步扩大海外布局。年初，紫光股份有限公司以3.72亿美元获得中国台湾南茂科技公司25%的股权；5月，腾讯拟以86亿美元收购芬兰移动游戏公司Supercell 84%的股权；整体而言，投资规模有望超越2015年。

（三）信息技术产业对外投资重点区域的商业机会

1. 美洲地区

美洲拥有约9.5亿人口，占全球总人口数的13.5%。其中，美国和加拿大经济最发达，信息技术发展水平遥遥领先，信息社会指数分别为0.8127和0.7794，远高于美洲平均水平。①

（1）信息技术产业增长潜力

①智能硬件：专利数量第一，高科技研发企业数量多

美国是信息技术创新的高地，硅谷自20世纪70年代借着计算机、软件和互联网潮流兴起，大数据、物联网、控制论等都源于美国，而且无数智能技术相关的产品出自美国的高校和实验室。1980年《拜杜法案》通过，美国对基础科研的投资为众多前沿科技提供了基础支撑。从硅谷风向看，全球下一波财富风口蕴藏在硬件中——它们与软件、互联网、人工智能、虚拟现实等高科技结合，是新的智能硬件。当新硬件时代来临，硅谷便不再拥有创新优势，因为硬件有很多专利保护。2015年，全球五成以上的专利申请在美国提出，数量达到1053369件，中国（463050件，20%）、日本（281032件，12%）、韩国（227009件，10%）则居于其后。② 综观全球，美国高科技产品推出的最为密集。在美国，理工类大学和周边是高科技企业聚集的区域，这些公司拥有专利产品，需要外部投资以实现产品生产制造并推向全球市场。

②电子商务：发展程度高，市场开拓潜力大，商业模式新颖

美洲的电子商务发展迅速，市场大。美国拥有1.84亿的在线购买者，是世界上最大的电子商务市场之一。美国和加拿大在线总销售额达到3895亿元，占全球的33.1%。在跨境电子商务领域，美国是世界上最大的市场③，根据尼尔森的调查，

① 国家信息中心．全球信息社会发展报告（2015）［M］．北京：中国统计出版社，2016：18.

② 国家知识产权局．专利统计简报2016［EB/OL］．http：//www.sipo.gov.cn/zhfwpt/zlsjfw/.

③ 欧洲、北美、亚洲跨境电商市场分析［EB/OL］敦煌网．［2015－07－02］http：//seller.dhgate.com/industry－trends/c_19526.html.

美国也是最受欢迎的跨境电子商务市场，占全球总份额的45%；加拿大则集中了全球约37%的跨境在线买家。

此外，多数美洲国家正处于向信息社会转型的阶段。比如智利、巴西等，电子商务平台建设是巨大的蓝海市场，具备潜在开拓潜力，并且一些国家已有的信息基础设施落后，亟待更新升级。

③物联网：以美国为代表占领全球制高点

美国的物联网发展占据全球制高点。市场研究公司 CB Insights 数据显示，2013年，当物联网发展处于起步阶段，美国投资者在这一领域就投入11亿美元，涵盖交易量高达153起。2015年在物联网研究机构 IoT Analytics 定期发布物联网行业全球公司排名前20家，美国占15家。更重要的是，美国借助 GE、Amazon、Accenture、Cisco 等联合打造符合工业物联网与海量数据分析平台，推动工业物联网标准框架制定。

(2) 外资准入政策

美洲大部分国家对外资进入当地信息技术产业有着严格的审核与限制。下面选取美国、加拿大、阿根廷、巴西、古巴、墨西哥予以介绍。

表4－28　部分美洲国家对外资进入信息技术产业的准入规定

国别	准入规则
美国	a. 外资进入美国信息产业，有严格的审查政策 b. 美国2007年10月24实施的《外商投资与国家安全法案》(FINSA) 进一步加强对关系国家安全的外国投资行为的审查与限制，随后美国财政部又公布《关于外国人合并、收购和接管规定》，作为 FINSA 的实施细则 c. 根据 FINSA 的规定，美国外国投资委员会 (CFIUS) 将对任何外国人控制的、可能威胁美国国家安全的交易进行审查 d. 美国将有关通信、电信、互联网的安全提升到重要地位，只要存在潜在危险，政府即有权采取措施进行防范 e. 美国禁止外国经营或控制的公司获得从事通讯传输的许可，严格限制外国企业在通讯领域，即电话、电报、电台、电视领域投资 f. 投资美国信息技术产业的其他领域也需要进行严格的审查，因而便利化程度较低
加拿大	a. WTO 成员国直接并购加拿大公司所涉金额在3.69亿加元以上的，需要经过政府审核 b. 外国持股人不得拥有加拿大任何大众传播企业46.7%的股份，除固定卫星服务及海底光缆外，加拿大仍保留对其他所有基于设施的电信服务供应商控股不得超过46.7%的规定，此外还规定董事会至少有80%的成员是加拿大国籍 c. 外商如果投资于租用别人设施以从事“增值电讯”和“增强电讯”服务的公司，则不受上述控股比例的限制
阿根廷	通讯媒体，包括无线广播和互联网接入等，外商持股比例上限为30%

续表

国别	准入规则
巴西	a.《外国资本法》禁止或限制外国资本进入的领域包括电视、无线电通信网络 b. 允许外国企业参与新闻媒体领域的融资和服务 c. 1984 年，巴西议会通过《国家信息产业法》；20 世纪 90 年代初，政府为促进巴西软件产品出口发展而制定 SOFTEX 计划，目标是使巴西成为世界上 5 个最大软件开发和出口国之一；2000 年，巴西政府颁布新《信息法》；2007 年 1 月底，卢拉政府宣布发展信息产业列入《促进增长计划》
古巴	《外国投资法》规定，除了国民医疗卫生、教育、武装机构（企业系统除外）和大众传媒行业不准外资进入以外，外国投资可获准进入其他行业
墨西哥	a. 国家控制电报、无线电报等行业 b. 广播电视（有线电视除外）允许墨西哥公民和具有外国人特例条款的公司经营 c. 并购广播电视企业外资最高参股比例为 49%

资料来源：商务部．对外投资合作国别（地区）指南：美国、加拿大、阿根廷、巴西、古巴、墨西哥（2015）［EB/OL］．http：//fec. mofcom. gov. cn/article/gbdqzn/.

（3）重点投资目的国：美国

美国在电子商务、物联网、智能硬件领域投资潜力巨大。

美国是全球电信基础设施完善程度较高、电信业较为发达的地区，在电信改革方面也走在世界前列，在全球电信业中一直都有举足轻重的影响力。2000 年互联网泡沫破灭后，美国的电信业开始转型。电子商务、物联网以及智能终端等领域潜藏巨大的投资商机。

第一，美国电子商务市场的发展保持平稳增长。2015 年美国电商的销售额为 3417 亿美元，年均增长 15. 35%；2016 年预计将达 3500 亿美元。2015 年在线零售总额占总零售额的 10. 6%，美国最大的 500 家电商市场份额占 84%。[①] 其中，家居用品或家具类产品以及特殊品类（specialty）在电商中销售份额最高，均占 22%，鞋服类则增长最快。eMarketer & Forrester 预测，到 2018 年，美国电商公司的营业额将达到 5000 亿美元。

eMarketer 报告显示，美国移动电子商务零售额在 2014 年、2015 年分别增长 566. 7 亿美元和 885. 3 亿美元。预计 2016 年美国移动电子商务零售额将达到 1231. 3 亿美元，比 2014 年翻一番，占美国零售电子商务零售额的 32%。[②] 2016 年，智能手机首次超过平板成为美国移动电子商务零售额的贡献主体。2015 年智能手机的移动

① 2016 美国电商市场最新报告［EB/OL］. http：//www. ebrun. com/20160614/179422. shtml.

② www. eMarketer. com.

电子商务零售额占总移动电子商务零售额的51.7%，智能手机占46.6%。2016年1—9月,智能手机贡献的移动电子商务零售额将达到672.3亿美元，占总额的58.0%，首次超过平板电脑的40.8%。

美国诞生了多种崭新的电子商务商业模式，例如团购、共享经济模式电商等，赴美投资有利于分享其成功模式的推广和引入国内实践并实现本土化创新。2015年，阿里巴巴投资电商网站 Jet. com，还没有正式上线提供服务，估值已达6亿美元，也被外界戏称为“最奇葩的公司”。

第二，美国物联网市场前景可观。首先，美国不断增长的客户需求为物联网的发展提供动力，80%以上的移动互联网用户强烈地期望从数据和物联网获得业务帮助；行业用户，不论政府部门还是私人企业，都对物联网从持保留态度转变为主动寻求业务帮助。其次，美国物联网应用在过去几年表现卓越，为其未来推广打下坚实基础。例如，在过去10年里，利用智能电网应用程序进行远程监控的电网已建成4.5亿米，预计2020年该数字会达到10亿米左右。再者，巨大的待发掘市场也为美国物联网发展留下广阔空间。美国8000多万青少年消费者、1亿多的路灯维护、百万英亩的葡萄园等，都是未来的潜在物联网市场。① 例如，三星便已在硅谷建立研发机构，拟投资12亿美元，主要用于开发物联网技术。

第三，综观全球，美国的智能硬件产品推出最为密集，是投资的首选目的地。中国企业可以投资参股或并购美国理工类大学和周边高科技企业聚集的区域，投资那里的中小型智能硬件，或者通过参股或注资一些专门投资海外科技企业的基金，以协助中国企业获得最新的科技信息，并有效处理对接、投资、投后管理等一系列事务。例如，海银资本是专注于最新信息技术与服务的早期基金，投资了航空航天公司 XCOR、飞行汽车企业 Terrafugia、太阳能新技术企业1366 Technology等。然而，高科技领域相对敏感，海外中小高科技企业比较欢迎不控股的直接投资，这时可将其研发接近尾声的智能硬件产品引入国内进行生产制造，然后销到世界其他市场中去，这也有助于推动国内制造业的转型升级。

2. 欧洲地区

欧洲有7.33亿人，占世界人口11%，北欧的丹麦、瑞典、挪威、芬兰、冰岛是全球信息社会发展的标杆，均排名全球前20位，信息社会指数均值高达0.8629；并且政府高度重视发展信息技术，制定相关的政策和计划；北欧五国在数据开放、在线教育、网络公共服务、新一代网络技术创新应用方面一直处于全球领先地位。

---

① 曾勇，邱怡欣. Verizon如何撬动美国物联网市场［N］. 人民邮电报，2016-07.

东欧与西欧发展差距巨大。从工业化水平、收入水平等来看，两个区域信息社会发展水平之间存在明显差距。西欧信息社会指数已经达到 0.7983，而东欧为 0.5847，仅相当于西欧的 73.2%。[①]

(1) 信息技术产业增长潜力

①电子商务：全欧收益激增，B2C 市场创收明显

近年，欧洲电商市场盈利水平快速上升，2015 年营收额达 4550 亿欧元，同比增长 13%。[②] 其中，英国交易规模为 938.98 亿美元，位居第一；其次是德国 (744.6 亿美元)、法国 (426.2 亿美元)、俄罗斯 (203 亿美元)。[③]

2011—2015 年，欧洲 B2C 电商市场网店和企业达 75 万家，销售额增长超过 2000 亿欧元，营收年复合增长率达 17%。2016 年，欧洲的互联网用户将占 60% 以上，电商市场将继续呈两位数增长，预计增长率为 12%。

②物联网：西欧 M2M 云市场成熟，东欧处于成长阶段

早在 2009 年，欧盟便发布《物联网战略研究路线图》研究报告以及《未来物联网战略》等，将物联网研究分为感知、宏观架构、通信、组网、软件平台及中间件、硬件、情报提炼、搜索引擎、能源管理、安全等 10 个层面，系统地提出了物联网战略研究的关键技术和路径。同期，欧盟在其国家型科研计划 FP7 (第七框架) 中布建智能电网、智慧城市、智能交通等智能城市应用项目。

当前，欧洲 M2M 云市场[④]较成熟，尤其是西欧市场，已经实现安全监测、机械服务、汽车信息通信终端、自动售货机、公共交通系统、车队管理、工业流程自动化、城市信息化等领域的应用。与西欧市场相比，东欧市场总体尚处于发展阶段。

(2) 外资准入政策

欧洲地区各国对外资进入本国信息技术行业相对于美洲地区较为宽松，普遍持鼓励政策。下面选取英国、德国、法国、意大利、西班牙、丹麦等信息技术较发达国家予以介绍。

---

① 国家信息中心．全球信息社会发展报告 (2015) [M]．北京：中国统计出版社，2016：19.

② 智研咨询．http：//www.chyxx.com/industry/201609/451488.html.

③ Remarkety. http：//www.chyxx.com/industry/201609/451488.html.

④ Machine－to－Machine，即机器对机器之间的连接与通信，如机器间的自动数据交换 (这里的机器也指虚拟的机器比如应用软件) 等；从其功能和潜在用途角度看，M2M 引起了整个“物联网”的产生，是物联网最重要的四大支撑技术 (即两化融合，短距离、有线通信，现场总线；RFID，短距离、无线通信，NFC/RF IC 等)；传感网，短距离、无线通信，Zigbee/WiFi 等)；M2M，长距离、无线与有线通信，3G/4 网融合) 之一。

表 4-29　部分欧洲国家对外资进入信息技术产业的准入规定

国别	准入规则
英国	a. 提供无线电广播、电视传播等服务需申请执照 b.《通讯法》对外资开放了媒体所有权，欧洲经济区以外的投资人，只要遵循通常的竞争新规定，可以拥有英国电视和无线电服务企业
德国	对外资的市场准入条件基本与德国内资企业一样，允许德国投资者进入的领域一般对外国投资者也不设限制
法国	吸引外资政策比较开放，对于外资进入信息技术行业没有特殊限制
意大利	a. 外资企业在意大利享受国民待遇，在税收和优惠政策方面与意大利本国企业一致 b. 电信业虽然名义上鼓励外资进入，但实际做法相差甚远；目前进入意大利电信服务业市场的主要是增值电信和网络服务（如宽带服务）、手机通讯服务等；对电信业外资公司的业绩要求与开业许可挂钩 c. 一些其他法律限制外资进入广播影视业
西班牙	a. 鼓励投资信息及通讯领域 b. 对广播电视、电信领域的投资需得到西班牙经济部贸易政策总司的许可 c. 考虑到国家安全、公共秩序、公共健康等原因，政府可以中止资本自由流动
丹麦	外国企业或个人在丹麦设立企业，享受与丹麦本国企业同等待遇

资料来源：商务部．对外投资合作国别（地区）指南：美国、德国、法国、意大利、西班牙、丹麦（2015）［EB/OL］．http：//fec. mofcom. gov. cn/article/gbdqzn/.

（3）重点投资目的国：英国

英国在电子商务、云计算、移动应用方面投资潜力巨大。

英国是世界上最大的信息技术市场之一，拥有世界上最先进的信息网络设施，带动电子商务和信息技术服务的发展并创造投资机遇，其中 B2C、O2O 电商、云计算和移动应用服务投资潜力较大。

第一，英国的电子商务环境较好，居民养成网购习惯，B2C 人均消费额高。2015 年全球十大电商市场，英国排名欧洲第一。科尔尼“2015 年全球零售电子商务指数”中，英国位列全球第三。电子商务基础设施、物流配送发展完备。早在 2012 年，英国的 B2C 销售额为人均 3538 美元，包括旅游、数字产品下载和活动购票等，是所有国家中最多的，超过德国、美国和韩国。此外，据英国《每日邮报》统计，英国网民网购比例为 82%，70% 以上英国消费者都有智能手机。英国网购最常用的支付方式是信用卡，几乎 40% 的网上交易都是信用卡支付，有近 1/3 是借记卡和 PayPal 支付，总量占据 96% 的网络支付方式。

波士顿咨询集团估测，2016 年网络零售占英国总零售额的比例将从 2010 年的 13.5% 上升至 23%，总值超过 2000 亿欧元。2016 年 4 月，英国美妆电商 Feelunique 获得一笔 2500 万欧元的融资，投资方为私募股权公司 Palamon Capital Partners，资金将用于加快落实国际化战略，重点发展法、英、中三个市场。

中国企业投资英国电商可以更好地面向国际市场。更重要的是，在英国没有“网上买会更便宜”的消费猜想，实体店的货品组成是线上商品无可比拟的，也可借助英国经验探索破解国内电商发达、实体店衰落的困局。

第二，英国的信息技术服务市场较大，云计算市场表现亮眼，为中小型企业提供大量机会。英国政府十分重视公共领域云服务建设，早在2014年便宣布将采用“政府云服务（G－Cloud）”，投资6000万英镑建立公众云服务网络。截至2015年，英国有至少50%的信息技术资源通过公共云服务网络来购买。此外，英国云服务与英国电信、金融市场结合。英国电信（BT）提供了安全的、世界上规模最大的一个云服务——BT Radianz，为全球银行、保险业、金融服务公司等客户提供云服务或者技术解决方案。

第三，英国有欧洲最大的移动应用App开发社群，估测2014年实现收入40亿英镑，约占欧洲总额的1/3。2015年7月，网龙旗下公司Digital Train以8480万英镑投资Promethean World，一家为学校提供互动教育科技的公司；8月，腾讯投资Sensewhere Ltd.，一家室内移动定位公司。中国有庞大的移动手机用户，投资英国的潜力移动应用不仅可以面向全球市场，还可以满足服务国内广大市场的需求。

3. 亚洲地区

约42亿人居住在亚洲，占世界人口比例超过60%。全世界人口最多的两个国家——中国与印度，均在亚洲，拥有全球37%的人口。2015年亚洲信息社会指数为0.5158，基本接近全球平均水平。新加坡信息社会指数为0.8852，位居亚洲第一、全球第三；以色列、韩国、巴林分别在信息经济、在线政府和数字生活领域位居亚洲第一，而且在全球也排名第一；[①] 其他一些国家在信息技术产业领域也飞速发展。

（1）信息技术产业增长潜力

①电信：人口众多，市场潜力巨大

亚洲发展中国家较多，部分国家未进入信息社会，待开发市场广大。在亚太新兴经济体中，电信市场成为主要增长引擎，地区增速达3.5%，远高于世界平均水平。[②] 麦肯锡预测，未来几年亚洲发展中地区电信业可保持高速增长。

---

① 国家信息中心全球信息社会发展报告（2015）［M］．北京：中国统计出版社，2016:15.

② McKinsey & Company, *Telecommunications industry at cliff's edge*, page 6－7.

②终端设备：市场普及率高，稳定中持续再增长

2015 年亚太地区个人电脑（PC）、平板、Ultramobile（超移动设备）以及手机等各类终端设备的总出货量达 12 亿，与 2014 年相比增长 3.2%。[①] 亚太地区的终端设备普及率相当高，而成熟市场及新兴市场的主要城市已达到或超过饱和点。市场逐渐饱和，加上消费者延长平板的使用寿命，因而重新定义了市场增长曲线。由此，全球信息技术研究和顾问公司 Gartner 预测，亚洲平板市场将自 2016 年起在稳定基础上重新实现增长、计算类终端设备市场预期减少 1.9%，但由于超移动类终端设备将弥补传统台式机和笔记本电脑销量的下滑，整体 PC 市场仍将持续小幅增长。此外，亚洲地区人口数量庞大，终端设备市场不容小觑。

②电子商务：人口众多，发展势头和潜力赶超欧美

Forrester 咨询公司预测，中国、日本、韩国、印度和澳大利亚的电商总收益从 2014 年的 7330 亿美元将增加到 2020 年的 1.4 万亿美元。[②] 2015 年，得益于不断增加的网购人群和人均网购消费水平，印度的网上消费水平增长 5 倍。综合判断，庞大的人口基数、年轻人比例高，加之收入不断增长，亚洲新兴经济体电商发展势头和潜力优于欧美地区。

（2）外资准入政策

亚洲各国对外资进入本国信息技术产业的规定不同。以电信业为例，新加坡对外资进入没有设限，其他国家普遍将电信业作为敏感行业出台特别的准入限制规定。下面选取印度、澳大利亚、日本、韩国等予以介绍。

表 4－30　部分亚洲国家对外资进入信息技术产业的准入规定

国别	准入规则
印度	a. 限制外资进入电信服务业、广播电视转播等 b. 外商投资超过政府规定投资比例上限，需获得政府有关批准 c. 2013 年，印度政府放宽进入电信领域的限制，将外国直接投资比例上限由原来的 74% 提高至 100%
澳大利亚	政府总体上欢迎外国投资，没有在法律上明确禁止和限制外资进入的领域 电信是澳大利亚投资的敏感行业，需要进行申报和审批 对澳大利亚电讯公司（Telstra）的全部外国权益不得超过非上市股份的 35%，每个投资者持股比例最多不得超过 5%
日本	没有明文绝对禁止的行业，但对于通信、广播电视等行业实施外资管制

① 全球信息技术研究和顾问公司 Gartner 预测。
② Forrester. 2015 年到 2020 年亚太地区零售电商 .

续表

国别	准入规则
韩国	a. 综合有线广播业外资比例不超过49%（但中转有线广播业外资比例应低于20%）时，给予许可 b. 卫星以及其他广播业：外资比例低于49%（但如果涉及综合编辑或从事专业报道编辑的网络多媒体广播内容，外资比例需低于20%）时，予以许可 c. 有线通讯业、无线通讯业、卫星通信业和其他电子通信业：外国政府或外商个人（包括外国政府或个人是最大股东，其持有股份占总股份的15%以上的非营利法人）持有股份（限于有表决权的股份，包括股份托管证书等有表决权股份的等价物以及出资持股）之和不超过股份总额的49%（外商不得成为韩国电信的最大股东，其持股应低于5%）时，给予许可

资料来源：商务部．对外投资合作国别（地区）指南：印度、澳大利亚、日本、韩国（2015）［EB/OL］．http：//fec. mofcom. gov. cn/article/gbdqzn/.

（3）重点投资目的国：印度

印度在电信业、电子商务、移动互联网服务方面投资潜力巨大。

2015年，印度人口达12.74亿，占全球总人口数的17.25%，排名第二，增长迅速。[①] 其中35岁以下的青年人口高达64%。庞大的人口基数、经济增速快、移动互联网爆发以及网络基础设施发展、智能手机普及、移动支付完善等给在印度投资电信业、电子商务和移动互联网服务带来机遇。

第一，印度允许在通信行业实现100%外国直接投资。印度政府大力支持通信行业发展，2013年起允许实现100%外国直接投资，希望通过引入外资助力行业发展。印度政府还致力于加强通信基础设施建设，尤其是建农村地区的信号塔；还将为各类通信技术更新换代，如架设光纤宽带，让越来越多人接触4G等。印度移动及宽带网络用户普及率低，发展速度快，通信市场前景广阔。据印度电信管理局（TRAI）2015年年报[②]显示，截至2015财年印度已有9.96亿电话用户，其中9.69亿是移动电话用户，比2014年同期增长6538万；电话普及率从2014年的75.23%上升为79.38%，到2015年3月为止申请移动电话的数量也从1.17亿上涨至1.53亿；互联网方面，用户从2014年3月的2.51亿增至2015年3月的3.02亿；宽带用户由6000万上涨至近9900万，实现飞速增长。此外，对手机其他附加价值的需求，如拥有多媒体内容的智能手机而非仅能语音通话等，也促进了移动网络的发展和普及。预计未来，3G/4G业务会是印度电信业的主要发展方向。到2020年印度3G/4G用户会较2015年的1.73亿会有大幅提升，将增至3.22亿。

---

① 印度国家人口稳定基金会公布的数据。

② *TRAI Annual Report*［EB/OL］．http：//www. trai. gov. in/WriteReadData/UserFiles/Documents/AnuualReports/TRAI_ Annual_ Report_ English_ 16052016. pdf.

印度的政策与市场环境吸引了许多中国通信企业。截至 2015 年 3 月，华为是中国在印度最大的投资商，已在当地投资约 3 亿美元，建设研发中心等；7 月，华为又在泰米尔纳德邦的一个特别经济区开设分支机构——自 2013 年以来，这一提议一直被印度工商部搁置——计划投入 2.5 亿卢比（约合 2400 万元）。

第二，印度年轻人口比例高，互联网覆盖面广，电子商务潜在用户多，对移动互联网服务需求多。思科视觉网络指数预测，印度在 2020 年的企业和消费者流量占总体互联网流量的比例将从 2015 年的 51% 增长到 75%。并且 2014 年普通互联网用户平均每月消耗流量为 5GB，而 2015 年增长到 6.1GB。[①] 这意味着人们越来越多地暴露在各类电商的广告下，互联网将更加深入人们的生活，同时也给电商带来愈多的机会。eMarketer 估计，2016 年印度零售电子商务销售额将达 233.9 亿美元，比 2015 年增长 75.8%，到 2020 年销售额将达 794.1 亿美元。

印度在互联网电商的多领域存在投资机遇。B2C 电商方面，2015 年 8 月，富士康旗下富智康集团向 Snapdeal——印度大型电子商务公司，15 万商家在其平台上出售逾 1200 万种商品——投资 2 亿美元；互联网金融方面，2015 年 2 月，阿里巴巴及其子公司蚂蚁小微金融服务集团投资“印度版淘宝”Paytm，一个拥有 1.5 万个商户和 2000 万个移动钱包用户的公司；互联网旅游业方面，2016 年 1 月，携程向印度最大的在线旅游公司 Make My Trip 投资 1.8 亿美元；互联网娱乐业方面，2016 年 4 月，小米向印度网络娱乐提供商 Hungama 投资 2500 万美元。

总体而言，中国互联网电商起步比印度早，不仅在金融方面有投资的优势，从相似的环境中创业积攒的经验和资源也有助于提高成功概率。

---

① 思科视觉网络指数。

后 记

在《中国企业对外投资展望报告（2017）》的研究编写过程中，我们得到了多方面的支持、帮助和指导。

首先感谢海航集团董事局领导，他们高屋建瓴，对报告出版给予悉心指导；其次感谢海航经济研究院理事会领导，他们对报告出版给予鼎力支持，并从方向、结构等方面进行层层把关；还要感谢本报告的课题合作机构中国与全球化智库（CCG）。

此外，本报告编撰过程中参考了联合国贸发会议（UNCTAD），世界银行（WB），世界贸易组织（WTO），世界旅游组织（UNWTO），世界经济论坛（WEF），世界旅游业理事会（WTTC），国际航空运输协会（IATA），国际民航组织（ICAO），中国商务部、统计局、外汇管理局，中国企业家联合会、中国企业家协会，亚洲协会（Asia Society），经济学人智库（EIU），牛津经济研究院（Oxford Economics），麦肯锡（McKinsey），荣鼎咨询集团（Rhodium Group），高德纳咨询公司（Gartner Group），科尔尼管理咨询公司（A. T. Kearney），罗森咨询集团（Rosen Consulting Group），毕马威（KPMG），瑞士再保险公司（Swiss Re），摩根大通（J. P. Morgan），世邦魏理仕（CBRE Research）、仲量联行（JLL）、戴德梁行（DTZ/Cushman & Wakefield）、第一太平戴维斯研究部（Savills）等机构以及世界数据图谱分析平台（KNOEMA）公开发布（发表）的权威报告、文章和数据，在此一并表示真挚感谢。

由于编写时间有限，书中难免出现纰漏，欢迎社会各界批评指正。

海航经济研究院

2016 年 12 月